本书系国家社会科学基金项目"文明交流互鉴下的原始儒家与早期基督教生命伦理比较研究"(项目号:17BZX100)资助项目

# 文明交流互鉴

朱清华 著

原始儒家与早期基督教生命伦理比较研究

上海三联书店

不患无位,患所以立;不患莫己知,求为可知也。

——《论语·里仁》

不要为明天忧虑,因为明天自有明天的忧虑;一天的难处一天当就够了。

——《马太福音 6:34》

# 在中西经典互释中参悟儒耶生命伦理之真谛

　　生命伦理无疑是世界各国文明观的重要组成部分,甚至是人类古今文明观全部内容的核心和枢纽所在。伴随全球化浪潮的澎湃激荡,人类在现代文明发展中遇到的生命伦理问题不断超越民族和国别限制,在各个层面日渐一体化,并呈现出前所未有的休戚与共特征,其间又伴生出诸多具有复杂性的紊乱与冲突想象。在人类的生死存亡和终极命运紧密相连的今天,对不同文明中的生命伦理思想进行交流互鉴,实现彼此之间的包容共存,无疑对繁荣世界文明百花园具有不可替代的重要作用。人类文明正是因多样而交流,因交流而互鉴,因互鉴而发展。特别是中华民族文明观本身就孕育着"万物并育而不相害,道并行而不相悖"的优秀文化基因,这就使得开展中西生命伦理的比较与互鉴,不仅具有极端重要的理论探究价值,而且还具有贴近生活的实践关怀意义。要圆满完成这一任务,就必须进入中西生命伦理的历史深处与内部腹地,在对各自经典文本进行精细解读和比照互释的基础上,全面了解东西方生命伦理的优势与不足,从而建构起符合现代人类共同价值要求的生命伦理。之所以强调对经典文本的精细解读和比照互释,是因为古今中外各种经典文本所瞩目的焦点问题通常是事物的内在本质,是对客观世界深层内涵的揭橥,它能够烛照人性背后的晦明,经过剥茧抽丝之后触及生命存在的坚硬内核。尽管我们的日常生活千姿百态、纷繁多变,但总有构成我们日常生活的最基本的基座与框架,而古今中外各种经典文本关注的恰恰就是这些最具根本特征和普遍意义的东西。但是,在对经典文本进行精细解读和比照互释的过程中,尤其需要重视以下四个问题:

一是跨文化经典文本诠释的可能性与合法性。任何经典文本都是在某种特定社会背景下形成的独特文化结晶,要了解某一文化传统的经典文本,就必须深入到这一经典文本赖以生成的历史背景之中,深度追溯围绕该文本逐步形成的诠释传统,因为人们可以从经典文本的只言片语中看到不同传统被衍生出的丰富内涵,从中形成了经典文本一以贯之的历史文脉。与此同时,还要不断突破原有文本的思路框架,将其带入或嫁接到另一种经典文本体系之内,以便照亮原有文本的盲点,或者将原有经典文本缺失的文化基因嫁接过来,超越人们传统思维的框架,生发出意想不到的崭新思想果实。只有从彼此差异中深化理解对方,才能加深对自身丰富内涵的把握,从而有效防止或消解一切自我封闭、自我诠释和自我独断现象的发生。从这个意义上讲,任何一种经典文本都无法拒绝多元诠释的可能性与合法性问题,即使是某种过度诠释,也同样可以成为发现文本新要素的重要机制。

二是经典文本的理解、解释与应用问题。在西方诠释学历史上,德国神学家施莱尔马赫和法国思想家伽达默尔是两个极端重要的转折性人物,前者实现了诠释学由圣经的特殊诠释学到普遍诠释学的转向,后者实现了从普遍诠释学到哲学诠释学的转变。施莱尔马赫认为,包括圣经在内的各种经典文本都有重新诠释的可能性,因为解释者可以通过某种方法,使自己的思想和作者的思想处于同一位置,并根据自己的切身体悟进行创造性的重新表述或重新建构;如果作者和解释者的思想是绝对同一的,那么就失去了解释的必要。伽达默尔则认为,站在历史主义的立场,任何一种历史文本的真正意义并不存在于历史文本本身,而是存在于对它的不断再现和解释之中。任何历史文本在每一个新的时代都面临新的问题,从而产生新的意义。解释者的任务不是机械地复制文本,而是把文本的视域和我们当下的视域联系起来,通过视域融合来获得文本的现实价值。正是借助视域融合的方法,主体和客体、过去和现在、自然和必然构成一个无限发展的统一整体,实现了理解、解释和应用的有机结合。通过对施莱尔马赫和伽达默尔诠释学的比较,我们不难看到,前者注重对历史文本的静态性、阶段性、客观性解读,后者注重对历史文本的动态性、整体性、历史性解读。如果我们将二者有机地结合起来,无疑有助于我们形成一种更具深刻性、全面性和远见性的诠释学理论,而当代中国学者成中英创立的本体诠释学和傅伟勋创立的创造性诠释学,其目的就是要通过对西方诠释学的吸收与改造,实现对中国诠释传统的创造性转化和创新性发展。

三是跨文化经典文本的求同存异问题。我们承认,在不同文化背景中生成的经典文本具有自身的特殊价值和理想追求,但这并不是要无限夸大各种文明类型的个别性、差异性和斗争性,进而得出文化特殊主义和文明地域主义。恰恰相反,我们要在不同文化历史文本的比较之中,寻找到一种普遍性和共同性的文化价值判断标准。西方著名思想家孔汉思提出了文明相互兼容理论;哈贝马斯提出了不同文明之间的普遍理性主义理论;罗尔斯则主张各种文明在保持自身核心价值观的同时,在公共领域形成具有重叠共识性质的普遍价值标准。中国传统文化本身就蕴含着"和而不同"的深刻思想内涵,中国历史上的各种思想流派从来都是儒道互补、儒法结合、儒佛相融、佛道互渗、儒佛道相通,故有"红花白藕青荷叶,三教原本是一家"之说,"中国"二字的深层文化喻指就是强调善用"中和"思想做人行事的国度。综合当代西方诠释学和古代中国诠释传统的特质,我们在当今多元文化相互激荡的全球化状态下,必须以全球公民的公共理性为基础,建构跨文化的最低限度和最起码标准的切实可行的共同价值目标,这一价值目标对人们日常行为普遍正当性的考虑优先于对特殊行为善性与否的考虑,它必须具有普遍道义约束力。要完成这一任务,就需要每一种特殊文明能够以最为简化的方式,清晰叙述自身文化脉络中最为核心的价值主张,并在此基础上,构建起全球最低化且又最大化的价值标准和道德规范,从而在求同存异中达至费孝通提出的"各美其美,美人之美,美美与共,天下大同"的理想境界,实现《中庸》所追求的"致中和,天地位焉,万物育焉"的欣欣向荣的生命状态。质言之,就是通过不同经典文本之间的多元对话,在对他者深入理解的基础上,充分吸收异质经典的合理要素,经过创造性转化和创新性发展,最终形成人类具有更高生存智慧的现代性价值目标。

四是在跨文化经典比较中充分彰显自身的文化主体性。在跨文化经典的比较中求同存异,不断建构跨文化的共同价值目标,并使之具有普遍性道义约束力,无疑是中西经典互释的重要任务之一。与此同时,我们又要看到现代文明起源于西方国家,西方各国挟工业革命之雄风,借助雄厚的跨国资本力量,在全球范围内极力推广现代西方文明标准的同时,又不断通过抬高本民族文明传统的价值来夸大本民族古代经典的普世意义,进而大力贬低其他古典文明传统和文化经典的当代意义与普世价值。以马克斯·韦伯为例,他在《新教伦理与资本主义精神》和《儒教与道教》中,大力鼓吹在天主教古典文明中生成的基督新教具有促进现代资本主义文明的精神基因,而在儒教和道教文明基础上生成的中国文明不具备走向现代文明的核心要素,极力夸大中国传统经典中的古典性和地域性特征,无视其古典性与现代性、地域性与全球性的辩证属性。这种文化比较研究的结果,极大地强化了西方文化经典的话语霸权,造成近代以来的中华民族文化主体性之严重困顿和百年迷失,乃至陷入被挫败后的非自主、非自信的尴尬境地,进而对自身文化传统产生巨大的怀疑。美国著名国际政治学家摩根索在《国家间政治》中也明确指出,在近现代世界历史上,各个帝国主义国家都在通过坚强有力的文化建构和卓有成效的文化宣传,提高自身知识信念和道德价值观的吸引力,从而为其他国家设定现代文明发展的"路标",进而有效提高西方文明在全球范围内的凝聚力和正当性。这就启发我们在跨文化经典比较研究中,必须结合当今世情和国情,努力建构中华民族的文化结构和精神家园,避免通过否定自身文化传统而走向"无根性"的价值混乱或价值空场。文化主体性是一个民族凝聚力的核心源泉,一个民族只有在共同的文化纽带下才能紧密相连,从而生发出强烈的历史归属感和民族认同感。当代中国正处在"中国世界化"和"世界中国化"交互融通的巨大场域之中,因此在跨文化经典比较研究中,必须重塑"文化中国形象"和"中国文化形象",既要全面探索中华传统经典所具有的当代中国意义,又要深入挖掘其所具备的人类共同价值。唯其如此,才能有效应对中国传统经典遭遇的文化现代性挑战和普世价值难题,从而在传统与现代的相互贯通、民族与世界的彼此互动中,担负起新时代的文化使命,为建构人类文明新形态贡献中华传统经典的磅礴力量。

搞清了对经典文本进行精细解读和比照互释过程中应当注意的上述

重大问题之后，就需要我们善于从古今中外历史悠久、支脉众多、纷繁复杂的精神图谱中精细筛选能够代表中西生命伦理特质的经典文本，对其展开深入细致的比较研究。朱清华博士在本书中，分别从以下四个层面对原始儒家和早期基督教生命伦理的经典文本展开了精细化的比较研究：

首先，朱清华博士对原始儒家的生命伦理思想进行了深入诠释。她认为，被称为"五经之首"的《周易》蕴含着"一阴一阳之谓道"的天人和谐本体特征、"生生不息"的生命信仰和"君子人格"的人生追求。孔子作为儒家的不祧之祖，在天人关系的本体论、敬生重死的生命态度论、推仁礼信之道的生命价值论和拓展生命的超越论方面具有深邃的伦理思想。被后世尊称为"亚圣"的孟子，其生命伦理思想则主要体现在"人性本善，天与之""率性而为，不失本心""尚志，居仁由义"三个重要层面。

其次，朱清华博士对早期基督教的生命伦理思想进行了精细研究。她全面厘清了早期基督教与古犹太教之间的内在关系，深刻剖析了《旧约》中的神人关系，以及古犹太人的生命观、生活观和死亡观。她特别强调耶稣作为基督教的创始人，其所传播的各种福音是基督教全部思想观念的中心。耶稣的生命伦理思想主要涵摄神人关系的本体论、向死而生的态度论、追求"信望爱"的生命价值论和奔向天国的生命超越论。保罗书信为今天的读者保存了原始基督教最真实和最自然的状态，走进保罗的人生世界，能够领略保罗"三位一体"的上帝观、"若不死，就不能生"的生存态度论、"因信称义"的价值论和"藉着基督"而行的生命超越论。

复次，朱清华博士对原始儒家与早期基督教的生命伦理展开了层层递进的比较研究。她认为在文化多元时代，尊重不同文化的独特性和差异性，并努力在彼此之间寻求一种普遍性或共同性的价值共识，既是一种文化权利，也是一种人类义务。采用文化相互镜鉴原则，本书在比较研究过程中，通过精心设计和严谨辨析，建构起一条以生命本体论为根本基点、生命态度论为外在表现、生命价值论为内在核心、生命超越论为最终归宿、思维方式论为具体形式的逻辑体系，努力对原始儒家和早期基督教之间存在的共性和异性寻绎究竟，最终形成了一个体系架构合理、思想脉络连贯、语言表述流畅的儒耶比较伦理体系。

最后，朱清华博士对原始儒家与早期基督教生命伦理思想比较研究的当代价值进行了全面阐发。她认为，儒耶生命伦理的比较研究虽然呈现的是两种不同文化景观之间的对照，但是二者之间既存在无法消弭的价值抵牾，又有着共同的、无法忽视的济世情怀。儒耶生命伦理的比较研究不仅有助于我们认识他者，而且促使我们去更好地发现自我，甚至能够在跨文化视域的背景之下，为解决全球化时代高科技给人类带来的生命伦理危机与挑战、走出生命伦理困境的路径与方法等问题提供丰富而宝贵的思想资源，能够给予当代人类的生命教育以极端重要的理论启迪价值和实践关怀意义。

朱清华同志在考取中共中央党校伦理学专业博士之前，就一直在从事生命伦理方面的研究工作，特别是在中国传统文化中的生命伦理研究方面打下了坚实的学术基础。在中央党校学习期间，她又进一步开拓视野，认真阅读了大量西方生命哲学特别是基督教伦理方面的经典著作和最新研究成果，最后将孔子与耶稣的生命伦理比较研究作为自己博士论文的主攻方向。经过三年的研精覃思，她顺利完成了自己在中共中央党校的博士学业。毕业后，朱清华同志来到江西财经大学马克思主义学院工作，她在教学领域取得突出成就的同时，又通过自己在科研领域的不懈努力，申请到国家哲学社会科学基金项目（项目名称："文明交流互鉴下的原始儒家与早期基督教生命伦理比较研究"，项目号：17BZX100）。在此基础上，她写出了自己在比较研究领域的精品力作。我作为她的博士生导师，为她毕业以来取得的优秀成绩由衷地感到高兴。与同类著作相比，朱清华博士的研究成果无论是在对原始儒家和早期基督教经典文本的精细诠释层面，还是在研究视角的独特性和理论体系的完整性层面，都有着十分显著的创新价值。特别是她对儒耶生命伦理思想的叙述，在平静如水、娓娓道来的文字中蕴藏着一种洗尽铅华、慰籍人心的深沉张力。如果说文如其人，那么她的这部倾心之作也可视为彰显其优秀品格的文化标识。

我在自己博士论文基础上修改的生命伦理著作《死，而后生：死亡现象学视域中的生存伦理》（人民出版社 2005 年版）中认为，正是永生的渴望与终死的必然，才激荡出人类命运的交响曲，倾最大心智与死亡全力拼搏,乃是人类注定的终极宿命。人类正是因为意识到自己的死亡必然性之后,为了能够战胜和超越肉体之死,克服由此引发的虚无感和恐惧感,才建构起各种真、善、美、圣的生存信念,并将这些生存信念外化为不同形式的文化创造活动,从而使有限的生命彰显出无限的价值和永恒的意义。伴随生命伦理问题日益成为高科技时代现代人类的重大生活难题,人们迫切需要从哲学伦理学层面提供更有价值的生死智慧或生存指南,我坚信朱清华博士在这一研究道路上会走得更远! 同时也会收获更多!

靳凤林

中共中央党校(国家行政学院)哲学部教授、博士生导师,

中国伦理学会副会长

2024 年 11 月 22 日于中央党校颐北精舍

# 摘　要

习近平总书记强调:"文明因交流而多彩,文明因互鉴而丰富。文明交流互鉴,是推动人类文明进步和世界和平发展的重要动力。"在实现中华民族伟大复兴的征程中,我们需要在不忘本来的基础上去学习他者,去关注人类思想前沿的美丽风景及其变化,从而完善自我、发展自我,甚至超越自我。儒家文化与基督教文化犹如高高耸立在世界东西方的两座文明之峰,而攀登两座高峰沿波讨源需要深入揭橥原始儒家与早期基督教两大学术流派生命伦理思想之根,同时紧紧依托权威的原始经典,去深刻领略两者深邃的"原生态"思想。本书在厘清原始儒家和早期基督教等相关概念的基础上,采用"文化互镜"的理念,使儒耶生命伦理思想在平等交错中进行对话。

关于原始儒家的生命伦理思想。享有"五经之首"称号的《周易》蕴含着"一阴一阳之谓道"的天人和谐、"生生不息"的生命信仰和君子人格的人生追求思想。孔子作为儒家的不祧之祖,在天人关系问题;"未知生,焉知死"的生命态度论;推仁、礼、信之道的生命价值论;拓展三重生命的超越论方面具有深邃的伦理思想。被后世尊称为"亚圣"的孟子之生命伦理思想,主要体现在人性本善,天与之;率性而为,不失本心;尚志,居仁由义三个层面。

关于早期基督教的生命伦理思想。全面厘清早期基督教与古犹太教之间的内在关系,深刻剖析《旧约》中的神人关系,以及古犹太人的生命观、生活观和死亡观。耶稣是基督教的开创者,耶稣基督是基督教的中心,耶稣的生命伦理思想涵摄耶稣的神人关系、向死而生的态度论、追求

"信望爱"的生命价值论和奔向天国的生命超越论。保罗书信为今天的读者保存了原始基督教最真实和最自然的状态，走进保罗的人生世界，能够领略保罗"三位一体"的上帝观、"若不死，就不能生"的态度论、"因信称义"的价值论和"藉着基督"的生命超越论。

关于原始儒家与早期基督教生命伦理比较。在文化多元的时代，尊重不同文化的独特性和差异性，并努力在彼此之间寻求一种普遍性或共性的东西，这既是一种文化权利，也是一种人类义务。采用文化相互镜鉴原则，在比较过程中形成一条以生命本体论为根本基点、生命态度论为外在表现、生命价值论为内在核心、生命超越论为最终归宿和思维方式为具体形式的逻辑脉络，努力对二者之间存有的共性和异性寻绎个究竟。

关于原始儒家与早期基督教生命伦理思想比较的现代价值。儒耶生命伦理的比较虽然呈现的是两种不同文化景观之间的对照，但是它们之间既存在无法消弭的价值抵牾，又有着无法忽视的济世情怀。儒耶生命伦理之间的比较研究不仅能够认识他者，而且能够发现自我，甚至能够在跨文化视阈的背景之下为解决全球化时代高科技给人类所带来的难题、危机或挑战提供宝贵精神智慧，能够给予当代的教育以重要的启迪意义。

**关键词**：文明互鉴；原始儒家；早期基督教；生命伦理；比较研究

# 目　录

# 绪　论

————◆————

随着现代社会经济全球化浪潮的迅速加剧,全球多极化和多文明的特征越来越凸显,价值多元化让人们看到一个日益丰富多彩的现实世界,活力、机遇与挑战并存,给人们的精神生活也带来巨大冲击。在实现中华民族伟大复兴中国梦的征程中,我们如何坚定强烈的文化自信,果断作出自己正确的价值判断和人生选择,这需要我们树立大历史观,持有跨文化的国际大视野,既要深入了解中华民族文化的独特魅力,又要放眼领略他国文化的别样风采,努力在文明交流互鉴中达到"双重认知境界"——"认识他者"与"认识自我"[1],从而通过理解他者,发展自我,甚至超越自我。

## 一、研究的目的和意义

儒家文化与基督教文化犹如高高耸立在世界东西方的两座文明之峰,攀登两座高峰需要从根基处即原始儒家和早期基督教入手。本书紧紧依托权威的原始经典,借助《周易》《大学》《中庸》《论语》《孟子》和圣经等经典文本,深刻领略儒家和基督教深邃的"原生态"思想,深切体悟超越时空且非同凡响的生命对话,既有重大的现实意义,又有重要的学术价值。

进行儒耶生命伦理比较,可以在共筑人类命运共同体的进程中,为人

———————

[1] 卓新平著:《基督教与中国文化处境》,宗教文化出版社 2013 年版,第 9 页。

们身心安顿和精神家园的构建提供有益的精神支撑。随着全球化浪潮的激荡澎湃、科技资讯的迅猛发展，我国人民的物质生活水平得到了极大提高，可有时人却被置于荒诞虚无和精神空虚的境地，有学者认为"无家可归"已成为我们这一时代的特征。同时，如今"低头族"随处可见、人际关系日渐疏离与淡漠、校园欺凌等暴力事件常有发生、自杀现象频繁出现、抑郁症患者和非正常死亡人数日益增多等现象，无不表明现代人存在着亟需得到高度关注的人生问题。在物质纷繁复杂、信息瞬息万变的今天，我们如何安顿那颗躁动不安的心灵，如何解决现代社会不断涌现的漠视和践踏生命的现实难题，这是一个关乎中国未来和中华民族希望的重大现实课题。解决生死困惑，参透生死之道，我们其实除了从心理学、医学和社会学中去找寻答案，更需要马克思主义理论的指导，在检审中西方生死观的基础上真正理解生命的伦理意蕴，找到精神的栖息地才是根本。追本溯源，我们开展原始儒家和早期基督教关于生命伦理的形上比对就成了关键和必然。进行儒耶生命伦理比较，有助于我们借用古人的生死智慧来解决现代人生命中的生死困顿与迷惑。我们在用马克思主义理论作为人生导航时，可以在儒耶文明交流互鉴中寻找到适当的助力器，从而更加清醒地审视自己的人生，更好地解决人生困顿、激发生活斗志、提升生命品质等。

进行儒耶生命伦理比较，有利于加深对中西文化交流的理解，为解决全球化时代所面临的难题、危机或挑战提供宝贵精神智慧。从历史长河看，儒家文化与基督教之间的交流由来已久。早在公元 635 年，景教（基督教）第一次传入中国。"大秦景教流行中国碑"记载，景教在唐代历经近150 年(635—781 年)的传播。由于景教进入中国之前，佛教的传播在中国大地上已经取得巨大的成功，景教借助佛教的力量得以发展壮大，但唐武宗崇道毁佛结束了景教在中国传播的历史。基督教第二次在中国的传播是以元朝时期"也里可温"的发展为标志。他们一部分是蒙古人在多次西征中俘获的西亚和东欧的基督教徒，还有一些是罗马天主教派到中国的方济各会传教士。当时虽然兴建了大量的教堂，但汉人信奉者不多，传教的效果并不太理想，"也里可温"也随着元朝的灭亡而消失。在 16 世纪的明清之际，基督教第三次来华传播，主要以天主教的传入为标志。意大利耶稣会传教士利玛窦来华传教后了解中国文化的特征,认识到儒家士大夫阶层的特殊作用,自己则以"西儒"的形象定位,通过"文化传教",吸引了大量的信徒。但后来随着儒家与天主教之间礼仪之争的出现,基督教在华传教活动被逐渐禁止。基督教在鸦片战争前后第四次传入中国,基督教这次依靠西方列强与清政府所签订的不平等条约而变得极为强势,不仅兴建了大批的教堂,培养了许多宗教神职人员,还促进了中国传统文化与基督教文化之间的交流,培养出了一大批文理兼备、贯通中西的杰出人才。① 中华人民共和国成立之后,由于种种历史原因,中国的基督徒切断了与帝国主义的联系,逐渐走上了一条自立发展、爱国爱教的"自治、自养、自传"的崭新道路。伴随着中国的改革开放,与之同时,由于我国宗教政策得到进一步完善、贯彻和落实,基督教在中国的传播力量迅速壮大,中国基督徒的数量也在急剧增加。新时代的中国,改革开放步伐越来越大,中西文化之间的交流越来越频繁,我们如何在坚持以习近平新时代中国特色社会主义思想为指导的基础上,正确处理好儒家文化与西方基督教文化之间的关系,真正把握文化交流的实质,这需要我们追根究底,从最深层、最本质的生命伦理文化比照入手。李察德·尼伯尔把历史上基督教与文化的关系概括为五种模式,即基督反对文化、基督适应文化、基督统摄文化、基督超越文化、基督改造文化。② 本书采用的是基督适应文化模式,即我们现在所说的基督教文化。所以,本书的原始儒家与早期基督教之间的比较并不是宗教之间的对话,而是从全球多元文化共生的视角出发,以原始儒家和早期基督教两大思想文化体系为切入点,深刻剖析其中蕴含着的优秀生命智慧和积极人生精神。有学者认为,在文化对话中,物质层面的对话最为容易,精神层面的对话最为困难,而政治层面的对话则最为重要③,生死层面的对话是最为深层的。中西方文化的交流互鉴若仅停留于制度伦理层面,那只能是器物层面的、外在的、显性的交流,这种交流无法深入到中西方的生死态度、价值和超越等内在

① 靳凤林等著:《祠堂与教堂中西传统核心价值观比较研究》(修订版),人民出版社 2023 年版,第 21 页。
② R. Niebuhr, *Christ and Culture*, Harper Torchbooks, New York, 1951.
③ 卓新平著:《基督教与中国文化处境》,宗教文化出版社 2013 年版,第 13 页。

的、深层次的涉及生死本质的对话中。儒耶生命层面问题的碰撞可以促使中西方在政治、经济等方面的交流问题从根本上迎刃而解，彼此消除冲突，增进理解和友好合作，并且可以在跨文化视阈的背景下，为解决全球化进程中人类面临的共同难题找到更好的良方。

进行儒耶生命伦理比较，可以不断丰富生命伦理学的研究内容，有力夯实应用伦理学的研究基础，为伦理学学科的整体全面发展起到重要促进作用。生命伦理学既要有形而下层面的具体分析，还要有形而上层面的内在探究，需要通过一条形上与形下相互结合的研究路径，在辨析形上生命伦理学与形下生命伦理学关系的基础上，更全面地理解和把握生命伦理学。但是，现今学界的生命伦理学研究主要是从医学、生物学、生命科技、医疗保健等角度讨论与人类实体性生命有关的道德问题。换言之，许多学者的相关研究主要集中于医学生命伦理学层面，至于生命伦理学的精神及哲学意义上的探讨还比较缺乏，似乎还没达至生命伦理学更内在、更深层次的剖析。而本书则更侧重关于形上生命的道德价值问题，为准确把握医学生命伦理学的思想精髓提供必要理论基础，为其他应用伦理学的发展提供重要指导，有利于促进整个伦理学学科的健康有序发展。

进行儒耶生命伦理比较，可以不断升华生死学研究的内容，积极配合我国学校生命教育的实际需要，为大力促进生命教育的健康发展提供思想资源。中国台湾地区的傅伟勋教授是我国生死学学科的开拓者，他从美国现有的死亡学研究成果，再进一步配合中国心性体认本位的生死智慧，演化出一种现代生死学，且根据"生死是一体两面"的基本看法，把死亡问题扩充为生死问题，即死亡的尊严与生命的尊严息息相关的双重问题，如此探讨现代人的死亡问题的精神超克，以及生死的终极意义。① 由此可见，我国的生死学主要的理论依据来源于中国传统的生死智慧，主要目的在于"以古鉴今，以古导今"。现实证明，生死学的发展确实为当下人们在处理生命与生活的紧张关系、临终关怀、悲伤辅导等问题方面提供了理论指导。儒耶生命伦理比较拓展了现代生死学的理论基础，突破了生死学原本仅仅在一般宏观理论层面的探讨，从微观视阈深入挖掘了生死

---

① 郑晓江著：《中国生死智慧》，江西人民出版社 2013 年版，"序"第 1 页。

学研究的内容。21 世纪初,国内生命教育日益成为被关注的新教学门类,如何正确引导学生认识生命的价值、理解生命的本真意义、提升生活的品质、激发生命的终极追求等问题成为教育关注的焦点。国内学者主要在传统文化中为现代生命教育寻找理论支撑,从教育学中探寻生命教育的实践模式,在理论与实践上为促进生命教育的不断发展奠定了坚实的基础。儒耶生命伦理比较能够为现代的生命教育提供更加丰富和宝贵的智力资源与精神支撑。

## 二、相关概念界说

儒学和儒家在学界一般没有明显界限,都是指以孔子为不祧之祖不断发展的思想流派,在思想上形成了完整的结构和体系,有时可以互相通用。至于儒学、儒家是不是儒教却一直是学术界存在争论的议题。现代新儒家梁漱溟指出,中国文化是"几乎没有宗教的人生"①。这就隐性而间接地表明儒学非宗教的观点。任继愈认为儒教作为完整形态的宗教可以从北宋算起,朱熹将其完善化了。② 牟宗三坚持认为儒家就是宗教,因为它能通过内在的超越途径达到生命的永恒和"天人合一"的至高境界。③ 刘述先、张立文等学者谈到,儒学具有强烈的终极关怀,它是通过宗教把握其生命本质的。姚新中认为儒家是以人为中心的人本主义宗教。④ 蒋庆、陈明等希望儒家成为宗教,这个宗教有教化的一面,但也成为一个民族安身立命的组织。⑤ 孔汉思指出,儒学是人本主义的、崇尚道德的宗教,而不是功利主义的民间宗教。因为儒学重视人与人之间的关系而被视为道德宗教的典范,可以和基督教的伦理观等量齐观。⑥ 秦家

---

① 梁漱溟著:《中国文化要义》,上海人民出版社 2011 年第 2 版,第 13 页。
② 任继愈著:《中国哲学八章》,北京大学出版社 2010 年版,第 65 页。
③ 杜小安著:《基督教与中国文化的融合》,中华书局 2010 年版,第 67 页。
④ 姚新中著:《儒教与基督教——仁与爱的比较研究》,赵艳霞译,中国社会科学出版社 2002 年版,第 19 页。
⑤ [美]杜维明著:《文明对话中的儒家:21 世纪访谈》,北京大学出版社 2016 年版,第 128 页。
⑥ 秦家懿、[瑞士]孔汉思著:《中国宗教与基督教》,吴华译,生活·读书·新知三联书店 1990 年版,第 60 页。

懿认为,儒学重政治社会的参与,使儒学在历史上经常起到了"民众宗教"的作用,而且,虽然孔子没有被供奉为神,但一整套以孔子为中心,连同他的弟子及历代先儒所形成的崇拜传统却发展起来,还有其祭祖等活动都表明儒学传统中具有宗教的因素。① 从结构上看,儒学、儒家思想并不具有与基督教等其他宗教一样的教规、教义和教服等组织形式,但在实际效果上,儒学或儒家思想在中华大地上却发挥着宗教性质的作用,在一定程度上甚至已经超越了宗教给人们带来的安全感和永恒感。比如,自汉代儒学成为官学以来,儒学一直成为人们的精神追求,不仅为人们寻求安身立命之所指引了方向,而且为人们成就生命永恒树立了标杆。儒家学者在注重现世人伦价值实现的同时,也在不断追寻他们内心世界所希冀的那个"超验世界",这在性质和形式上都不同于宗教性的彼岸,但却具有激励儒家学者构筑生命永恒的巨大推动作用。尽管如此,本书并未将儒家定义为宗教。陈来认为儒学是"作为哲学的一种学术思想的存在",而儒教是"作为一种社会化、制度化、世俗化的整合的文化形态的存在"。② "文化者,人类心能所开释出来之有价值的共业也。"③儒学、儒家和儒教,都是一种在社会实践和意识活动中长期孕育出来的价值观念、思维方式和精神追求,它们都是一种文化,是一种高层次的社会意识形态。

马克思主义历史唯物观指出,任何一种思想意识的存在都与当时的社会历史息息相关,即社会存在决定社会意识。儒家思想随着社会的变迁,经历了一个不断变化演进的过程。董仲舒推阴阳之变,究"天人之际";魏晋时期儒学的玄学化;南北朝及隋唐时期儒释道的相互融合;自宋以后,"理学"继承孔孟的"道统",积极汲取了佛、道的思想成分成为新儒学。因此,有学者从时间谱系上,将儒家思想分为先秦以前的原始儒家、汉唐儒家和宋代新儒家。两汉之后的儒家已经和原始儒家在道德伦理方面的思想上有了一定的区别。周予同曾说:"……倘使说到学术思想方

---

① 秦家懿、[瑞士]孔汉思著:《中国宗教与基督教》,吴华译,生活·读书·新知三联书店1990年版,第74页。

② 北京大学中国文化发展研究中心编:《马克思主义与中国文化发展》,北京大学出版社2011年版,第11页。

③ 张岱年、方克立主编:《中国文化概论》,北京师范大学出版社2004年版,第3页。

面,孔子的变迁就更多了。……历代学者误认个人的主观的孔子为客观的孔子。孔子虽是大家所知道的人物,但是大家所知道的孔子未必是真的孔子。"①历史上只有一个真孔子,但却有许多个假孔子。换言之,原始儒家代表的是儒家思想历史发展进程中最原始、最深沉和最纯粹的精神特质,它没有受到像黄老之学、阴阳学、佛学等其他学派思想的影响,体现了中国哲学精神最主要的核心要义。但是,目前学界对原始儒家的概念和范畴并无统一的界说。方东美在《原始儒家道家哲学》中指出,原始儒家一般都是以孔子为基点进行瞻前顾后讲的,原始儒家思想的来源可以从《尚书》和《周易》两部书中得到暗示,《尚书》体现的是原始儒家崇尚传承的思想,而《周易》代表了原始儒家强调创造的精神。②吴龙辉在《原始儒家考述》中认为,原始儒家只能是指汉武帝罢黜百家以前的儒家,是作为显学的儒家。③唐文明在《与命与仁:原始儒家伦理精神与现代性问题》中对原始儒家的概念进行了详细的界说,概括了原始儒家的谱系,即从周公到孔子再到思孟,认为原始儒家的义理开发主要着意于终极伦理的认同性领悟,而其伦理精神可以概括为"与命与仁"。④梁振杰在《走进原始儒家——战国楚简儒家思想研究》中凭借二重证据法,主要以战国楚简儒家原始文献郭店楚简和上海博物馆藏战国楚竹书为研究对象,揭示了战国楚简儒家在哲学上以"心性论"和"性情说"作为中心思想。⑤张舜清在《儒家生命伦理思想研究——以原始儒家为中心》中视孔、孟、荀为原始儒家的代表,并以"五经"为基础进行儒家生命伦理思想的探讨,概括了儒家生命伦理思想的结构与特征,如"天道生生"的本根论、"万物有'生'"的价值论、"万物一体"的境界论、"中和位育"的方法论。⑥张毅在《儒家文艺美学:从原始儒家到现代新儒家》中将儒学成为官学之前的儒家称为

① 周予同著:《周予同经学史论著选集》,上海人民出版社1983年版,第338—339页。
② 方东美著:《原始儒家道家哲学》,中华书局2012年版,第43—44页。
③ 吴龙辉著:《原始儒家考述》,中国社会科学出版社1996年版,第181页。
④ 唐文明著:《与命与仁:原始儒家伦理精神与现代性问题》,河北大学出版社2002年版,第26—69页。
⑤ 梁振杰著:《走进原始儒家——战国楚简儒家思想研究》,人民出版社2015年版,第33页。
⑥ 张舜清著:《儒家生命伦理思想研究——以原始儒家为中心》,人民出版社2018年版,第241—295页。

原始儒家，即百家争鸣中作为显学的孔孟之学。①由此可见，学者所依据的研究文本会直接影响到所探究的思想内涵，但以孔子为中心、以先秦作为时间节点来划分原始儒家的研究范围是许多学者的共性。于是，本书将原始儒家的研究范围限定为以《周易》《大学》《中庸》《论语》《孟子》等原始经典作为主要研究文本，以孔子和孟子为代表人物，深入挖掘其中所蕴含的优秀生命智慧，同时探讨其对现代社会具有深厚影响和启迪的最深邃的生命精神。

学博中西的"清末怪杰"辜鸿铭认为："欧洲意义上宗教文化之所以存在是由于它为人们提供了一种庇护，一个避难所，并通过信仰能够找到他们生存的永恒感。"②回溯历史，基督教文化的产生正是犹太人在内忧外患的处境下所生发出来的一种生死渴盼。透视犹太民族内部，公元 1 世纪的犹太教已经处于分崩离析的边缘，派别林立的现象使他们原本统一的思想已经出现了观念上的分化，如保守而又只言不行的法利赛人相信永生或人死后灵魂的存在；身居权贵而又具有妥协通敌性的撒都该人却完全否认死后生命的存在，对命运的看法与法利赛人截然不同；艾赛尼派在消极遁世中去坚守犹太教教义的宗旨；奋锐党人在与罗马统治者积极抗争的过程中期待着弥赛亚的到来。反观犹太人的外部世界，希腊文化对传统犹太文化的"冲刷"和"洗礼"，塞琉古王朝和罗马帝国的残暴统治与高压政策，迫使末世论思潮严重泛滥。③内忧外患的犹太人迫切需要一个真正的弥赛亚为他们的生命提供庇护和保障，引领他们去探寻生命永恒之意义。这种殷切的生命诉求和复杂的历史氛围成为孕育基督教文化的温床。而基督教文化的形成并不是一个静态的过程，基督教在整个演进进程中，将希腊的理性主义、犹太教的信仰精神和古罗马的法律思想融为一体。人所共知，从基督教存在的第一天起，它就拥有一部被视为正典的犹太人的圣经，原文用希伯来文撰写，后广泛用于希腊文译本即《七十子希腊文译本》(Septuagint)之中。但与此同时还存在另外一个同等重

① 张毅著：《儒家文艺美学：从原始儒家到现代新儒家》，南开大学出版社 2004 年版，第 2 页。
② 辜鸿铭著：《中国人的精神》，李晨曦译，上海三联书店 2010 年版，第 26 页。
③ 朱维之、韩可胜著：《古犹太文化史》，经济日报出版社 1997 年版，第 380 页。

要的权威,即以口传传统传递下来的耶稣的话语。①"耶稣语录"被后来学者用"Q"字,就是"Quelle"作为代表,德文意思是"根源",它构成了《新约》正典的核心内核,成为四福音书共同分享的一块基石,这是研究早期基督教文本最原始的信息。而在《新约》正典中,保罗书信也是认识和理解耶稣与基督教的重要资料,保罗是以耶稣的死和死而复活为出发点,强调耶稣的神性及由此而带来的拯救,他的中心可称为"十字架神学"。② 保罗书信让信徒进一步懂得耶稣的精神、基督的爱,使耶稣的形象得到了升华。换句话说,保罗将耶稣的思想不断发扬光大,保罗在基督教与犹太教相分离的进程中起到了相当关键的作用,使基督教终于成为一种独立的宗教而存在。因此,本书在界定早期基督教的范围时,主要是以耶稣和保罗为研究对象,以四福音书、《使徒行传》和保罗书信等作为主要研究文本。

## 三、研究综述

### (一)关于生命伦理学的研究

生命伦理学作为一门新兴学科成为伦理学的一个重要研究范畴,尤其伴随着生物医学与生物科技的发展,有关生命道德、生命道德问题或生命道德判断的哲学思考越来越成为人们关注的焦点。在全球化进程不断加剧的背景下,生命伦理学研究已经逐渐从西方世界走进东方各国,不仅相关研究者络绎不绝,而且相关研究著作层出不穷。生命伦理学的研究内容与研究视角之间息息相关,影响着生命伦理学研究现实意义的受众群体。

(1)生命伦理学的研究内容:从具体走向抽象。美国著名的生命伦理学家祁斯特拉姆·恩格尔哈特指出,生命伦理学最早的产生是与保健资源的分配紧密相关的,但由于医生和病人之间形成了一种道德异乡人的关系,所以新的医疗技术的道德适应性需要通过圆满的道德论证来解

---

① [美]布鲁斯·M. 麦慈格著:《新约正典的起源、发展和意义》,刘平、曹静译,上海人民出版社 2008 年版,第 2 页。
② 刘光耀、孙善玲著:《四福音书解读》,宗教文化出版社 2004 年版,第 206 页。

决争端。① 恩格尔哈特还将生命伦理学分为俗世(世俗)的生命伦理学与宗教的生命伦理学,认为人们无法获得一种具体的、充满内容的俗世道德或生命伦理学来作为标准的俗世的道德或生命伦理学。换言之,理性已经很难为解决我们现实生活中的道德冲突提供一种确定的、有力的基础。由此,恩格尔哈特提出生命伦理学的允许原则,这是一种"元原则",是超验的、程序性的原则,因为人们之间没有共同的道德认知、道德权威、理性论证或信仰,彼此是一种道德异乡人,所以当产生道德冲突或争议时,解决的办法只有源于争议者们的同意,允许或同意成为权威的来源。② 这样,恩格尔哈特从意识形态层面上将生命伦理学进行了两大类的划分,这虽然是宏观层面上的一种界分,但在范畴上却能够涉及所有人的生命。托马斯•A.香农在《生命伦理学导论》中不仅对医学伦理学和生命伦理学的界限进行了澄清,而且认为生命伦理学的范围更加广泛,包括在技术、医学、生物学对生命的应用时所遇到的伦理问题。托马斯•A.香农仍然是从有关生命的具体问题出发进行研究的,如涉猎的是关于流产、生育技术、安乐死、器官移植以及人的基因工程等当代生命伦理学的重点或难点问题。但是,托马斯•A.香农与恩格尔哈特不同,前者肯定人类理性在道德判断中的准确作用,并首次提出了尊重自主、不伤害、有利和公正四大原则。③ 这就意味着,托马斯•A.香农主张在医学领域可以根据确定的标准或原则进行资源分配,为医疗方面出现的道德冲突或道德难题的解决提供了一定的理性支撑。德国的马库斯•杜威尔在《生命伦理学方法、理论和领域》中强调生命伦理学判断是一种复合型的判断,作为一种应用伦理学有四种可能性,如作为医学伦理学的生命伦理学、作为生命科学伦理学的生命伦理学、作为关注生命现象的伦理学的生命伦理学和作为宽泛术语的生命伦理学。④ 马库斯•杜威尔是从包括医学的、动物的和环境的伦理学的宽

---

① [美]恩格尔哈特(H. Tristram Eengelhardt)著:《生命伦理学的基础》,范瑞平译,湖南科学技术出版社1996年版,第2页。

② [美]恩格尔哈特(H. Tristram Eengelhardt)著:《生命伦理学的基础》,范瑞平译,湖南科学技术出版社1996年版,第12—14页。

③ [美]托马斯•A.香农著:《生命伦理学导论》,肖巍译,黑龙江人民出版社2005年版,第3—6页。

④ [德]马库斯•杜威尔著:《生命伦理学方法、理论和领域》,李建军、袁明敏译,社会科学文献出版社2017年版,第26页。

泛术语的生命伦理学角度进行理解的。

在国内研究学者中,邱仁宗在 20 世纪 80 年代就著有《生命伦理学》一书,他首次全面而系统地介绍了生命伦理学,认为作为新兴学科的生命伦理学形成的根本原因在于,生物技术的进步给医学带来了许多前所未有的新难题,挑战着传统医学伦理观念。生命伦理学是对医学伦理学的扩展,在内容上涉及的范围更加广泛,包括生物医学和行为研究、广泛的社会问题等。① 研究内容拓展到了人口学和生态学等多学科、多领域。邱仁宗认为生命伦理学是应用规范伦理学的一个分支学科,生命伦理学的研究旨在帮助医生、医院管理人员、卫生决策者和社会各个层次的人员在面临医学难题时都能够作出正确的、合乎道德的判断。何伦、施卫星认为,生命伦理学的发展遵循着从伦理学到应用伦理学再到生命伦理学的规律。更具体地讲,生命伦理学是由医务伦理学到生物医学伦理学如此发展而来的。他们对生命伦理学的研究以道德哲学为基础,以临床医学与医学人文学为背景,从具体的临床医学道德难题出发,试图从道德理论、原则、规范的体系中去讨论道德证明的可能性。② 由此可知,以上学者关于生命伦理学的研究都紧密关注着人的实体性生命或者有关生命的具体实际性问题,尤其是相关医疗方面的难题。学者们研究的切入点和重点紧紧围绕着某些具体问题,目的在于帮助解决医疗道德难题或为医疗卫生政策提供理论帮助和智慧,而且相关研究成果确实起到了相当重要的作用。如关于生育控制、遗传和优生、死亡和安乐死、器官移植和行为控制等问题,邱仁宗在应该做什么和应该如何做等方面给出了伦理答案,在对新技术的使用进行社会制约或社会控制方面提出了许多建设性的意见,并且被相关部门所采纳。但是,我们不难发现,上述有关生命伦理学的研究更多的是停留在医学生命伦理学的层面,这在无形中缩小了生命伦理学的范围,有关生命的深层内涵还需要进一步挖掘和彰显。

随着学者们对生命伦理学研究的不断深入推进,研究的内容也在悄然发生着变化。比如,王荣发、朱建婷等认为现代生命伦理学的研究论域

① 邱仁宗著:《生命伦理学》,上海人民出版社 1987 年版,第 2—7 页。
② 何伦、施卫星著:《生命的困惑:临床生命伦理学导论》,东南大学出版社 2004 年版,第 17 页。

不能仅局限于生命技术伦理的范围之内,需要将研究范围回归到人类广袤的生命伦理文化沃野。① 他们的《新生命伦理学》构建了生命源性伦理、生命生育伦理和生命健康伦理等十大议题。如此,生命伦理学的研究不是仅停留在医学或生物科技层面,而是涉猎与生命有关的种种伦理问题,既有关于生命的某种具体的伦理问题,又有关于生命价值问题的普遍探讨,还有关于与生命紧紧相关的一些生命教育实践问题。孙慕义基于后现代给人类社会带来最迫切、最重大的时代问题,即技术占主体、思想极度贫乏,认为生命伦理学遭遇了后现代,他的研究目的是要实现"推罗蓝"行动,要对生命实现拯救计划和行动。孙慕义认为,生命伦理学离不开对人性的审视,需要研究生命本身,尤其是精神性的生命和社会属性的生命,而不是仅凭借简单而粗糙的理论与无根的原则来对有关生命的现实案例急躁地进行分析。因此,生命伦理学不能止步于对具体问题与现象的处理和分析,需要有关于生命的道德哲学的追问,否则生命的真正价值就会被漠视。② 张舜清认为对生命伦理学的理解,应当回到生命本身,对生命的基础性的哲学伦理学的研究,应当视为生命伦理学的主要内容,在此基础上谈应用,生命伦理学的学科价值才会真正得以彰显。③ 由此可以发现,生命伦理学中的生命伦理思考不再囿于生命实体本身,还有关于生命的哲学追问。关于生命伦理学的研究已经从审视生命的具体问题转向对生命的普遍探讨,从局限于实体性生命所遭遇的道德难题审思拓展到人文性生命所需要的哲学思考,生命伦理学的研究内容在不断扩大、丰富和发展,继而变得越来越普遍和抽象。

(2)生命伦理学的研究视角:越发多维而独特。纵观生命伦理学的发展史,生命伦理学研究最初是基于生命医学、生物科学等视角而起步的,如曾被誉为美国伦理学鼻祖之一的卡拉罕(Daniel Callahan)曾发表言论强调,生命伦理学完全是一个现代的领域,是生命医学、环境科学及社会科学所带来惊人进步之产物。恩格尔哈特、托马斯·A. 香农和邱仁

---

① 王荣发、朱建婷著:《新生命伦理学》,华东理工大学出版社 2011 年版,第 1 页。
② 孙慕义著:《后现代生命伦理学》(上),中国社会科学出版社 2015 年版,第 20—36 页。
③ 张舜清著:《儒家生命伦理思想研究——以原始儒家为中心》,人民出版社 2018 年版,第 25—27 页。

宗等学者最早的相关研究都与生命医学或医疗保健等问题紧密相关。但是，随着现代科学技术的突飞猛进，学者们关于生命伦理学的研究视角不仅变得越来越多维化，而且十分清晰地凸显了研究视域的独特性。

第一，秉持人文学科的视野去升华生命伦理学研究。生命伦理学虽然是一门新兴的学科，但它所涉猎的领域却十分广泛，因而一些研究者已经立足人文学科的某个基点开展对生命伦理学的研究。比如，恩格尔哈特不仅根据世俗人文主义传统去探索对生命伦理学和保健问题认识的可能性，认为世俗生命伦理学与宗教生命伦理学是两种截然不同的方法，但有时世俗生命伦理学还不能构成与已经存在的传统相对立的完整的道德传统，也就是不能为实际的保健政策提供一个实际的框架。[①] 而且，恩格尔哈特从宗教视阈出发研究生命伦理学，并最先致力于消解基督教生命伦理学与世俗生命伦理学之间的差别，强调基督教生命伦理学需要吸收哲学和后现代文化的精神养料，要将基督教生命伦理学打造成为集道德哲学、宗教学、文化人类学以及生命科学的和合体。传统的基督教生命伦理学揭示了与世俗社会的和谐并不能解决其所关切的事端。在第一个千禧年基督教理念上育成的道德神学和基督教生命伦理学，将会成为以超越性为导向的各种色彩纷呈的生活世界中的一员。[②] 这样，恩格尔哈特试图从基督教生命伦理学中去创造出使医疗保健和生命科学事业能够为最大多数人实现最大幸福的理论。马库斯·杜威尔认为，生命伦理学是在最广泛意义上涉及对生命世界的干预，是从道德维度反思我们对待生命的方式，特别是反思生命科学和医学科学进步带来的后果。[③] 万慧进从生命法学的角度剖析生命法学与生命伦理学之间的有机联系，以及生命法学之于生命伦理学的重要作用，认为生命伦理学是生命法学的基础，而生命法学为生命伦理学提供了保障。随着生命伦理学的发展，社会除了为相应医务工作者或相关工作人员提供一定的伦理知识和伦理智慧，

---

① ［美］恩格尔哈特（H. Tristram Engelhardt）著：《生命伦理学和世俗人文主义》，李学钧、喻琳译，陕西人民出版社 1998 年版，第 32 页。

② ［美］恩格尔哈特（H. Tristram Engelhardt）著：《基督教生命伦理学基础》，孙慕义主译，中国社会科学出版社 2015 年版，第 7 页。

③ ［德］马库斯·杜威尔著：《生命伦理学方法、理论和领域》，李建军、袁明敏译，社会科学文献出版社 2017 年版，第 26—28 页。

必要的相关法律的出台和完善也是一种迫切的现实要求。[①] 这些基于人文学科视角的相关研究不仅改变了生命伦理学最初比较单一的医学研究视野，而且进一步扩大了生命伦理学研究的内容。

第二，立足本土文化的支撑去开拓具有中国特色的生命伦理学研究。生命伦理学是要解决有关人的生命的问题，而人虽然具有作为类本质的共同性，如孙慕义主张道德是人生命的类的属性，但人作为不同的个体，由于其生活环境和所受熏陶文化的不同，解决个体生命的实际问题需要考虑他们的文化背景。生命伦理学在国外的形成与发展是基于西方文化背景，因此恩格尔哈特在他研究生命伦理学的早期就主张要建构和支持发展一门中国生命伦理学。沈铭贤不仅从科学技术迅速发展的角度出发，而且以深刻的社会文化背景视角，阐发生命伦理学兴起和发展的多重原因，认为中国生命伦理学的发展需要将人文与科学交响、东方与西方合唱、多元化与多样性肯定，弘扬和发展医学人道主义精神。[②] 孙慕义认为，没有精神和民族自尊的生命伦理学已经成为一种官场文化、重商主义的传播或转播；缺乏理论的深入研究，没有针对国情和现实的内容，屈从于个人、官员或西方投资者的霸权，严重脱离中国生命伦理的本真。[③] 范瑞平等认为中国古老的传统文化中饱含着一系列有关生老病死、人伦天道的价值和资源。与此同时，传统思想必须面对当今蓬勃发展的生命科技以及现代医学所伴随的种种棘手问题，并作出应有的回应。[④] 李瑞全和范瑞平都构建了一种儒家生命伦理学，二者都试图用儒家伦理为现代医学界存在的生命伦理问题提供研究路径，都为当代生命伦理的发展提出了许多有益的方案。不同的是，李瑞全是以"不忍人之心"作为道德根源和动力理论框架，并以此为基础阐发了自律、不伤害、仁爱和公义四个基本原则[⑤]；而范瑞平则主要从与西方自由主义和个人主义相比较的视

---

① 万慧进著：《生命伦理学与生命法学》，浙江大学出版社 2004 年版，第 1 页。
② 沈铭贤著：《生命伦理学》，高等教育出版社 2003 年版，第 10 页。
③ 孙慕义著：《后现代生命伦理学》（上），中国社会科学出版社 2015 年版，第 22 页。
④ 范瑞平、张颖主编：《建构中国生命伦理学：新的探索》，中国人民大学出版社 2017 年版，第 1 页。
⑤ 李瑞全著：《儒家生命伦理学》，鹅湖出版社 1999 年版，第 66—68 页。

角,突出儒家家庭伦理在当下生命伦理困境中的智慧优势,用儒家伦理对现代医学问题进行分析,并得出儒家生命伦理中的家庭主义不同于西方的自由主义和个人主义,有着其独特的优越性。同时,他又强调他所指的儒家伦理是一种重构性的伦理,不是将儒家伦理妖魔化的,也不是完全批判的,而是将儒家伦理与现代性问题结合起来,要用一种与时俱进的眼光去看待儒家传统伦理在现代生命问题中所起到的不可替代的作用,是用传统的伦理道德来分析和解决现代社会所存在的问题,真正达到古为今用的目的。① 因而,中国生命伦理学的研究与发展需要坚持立足本来、吸收外来、面向未来的原则,做到批判继承,开拓创新,更有针对性地解决当代中国人的生命伦理困境。

第三,基于中西文化比照的视角去探索面向未来的生命伦理学研究。徐宗良等从理论与实践两个层面对生命伦理学进行全方位的探讨,尤其是在相关理论的讨论中,是从中西方道德发展脉络不同的比较性视角来说明中西方在医学伦理和生命伦理观念上的差异,指出生命伦理学的发展前景有可能会逐步迈向全球生命伦理,而中国的生命伦理学需要将历史、现实、未来,以及本土与国际因素等充分咀嚼,才有可能为全球生命伦理学的推进作出贡献。② 徐宗良等关于生命伦理学的研究视角比较全面,研究内容亦十分丰富,但是其中的中西文化比较视野却是在一个宏大粗线条的层面进行剖析的,相关方面其实可以开展更深层次的探讨。学者们关于生命伦理学的研究视角虽然各异,但是研究的目的都是一致的,正如"生命伦理学"一词的创造者 Potter 所言,生命伦理学就是要为人类更好地生存开处方。③ 也就是说,各种关于生命伦理学研究的成果都希冀着达到异曲同工之妙,旨在造福普罗大众,在于促使人类能够过上一种可能的乃至更好的生活。但是,人类面临着的关于生命的种种问题因为科技、环境和信仰等因素的影响而变得日益复杂且难以消解,所以生命伦理学需要构筑一条形上与形下相互贯通、融合的研究路径,由此才能全方位地为人类生存开出更加行之有效的"处方"。

---

① 范瑞平著:《当代儒家生命伦理学》,北京大学出版社 2011 年版,"前言"第 2 页。
② 徐宗良等:《生命伦理学:理论与实践探索》,上海人民出版社 2002 年版,第 20—31 页。
③ 何伦、施卫星著:《生命的困惑:临床生命伦理学导论》,东南大学出版社 2004 年版,第 16 页。

　　（3）生命伦理学的研究路径：形上与形下相互贯通。"形而上者谓之道，形而下者谓之器。"①毋庸置疑，在中国哲学史上，形而上者一般指称精神性的、抽象性的东西；形而下者指代物质性的、具体性的东西。生命伦理学中的生命具有十分丰富的内涵，既有形而上的精神内涵，亦有形而下的实体指向。郑晓江指出，人类的生命具有二维四重性，二维指实体性的生命和关系性的生命，而关系性的生命又可分为血缘生命、社会生命和精神生命三个层次。② 孙慕义认为，生命伦理学中的生命，应该是概念性的并且是在道德哲学意义上的概念，又是生物学意义和哲学意义上的综合，既是存在又是虚无，既是物质又是精神。③ 生命伦理学研究出现一种倾向，即已经偏离了原有的轨迹和社会学问题；与 20 世纪中期的科学技术和科学社会学分化一样，生命伦理学已经分化为医学社会学和生命的道德哲学两个部分，也就是生命伦理学界许多学者的研究已经是医学社会学领域和方向了，已经远离了生命伦理学的研究。④ 因而，孙慕义将生命伦理学的体系分列为原理、原论和原用三部分。原理包括元生命伦理学、文化生命伦理学、生命神学。原论包括生命伦理学的学科诞生、形成与发展；基本体系；基本原则；研究对象、方法与学科价值；对现实问题的指导技术等。原用即应用生命伦理学，包括医务伦理学；生命存在与死亡伦理学；卫生政策与卫生经济伦理学；公共卫生事业、老龄、人口与社会生命伦理学；自然环境、生态、动物权利的伦理学等。⑤ 因此，生命伦理学既需要有形而下层面的具体分析，还需要有形而上层面的内在探究，通过一条形上与形下相互结合的研究路径，在辨析形上生命伦理学与形下生命伦理学关系的基础上，更全面地理解和把握生命伦理学。

　　所谓形下的生命伦理学，主要是指从实体层面或者说是从形而下层面对生命伦理学的研究，包括医学生命伦理学、环境生命伦理学等。孙慕义所划分的生命伦理学体系中的原用（原实）部分即属于形下的生命伦理

---

① 《系辞上》。
② 郑晓江著：《生命与死亡——中国生死智慧》，北京大学出版社 2011 年版，第 153 页。
③ 孙慕义著：《后现代生命伦理学》（上），中国社会科学出版社 2015 年版，第 45 页。
④ 孙慕义著：《后现代生命伦理学》（上），中国社会科学出版社 2015 年版，第 53 页。
⑤ 孙慕义著：《后现代生命伦理学》（上），中国社会科学出版社 2015 年版，第 97 页。

学,这些是有关生命伦理的具体问题分析,如现代生物科技、生命技术和医药卫生带来的生命伦理难题。除此之外,要在各种形下层面更科学、更合理、更有效地解决现实生活中已经存在的生命伦理困境,还需要借助人文社会科学知识的精神指导。也就是说,可以从道德哲学、生死哲学和宗教学等形而上视阈去研究生命伦理学,也就是形上的生命伦理学,如儒家生命伦理学、基督教生命伦理学、伊斯兰教生命伦理和道家生命伦理学等。孙慕义所划分的生命伦理学体系中的原理(原道)部分、原论(原法)则属于形上的生命伦理学,是从精神层面去解决人的生命的相关问题。无论是形上的生命伦理学还是形下的生命伦理学,二者的目标指向一致,旨在关注人的生死大事,解决与人类生命息息相关的伦理问题,希冀人类能够过上更好的生活。但形上的生命伦理学不仅关心人类肉体上的健康,还要关注人类精神上的满足与快乐,这是对人类生命的内在深切关怀。可见,生命伦理学的核心不在于对某一种或某几种道德理论的应用,而是研究和创制适应于生命本体或生命科学技术行为的合道德性,而且必须帮助人们努力认识生命的所有问题或难题,生命现象、生命技术、医药卫生等方面的伦理问题仅仅是它十分表浅的研究内容之一;对灵性生命和精神生命的哲学化注释,是其重要的使命。[1] 精神生命是人类不懈追求的最高层次的生命,是许多人一生为之奋斗的目标,形上的生命伦理学是助推人类收获精神生命的重要途径。

生命伦理学如果没有对精神生命的研究,就无法真正发现生命的价值所在。比如,形上的儒家生命伦理学可以为中国解决现实的医学生命伦理难题、卫生保健政策的制定提供一定的价值支撑和坚实的伦理基石,在很大程度上能够指导和影响现实问题的研究方向与相关政策的出台。同时,形上的生命伦理学在应对现代科技带来的生命难题时需要与时俱进,需要做到创造性转化和创新性发展。范瑞平通过重构儒家生命伦理学,积极用儒家生命伦理去论证解决当代中国的临床决策问题、医疗政策以及对尖端生物医学技术的适当反应问题等的合理性,从而揭示了当代儒家生命伦理学的重大现实意义。另外,由于形下的生命伦理学解决的

---

[1] 孙慕义著:《后现代生命伦理学》(上),中国社会科学出版社 2015 年版,第 16 页。

是看得见、摸得着,实实在在摆在人们面前的现实生命难题,具有丰富的实践性,这就为形上的生命伦理学能够在现实生活中得到积极运用找到了现实路径。形上的生命伦理学只有能够对现实生命伦理问题作出一定回应,提供建议、指导和帮助,它的价值才能得到真正发挥,由此形上的生命伦理学研究只能在象牙塔中或只能是博物馆式研究的错误形象才能彻底得到改变。生命伦理学研究只有在形上与形下的相互融合与贯通中,才能够最终真正直面人类生命的所有问题。

## (二) 关于原始儒家生命伦理的研究

方东美先生(2012)认为原始儒家一般都是以孔子为基点进行瞻前顾后讲的,原始儒家思想的来源可以从《尚书》和《易经》两部书中得到暗示,并详细论述了原始儒家思想与《尚书》和《易经》之间的密切关系。吴龙辉(1996)在全面阐述原始儒家演变的历史轨迹及内在学术逻辑的基础上,揭示了原始儒家的特点。唐文明(2002)认为原始儒家的伦理精神可以归结为孔子所说的"与命与仁"。梁振杰(2015)以战国楚简为研究基础考察了原始儒家的"心性论"和"天命大道"等重要思想。刘墨(1996)阐述了原始儒家眼中"仁"的生命理想境界、"敏而好学"的生命觉悟和"乐莫大焉"的玄儒情境。靳凤林(2012)立足《中庸》,阐发其中所蕴含的原始儒家的君子人格、生存方式和终极信念等生命伦理思想。张舜清(2018)从《周易》《诗经》《尚书》《礼记》《论语》《孟子》《荀子》等原始儒家经典文献中探寻孔、孟、荀等的生命伦理思想,剖析其主要观点、思想特征和实践意义。陈鹏(2019)从原始儒家的孝、忠、礼、德四个主要范畴分析其发展和变异的过程,以期彰显原始儒家四大范畴的现代价值。杨高男(2007)通过对经典解读,剖析了原始儒家思想中伦理与政治两个理论维度及对构建现代社会政治的借鉴意义。张毅(2004)力求贯通古今与中西,着力探讨了原始儒家美学中的生命精神及其现代意义。上述学者以不同的经典文本作为研究基础,并从不同视角对原始儒家内含的伦理精神进行剖释和提炼。

### (三) 关于早期基督教生命伦理的研究

生命之本体是基督教生命伦理必须探讨的问题。布尔特曼(1995)、巴特(1958)、蒂利希(2005)等从神学的视角说明上帝作为创造者的作用,马丁·路德、施特劳斯(1999)、摩西·迈蒙尼德(2004)论证了亚当、人和上帝形象之间的关系。在基督教中将人作为上帝形象的解释,与基督教之外对人的解释在原则上有根本区别。灵魂与人性问题自古以来也是基督教哲学家无法回避的话题。奥古斯丁(2006、2010)的多本巨著都有关于人性的讨论,他认为人性原本是善的、"甚好的",但现实的人性因亚当犯了原罪而成为恶的。托马斯·阿奎那(2013)则认为人性的善恶由人的自由意志和神人关系的基本处境两方面决定。奥立金、尼斯的格列高列、贝拉基主义和诺斯替派等对人性都持有不同的见解。信德、望德、爱德是基督教的三大主德,也是基督教伦理的核心内容。卡尔·白舍客(2002)从整个基督宗教伦理学的角度,对神性的三主德从本质到受到的冒犯展开了说明。此外,对三主德进行专门或个别探讨的学者还有奥古斯丁(2009)、巴克莱(2007)、詹姆士·里德(1998)、尼采(1989)、万俊人(2009)、邓晓芒(2005)、刘小枫(2001)等。杨慧林(1995)对传统基督教信仰中的要素加以新的组合,以现代人的眼光加以评议,探讨了以罪恶和救赎为核心的基督教世界观。云格尔(1974)、Xavier Léon-Dufour(1986)、段德智(1996)、张忠成(2012)等探讨了基督教中关于生与死、复活与生死之间的关系。生死超越亦是基督教的终末论问题,莫尔特曼(2006)以批判终末论的时间化和终末论的永恒化为基础,在层层推进中形成了上帝的来临的终末论,为终末论作出了重要贡献。而奥特、奥托(2005)归纳了学术界各种终末论,发现终末论具有象征的宇宙性和未来主义的基本特征。上述学者针对基督教生命伦理的具体问题进行了不同程度的研究,他们的研究成果是本书不可缺少的宝贵财富。

### (四) 关于原始儒家与早期基督教生命伦理比较的研究

学术界关于原始儒家与早期基督教生命伦理比较的研究主要集中在:第一,本体论研究。刘小枫(2001)认为儒家之"天"与基督教之"上帝"

完全不同，"天"不可能代替"上帝"，作用也远不及上帝。周可真（2003）指出，"上帝"是外于世界的存在者、是唯一真神、是人类的创造者，"天"是存在于世界之中的宇宙主宰、是众神之主、是人类的老祖宗。而房志荣（1995）、唐君毅、牟宗三（2001）等认为二者毫无冲突，应该整合为一。杨克勤（2010）认为孔子与保罗对善恶的理解不同，但天与神的超越性使得它们有通约之处。朱小明（2016）比较了孟子的"不言之天"与保罗的"启示"之上帝的相似性和差异性。何光沪（2000）、孔汉思、秦家懿（1990）等主张，孔子和耶稣在人性问题上有一致之处，儒教与基督教哲学的人性论有相通的可能。此外，何世明（1999）、高旭东（2004）、贺樟瑢（2002）、庄祖鲲（2007）、靳凤林（2018）也检讨了二者人性方面的差异。第二，态度论和价值论研究。学界关于儒家的"仁"与基督教的"爱"讨论甚多。林乐知、吴雷川（2010）、董小川（1999）认为二者可以等同，只是在实现难度上有差异。姚新中（2002）认为儒教之仁爱为人本主义，基督教之神爱是神本主义，二者有异同。朱小明（2014）认为孟子以忠恕之道作为行仁之方，以孝悌之道作为践仁之本，而保罗是以耶稣基督的"黄金法则"作为爱的践行之方，以爱上帝作为爱人之本。谢和耐（2003）认为二者出发点不同，内容不可能相同。贺麟（2003）强调儒家差等之爱更合理、近人情，而基督教的爱流于狂诞。赵士林（2018）基于"孝悌"观念分析了儒家人情之爱与基督教上帝之爱的不同。靳凤林（2018）强调儒家仁爱与基督教博爱在来源、指向、次序、实现方式四个方面存在相异，而在利他性、基本原则、所居地位和终极理想四个方面又有相通。张世英（2007）坚持儒家之爱的差等要掌控适当，提倡灵活批判吸收基督教的博爱精神。冯沪祥（2003）、焦国成（2001）等强调，儒家的生死观是注重入世的生命观，而基督教生死观具有复活和永生的特点，是达到新生命的途径。马翰如（1990）则认为儒家以善终作为结局和耶稣以横死作为结局是两种根本不同的"出入观"，形成了中国与西方在文化心理上的巨大差异。第三，超越论研究。徐宝谦（1998）认为在理解"出世""入世"方面，基督教与中国文化之间有"调和结合"的可能。冯友兰（2013）表示既注重现实又关心理想的"入世"中国哲学和注重获得最高成就，追求脱离尘世的"出世"基督教哲学之间不存在分野。而刘述先（1989）、刘小枫（2001）等认为儒家是"内在的超越"的传统,而基督教是"纯粹的超越"的传统。儒学确立的是只有一重的现实世界,希伯来精神确立的是一个超越的上帝的国。姚新中(2002)阐明儒家的"新"在于自我的努力,而基督教的"更新"主要是一种神的恩赐。汤一介、余英时(2009)、卓新平(2013)等学者认为,基督教所强调的"外在超越",不仅不是文化会通的"障碍",反而可以借此补足中国传统文化过分强调"内在超越"的缺欠,"超越观"是会通的交会点和未来中国文化的转化点。此外,颜炳罡(2005)、孙尚扬(1994)、龚道运(2009)、罗秉祥、赵敦华(2000)等讨论了近代儒学与基督教间的冲突与会通。上述研究主要是关于儒家与基督教之间的对话,并集中详细地探讨了天与上帝、人性、仁与爱和超越性等问题。

总体而言,针对本书主题,一部分学者已有涉猎,其中不乏真知灼见,这为深入本书的研究提供了较好的基础,其不足之处也为继续深入研究提供了空间,可研究空间主要体现在:(1)从微观视阈加深理论研究的深度。既有研究主要从整个中西文明或儒家与基督教的文明着手,且现行的资料中很多名为基督教与儒教的比较,实为基督教与新儒家的对话,真正始终以两大学术流派的原始经典文本为基础,并从原典细微深处挖掘和比对儒家与基督教思想源头的研究不足。(2)升华研究内容的系统性。现有研究者主要聚焦在翔实剖析儒家与基督教生命伦理的个别问题,而对生命伦理思想进行系统性讨论的较少。(3)强化研究对象的动态性。既有许多研究主要局限在儒家与基督教生命伦理异同点的一般比较,讨论相互镜鉴及其时代价值的研究较少。

## 四、研究思路

本书主要以马克思主义理论为指导,立足于权威的经典文本,在全面归纳、总结原始儒家和早期基督教生命伦理研究现状的基础上,建构以生命本体论为根本基点、人生态度论为外在表现、人生价值论为内在核心、人生超越论为最终归宿和思维方式为具体表现的研究体系,通过诠释学方法、比较研究法和经验与超验贯通法等研究方法,深入挖掘原始儒家和早期基督教的生命伦理思想,运用马克思主义文化批判理论对两者的生命伦理思想进行比较和相互镜鉴,从中汲取有益于现代社会的精神食粮。

## 五、研究模式

任何文明都不是孤立地存在和发展的,吸取其他文明和文化的长处是保持和增强自身活力的重要途径。一般而言,比较研究是在对两个或多个不同的事物进行研究的过程中,寻找彼此的区别与联系、不同点与相同点,而比较研究的程序繁简不一、路径不同。

学界通常会出现的比较模式有:(1)相互排斥法。这是以一种文化要战胜另一种文化为目的,二者之间只有交锋没有交流的比较模式。如亨廷顿的"文明冲突论"认为核心国家间的主要冲突是不同文明之间的冲突。这种相互排斥的比较模式既备受社会关注,又引起不少学术争议。(2)援外补内法。这种方法是将两种不同质的文化放在不平衡的立足点上进行对话,一种观点认为自我的文化体系要远远优越于对方,而另一种则反之。(3)平行交错共融法。这种方法是在平等、独立的基础上使不同文化进行对话,在一个良性互动中找出彼此的优劣、异同,并以一种文化理解和文化宽容的情怀进行吸收,最终达到一种文化上的共识。这种"文化平等比较模式"有利于达成伦理规范的普遍一致,使得普遍伦理更有可能成功。① 而本书则在吸收上述方法优点的基础上,采用"文化互镜"的理念,即各特殊文化之间应建立某种相互认可、相互镜见、求同存异、和而不同的互文化关系网络②,使儒耶生命伦理思想在平等交错中进行对话,通过积极的、双向度的互动去寻求生命伦理思想中的共异性。正如卓新平所言,中华民族长达千余年的对外文化交流史表明,真正意义上的文化交流与对话并非"单向的、贴上本民族或普世性标签的输出或输入",也不单表现为"双向或多向的学习、借鉴或互补",其更复杂或可称为更高境界的升华途径,还包括"富有中国文化特色、具有创造性的回传或回馈"。③ 因此,本书最终需要在平等交流与对话中找到儒耶生命伦理思想

① 万俊人著:《寻求普世伦理》,北京大学出版社 2009 年版,第 156—157 页。
② 万俊人著:《思想前沿与文化后方》,东方出版社 2002 年版,第 234 页。
③ 卓新平著:《基督教与中国文化处境》,宗教文化出版社 2013 年版,第 13 页。

中优秀的生命智慧,并为建构新时代中国特色社会主义生命伦理文化提供现实借鉴。

## 六、研究方法

本书以马克思主义唯物史观为指导,根据研究需要分别采取如下方法:

(1)历史唯物主义方法。儒家生命精神产生的时代背景与现代社会的实际状况有着重大差异,因此原始儒家自身的部分思想内容、话语体系的表达方式等已经脱离了现代社会的需求,需要对之采取扬弃的态度。同理,早期基督教的思想正是适应了当时身处生存绝望境地中的犹太人的社会需求。

(2)诠释学方法。本书需要深入到两大学术流派的经典文本中,去体悟、咀嚼它们的本真内涵,并发掘它们的当代价值。施莱尔马赫的普遍诠释学和伽达默尔的哲学诠释学为我们正确理解各种历史文本提供了重要的方法论资源,成中英的本体诠释学和傅伟勋的创造的诠释学有利于我们实现中西诠释的有机结合和创新性发展。

(3)比较研究法。本书将借鉴国际学术界比较文化研究领域具有典范意义的几种研究范式,如文化多元共生模式、文化平行交错共融模式、文化相互排斥模式、普遍理性主义模式等,在吸收其优点的基础上进行更为公平、公正、理性的比较分析。

(4)经验和超验贯通法。本书涉足伦理学、生死哲学、宗教学、科技哲学和教育学等许多学科,需要将对生命的超验思考和经验探讨互为贯通,使形上生命与实体生命相互涵摄,从而全面领会人生的本真要义。

# 第一章

## 原始儒家生命伦理思想

"原始儒家"从时代的角度看又可称为"先秦儒家",这是相对于"两汉经学""宋明新儒学"和"现代新儒学"而言的。尽管儒家在其发展历史的不同阶段表现出各种各样的形态或不同的特点,但原始儒家的伦理精神似乎并没有消失,而是积淀在中国人的心灵中了。[①] 原始儒家的伦理精神首先是创造性的生命精神,是人对宇宙的一种根源感。这种生命精神在中华大地上几千年绵延流长,广泛渗透在中国文化各个方面,对中华民族的进步和文明的发展起到非常重大的历史作用,并且已经浸入中国人的血脉,深深影响中国人的价值取向和思维方式。而生命伦理精神是生命与伦理、精神的内在契合,旨在从伦理精神的角度去理解生命本身,进而从根本上把握生命的价值和意义,一般主要包括生命本体、人生态度、人生价值和生死超越等方面的内容。以孔子为基点的原始儒家的生命伦理精神如静水深流,早已从根基处塑造了中国人的认知态度、道德情感和审美趣味,从而在中国人的生命和生活中无形地镶嵌着富有民族特色的标志。因此,本章主要深入挖掘具有"五经之首"称号的《周易》《论语》和《孟子》等权威经典中所蕴藏的深邃生命伦理智慧。

---

① 唐文明著:《与命与仁:原始儒家伦理精神与现代性问题》,河北大学出版社 2002 年版,第 9 页。

# 第一节　《周易》中的生命伦理思想

《周易》是对《易经》和《易传》的总称。《易经》大约形成于西周时期，从《易经》本身来看，它是由卦爻符号和卦爻辞所组成的卜筮之书，是远古时期巫术文化的产物。《易传》十篇又称为十翼，大约形成于战国时期，它对《易经》进行哲理性的阐述，体现了中华文化的根本精神和价值理想。随着《易传》对《易经》的创造性转化，《周易》以经传合一的形式正式形成。从汉朝开始，随着儒家经典的确立，《周易》被奉为"五经之首"，广泛渗透于中国古代社会各领域、各方面，对中华文化的形成及在不同历史时期的发展产生了重要影响，其中所蕴藏的生命智慧也是中国古代生命伦理的重要源头。

## 一、"一阴一阳之谓道"的天人和谐

众所周知，《周易》的核心观念是"一阴一阳之谓道"[①]，《周易》的核心理念是"阴阳和谐"。把握《周易》的生命伦理思想，最根本的在于其中生命和谐的理念，其实质是阴阳之和谐。《周易》的经传文本中蕴含着丰富的生命观，它把天地自然和人类社会看作一个有机的整体，认为生命的本质就在于追求天人之间的整体和谐。这种天人关系的整体和谐，集中表述为"一阴一阳之谓道"。《周易》推天道而明人事，把天人视为一个整体生命系统，而引领这个整体生命系统的就是这个阴阳和谐之道。这种阴阳和谐之道运用在我们的生命关系之中，就是天人关系的和谐，即人与自然的和谐、人与社会的和谐、人际的和谐和身心的和谐。

我国很早就开始讨论天人关系，中国的古代哲学就是围绕天人关系的讨论而形成的。《周易》总结以往天人关系的各种观点，提出了天人合一的理念。《系辞》说："易之为书也，广大悉备，有天道焉，有人道焉，有地

---

① 《系辞上》。

道焉。兼三才而两之，故六。六者非它也，三材之道也。"①《系辞》还说："立天之道曰阴与阳，立地之道曰柔与刚，立人之道曰仁与义。"②这里是说《周易》包括了天道、地道和人道，天道和地道讲的是自然法则，人道讲的是社会法则，它认为天地人的法则在本质上是一致的，它们共同构成了支配万事万物运动变化的宇宙法则。《周易》把天地人同时纳入一卦六爻的符号体系，如一卦之中的下面两爻为地，中间两爻为人，上面两爻为天，一卦就包括了天地人三才之道，蕴含了天地自然和人类社会的普遍法则，而且它们之间还是一个有机联系的整体，这就是《周易》天人合一观的特征。《周易》的"天人合一"是将自然观和生命观相连接的重要理论依据，这种观念对后来社会发展影响很大。《周易》说："《易》与天地准，故能弥纶天地之道……与天地相似，故不违。"③主张人类社会要效法自然界法则，即人道要顺从天道，按照天道法则安排自身行为，才能真正得以安身立命，实现"天人合一"。

其实"天人合一"可以理解为"天人和一"。在《周易》看来，天人之间构成一个密切联系的和谐整体，人作为大自然的一分子，同样要遵循自然规律的要求，顺应自然的变化，同时人也可以发挥自身主观能动性来改造自然，在这种天人之间的动态关系中实现天人关系的和谐。《周易》说："夫大人者与天地合其德，与日月合其明，与四时合其序，与鬼神合其吉凶，先天而天弗违，后天而奉天时。天且弗违，而况于人乎，况于鬼神乎？"④这两句话是《周易》对天人合一观念的完整阐述。"先天而天弗违"，是说人道要遵循天道，人要尊重客观规律，按自然法则办事；"后天而奉天时"，是说人道可以发挥主观能动性以改造天道，实现人道与天道的一致。《周易》的天人合一观既强调人道效法天道、顺应天道，又认为人可以发挥主观能动作用以驾驭天道，在掌握天道的情形下通过运用自然界的变化法则以驾驭自然界，它强调人在自然面前应该积极有为，不断实现人对世界的认识和改造。因此，《周易》的天人合一观强调自然规律与人

---

① 《系辞下》。
② 《说卦传》。
③ 《系辞上》。
④ 《文言传·乾文言》。

事法则有一致性,双方在相互运动中形成一个统一的和谐整体。

《周易》的天人和谐思维对中国文化和社会生活产生了广泛而深刻的影响。如在古代医学方面,人们根据阴阳和谐学说,提出了医易同源说。关于医易同源,明代张介宾说:"天地之道,以阴阳二气造化万物。人生之理,以阴阳二气,而长养百骸。易者,易也,具阴阳动静之妙;医者,意也,会阴阳消长之机。虽阴阳已备于《内经》,而变化莫大乎《周易》。故曰天人一理者,一此阴阳也。医易同源者,同此变化也。岂非医易相通,理无二致,可以医而不知易乎?"①这种观点认为,阴阳二气是构成天地万物和人之身体共同的物质基础。所以,人体小天地,自然大太极,人体与自然界应该保持协调,人体内各系统功能也应当维持平衡。医易同源的理论依据是"一阴一阳之谓道",认为由于人体与天地在属性和功能上完全应和,因而人与天地不仅在阴阳和谐规律上相统一,而且在阴阳法则的特殊性表现上也相一致。我国古代医学根据这种天人和谐提出"人与天地相参"的观点,它不仅研究人体的特征,还根据阴阳学说观察生存环境及其对人的影响,认为人体的生理过程与天地自然的变化有相应和关系。它将万事万物的一切运动变化都归因于阴阳的作用,以阴阳的观点来观察自然、社会和人体,强调八卦、六十四卦的各种图像,不仅可以演示天地节气以及气候的变化,同时也可作为观测人体生理和病理过程的模型。中国地域广大,气候、水土、饮食习惯、生活习俗和自然物产参差不同,因而居民的体质、适应能力以及常见病的治疗也有一定差异。因此,古代医学主张把顺应自然、社会法则与研究人体现象结合起来,其注重人体与生活外在环境的协调关系是非常有道理的。

《周易》的天人和谐思想也表现为"尚中"思想,即天人之间在阴阳变易下维持一种动态的和谐。《周易》六十四卦是对宇宙万物的模拟,根据对卦爻辞的吉凶解释,它提出了"尚中"思想。在《周易》一卦六爻之中,每爻各居其位,属阳位的爻是第一、三、五爻,属阴位的爻是第二、四、六爻。阳爻居阳位,阴爻居阴位,称为得位,为吉。第二爻居下卦的中位,第五爻居上卦的中位,这两爻居中称为中位。卦之中位,象征事物处于稳定的和

① 转引自朱伯崑主编:《周易知识通览》,齐鲁书社1993年版,第797页。

谐状态。如果阴阳爻分别处在二五爻的位置上，可以说是恰到好处，就是中正。故说："刚柔非中，而得中者，无咎。故尝谓六十四卦，三百八十四爻，一言以蔽之，曰中而已矣。"①《周易》的"尚中"在生命观上就是要在生命的各种变化中始终维持一种人与自然、人与社会和人与自身的动态平衡关系，形成阴阳和谐的整体平衡。在阴阳和谐基础上的协调统一是万物正常生化及生命稳定的重要条件，从而可以从根本上保持人的生命安全和健康需求。

天人和谐生命观的最高理想状态如何把握呢？《周易》认为，就是要以"太和"为最高目标，把自然与社会、自然与人、人与社会和人与人之间联系起来的一种整体和谐。《周易》把这种整体和谐称为"太和"。《周易》说的"乾道变化，各正性命。保合太和"②就是这种状态。"乾道"指的是天道，"各正性命"就是指万事万物依据"乾道"（天道）而形成的这种状态，"保合"就是维持这种状态，"太和"就是指阴阳之间和谐的最高理想状态。《周易》推天道以明人事，通过在遵循自然法则的同时，不断调整自身的行为来改造自然界，进而达到"太和"这种整体和谐的最高状态，于是生命生成而成长，社会大同而发展。《周易》中"一阴一阳之谓道"的天人和谐理念蕴含着一种浓郁的人文关怀的生命意识，成为千百年来中华儿女不懈追求的价值理想。

## 二、"生生不息"的生命信仰

亘古以来，生生不息既是天地万物的运行规律，也是人类社会得以繁衍生息的根本所在。古代中国是一个以农业文明为主的国家，劳动力在农业生产中发挥着至关重要的作用，因而逐渐形成了人丁兴旺、家族旺盛的生存渴望。在传统儒家思想的浸润下，生生不息成为千百年来人们最为热切的不懈追求，由此形成的生命信仰，产生了具有中国特色的生命伦理关系。

---

① 杨庆中著：《周易与处世之道》，四川人民出版社 2001 年，第 55 页。
② （《乾·象传》）。

### （一）"生生之谓易"的生命法则

《周易》是原始儒家一部系统阐述生命伦理的经典文献,蕴含着丰富而深刻的生命智慧。《周易》将其生命观的法则精确概况为"生生之谓易"。孔颖达解释说:"生生,不绝之辞。阴阳变转,后生次于前生,是万物恒生,谓之'易'也。前后之生,变化改易。生必有死,《易》主劝诚,奖人为善,故云'生',不云'死'也。"①孔颖达所说的"易",就是来谈论"生生之道"的,由此概括了《周易》生命观的根本精神就是"生生哲学"。《周易》高度重视生命的孕育、繁衍和成长,重视生命的健康和养生修行,正是这种根本精神造就了中华民族热爱生命、推崇生命的生命意识。

牟宗三先生曾说:"中国文化之开端,哲学观念之呈现,着眼点在生命,故中国文化所关心的是'生命'。"②如何把着眼点放在生命,关心生命、爱护生命,重视生命的传承,是《周易》生命观探讨的重要话题。无论是从《易经》的卦序之排列还是从《易传》的论述,都能得出《周易》对"生"的重视。《周易》的六十四卦中,其上经从乾、坤两卦到坎、离两卦,下经从咸、恒两卦一直到既济、未济两卦,都是讲万事万物生成、发展、变化的过程。就卦序看,《周易》从乾、坤两卦始,《周易》对乾、坤在万事万物中所起的生成作用高度赞赏。"大哉乾元,万物资始""至哉坤元,万物资生",认为天地相感、乾坤相配,从而化生万物。从咸卦开始,"咸者,交感也","二气感应以相与",男女相感、夫妇相合才会生育后代。《周易》卦序的排列具有"生"之表达。《序卦》曰:"有天地然后有万物,有万物然后有男女,有男女然后有夫妇,有夫妇然后有父子,有父子然后有君臣,有君臣然后有上下,有上下然后礼义有所错。"③《周易》在这里详细地描绘了万物生成、演进的过程,它认为宇宙的生成模式是一个万物生成的整体过程。"是故易有太极,是生两仪,两仪生四象,四象生八卦,八卦定吉凶,吉凶生大业。"④《周易》所展现的就是一个生生不息、赓续不绝的生命世界。蒙培

---

① （唐）孔颖达:《周易正义·十三经注疏》,中华书局 1980 年版,第 78 页。
② 牟宗三著:《中西哲学会通十四讲》,上海古籍出版社 2007 年版,第 10 页。
③ 《序卦传》。
④ 《系辞上》。

元先生曾言:"'易'的根本精神是什么呢? 其实,《易传》早已经作出了回答,这就是'生',即它的生命意义。"①《周易》强调万事万物就是一个生生不息、绵延不断的生命有机体,认为宇宙万物皆处于不断生长和变化之中,宇宙生命体是一个动态而有序的生命有机体,人的生命的意义和价值就在于实现天地的"生生"之德。

《系辞上》曰:"日新之谓盛德,生生之谓易。"又提出"天地之大德曰生"。"天地之大德"就是天地生养万物,所以"易"就是讲"生生"的。蒙培元先生认为,"生生之谓易"是一种自然界的"内在价值"。他指出:"从宇宙论上说,人的生命价值来源于自然界的生命创造。从这个意义上说,所谓自然界的'内在价值'绝不是外在于人的,而是与人的生命息息相关的。人与自然界的关系是内在的而不是外在的。"②他同时强调:"'生生之谓易',是对'易是什么'这一问题的最直接最明确的回答,也是对《易》根本精神的最透彻的说明,也是最能反映中国哲学精神的。"③《周易》把生生不息看作是天地万物最根本的性质,把"生生之谓易"作为宇宙万物生成和人类社会的法则,认为整个万事万物包括人类社会都是在生生不息中发展演变的。《周易》崇尚创新,"日新"是指自然界不断地创造新事物,人类社会也不断有新的生命出现;"生生"是指不断创新发展所产生的结果。从哲学上看,宇宙是一个生生不息的过程,人类社会也是一个生生不息的进程。《周易》的"生生"意识在中国哲学中较早地确立了人之于自然的主体地位,是一种洋溢着人的主体意识的生命哲学。

## (二)"与时偕行"的生命智慧

生命是由一定的时间组成的,对于人来说只有一次。因此,时间对人极其宝贵,特别是一些关系到人生重大利益的时间更显得尤为重要。把握住合适的时间既是对生命的尊重和延续,也是对生命的关怀和爱护,《周易》由此形成了"与时偕行"的生命智慧。《周易》关于"时"的论述相对

---

① 蒙培元著:《人与自然——中国哲学生态观》,人民出版社 2004 年版,第 116—117 页。
② 蒙培元著:《人与自然——中国哲学生态观》,人民出版社 2004 年版,第 5 页。
③ 蒙培元著:《人与自然——中国哲学生态观》,人民出版社 2004 年版,第 117 页。

较多。其中讲到要"察时"，如"观乎天文以察时变，观乎人文以化成天下"①，古人由对自然界的"察时"，衍生出人类社会的各种"时"的运用；要"重时"，如"与四时合其序……后天而奉天时"②；要"待时"，如"君子藏器于身，待时而动，何不利之有"③；要"不失时"，如"时止则止，时行则行，动静不失其时，其道光明"④；当"时机"发生变化，还要及时调整自我行为，因而要"趋时"，"变通者，趣时者也"⑤。《周易》认为六十四卦和每一卦的六爻所处的时间都不同，但有一点是相同的，就是把握好时机，顺时则吉，失时则凶，要"与时偕行"。

《周易》根据其阴阳消长理论，高度重视人体与自然界在时间节律上的配合，建立起阴阳时间医学。我国中医学不仅认为五脏分属五行和五时，五行根据阴阳消长规律生克制化，即春生木，木主肝胆；夏生火，火主心脏和小肠；秋生金，金主肺和大肠；冬生水，水主肾和膀胱。中医学还把人的疾病与四时变化之间的关系进行了详细阐述。人们长期观察发现，人体的气血运行与大自然的季节变化有一定的对应关系，而人的抗病能力在不同的时间段也会呈现出较为周期性的变化。所以，中医学强调治病和养生都要"和于阴阳，调于四时"，要因时制宜，根据不同的时间节点和时辰，选择不同的治疗和休养方法。

《周易》还强调"顺时而为"，要求人们应该顺应时间的变化来调整自己的行为。人类生存于自然之中，天地时间运行并不受人控制，人类一切活动都必须顺从天时，即"顺时"。"养生者，必谨奉天时也。"人们在日常生活中发现，人的生命与天地四时关系极为密切，人之行为要与阴阳四时的运行相合，才能真正达到养生的目的。但"顺时"并不是盲目地无所作为、被动等待，而是要根据时间的运行来把握时机、有所作为。如解卦就体现了这个"顺时"说："天地解而雷雨作，雷雨作而百果草木皆甲坼。解

---

① 《贲卦·象传》。
② 《文言传》。
③ 《系辞下》。
④ 《象传·艮卦》。
⑤ 《系辞下》。

之时大矣哉!"①我们知道,打雷下雨都是正常的自然现象,但久旱逢甘霖或春雨贵如油等却是"时机",把握这个时间对万物生长的作用太大了。革卦也是如此。"天地革而四时成,汤武革命,顺乎天而应乎人。革之时大矣哉!"②其"顺乎天",指顺应天时;"应乎人",是指合乎人心。"革之时"的"时",就是要把握"时机",这个"时机"就是"顺天应人"。只有改革符合社会发展规律并得到大家的认可,社会才能在改革的推动下发展进步,人们才能从改革中获得好处。如果"时机"把握不好,违背历史潮流,遭到人们反对,改革不但不会成功,反而会走向反面,故《周易》有云:"革之时,大矣哉!"可见"顺时"对"革"的重要性。孔颖达认为:"道消之时,行消道也,道息之时,行息道也;在盈之时,行盈道也,在虚之时,行虚道也。"③对于生命来说,"顺时"就成为人们处理生命中各项行为的途径和方法,也是人们在长期劳动生活中积累的智慧。

《周易》"与时偕行"的生命智慧,其用意是通过"推天道而明人事"的思维方法,指导人们根据"时"的要求,在变幻莫测的世界中更好把握生命规律,促进生命的成长和保持生命健康。不管在什么时候,人们都要时刻准备好,一旦时机来临就大胆行动而不是坐失时机,正如"君子进德修业,欲及时也"④。在现实生活中,每个人都应该根据实际需要顺时而为,与时偕行,准确把握时机,积极调整行为,努力追求生命的和谐。

### (三)"居安思危"的生命意识

《周易》具有深厚的忧患意识,其中就包括"居安思危"的生命意识。《易经》的卦爻辞中包含人类社会早期生命记录,其用意是防患于未然,居安思危,警告人们要通过自身的努力摆脱困境,化险为夷。后来经过《易传》的人文主义的哲学阐释,居安思危逐渐成为中国文化的根本精神之一,彰显了先民的生存智慧和生命意识,对后世影响深远。

《周易》的卦爻辞中有吉凶悔吝、无咎悔亡等较为复杂的占断之辞,这

---

① 《解·象传》。
② 《革·象传》。
③ (唐)孔颖达:《周易正义》,北京大学出版社 1999 年版,第 108 页。
④ 《乾·文言》。

些占断之辞皆有一定的负面含义,警示人们对待生命无常时要怀着必要的清醒意识,包含着浓厚的居安思危的生命意识。针对这些占断之辞的含义,《周易》是这样解释的:"吉凶者,失得之象也。悔吝者,忧虞之象也。""吉凶者,言乎其失得也。悔吝者,言乎其小疵也。无咎者,善补过也……忧悔吝者存乎介,震无咎者存乎悔。"①《周易》卦爻辞反复使用这些负面占断之辞的目的,其实就是告诫人们要在日常的生产生活实践中保持必要的警惕,居安思危,及时发现问题并加以改正,从而趋吉避凶,逢凶化吉。《周易》是这样来阐述其居安思危意识的:"危者,安其位者也。亡者,保其存者也。乱者,有其治者也。是故君子安而不忘危,存而不忘亡,治而不忘乱,是以身安而国家可保也。"②《周易》表达的"居安思危"要求我们准确把握事物发展刚出现的苗头,即"知几"。"几"就是事物发展变化的苗头,它是吉凶祸福的前兆,"知几"就是善于发现事物发展变化的迹象,以防微杜渐,趋吉避凶。"知几其神乎!君子上交不谄,下交不渎,其知几乎?几者,动之微,吉凶之先见者也。君子见几而作,不俟终日。……君子知微知彰,知柔知刚,万夫之望。"③《周易》在这里告诫人们,在事物的无穷无尽变化中,对吉凶要有先见之明,对事物变化的迹象要认识清楚,抓住有利时机及时采取行动,以得到最好的结果。在现实生活中,"几"是难以预见和把握的,但"几"又是十分重要的,它是吉凶的苗头和预兆,先要察觉"几",才能及时预见和把握事物发展的征兆和趋势。"夫易,圣人之所以极深而研几。唯深也,故能通天下之志;唯几也,故能成天下之务;唯神也,故不疾而速,不行而至。"④《周易》告诉我们要深入研究微妙现象,探索事物变化的征兆,通晓万事万物运动变化的发展趋势,这样就能把握生命的规律,保持身体的康健。《周易》"居安思危"的生命观强调"知几"的重要性,提醒人们要在日常生活中善于发现身体变化的预兆,或防微杜渐,或知止而止,以趋利避害,防止生命陷入不利的境地。

---

① 《系辞上》。
② 《系辞下》。
③ 《系辞下》。
④ 《系辞上》。

《周易》"居安思危"的生命意识还提醒我们要注意事物发展的渐进过程。坤卦初六爻辞曰:"履霜坚冰至。"卦象云:"履霜坚冰,阴始凝也,驯致其道,至坚冰也。"坤卦以自然现象的变化来说明事物发展有一个积累渐变的过程,提醒我们要提前做好预防。故曰:"积善之家必有余庆,积不善之家必有余殃。臣弑其君,子弑其父,非一朝一夕之故,其所由来者渐矣,由辩之不早辩也。"①又曰:"善不积不足以成名。恶不积不足以灭身。小人以小善为无益而弗为也,以小恶为无伤而弗去也,故恶积而不可掩,罪大而不可解。"②由此我们可以看出,《周易》认为事情的发生并非是突发性或偶发性的,而是有一个从小到大、由点到面、由量变到质变的必然过程,显露出一种深广的忧患意识。"慎终如始,则无败事。"《周易》通过对历史和现实的反思、体悟,流露出对社会境遇、人生遭遇和生命际遇的忧虑和感伤,它要求人们防微杜渐、未雨绸缪,以保持生命的和谐。

《周易》"居安思危"的生命意识还强调需要坚持预防思想。既济卦的卦辞中指出:"君子以思患而预防之。"在这里,《周易》明确提出了预防思想的概念。《乾·文言传》指出:"亢之为言也,知进而不知退,知存而不知亡,知得而不知丧。其唯圣人乎!"告诫人们要知进知退知存知亡,知退知进,知得知失,提前做好准备,防止事物向不利方面转化。《周易》强调人要有居安思危的戒惧之心,有备方能无患,防止走向反面。乾卦九二爻辞曰:"君子终日乾乾,夕惕若,厉,无咎。"这是说君子发展虽然较为顺利,白天努力不懈怠,但至晚上犹怀警惕之心,始终警醒自己,如此方可保证不犯过错,争取改变现状以避免灾祸。履卦九四爻辞曰:"履虎尾,愬愬,终吉。"愬愬,恐惧也。《周易》认为踩到老虎尾巴总是很危险的,但由于时刻保持一种警醒的心态,结果却是吉利无害。《周易》反复用警示意识提醒人们,在面临危机时保持预防的意识是可以转变结果的,在一定程度上能够坚定人们对生命的信心,避免无意识的绝望。由于受到《周易》蕴含的这种居安思危的预防思想影响,人们告诫自己要防患于未然,极为强调"预防为主"的原则,形成了"不治已病治未病"的重要治病

① 《文言传·坤文言》。
② 《系辞下》。

养生理论。

### （四）"阴阳交感"的生命动态

《周易》认为，整个宇宙包括人类社会都是在阴阳交感的动态过程中形成和发展的，因而生命也是一个动态的阴阳交感过程。《周易》中有不少关于阴阳交感的记录，重视交感观念是《周易》生命伦理思想的特色。《系辞下》曰："天地絪缊，万物化醇。男女构精，万物化生。"天地交感生产万物，男女交感社会繁衍。古代先民是从雌雄两性相交繁衍后代的直观视野中，得出天地相交产生万物的交感观念。《周易》反复强调"天地交而万物通"①"天地不交而万物不兴"②。处于《易经》下经的第一卦的咸卦，是专门谈论交感观念的卦象，曰："《咸》，感也。柔上而刚下，二气感应以相与，……天地感而万物化生，圣人感人心而天下和平。观其所感，而天地万物之情可见矣。"③其中就是认为万事万物的产生是阴阳二气交感的产物，天地交感才能化生万物，圣人用他的德行感动人心就会天下和平，观察这些交感就可以看出天地万物产生的情形了。因此，交感成为世间万物产生变化的根源。由此认为，男女交感才能产生子孙后代，因此人们把咸卦作为婚姻的卦象来看待。朱熹说："天高地下，万物散殊，各有定所，此未有物相感也，和则交感而万物育矣。"④只有阴阳二气双方"交感"才能"育万物"，万物各有定所，各有所能，这也是物相感的结果。从自然界到人类社会都因阴阳交感而生机勃勃、繁衍不息。

"易无思也，无为也，寂然不动，感而遂通天下之故。"⑤《周易》认为阴阳交感就能生成天下一切事物，贯通天下一切道理，成就天下一切理想。从咸卦看，下艮上兑，起卦辞曰："亨。利贞，取女吉。"艮为阳，为刚；兑为阴，为柔。二者本来的位置应该是阳上阴下，但在咸卦中，二者的位置正好颠倒，阳下阴上，表示阳气沉降，阴气上腾，阴阳两气交感。阴阳二气交

---

① 《泰·象》。
② 《归妹·象》）。
③ 《咸·象》。
④ （宋）黎靖德：《朱子语类》，中华书局 1994 年版，第 1519 页。
⑤ 《系辞上》。

感化生万物,故曰"亨,利贞"。艮代表少男为止,兑代表少女为悦,止而悦,男下女,所以该卦象还表示男方必须先到女方迎亲,这样婚姻才能正常进行。独阳不生,孤阴不长,阴阳结合,男女婚姻交感才能繁衍后代,正是由于咸卦男下女所产生的阴阳交感,故卦辞曰"取女吉"。从泰卦的卦象来看,天在下地在上,天为阳,地为阴,阳气上升,阴气下降,二气交感,阴阳交合,于是万物化生。因此泰卦说:"天地交而万物通也,上下交而其志同也。"①《系辞上》曰:"二人同心,其利断金;同心之言,其臭如兰。"二人同心,重在心之交感,心有交感,心才能一致,才能产生"断金"的强大威力。《周易》将"交感"作为生命产生和发展的基础,认为生命只有在天地相交、阴阳相感中才能产生和延续。

## (五)"养正则吉"的养生观念

养生是生命中的重要一环,如何在变幻莫测的大自然中保护生命,引发了中国古代先民的深刻思考。《周易》有关养生的卦象就凝结了古人深厚的养生智慧。《周易》中的颐卦是专门关于养生的卦,是古代先民对养生经验的深刻总结。《序卦传》说:"颐者,养也。"我国成语当中就有"颐养天年""颐精养神""颐神养寿""期颐之寿"等,这都说明"颐"有颐养、养生的内涵。颐卦强调养生的指导思想是"养正则吉"。颐卦的卦辞说:"贞吉。""颐,'贞吉',养正则吉也。"养生要养正,"正"是什么呢?《说文解字·正部》:"正,是也。从止,一以止。"就是认为养正要有止,有所节制才算是"正"。故颐卦认为养生最重要的是"慎言语""节饮食"。《颐·象》曰:"山下有雷,颐。君子以慎言语,节饮食。"养生在这里包含了两个方面,既要"慎言语",防止祸从口出,又要"节饮食",防止病从口入。《周易》中的节卦就专门阐述了"节"的思想。《杂卦》说:"节,止也。"程颐认为节卦的卦象是"泽之容有限,泽上置水,满则不容,为有节之象,故为节"②。"节"就是要有所节制,养生也要做到适可而止。"当位以节,中正以通。天地节而四时成。节以制度,不伤财,不害民。"③所谓节,既是一种态度,

① 《泰·象》。
② (宋)程颐:《周易程氏传》,九州出版社 2010 年,第 239 页。
③ 《节·象》。

也是一种制度,节的目的是通过自我对生活的约束而形成生命的和谐。节卦强调的节制,注重"安节""甘节",就是一种适合生命需要的合理节制。如果过分节制,就会造成"苦节",对身体产生不必要的伤害。故其卦辞说:"亨。苦节不可贞。"程颐解释说:"事既有节,则能致亨通,故节有亨义。节贵适中,过则苦矣。节至于苦,岂能常也? 不可固守以为常,不可贞也。"①在养生中,节制是适应生命需要的合理安排,做到"安节""甘节",反对"苦节",顺应生命中各种关系的调节,就能感到心情舒畅,生命健康而颐养天年。

## 三、君子人格的人生追求

1914 年,梁启超先生在清华园的演讲中认为,只有具备了"自强不息"和"厚德载物"的人方可称为君子。他说:"周易六十四卦,言君子者凡五十三。乾坤二卦所云尤为提要钩元。乾象曰:'天行健,君子以自强不息。'坤象曰:'地势坤,君子以厚德载物。'推本乎此,君子之条件庶几近之矣。"②梁启超先生"自强不息""厚德载物"的君子人格一经推出,对近百年来的中国社会产生重要影响,清华大学以此作为校训,无数中国人也以此勉励自己,使之成为千百万中华儿女的人生追求。

### (一) 刚健有为的人生精神

几千年来,《周易》自强不息、刚健有为的人生观对无数仁人志士产生了巨大的影响,成为中华民族生生不息的精神动力,更是千百年来中华儿女重要的人生追求。

"天行健,君子以自强不息。"③《周易正义》对"天行健"疏曰:"天行健者,谓天体之行,昼夜不息,周而复始,无时亏退,故云'天行健',此谓天之自然之象。'君子以自强不息',此以人事法天所行,言君子之人,用此卦

---

① (宋)程颐:《周易程氏传》,九州出版社 2010 年,第 240 页。
② 《梁任公先生演说辞》,载《清华周刊》,1914 年 11 月 10 日。
③ 《乾卦·象传》。

象,自强勉力,不有止息。"①"刚健有为"是对"天行健,君子以自强不息"的高度概括,"刚健"的思想频繁地出现在《周易》中,如"刚健而文明"②"刚健而不陷""动而健,刚中而应"③"刚健笃实,辉光日新"④等。《周易》提出的"刚健"观念,强调刚健对社会发展和人生进步所具有的积极作用。《周易》认为,"天行健",天道始终运行不息,周行不殆,人也要像天那样拼搏进取,积极作为,永不停息。《易传》始终保持着对"乾"的赞美说:"大哉乾乎! 刚健中正,纯粹精也。"⑤"大有,其德刚健而文明,应乎天而时行。"⑥"大畜,刚健笃实,辉光日新。其德刚上而尚贤,能止健,大正也。"⑦"夫乾,天下之至健也,德行恒易,以知险。"⑧这些"刚健"思想告诫我们,作为君子要效法天道,以刚健精神来激励自己奋发有为、百折不挠、永不懈怠、勇担使命、激流勇进。

人的一生中难免遇到困境,如何克服困境,走出一条光辉大道,《周易》强调"致命遂志"的人生态度。困卦,兑上坎下,坎为水,兑为泽,水在泽之下,说明泽中之水已经枯竭,有穷困之象。面对这种困境,怎么办呢?困卦的卦象曰:"泽无水,困。君子以致命遂志。"《周易》虽讲"听天命",但更讲"尽人事",当身处困境之时,君子要心存戒惧,不因危难而放弃操守,通过自身努力去改变自己处境,以求摆脱困境。程颐解释说:"君子当穷困之时,既尽其防虑之道而不得免,则命也。当惟致其命以遂其志,知命之当然也。则穷塞祸患,不以动其心,行吾义而已。"⑨面对困难不退缩,面对矛盾敢斗争,面临机遇勇进取,以奋斗成就事业,以担当砥砺未来,在实践中练就高超本领,在人生的赛道上奋力奔跑,既以拯救天下苍生为己任,也为自己的抱负理想而勇于拼搏,以刚健有为的奋斗精神成

① 《十三经注疏》,上海古籍出版社1997年版,第14页。
② 《大有·象》。
③ 《无妄·象》。
④ 《大畜·象》。
⑤ 《文言传·乾文言》。
⑥ 《大有·象》。
⑦ 《大畜·象》。
⑧ 《系辞下》。
⑨ (宋)程颐:《伊川易传》,载郑万耕主编:《易学精华》,北京出版社1996年版,第663页。

就人生梦想。

## （二）崇尚道德的人生理想

详查《周易》经传文本，其中"君子"一词出现了多达一百多次，许多卦把"君子"与"德"相配，认为"德"是成为君子必须具备的素质。由此可以看出，《周易》鲜明地表达了道德应该成为君子所应当具有的本性，是个人立身处世的基础。

《周易》提倡德业一致的原则，用"进德修业""崇德广业""盛德大业"等来描述"德"在成就事业中的重要作用。"'君子终日乾乾，夕惕若。厉，无咎。'何谓也？子曰：'君子进德修业。忠信所以进德也，修辞立其诚，所以居业也。'"①意思是说，作为君子要不断增进个人的品德，才能建功立业。"夫《易》，圣人所以崇德而广业也。知崇礼卑，崇效天，卑法地。天地设位，而《易》行乎其中矣。成性存存，道义之门。"②《周易》告诫人们要在更高程度上加强自身的道德修养和实现人生价值追求，"效天""法地"，完成"崇德广业"的使命。《系辞上》曰："富有之谓大业，日新之谓盛德，生生之谓易。"孔颖达疏曰："广大悉备，万事富有，所以谓之'大业'；圣人以能变通体化，合变其德，日日增新，是德之极盛，故谓之'盛德'也；生生，不绝之辞。阴阳变转，后生次于前生，是万物恒生，谓之易也。"③《周易》认为，个体的成就始终是与自身德行密切联系的。个体的德行是成就事业的前提条件，个人应该努力增进德行，加强修身，有多大德行成就多少事业，从而达到"德业一致"的人生境界。

《周易》重视提升人们的道德水平。《大畜·象传》提出"君子多识前言往行，以畜其德"，号召人们要以先贤为榜样，发扬先贤的美德，日益向善，才能畜其德。故古人云："君子观象以大其蕴畜，人之蕴畜，由学而大，在多闻前古圣贤之言与行，考迹以观其用，察言以求其心，识而得之，以畜成其德，乃大畜之义也。"④《周易》告诫人们处危难之时要以修德为本，克

---

① （《文言传·乾文言》）。
② （《系辞上》）。
③ 《十三经注疏》，上海古籍出版社1997年版，第78页。
④ （清）李光地编纂，刘大钧整理：《周易折中》，巴蜀书社2010年版，第293页。

服困难当以修德为基。它还以"三陈九德"的形式来阐述道德在君子克服困难中的重要作用。《周易》的《象传》也屡屡提醒人们在困境中要注意提高道德境界。"山下出泉,蒙。君子以果行育德。"①"天地不交,否。君子以俭德辟难。"②"山下有风,蛊。君子以振民育德。"③"水洊至,习坎。君子以常德行。"④"山上有水,蹇。君子以反身修德。"⑤从以上可以得知,《周易》非常重视"德"的作用,它警醒人们,人生难免身处困境,但一定不能丧失信念,要注意道德修养,坚持道德操守,提升道德品行,如此就会否极泰来,摆脱困境,终得善果。《周易》的这些卦象告诫人们面临艰难困苦的环境时,要把"德"作为摆脱困境的重要渠道,将提升道德素养作为人生发展的重要一环,坚定道德追求,努力创造美好生活。

《周易》认为吉凶祸福和个体道德行为直接相关。恒卦九三爻辞曰:"不恒其德,或承之羞,贞吝。"意思是说,一个人不能够长期坚持道德操守,难免会遭遇困境。因此,《周易》着重强调"君子以反身修德",告诫人们在困难之时要警醒自己,通过提高自身的道德修养以摆脱困境。《周易》还说:"积善之家,必有余庆;积不善之家,必有余殃。"正如王夫之所言,《易》"于其善决其吉,于其不善决其凶。无不自己求之者,示人自反,而无侥幸,无怨尤也"⑥。在古人看来,人之吉凶祸福与其"积善成德"有着直接的关系,决定吉凶祸福的前提就是看其是否"积善成德"。为了"积善成德",化解困境,《易传》还提出"君子以顺德,积小以高大",就是认为人们应该效法地中之木逐渐生长成材的自然法则,坚持不懈地加强道德修养,勿以善小而不为,日积月累,积小德为大德,改过自新,不断反省,提升到像参天大树一样的德行,就可以化凶为吉、趋吉避凶了。

## (三)"阴阳变易"的人生情境

在长期的生产生活实践中,人们看到四季轮换、昼夜交替,于是把变

---

① 《蒙·象》。
② 《否·象》。
③ 《蛊·象》。
④ 《坎·象》。
⑤ 《蹇·象》。
⑥ (清)王夫之:《周易内传》,载郑万根主编:《易学精华》,北京出版社1996年版,第1576页。

化作为客观世界的一个普遍现象,故形成了《周易》的阴阳变易观。自然
在变,社会在变,人也始终有变,自然、社会和人生各种现象就是在这种动
态变化中不断运行的。《周易》中有很多关于"变"的记载。"观乎天文以
察时变;观乎人文以化成天下"①"在天成象,在地成形,变化见矣""刚柔
相推而生变化""变化者,进退之象也""爻者,言乎变者也""范围天地之化
而不过""知变化之道者,其知神之所为乎""天地变化,圣人效之"②"穷则
变,变则通,通则久"③等。这些充分说明古代先民对变化观念的高度重
视,变化成为人们观察事物、认识世界的一个重要出发点。

　　《周易》的阴阳变易观与六十四卦的卦序密不可分,故曰:"变化者,进
退之象也。刚柔者,昼夜之象也。六爻之动,三极之道也。是故君子所居
而安者,《易》之象也。"④《周易》由六十四卦组成,每卦设有六爻,每爻所
处的位置不同即代表着事物存在的不同情境和状态。以乾卦六爻为例。
乾卦的六爻分别是:"初九、潜龙,勿用。九二:见龙在田,利见大人。九
三:君子终日乾乾,夕惕若。厉,无咎。九四:或跃在渊,无咎。九五:飞龙
在天,利见大人。上九:亢龙,有悔。"⑤从中我们可以看到,从潜龙到亢龙
这一发展变化过程,反映了人生在变化中发展进步的过程,也在一定程度
上象征着人生有无限可能的这个现实,这个无限可能就是人生情境一直
顺应社会的变化而发展,人类社会包括人本身其实也都有一个变化不已
的过程。

　　《周易》的阴阳变易观认为阴阳之间既统一又对立,阴阳之间的对立
面会随着阴阳变易而发生转化。如泰否两卦,泰卦的卦辞是:"小往大来,
吉,亨。"否卦的卦辞是:"不利君子贞。大往小来。"《周易》提出"吉凶由
人"的观点,认为吉凶得失并不是一成不变的,人们可以通过自己的努力
或增进自身的德行来改变自身的处境。"变"不是为"变"而"变","变"的
目的是"通",《周易》由此形成了"变通"观念,它是《周易》阴阳变易观的重

_____

① 《贲卦·象传》。
② 《系辞上》。
③ 《系辞下》。
④ 《系辞上》。
⑤ 周振甫译注:《周易译注》,中华书局1991年版,第1页。

要内容。《系辞上》曰:"化而裁之谓之变,推而行之谓之通,举而错之天下之民而谓之事业。""极天下之赜者存乎卦,鼓天下之动者存乎辞,化而裁之存乎变,推而行之存乎通。"又曰:"阖户谓之坤,辟户谓之乾,一阖一辟谓之变,往来不穷谓之通。"①《周易》认为世界上的万事万物都是在不停的变化运动过程之中,"变"是宇宙和人类社会的基本法则,是一种可见的常态。"变"与"通"之间存在着必然的联系,"变"是为了"通","通"来自"变","变"的最后结果是为了"通","变"与"通"是一种循序渐进、水到渠成的过程,正是通过"变"来造就"通"。《周易》的变通说包含了事物发展的法则,人类社会要在不断发展中前进,应该在这种变易观的指导下,通过人事可为,不断变通创造新局面,创造出新的社会发展面貌,实现人事有为的目标。

"《易》,穷则变,变则通,通则久。"②《周易》认为穷极就会出现变化,变化就会带来通畅,畅通之后才可能长久。也就是说,穷尽一切变化才能保持事物发展的畅通和延续,自然和社会就是在这种"变"与"通"的关系下不断地前进。《周易》的阴阳变易观长期以来对中国人的人生观产生了深刻的影响。《周易》的阴阳变易观强调阴阳有消长,万物有盛衰,人生有进退,事业有成败,认为变化始终是自然界和人类社会的普遍现象,盛极必衰,阳极阴来,阴阳的矛盾面始终在变化。君子应该顺应历史的发展变化,及时调整自己的行为,因时而动,顺时而为。面对吉凶无常的社会变化,君子必须时刻保持谨慎,打好主动仗,下好先手棋,在顺境时保持必要清醒,在逆境时要主动作为,努力做到在顺境中保持不变,在逆境中促进变,以逢凶化吉、趋吉避凶。

### (四)"谦谦君子"的人生品格

谦虚是社会的基本道德规范,也是做人做事的基本要求。《周易》特别重视谦卦,谦卦六爻皆吉,是《周易》六十四卦中唯一全部皆吉之卦。谦卦在大有卦之后,《序卦》说:"有大有者不可以盈,故受之以《谦》。"意思是

---

① 《系辞上》。
② 《系辞下》。

说"大有"后如果不谦虚、放纵自己,就不可能保持富足的状态,因而只有始终保持谦虚的美德,才能始终维持"盈"的局面,可见谦虚是保持人生"大有"的必备品质。谦卦初六曰:"谦谦君子,用涉大川,吉。"故谦卦的卦辞说:《谦》,亨,君子有终。"谦卦的卦象曰:"地中有山,《谦》。"谦卦艮上坤下,山在地下,地中有山,山已经很高了还处在地下,不显山不张扬,以此来象征君子保持谦虚的美德。谦卦初六的卦象曰:"谦谦君子,卑以自牧也。"作为君子能够做到功高不自居、名高不自誉、位高不自傲。孔颖达曰:"'谦'者,屈躬下物,先人后己,以此待物,则所在皆通,故曰'亨'也。"《谦·彖》曰:"《谦》,亨。天道下济而光明,地道卑而上行。天道亏盈而益谦,地道变盈而流谦,鬼神害盈而福谦,人道恶盈而好谦。谦,尊而光,卑而不可逾,君子之终也。"谦卦把天、地、鬼神、人都用"谦"联系起来,认为只有"谦"才能实现宇宙、社会和人之间的这种连接,说明谦虚的美德既符合天道,也合乎人道。故孔颖达曰:"'谦'为诸行之善,是善之最极。"①《周易》主张"谦谦君子,用涉山川",意思是有了谦虚的美德,可以面对高山大河没有危险。因此,千百年来,人们反复提倡"谦受益,满招损"和"谦虚使人进步,骄傲使人落后"。

《周易》卦象把"谦"分为三种境界:第一是"鸣谦"。《谦·六二》:"鸣谦,贞吉。"《象传》曰:"鸣谦贞吉,中心得也。"这里是说心中坚持正道的谦虚美德,才能收获吉祥。一个谦虚的人,虽然名声在外,但并不追求虚名,而是在内心始终坚持正道,有了名声依然保持谦虚的本色。但《谦·上六》又讲:"鸣谦,利用行师征邑国。"表明一个身居高位有名声的人,为了维护正义,该做的事还是要做,并不因为自己谦虚而谨小慎微,当"谦"则"谦",当"征"则"征",谦虚的美德是为了实现自己心中的理想。第二是"劳谦"。《谦·九三》:"劳谦君子,有终,吉。"《象传》曰:"劳谦君子,万民服也。"这里的意思是说,君子有功劳很勤劳还保持谦虚,所以这种高尚的品德深为大家所敬服。"劳而不伐,有功而不德,厚之至也。语以其功下人者也。德言盛,礼言恭。谦也者,致恭以存其位者也。"②勤劳不自夸,

---

① 《十三经注疏》,上海古籍出版社 1997 年版,第 31 页。
② 《系辞上》。

有功不自居,为人诚恳,对上尊敬,待下谦虚,保持谦虚的美德就可以长久地维护自己的地位。第三是"挥谦"。《谦·六四》:"无不利,挥谦。"《象传》曰:"无不利,挥谦,不违则也。"这里是说发挥谦虚的美德没有不吉利的。"挥谦"之所以能"无不利",是因为其"不违则"。谦虚只有在遵循客观规律的情况下才会有"无不利"的结果,否则就会导致过分谦虚而无所作为。

《周易》作为凝结了中华先民生产和生活实践经验的早期儒家著作,散发着强烈的生命意识,包含着深厚的生命情怀。"易道广大,无所不包。"《周易》"一阴一阳之谓道"的天人和谐观念,"推天道而明人事"的思维方式,体现了古代劳动人民对大自然的深切认识,以及对生命和谐生存的热烈渴望和崇高礼赞。在千百年来的形成和发展过程中,《周易》所阐述的和谐生命智慧为无数思想家们所推崇,在中华大地独树一帜,对社会各领域产生了广泛而深刻的影响,形成了"百姓日用而不知"的"集体无意识",至今依然值得我们深入学习研究。

# 第二节 《论语》注本中生命伦理特质之流变

《论语》历来都是学界研究孔子思想的最主要的典籍已是一种公认的事实,但孔子与"六经"的关系、《孔子家语》的真伪等问题仍在学者们的讨论之中。就孔子与"六经"的关系而言,学界有着多种相异的看法,钱玄同完全否定孔子与"六经"的关系,而皮锡瑞、康有为却认为"六经"皆孔子所制。匡亚明在坚持实事求是原则的基础上谈到:"'六经'虽不全由孔子所作,但都经过孔子的整理,今天的'五经'尽管不是当时的原貌,不过在很大程度上保留了孔子修订、编纂、增减的痕迹,其内容都应是研究孔子的重要史料。"[①]这种在研究中采用实事求是的科学分析方法之做法十分值得推崇。《孔子家语》作为一部备受关注的"伪书",其内容是否可以成为考量孔子的确切史料也无定论,但在 1973 年河北定县汉墓竹简《儒家者

---

① 匡亚明著:《孔子评传》,南京大学出版社 2011 年版,第 340 页。

言》中，有着《孔子家语》的部分内容，可见王肃是有所据而言的，伪书中也有不伪的东西。[1] 杨朝明认为《孔子家语》所内含的完整的场面、更为全面的思想等特点可以令其无愧地被称为"孔子研究第一书"![2] 对于以上的史料，我们需要运用马克思主义的科学方法，采用全面与联系、历史与发展的眼光去审视。当突破考据学的视阈去冷静思考这些史料时，或许它们为我们更清晰地走进孔子、理解孔子所贡献的重要价值不容忽视。司马迁曰："余读孔子书，想见其为人。"而后世欲知孔子，舍从《论语》之语言文字求之，又将何从？[3] 由此可见，系统而又完整地把握不同时期有关《论语》注本之生命特性，是真正领略孔子生命精神的一个重要前提基础。

迄今为止，关于《论语》的编纂者、书名释义、版本、篇章结构等问题，学界的研究可谓众说纷纭，但《古论》《齐论》和《鲁论》三种不同的文本中所内含的孔子生死思想都产生于、受制于和体现了孔子所生活的时代之观点却不谋而合，符合了马克思主义关于社会存在决定社会意识，社会意识反映社会存在的历史唯物主义观点。孔子生活的春秋战国之际，被历史学家童书业称为是除了现代以外中国社会组织变迁得最厉害的时代。[4] 正是在那个封建制度崩溃、宗法制度解体、传统礼乐遭受破坏的年代，孔子产生了力图恢复礼治，推行以德为政，构建天下大同的政治理想和人生抱负。可以说，孔子的思想来源于社会，又反作用于社会。孔子的思想为处在那个混世乱局的人们，尤其是士大夫们，提供了一种安身立命之道。《论语》文本的出现是时代的产物，是社会的反映和需要，而后世不同时期《论语》注疏的产生亦是如此。不同的《论语》注本同样都打上了时代的烙印，并悄无声息地在字里行间流露出注疏者们对人生和死亡的不同看法。这是注疏者们内心对"生"与"死"的不同呐喊，也是他们对当时社会提出的与之相对应的生死诉求。据此，本节将从汉至唐、宋明至清和近现代社会三个阶段，对几种较为典型的《论语》注本中蕴含的生命特质

① 匡亚明著：《孔子评传》，南京大学出版社 2011 年版，第 16 页。
② 杨朝明、宋立林主编：《孔子家语通解》，齐鲁书社 2009 年版，第 40 页。
③ 钱穆著：《论语新解》，生活·读书·新知三联书店 2012 年版，第 464 页。
④ 罗安宪主编：《中国孔学史》，人民出版社 2008 年版，第 2 页。

046 ◆ 文明交流互鉴：原始儒家与早期基督教生命伦理比较研究

进行梳理和总结。

## 一、汉唐时期：《论语》注本强调经化、玄化与释化的生命精神

自汉武帝接受董仲舒"罢黜百家，独尊儒术"的建议以降，孔子与儒学的至尊地位得到了统治阶级的全力支持，这为《论语》的学习和研究营造了极为有益的外部环境，促使了两汉期间关于《论语》的注本不断涌现。在当时经学流派的影响下，西汉时期对《论语》主要从今文经学疏通文义的角度解释，如《齐说》《鲁夏侯说》等；东汉时，包咸、周氏的《论语章句》则着重于从古文经学名物训诂方面进行诠释；汉末时，郑玄的《论语郑氏注》是通过"以古学为宗，兼采今学以附益其义"的方法完成的。[①] 郑玄的《论语》注解中大可见其中人生观被经化的精神特性，如《论语·公冶长》中子贡曰："夫子之言性与天道，不可得而闻也。"郑玄注曰："性，谓人受血气以生，有贤愚、吉凶。天道，谓七政变动之占。"[②]突出了人性、天道和五行三者之间的紧密联系，天道要通过星象的变动来进行体察，而人之血气成人之性，却要受之于天，故气禀之不同决定了人之贤愚和吉凶之迥异，这种人性受之于天道，天道因之于阴阳五行的人性论和天道观，体现了郑玄承袭着汉代天人感应的思想。此外，郑玄在《论语郑氏注》中还表现出一个儒者强烈的历史使命感，如《论语·八佾》"夷狄之有君，不如诸夏之亡"下郑玄注云："为时衰乱，以矫人心。亡，无也。""为时衰乱，以矫人心"是经文的题外之意，表达了郑玄对东汉末年社会衰乱的痛心。[③] 与此同时，可以反观郑玄试图通过对经典的诠释来达到宣泄人生情感和反映自我愿望的人生目的。

而在"昔汉末陵迟，礼乐崩坏，雄战虎争，以战陈为务，遂使儒林之群，幽隐而不显"[④]的社会政治局面之下，儒学的生命力遭受严峻的挑战，儒者处境甚为艰难。时至魏晋南北朝之际，国家分崩离析，社会动荡不安，

---

① 唐明贵著：《〈论语〉学的形成、发展与中衰》，中国社会科学出版社 2005 年版，第 73 页。
② 罗安宪主编：《中国孔学史》，人民出版社 2008 年版，第 336 页。
③ 唐明贵著：《〈论语〉学的形成、发展与中衰》，中国社会科学出版社 2005 年版，第 122 页。
④ 罗安宪主编：《中国孔学史》，人民出版社 2008 年版，第 314 页。

但思想相对自由,玄学之风为之四起,在被感叹为"天下多故,名士少有全者"的环境之下,生死困境让儒士们不得不重新审视苦苦支撑他们进行自我追求的精神支柱。儒家的经典之作《论语》如何才能为朝不保夕的儒生们继续指引方向,重新找回他们昔日的地位? 如何才能让名教不远离社会现实? 所有的现实困境都迫使许多学者在对《论语》进行注释的过程中,不得不考虑现实的呼唤及时代的要求。为此,他们将玄学对生死的影响力注入《论语》的诠释之中,导致了魏晋南北朝时的《论语》注本中充满着玄学化的生死精神,其主要代表有何晏的《论语集解》和皇侃的《论语义疏》。

何晏在对"性"的注释中云:"性者,人之所受以生也。天道者,元亨日新之道深微,故不可得而闻也。"①何晏从天道的角度理解人性,已经从更加形而上的层面对本体论进行追问。针对儒家原本积极入世的人生态度和追求"立德、立功、立言"的人生追求在现实面前显得苍白无力的状况,何晏、皇侃等人将道家中的"贵无""虚""静"的思想融入对《论语》的注释。如皇侃在释《论语·阳货》"天何言哉"时云:"天既不言而事行,故我亦欲不言而教行,是欲则天以行化也。"②皇侃这种将"天何言哉"释为"天不言"或"天无言"的思想在极力表白自己的人生法则,要以天之大法即"天不言而行"而为之,以期达到"此时无声胜有声"之效果。《论语·子罕》曰:"吾有知乎哉? 无知也。有鄙夫来问于我,空空如也,我叩其两端遭而竭焉。"皇侃疏云:"知,谓有私章于其间之知也。圣人体道为度,无有用意之知,故先问弟子,云:'吾有知乎哉'也。又云:'无知也',明己不有知知之意也,即是无意也。……缪协云:'夫名由迹生,故知从事显,无为寂然,何知之有? 唯其无也,故能无所不应。'"③皇侃所释中的"唯其无也,故能无所不应"恰与道家"无为而无所不为"的思想遥相呼应,这是生活在风雨飘摇之中,深感人生无常的儒者们应对现实社会的生活态度,也是他们对孔子"明知不可为而为之"人生准则痛定思痛后的应对和反映。

佛教自两汉传入中国以来,南朝时极为兴盛,时至唐代,儒学受到佛

---

① 罗安宪主编:《中国孔学史》,人民出版社 2008 年版,第 336 页。
② 罗安宪主编:《中国孔学史》,人民出版社 2008 年版,第 344 页。
③ 罗安宪主编:《中国孔学史》,人民出版社 2008 年版,第 346 页。

学思想的严重冲击和影响，由此儒士们对《论语》的注释中又展现出极为浓厚的释学化的生死思想。如皇侃在《论语集解义疏》中就具有以佛解儒的特色。《论语·阳货》云："佛肸召，子欲往。子路曰：'昔者由也闻诸夫子曰：亲于其身为不善者，君子不入也。'佛肸以中牟畔，子之往也如之何？"皇侃疏云："孔子所以有此二说不同者，或其不入，是为贤人，贤人以下易染，故不许入也；若许入者是圣人，圣人不为世俗染黑，如至坚至白之物也。子路不欲往，孔子欲往，故具告也。"①皇侃将不为世俗所染者释为儒家的圣人，这与孔子眼中尧舜禹式的道德上的圣人有本质的区别，足以表现皇侃心中关于孔子人生价值追求的理解与孔子本真的所求所想有着极大的区别。孔子追求的是道德上成就的至高人格，即"内圣而外王"，带有十分强烈的社会责任感，完全不可能离开与他人、社会之间的关系而独自完成，以达到成就自我。皇侃不为世俗所染黑却有着佛家出世之味道，似有离开世俗，拒他人和社会于千里之外之感觉，由此则何以谈个人和社会的责任。可见，两种理解存在着积极入世与消极遁世之别。即使如此，随着世事的变迁，《论语》注本中存有的玄学与佛学的生死智慧仍然无法解决儒者们现实中所面临的困顿。他们需要真正领悟孔子的生命精髓，去恢复儒学传统的独尊式的合法地位，为自己找到安身立命之所。于是不少儒者又转而志在探究《论语》最本真的生命意义，唐代韩愈主张排佛抑道，力主恢复儒家的道统地位，可谓开创了宋代理学之先河。

## 二、宋至明清时期：《论语》注本注重平实化、理学化、朴学化的生命精神

两宋时期，许多儒者纷纷著书立说，使得《论语》及其注本得到了很大的发展，据朱彝尊《经义考》统计，大概有二百五十一部相关的著作，比魏晋南北朝时期的数量要多出三倍。② 其中，邢昺的《论语注疏》和朱熹的

---

① 罗安宪主编：《中国孔学史》，人民出版社 2008 年版，第 347 页。
② 唐明贵著：《〈论语〉学的形成、发展与中衰》，中国社会科学出版社 2005 年版，第 7 页。

《论语集注》可称为当时的扛鼎之作。邢昺的《论语注疏》虽以南朝皇侃的《论语义疏》为基础,但邢昺却将皇疏中玄学的生命色彩剔除,一切回归于平实自然之状态。如《论语·泰伯》"荡荡乎民无能名焉"下,皇疏引王弼注云:"圣人有则天之德。所以称唯尧则之者,唯尧于时全则天之道也。荡荡,无形无名之称也。夫名所名者,生于善有所章而惠有所存。善恶相须,而名分形焉。若夫大爱无私,惠将安在? 至美无偏,名将何生?故则天成化,道同自然,不私其子而君其臣。凶者自罚,善者自功;功成而不立其誉,罚加而不任其刑。百姓日用而不知所以然,夫又何可名也!"王弼释孔子之道为自然,把荡荡释为无形无名之称,凸显了形而上的哲理意味。邢疏将王弼这段玄味十足的解释全部删除了。[①] 这表现出邢疏并不力图从形上的视角去理解孔子的生命之道,而是将焦点重新转向现实。

朱熹在《论语集注》中采用的是以理释经的方法,体现了朱熹承袭二程之理学的生命本体论思想。朱熹在对"天"与"性"的注释过程中都离不开其"理"。子曰:"不然,获罪于天,无所祷也。"[②]朱子注曰:"天,即理也;其尊无对,非奥灶之可比也。逆理,则获罪于天矣,岂媚于奥灶所能祷而免乎? 言但当顺理,非特不当媚灶,亦不可媚于奥也。"[③]朱熹之"天,即理也"表明朱熹为儒学找到了一个更为清楚的本体论支撑,也使儒家自孔子以来复杂而神秘之"天"变得简单而清晰化,于是"敬天"便成了"顺天理"。这个"理"是宇宙的普遍法则,所以"其尊无对",人只能顺理而动,不可逆理而行。[④] 朱熹在为人们找到了形上本体的同时,也为人们的行为设定了严格的规范,故朱熹对《论语·颜渊》"死生有命,富贵在天"有如下集注:"命禀于有生之初,非今所能移。天莫之为而为,非我所能必,但当顺受而已。"[⑤]朱熹之"命"表明不同之人行事的原则在于依其各自的身份和社会地位,要尊卑有序,各归其位,即要顺受天理也,而学理也就成了许多

---

① 罗安宪主编:《中国孔学史》,人民出版社 2008 年版,第 395—397 页。
② (《论语·八佾》)。
③ (宋)朱熹:《四书章句集注》,中华书局 1983 年版,第 65 页。
④ 汤一介、李中华主编:《中国儒学史·宋元卷》,北京大学出版社 2011 年版,第 375 页。
⑤ (宋)朱熹:《四书章句集注》,中华书局 1983 年版,第 134 页。

理学家一生的追求。朱熹的"天理"为封建的"三纲五常"找到了合法的理论依据，进一步维护了森严的等级制度和封建专制制度。而对于人类最本质的人性主题，朱熹同样能在"天理"之中为其找到支撑。"夫子之文章，可得而闻也；夫子之言性与天道，不可得而闻也。"①朱子注曰："文章，德之见乎外者，威仪文辞皆是也。性者，人所受之天理；天道者，天理自然之本体，其实一理也。"②在朱熹看来，性只不过是人接受了天所禀赋在自己身上的理而已，这也就必然能够推导出朱熹人性皆善的观点。子曰："性相近也，习相远也。"朱子注曰："此所谓性，兼气质而言者也。气质之性，固有美恶之不同矣。然以其初而言，则皆不甚相远也。但习于善则善，习于恶则恶，于是始相远耳。程子曰：'此言气质之性。非言性之本也。若言其本，则性即是理，理无不善，孟子之言性善是也。何相近之有哉？'"③因此，人性在朱熹处可分为气质之性和天地之性，气质之性有善恶，关键在于习气，而人之天地之性却都是善的，因它全在于天理也，而理却没有不善的。纵观整个《论语集注》，朱熹理学化的精神特质已充盈其中，可谓时时流露，处处凸显，朱熹理学化的生死观在宋明时期一直影响着当时人们的生活态度和生死追求。

但是，明末清初，社会的动荡不安让许多著名的学者不得不反思"穷理、尽性"之理学的社会性功能，《论语》理学化的注解显得缺乏其实践性。黄宗羲认为明人讲学，只能袭语录之糟粕，没有以"六经"为根底，最终只不过相当于游谈罢了。甚至有许多人认为明朝的灭亡就是源于人们对没有实际功用的儒学理学化的热衷。于是对《论语》"经世致用"的呼声日益强烈，人们日益渴盼孔子精髓的滋润作用。出生于乾嘉末年的刘宝楠在当时"乾嘉学派"之风的影响下，走上了崇尚考据、讲究实证的朴学之路。刘宝楠的《论语正义》正是在实事求是的原则之下，对经典进行系统而又客观的考证，做到"言必有证，论必有据"，从而详细解释圣人生死之道，重现儒学价值之功效，以最终收获"成己成物"之生死品质。"成己成物"虽出自《礼记·中庸》"诚者非自成己而已也，所以成物也。成己，仁也；成

① 《论语·公冶长》。
② （宋）朱熹：《四书章句集注》，中华书局1983年版，第78页。
③ （宋）朱熹：《四书章句集注》，中华书局1983年版，第176页。

物,知也",但却成为刘宝楠在《论语正义》中人生追求的核心目标所在。《论语·学而》曰:"学而时习之,不亦说乎? 有朋自远方来,不亦乐乎?"正义曰:"礼中庸云:'诚者,非自诚己而已也,所以成物也。'此文'时习'是'成己','朋来'是'成物'。但'成物'亦由'成己',既以验己之功修,又以得教学相长之益,人才造就之多,所以乐也。"①"成己"与"成物"相互关联,不可独立存在,这种解释看到了生命主体之间的关系性,从而洞察到生命是一种社会性的存在。这既拓展了个体生命的价值和意义,又暗示了一种积极和谐的人生态度,更是一种朴实的生活要求。又如《论语·季氏》曰:"君子有三畏:畏天命,畏大人,畏圣人之言。"正义曰:"'天命',兼德命、禄命言。知己之命原于天,则修其德命,而仁义之道无或失。安于禄命,而吉凶顺逆必脩身以俟之,妄为希冀者非,委心任运者亦非也。且得位,则行义以达其道,不得位,亦必隐居以求其志。此方是天地生人,降厥德于我躬之意。故惟君子能知天命而畏之也。其畏之者,恐己之德有未至,无以成己成物,有负于天耳。"②将君子畏天命释为畏之德未至,畏无以成己成物,这是刘宝楠对君子人格的定义,这与原本《论语》里孔子对君子的要求是一致的,即以道德成就人格,实现自我价值。这种解释恢复了经典的原始意义,既是君子需要践行的目标,又是刘氏自我人生方向的终极目的,更是他对现实社会提出的一种真实要求。

## 三、近现代时期:《论语》注本凸显人文化的生命精神

时至近代,中国社会不仅在政治、经济上遭受西方列强的严重破坏与侵略,而且中国文化也遭遇到前古未有之大变局,"东西文化之冲突"成为中国近代儒学必须要面对的主要难题。而"五四"时期的新文化运动力求从最根本的思想上进行革命,"打倒孔家店"运动使儒学经历了一次灭顶之灾,从此在中西文化的关系上出现了三条不同的路线:一是以陈独秀、胡适为代表,主张"往西跑",强调西化;二是以梁漱溟为代表,主张"往东

---

① (清)刘宝楠:《论语正义》(卷一),中华书局 1990 年版,第 4 页。
② (清)刘宝楠:《论语正义》(卷十九),中华书局 1990 年版,第 662 页。

跑"，热心传统；三是以梁启超、蔡元培为代表，主张"兼容并包"，走中间路线。① 儒学在中国文化艰难寻找出路的过程中也历经了沉浮，后来许多新儒家在肯定儒家价值系统、融合会通西学的基础上，积极为中国传统文化寻找一条"返本开新"的新路子。在人们对儒学价值进行重新考量的情况下，现当代对《论语》进行解读的著作可谓层出不穷，如程树德的《论语集释》、杨树达的《论语疏证》、杨伯峻的《论语译注》、钱穆的《论语新解》、李泽厚的《论语今读》等。这些注本特色各异，反映了作者对原始文本的不同理解，其内含的生命精神具有相当的主体性和时代性。在此选择钱穆《论语新解》为代表，探讨其彰显的孔子生命思想。

国学大师钱穆在其服膺宋明义理之学和深谙清代考据训诂之术的基础上，备采众说，以富有时代性的语言对《论语》进行了全新而又通俗的阐释。纵览整个《论语新解》，其核心内容均体现在一个"人"字上，孔子的为学做人构成了孔子生死思想的基点，可谓万事之本在于"人心"也，孔子这种深厚的人文精神可以从以下向度进行发散：

第一，"人心"统之于个人本身。钱穆认为，孔子一生为人，即在悦于学而乐于教，在学在教是孔子的追求②，而志孔子之所志、学孔子之所学则是学习《论语》的旨趣所在。于是钱穆在《论语·学而》就解释说孔子一生重教，孔子之教重在学。孔子之教人以学，重在学为人之道。③ 而人道之根本在于人心，于是钱氏认为孔子一生重在心上下功夫，要重在求诸己，重在个人心性与人格的完成，只有发乎心才能达到与身和灵的和谐，这是为人的根本所在。

第二，"人心"统之于社会。社会由不同的群体所构成，通过家庭而不断向外蔓延。在钱穆看来，形成社会之健康有序的为孝、为仁、为礼、为政等重要范畴都在于人心。"孔子教人学为人，即学为仁，仁即人群相处之大道，发于仁心，乃有仁道。而此心实为人性所固有。其先发而可见者为孝弟，故培养仁心当自孝弟始。孝弟之道，则贵能推广而成为通行于人群

---

① 林洪荣：《"五四"时期的本色神学思潮》，载刘小枫主编：《道与言——华夏文化与基督文化相遇》，上海三联书店1995年版，第662页。
② 钱穆著：《论语新解》，生活·读书·新知三联书店2012年版，第1页。
③ 钱穆著：《论语新解》，生活·读书·新知三联书店2012年版，第4页。

之大道。"①由此可知，没有孝心，便不可行此孝道，不懂孝悌之道则不可走人群之大道的仁道，此可谓，道由心生，仁道而由孝道起，孝悌之心是形成人与人之间真情与厚意之仁心的原点。对于孔子的政治诉求，钱穆在《论语·为政》中详尽论述道："政治，人道中之大者。孔门论政主德化，因政治亦人事之一端，人事一本于人心。"②孔门的政治终究只不过是人事而已，而人事之成与否在于人心，在于是否懂人道，故为政之道的关键也在于己之心也，即为政以德。而在孔子处，礼与仁是外内结合，相辅相成的。孔子言礼，重在礼之本，而礼本于人心之仁，而求所以表达之，始有礼。③ 孔子的礼治实为仁治，各种纷繁复杂的礼仪均本乎人心，合乎人道，尤其是孔子所重视的葬礼，反映的是生者与死者之间的一种自然纯情，是人心情感的自然流露。此外，孔子论及诗时也将其推到人事之际，诗的源头在人的生活之中，必然也是人心对人生的一种真实表白，是对人道的一种异样追求。

第三，"人心"统之于人与自然和天道之中，因为自然之美的体现和达至、人道与天道的合一都在人心处。《论语》中直言自然之处很是鲜见，如《论语·雍也》"知者乐水，仁者乐山"中借自然明德性。而道德本乎人性，人性出于自然，自然之美反映于人心，表而出之，则为艺术。④ 于是"依于仁，游于艺"的孔子多处表达了艺术之美，钱穆认为艺术与道德都本于自然，但要达到道德心情与艺术心情的合一才是圣人所要达到的境界，这可以称为美与善的合一，美善合一之谓圣。圣人之美与善，一本于其心之诚然，乃与天地合一，此之谓真善美合一，此乃中国古人所倡天人合一之深旨。⑤ 这表明了人与自然之美是否和谐、人与天道之间是否相辅相成，其关键都需要人心的作用力，因为真善美并不能自动展示于外部世界，一切都在于人心之诚然才生发之。

在钱穆看来，孔子教学为人每每都实指人心，而且这种人心很多时候

① 钱穆著：《论语新解》，生活·读书·新知三联书店 2012 年版，第 6 页。
② 钱穆著：《论语新解》，生活·读书·新知三联书店 2012 年版，第 21 页。
③ 钱穆著：《论语新解》，生活·读书·新知三联书店 2012 年版，第 50 页。
④ 钱穆著：《论语新解》，生活·读书·新知三联书店 2012 年版，第 144 页。
⑤ 钱穆著：《论语新解》，生活·读书·新知三联书店 2012 年版，第 144 页。

不会时过境迁,而可古今通用之。据不完全统计,《论语新解》中要读者不拘泥于古而沟通于今者的解释有二十一次。① 如孔子的为政以德具有着古今通道,核心之仁有的是亘古不变之意,这足可以看出钱穆对孔子教学为人方式方法的极端重视,也是对《论语》浓厚的人文精神具有永恒性的教化大众、引领人生作用的重要反映,是对孔子生死思想的一种现代性注解。

由上观之,不同的《论语》注本让我们了解到的是生死思想具有差异性的孔子,这些为进行孔子生命伦理思想研究提供了不可或缺的资源。

## 第三节　孔子的生命伦理思想

众所周知,孔子作为儒家的不祧之祖,他的思想已经深深烙在两千五百多年的华夏文明史上,他的人生精神已经成为流淌在中华儿女血液里的文化基因,对中华儿女的影响重大而又深远。"中国是儒家的天下,中国人的人生观极大部分是受孔子的影响。"②立足于《论语》经典文本,从孔子的执着、遭遇、喜怒哀乐甚至是忧惧与困惑之中去品读他坎坷而励志的一生,从孔子的行迹、心迹与事迹中去领略他跨越时空却仍然熠熠生辉的大智慧。

### 一、生命问题的起点:天人关系与人性论

孔子是我国历史上罕见的政治家、思想家和教育家,被誉为"至圣先师,万世师表"的孔子亦堪称中华民族发展史上著名的人生哲学家。张岱年指出,中国人生论的立论步骤通常表现为:由宇宙论而讲天人关系,进及于性论,再由性论而讲人生之最高准则。③ 而要领会孔子的人生智慧,

① 周海平:《深情的体悟,卓然的阐释——〈论语新解〉的学术情怀与境界》,载《孔子研究》,2002年第6期,第83页。
② 董小川著:《儒家文化与美国基督新教文化》,商务印书馆1999年版,第287页。
③ 张岱年著:《中国哲学大纲》,中国社会科学出版社1982年版,第166页。

便需要从他关于生命问题的根本入手,唯有如此,才能掌握孔子生命伦理思想的本原,探悉孔子生命伦理思想的本真状态。

### (一) 天人合一

"天"在我国历史上是一个既古老又令人心生敬畏的概念。"天"字虽然在殷商时代早已有之,但在卜辞中却称至上神为"帝",而不称为"天"。[①]《尚书》中已经出现以"天"代"帝"的现象。"呜呼! 我生不有命在天?"[②]商纣王认为自己享有王权就是承受着天命,上天直接将王权交给他,至于他作为承受者本身并没有特别的道德限制,所以他可以为所欲为。西周时期的"天"也同样具有殷商时主宰者的意义,但同时又发生明显的新变化,那就是将"德"与"天"相配之,即"敬德配天"。"文王受天有大命"与"帝谓文王:予怀明德"[③]。"天"在此被赋予了一种超自然的力量和一种新的伦理意义,"德"成为天命与王权之间的唯一纽带。此外,"天"还具有化育万物苍生之大能的权威性。

孔子总体上延续了西周人关于"天"的看法,在《论语》中有十二次单独谈到"天",而且关于"天"的理解角度多样、内涵丰富,主要表现在四个层面:一是指主宰人类命运之"天"。在孔子看来,"天"不仅主宰着人的行为,而且主宰着人的生死。孔子对子路说,如果他所做的不合礼、不由道,那么天都会厌弃他。[④] 孔子的学生子夏说:"死生有命,富贵在天。"[⑤]二是指道德之"天"。"天"是人类是非对错的审判者,不仅具有道德判断的价值和功能,并且赋予道德价值判断。如果得罪了上天,任何形式的祈祷都没有作用。[⑥] "天生德于予,桓魋其如予何?"[⑦]孔子认为上天赋予了他高尚的德性,桓魋作为宋国的司马又能对他怎么样呢? 三是指造生之"天"。

---

① 陈来著:《古代宗教与伦理——儒家思想的根源》,上海三联书店 2009 年版,第 174 页。
② 《《尚书·西伯戡黎》)。
③ 《《诗·大雅》)。
④ 《《论语·雍也》)。
⑤ 《《论语·颜渊》)。
⑥ 《《论语·八佾》)。
⑦ 《《论语·述而》)。

子曰:"四时行焉,百物生焉,天何言哉?"①春夏秋冬四时在行,飞禽动植百物在生,天又说些什么了呢?"四时行"暗示着"天"是"载行者"(Sustainer),"百物生"则暗示着"天"是"造生者"(Creator),这里所谓"以天为自然界",是指以天为万物之造生与载行的根本原理或原动力。②"昔丘也闻诸老聃曰:'天有五行:水、火、金、木、土。分时化育,以成万物,其神谓之五帝。'"③从孔子的言语中可以发现孔子极力赞成老子关于"天"或"道"是万物之源的观点。在孔子思想体系中,"天"已经蕴含着是万物之始祖,生命之本原的深意,这就决定了"天"在人生命中的不可动摇的绝对性地位。"天"不仅可以裁决人生命与生活中行为的是非善恶、赋予人德行,而且可以决定人生死路线的走向。同时,孔子还赋予了传统之"天"新的内涵。在孔子看来,"天"成为有意志,能够决定人事兴废,仍带有人格特征之"天",赋予天人关系以人文精神,开扩了天人之间以德相合的关系。④ 因此,孔子之"天"既是生命的发源地,更是生命的超越地。

人是天地基本品质的体现,是天地之核心,万物之精华,是其他万物都无法比拟之物。子曰:"故人者,天地之德,阴阳之交,鬼神之会,五行之秀。故人者,天地之心,而五行之端,食味、别声、被色而生者也。"⑤在孔子看来,"天"的优越性与至上性决定了"与天齐一"将成为每个人奋斗和超越的巅峰。对于"天人合一",不仅意味着孔子要追求和达至人与自然之间的和谐共处,而且还体现在更深层次的人生境界之中。第一,人道与天道的合一。"夫子之文章,可得而闻也。夫子之言性与天道,不可得而闻也。"⑥孔子很少谈及天道,他的学生很难听得到孔子讲关于性与天道的言论。杨伯峻认为,孔子不讲天道不知道是否受郑国子产的"天道远,人道近,非所及也"思想的影响。⑦ 据此,许多学者认为孔子持有重人道轻天道的思想。其实,孔子并没有真正漠视和否认天道的作用,他强调天

① 《论语·阳货》。
② 傅佩荣著:《儒道天论发微》,中华书局 2010 年版,第 91 页。
③ 《孔子家语·五帝》。
④ 谢桂山著:《圣经犹太伦理与先秦儒家伦理》,山东大学出版社 2009 年版,第 56 页。
⑤ 《礼记·礼运》。
⑥ 《论语·公冶长》。
⑦ 杨伯峻译注:《论语译注》,中华书局 2009 年版,第 46 页。

道与人道之间存在一种必然的关联,人道需要尊重和遵循天道,只有按照天道运行的规律行事,万物才能顺道而成,永不停息。哀公曰:"敢问君子何贵乎天道也?"孔子对曰:"贵其不已。"①尊重客观规律是万事万物自然生命得以健康有序成长,以至发展壮大的前提。在人伦法则与天道的关系中,孔子提出"仁人之事亲也如事天,事天如事亲"的天人合一思想。也就是说,人际性的社会生命要稳定而良好地向外扩展同样需要遵循天道,这样社会才能和谐有序。第二,人德与天德的合一。"天"不仅有好生之德,而且有公正无私之心。"天无私覆,地无私载,日月无私照。"②天、地、日月在运行的过程中没有任何的私心和偏袒。孔子认为,禹、汤、文王之所以能够统摄天下,就在于他们用天、地、日月"三无私"的德行去服务天下百姓。"天德"是孔子与儒家学者所追求的最高道德境界,其追逐的过程表现为"由天而人,由人及天"的相互贯通。诚然,人德并不会随便而自然地接近天德,而是需要经历一条艰苦而漫长的求学与向上向善之路,这是一个积极主动求取人格完善的过程,需要通过"下学而上达"的方式去完成。因此,孔子所追求的"天人合一",是要在德行上达到统一的"天人合德",是一个生命主体积极主动进行道德实践的过程。这种人生道德境界的实现关键在"人",而不在"天"。这不仅成为孔子人本主义思想的主要来源,也在本质上决定了孔子的命运观。

## (二) 乐天知命

一方面,孔子承认"天命不可违"。在孔子看来,"天"的神圣性、主宰性和造生性决定了"命"的主导地位,但孔子的这个"命"不是人格化的有意志的上帝的命令,而是一种不可知的外在必然性,它以偶然机遇,不可抗拒地降临世间某一个人头上,即所谓时命。③"道之将行也与? 命也。道之将废也与? 命也。公伯寮其如命何!"④孔子认为,他所竭力推行的道行成败关键不在于他自己的所作所为,而在于命运的安排。同时,孔子

---

① 《礼记·哀公问》。
② 《礼记·孔子闲居》。
③ 匡亚明著:《孔子评传》,齐鲁书社 1985 年版,第 215 页。
④ 《论语·宪问》。

主张一个人的人生境遇有时自己也难以把握，天命是无法违抗的。伯牛有疾，子问之，自牖执其手，曰："亡之，命矣夫！斯人也而有斯疾也！"①在孔子心中，冉伯牛德行高尚，但却得了不可医治之病，这便是一种无法逃避的"命"。孔子的"时命"是一种冥冥之中的客观必然存在，是人力无法回天之"命"，人生道路上的兴衰成败、生死存亡难逃"命"的主宰。

但是，另一方面，孔子主张人要"乐天知命"。因为对天命的知与不知成为孔子判断君子与小人的一个标准。《论语·尧曰》有云："不知命，无以为君子。"君子要做到知命并不是一件容易的事情，需要有足够的智慧，需要对天命有着顺时应命的感悟。孔子感叹"五十而知天命"，正是孔子对天命有着正确的认知和理解，所以他才能在自己的人生道路上演绎出"能进则进，当止则止"的生活态度。

《孔子家语》有云："孔子自卫将入晋，至河，闻赵简子杀窦犨鸣犊及舜华，乃临河而叹曰：'美哉水，洋洋乎！丘之不济此，命也夫！'"这说明孔子能够在人生百态的现世社会中看清时务，掌握好自己人生前行的方向。而在那种世事并不太平之际，孔子既言"知天命"，又说"知我其天"，人知天，天知人，这是一种"与天相知"的境界。孔子感到天命与自己的生命通而为一，所以他的生命是与天相默契、相印合的。② 但是，从孔子顺命、知命的天命观并不可断言他就是一个宿命论者。其实，孔子与庄子"知其不可奈何而安之若命，德之至也"③的态度并不相同，孔子一生有着充分发挥主观能动性和积极与命运相抗衡的"践命"表现。

## （三）尽人事以待天命

通过孔子的人生经历和他的追求路径发现，孔子事实上并不认命，一生都在与命运进行着坚决的斗争，他不向命运屈服的精神在他人生中得到了淋漓尽致的彰显。

首先，从孔子不尽寻常的出身来看，孔子并没有安之受命。孔子身体

---

① 《论语·雍也》。
② 蔡仁厚著：《孔子的生命境界》，吉林出版集团 2010 年版，第 43 页。
③ 《庄子内篇·人间世》。

里虽然流淌着贵族的血液,但因"纥与颜氏女野合而生孔子"[1],再加之他三岁丧父,家境日趋衰微,故孔子自称"吾少也贱,故多能鄙事"[2]。在孔子少年时期,他就常受旁人的鄙视和讥讽。如孔子要绖,季氏飨士,孔子与往。阳虎绌曰:"季氏飨士,非敢飨子也。"[3]但是,家庭的贫穷、父爱的缺失、世人的嘲笑等不幸并没有让孔子身陷命运的拘囿中而不能自拔,似乎反而成为孔子"志于学"的动力。更有甚者,孔子寻找到自己所要学习的对象。学什么才能改变自己的地位,提高自己的身份呢? 孔子所志于学的、最为焦虑牵挂的首先是"礼"。孔子深知如果自己不能掌握礼的细节和内在精神,他的"贫且贱"就会实实在在伴随他的终生和他的后代。[4] 孔子不仅十五岁就开始立志于学礼,而且三十岁就已经在知礼、懂礼上有了立足之地。孔子正是通过不懈努力,从而完成自己在形象与地位上的逆袭,并最终形成了自己的学派,确立了自己在历史上的地位。

其次,从孔子不平凡的求仕经历来看,孔子没有坐以待命。孔子在"礼崩乐坏"的复杂环境之中,一心致力于推行自己的"仁政"思想。当他的思想在鲁国未受重视之时,他竭力在其他列国推行。虽然四处碰壁,尝尽颠沛流离之苦,并以失败而告终,但在漫长的求取贤王信任的征程中,孔子始终能够保持"不怨天,不尤人"[5]的积极心态,在明知志向已成为风雨飘摇之物时,他还持有着一份"发愤忘食,乐以忘忧,不知老之将至"[6]的乐观情怀。"知其不可为而为之"成为孔子尽人事以待天命态度的最生动写照。

最后,从孔子对祸福的评价来看,孔子主张尽人事以改命运。当孔子谈及国家的存亡祸福时,认为存亡祸福都源于自身,反时反常的现象并不能改变国家的命运。哀公问于孔子曰:"夫国家之存亡祸福,信有天命,非唯人也。"孔子对曰:"存亡祸福皆己而已,天灾地妖不能加也。"[7]同时,孔

[1]《史记·孔子世家》。

[2]《论语·子罕》。

[3]《史记·孔子世家》。

[4] 张祥龙著:《孔子的现象学阐释九讲》,华东师范大学出版社 2009 年版,第 13 页。

[5]《论语·宪问》。

[6]《论语·述而》。

[7]《孔子家语·五仪解》。

子以商纣因为自己违逆天时，使上天的福祉变为灾祸，而太戊则因自己改变天时将祸兆变为福祉为例进行说明。这表明孔子虽然还未完全摆脱天命思想的羁绊，但已经更注重人事，更主张尽人事以待天命。[①]

总之，一方面，孔子的顺命、知命的天命观决定了孔子在人生道路上"乐天知命，故不忧"的生死情怀，无论是对待自己坎坷的人生境遇，还是对待得意门生颜渊之死，他都能在"天命"中找到生死答案；另一方面，孔子"尽人事，听天命"的天命观又决定了他在人生道路上百折不挠的生活态度和以善行去改变天时的生命精神。

### （四）性相近，善端倪的人性观

孔子是我国哲学史上最早提出人性观的哲学家。《论语》中不多言"命"，对"性"的涉足则更为罕见。整部《论语》仅只一句"性相近，习相远也"[②]，但这已经具有中国人探讨人本身的开创性意义，同时也让后世学者对孔子的人性思想有着无尽的阐释和质疑，如性善论、性无善恶论等，说法不一，但总体倾向善端倪的观点。

金景芳认为孔子的"性相近"指人的自然性，而"习"却指人的社会性。人的自然之性不可用善恶来表达，而社会之性却可。[③] 将人性分成自然属性和社会属性的思想符合马克思主义的基本观点，具有其科学性。现代哲学家张岱年认为："孔子不以善恶讲性，只认为人的天性都是相近的，所来的相异，皆由于习。从孔子所说的：'唯上智与下愚不移。'不能说明孔子主张性有三品。所谓上智下愚，原非论性，而是讲才智的差别，性本不可以智愚来说。"[④]确实，人之本性不可用智愚进行衡量，上智、中人、下愚只能表示人才智的高低。而人的才智缘何不同？宋代大儒程颐曰："才禀于气。气有清浊，禀其清者为贤，禀其浊者为愚。"[⑤]对于每个人而言，人之本来面目应该相近，而人之才力却千差万别。孔子虽没有明言性之

---

① 杨朝明、宋立林主编：《孔子家语通解》，齐鲁书社 2009 年版，第 57—70 页。
② 《论语·阳货》。
③ 金景芳、吕绍纲等著：《孔子新传》，湖南出版社 1991 年版，第 125 页。
④ 张岱年著：《中国哲学大纲》，中国社会科学出版社 1982 年版，第 183 页。
⑤ 陈荣捷著：《近思录详注集评》，华东师范大学出版社 2007 年版，第 30 页。

善恶，但其言语之间已经流露出善端倪的意蕴。

"一阴一阳之谓道，继之者善也，成之者性也。"①在孔子看来，阴阳的对立转化可称为道，继承道的则是善，成就道的是本性，而阴阳之道乃有好生之德，本性要能成就道需要有善端才行。但这种善端在"习"的过程中不一定都能培育出好的结果，甚至有些会越走越远，故不是每个人都能成其道。孔子曰："分于道，谓之命；形于一，谓之性……故命者，性之始也。"②性与生俱来，而命却是性的开始。因此，至高无上之天所赋予的命不可能具有一种恶性。徐复观说："孔子把性与天命连在一起，性自然是善的。"③《礼记·中庸》将孔子"性"与"命"相联系的善的萌芽思想进行了引申和发挥，如"天命之谓性，率性之谓道，修道之谓教""诚者，天之道也；诚之者，人之道也"等④。这种以"诚"贯通命与性、天与人的思想是人性享有善端的一种极好明证。同时，孔子对人性的看法还可从其对"仁"的讨论中去窥探一二。《论语》有一百余次谈及"仁"，"仁"不仅成为《论语》的核心，也是孔子一生的追求。"仁"与"性"有何关系？

首先，"仁"是人之本性，具有向善之倾向。孔子对不同学生提出的"仁"问作出了相应的回答。如樊迟问仁。子曰："爱人。"⑤子张问仁于孔子。孔子曰："能行五者于天下，为仁矣。"⑥"仁"作为《论语》的核心价值，解释为仁爱、善、人心、爱等多种意思。杜维明认为，陈荣捷将孔子之"仁"径直译为"humanity"的做法很有创意，也十分令人信服。⑦钱穆说："孔子所常讲的仁，并没有什么深微奥妙处，只在有一颗爱人之心便是仁。但这颗爱人之心却是人心所固有，所同有，换言之，这是人心之本质。"⑧在孔子看来，"仁"不仅是圣人所具有的一种美德，更是人应该具有的本性所在。"天地之大德曰生，圣人之大宝曰位。何以守位曰仁。"⑨"仁者，人

---

① 《系辞上》。
② 《孔子家语·本命解》。
③ 徐复观著：《中国人性论史》（先秦篇），上海三联书店2001年版，第87页。
④ 《礼记·中庸》。
⑤ 《论语·颜渊》。
⑥ 《论语·阳货》。
⑦ 杜维明：《孔子的〈论语〉》，载《学术月刊》，2007第9期，第26页。
⑧ 邓思平著：《经验主义的孔子道德思想及其历史演变》，巴蜀书社2000年版，第11页。
⑨ 《周易·系辞下传》。

也；亲亲为大。"①"仁"与人相伴而生、形影相随、不可分离，且最为重要的体现在孝亲之上，故有子曰："孝弟也者，其为仁之本与！"②由此可知，人之本性在于人具有仁之善端，更具体地讲在于人具有亲子之仁的善根。但善端未必都能被挖掘，善根未必都能有善果，要把握体用之关系并非易事。换言之，要将亲子之爱从家庭推向他人甚至整个社会，要每个人都能做到"老吾老以及人之老，幼吾幼以及人之幼"③相当困难，只有圣人才能为之。

其次，孔子的人性向善论决定了孔子一生求仁和施仁的生死价值取向及向内求诸己的人生修养方式。正因为孔子对人性善的一种认同，才使得对仁道的不懈追求和推行仁道于天下成为孔子毕生的奋斗目标。子曰："朝闻道，夕死可矣。"④又曰："志士仁人，无求生以害仁，有杀身以成仁。"⑤而且，孔子"求诸己"的"求仁"方式也体现了孔子的人性思想。求诸己是孔子修身、完善人格的一个重要途径。如果人的生命中根本没有内含着一个善的本性，孔子他的内求有何结果呢？正是因为孔子认为人有善性，才决定了他对生命本身的一种绝对自信——"为仁由己"，由此决定了孔子乃至全体儒家学者由内而外进行自我生命超越的方式。

## 二、生命态度的彰显：未知生，焉知死

人是天地之精华，万物之精灵，孔子关于生命，除了抱持着"命定"观外，还存有一颗尊重和崇敬之心。针对学生子路关于生死问题的请教，孔子用"未知生，焉知死"⑥进行回复，这是否能够说明孔子具有"重生轻死"的倾向？其实要真正读懂孔子，还需要进一步挖掘"未知生，焉知死"背后的深层意蕴。

### （一）敬重生命

关于生命本身，孔子首先表现出对生命的敬重之情。《论语》和其他

---

① 《礼记·中庸》。
② 《论语·学而》。
③ 《孟子·梁惠王上》。
④ 《论语·里仁》。
⑤ 《论语·卫灵公》。
⑥ 《论语·先进》。

古代典籍中表现出的"民"和"人"的区别,一直是争论的焦点。特别是近年来,随着马克思对人的关心被通过传统的范畴表达出来,就更是如此。① 孔子所说的"人"在许多学者看来仅指统治阶级,"民"指被统治阶级。但从孔子敬重人的生命角度看,"人"的外延却涉及一切阶级和阶层。孔子生活在由奴隶制向封建制转型的时代,他不仅对奴隶时期用活人殉葬的习俗深恶痛绝,甚至对发明用木俑、土俑陪葬的人也发出极为狠毒的咒骂声。当孔子得知马棚失火时,他首先想到的为是否有人伤亡,而没有问及马的情况②,而此人应该是养马的奴隶,充分表明孔子把人的生命与其他动物的生命作了完全的区分,认识到人之生命的内在特殊价值,不仅显示他所爱之人的广泛性,也说明他严肃认真地实践着自己的理论。在等级森严的春秋时代,做到这点,是很不容易的。③ 孔子尊重和爱护生命的行为表现,在当时地位有等级、生命有贵贱的社会是历史的一大突破。

同时,孔子主张爱护老百姓的生命,反对无谓的丧生。孔子认为,作为一个统治者不仅需要有"修己以安百姓""博施于民而能济众"的志向,更要有保全老百姓个体生命的具体行为。"以不教民战,是谓弃之"④,将没有经过任何训练的百姓送上战场的行为,等于白白糟蹋老百姓的生命,孔子极力反对这种极端不负责任的行为。不仅如此,孔子对学生持有同样严格的要求,教导学生遇事要先思而后行,坚决反对有勇无谋甚至伤及性命的鲁莽行为。"暴虎冯河,死而无悔者,吾不与也。必也临事而惧,好谋而成者也。"⑤在孔子看来,每个阶层和每个人都需要有心怀自我保护、不作无畏牺牲的观念。所以,斋戒、战争和疾病三件事情在孔子看来都必须格外小心和慎重考虑。从孔子"见危授命"与"危邦不入"的言行之中,可以寻觅到孔子处理生死问题时的中庸思想。⑥ 这种中庸式的生死之道是孔子所彰显出的生死选择和生死智慧,既是孔子对物理生命的保护和

---

① ［美］郝大维、［美］安乐哲著:《孔子哲学思微》,蒋弋为、李志林译,江苏人民出版社1996年版,第103页。
② (《论语·乡党》)。
③ 匡亚明著:《孔子评传》,齐鲁书社1985年版,第222页。
④ (《论语·子路》)。
⑤ (《论语·述而》)。
⑥ 蔡尚思著:《孔子思想体系》,上海人民出版社1982年版,第115页。

热爱,更是他对道德生命选择的高度和广度。

而且,孔子主张爱身与尽孝兼而行之。孔子认为人爱惜自己的身体和生命就是一种孝道,人不应该在过度悲伤且有损身体的状态中去表达自己的哀思,一切的哀思仅在于敬重,爱惜生者的身体才是最重要的。《孝经·开宗明义》开篇即云:"身体发肤,受之父母,不敢毁伤,孝之始也。"当曾参遭他父亲曾皙的毒打却不加以躲避时,孔子对曾参的行为表现出强烈的不满。子曰:"今参事父,委身以待暴怒,殪而不避。既身死而陷父于不义,其不孝孰大焉?"①这种用不爱惜身体的行为来证明自己的孝道,本身就是不孝之为。孔子有云:"父母在,不敢有其身,不敢私其财,示民有上下也。故天子四海之内无客礼,莫敢为主焉。"②但是,爱惜受之于父母的身体本身就是一种大孝,如果因为尽孝道而伤及了自己的身体,那么又将使自己陷入一种不义不孝之中。故子曰:"敬为上,哀次之,瘠为下,颜色称情,戚容称服。"③爱身就是一种尽孝,尽孝却不应该有损于爱身,孔子并不主张在哀悼亡者中表达自己的孝心而伤害生者的生命,其实一切的哀思与孝道尽在于心中所表达的敬意。

其次,孔子从更深层次去理解生命,深深感受到生命的不可逆性和生命的可塑性。生命不仅是神圣的,更是短暂而易逝的。子在川上,曰:"逝者如斯夫! 不舍昼夜。"④时间匆匆向前奔流,人生犹如一条不可能有回头路的"单行道",人生不能彩排更不可重复,它是向前的、唯一的,由此孔子在晚年发出"加我数年,五十以学易,可以无大过矣"⑤的人生感叹。正因为此,孔子严厉斥责学生宰予浪费大好时光的行为。"宰予昼寝。子曰:'朽木不可雕也,粪土之墙不可圬也,于予与何诛?'"⑥孔子迫切希望身边的人能够更加理解生命,要善于珍惜那一去不复返的生命时光。对于珍惜时间而又勤奋好学的学生,孔子看到他们生命中的潜能,提倡"自

①《孔子家语·六本》。
②《礼记·坊记》。
③《孔子家语·曲礼子夏问》。
④《论语·子罕》。
⑤《论语·述而》。
⑥《论语·公冶长》。

行束修以上,吾未尝无诲焉"①,只要是好学者,孔子从不会拒绝教育的。更有甚者,孔子还从人生起点去看人生终点,从"人之生"去理解"人之死"。孔子认为,人不仅只有从现实可知的"生"中去理解那活人无法感知之"死",而且只有真正理解"生"的意义才能明白"死"的价值,才能真正做到珍惜所拥有的生命,认真对待生活,最终才能做到坦然而从容地走向人生终点。这种"由生明死"的生死观深深影响着儒家学者。宋代大儒朱熹指出,人生在世所从之"理"乃是"天"所赋予,当人的一生都孜孜矻矻践行不息,到"死"之时,也就可心安理得了。② 这基本上秉承了孔子知"生"才知"死"的观念,只有理解"生"才能明白"死",只有更好地演绎"生"才能让"死"的意义更为深刻。其实纵观人的一生,我们每个人都在用自己的人生足迹去为自己最后的死亡画上属于自己的人生符号,最终描写在死亡舞台上的或是一个令人圆满的句号,或是一个惊人的感叹号,或是一个使人遗憾的省略号,抑或是一个叫人费解的大问号。如此种种,都是在用"人之生"去描绘"人之死"。③

人之生死构成了一个人的一体两面,"生"不单指所谓的生命体。按照古罗马基督教神学家奥古斯丁的理解,人的生命是由过去的现在、现在的现在和将来的现在构成的一条"河流",而人之生活是指每个人的生活感受,仅指奥古斯丁认为的用心灵才可度量的当下此在的感受。生命是生活得以展现的前提,而生活是生命得以体现的外在表现。要理解孔子的思想本身,他的人生行事不能忽略,要通过狭义的"见之行事"来理解孔子,往那些表面上的"空言"里注入生命,让它转为深切著明的活生生的思想。④ 所以,我们还必须透过孔子的生活态度去走进孔子、理解孔子。

## (二) 勇于奋进

孔子一生虽然时时铭记"天命不可违"的命运观,但他的理性主义或

---

① 《论语·述而》。

② 郑晓江著:《中国死亡文化大观》,百花洲文艺出版社 1995 年版,第 25 页。

③ 朱清华、袁迎春:《论生命价值的实现路径》,载《华北电力大学学报》,2012 年第 2 期,第 80 页。

④ 张祥龙著:《孔子的现象学阐释九讲》,华东师范大学出版社 2009 年版,第 2 页。

人本主义思想并没有使他滑入"宿命论"的旋涡之中。《论语·宪问》云："子路宿于石门。晨门曰：'奚自？'子路曰：'自孔氏。'曰：'是知其不可而为之者与？'"《孟子·公孙丑上》云："可以仕则仕，可以止则止，可以久则久，可以速则速，孔子也。"从中可以看到一个积极而奋进的孔子。在孔子积极与命运相抗争或是企盼努力承担天命的人生道路中，他小心作为和信守忠恕之道的生活态度表现得淋漓尽致。

1. 战战兢兢，可以为则为

孔子坎坷的人生经历反映出他一生都在积极抓住一切"可以为"的时机，尽心尽力而努力前行，从来没有一丝的懈怠。童年时期的孔子，虽伴有不好的出身和三岁丧父的不幸，但孔子却从小积极学习礼乐之道。青少年时期的孔子，十五岁志于学至三十而立就已将自己的人生进行改写，赢得伴随他终生的"好学知礼"的名声。孔子三十岁时，齐景公来访鲁国，他一介布衣，齐景公作为国君却愿意见他，表明他当时已经名声在外了。① 孔子三十七岁从齐国返鲁国，看到鲁国政治衰败颓废的不良局面，他坚持"天下有道则现，无道则隐"的思想原则，充分利用时机积极从事"传道、授业、解惑"的人师之道，兴办私学，广纳弟子。《孔子家语》记载："孔子以诗、书、礼、乐教，弟子盖三千焉，身边六艺者七十有二人。"这些都为孔子能够享有"至圣先师，万世师表"的盛名打下坚实基础。孔子五十一岁时，利用阳虎之乱的机会再度出山做官，虽然从政时间只有短短的三年，但他却因为齐鲁夹谷相会而为自己的政治生命添上了绝妙的一笔。孔子力图实施的"堕三都"虽然因为触及统治阶级的利益最后以失败而告终，但是却充分彰显出孔子积极"尽人事"的人生态度。

孔子在十多年颠沛流离的生活和最终返回鲁国的人生历程中，努力寻找自己实践天命和承担天命的机会。虽然孔子深知政治抱负的实现似乎将要成为泡影，但他仍然不忘记抓住机会支持和教育自己的学生"尽其才，践其志"。就算到了晚年，孔子也做出了在中国文化史上具有奠基性作用的编《诗》《书》，传《易经》，作《春秋》的大事，为此而被后人永远传颂。

---

① 张祥龙著：《孔子的现象学阐释九讲》，华东师范大学出版社 2009 年版，第 34 页。

所以,孔子用"发愤忘食,乐以忘忧,不知老之将至云尔"①给自己的生活态度作出最经典的诠释。此外,孔子虽将"仁"作为他毕生的追求,但并没有将"义"与"利"完全对立起来。"不义而富且贵,于我如浮云。"②"富而可求也,虽执鞭之士,吾亦为之。如不可求,从吾所好。"③在面对合义之利时,孔子采取主动的态度去努力争取。孔子把握时机的可为就为的积极发挥自我主观能动性之一面,在他整个人生历程中得到极为充分的体现。

在孔子积极作为之时,渗透于他生活之中的那份小心、细心和恒心也相伴而生。第一,竭力提倡小心的孔子告诉弟子要谨记"战战兢兢,如临深渊,如履薄冰"的忠告。"行身如此,岂以口过患哉?"④如果时时保持警惕,存有戒心,就不用担心会犯错误的危险。在孔子看来,无论身居何位,面对居在上位的君王或是处在底层的民众都离不开谨言慎行。小心谦逊是孔子告诫学生为政之道和为人之道的一个最基本的行为准则。子张学干禄。子曰:"多闻阙疑,慎言其余,则寡尤;多见阙殆,慎行其余,则寡悔。言寡尤,行寡悔,禄在其中矣。"⑤又曰:"故君使其臣,得志则慎虑而从之,否则孰虑而从之。终身而退,臣之厚也。"⑥为官之人对君的那份忠心和对民的那份尽心中都需要保持小心谨慎,如此才能收获那份俸禄,表现为臣的忠诚和为官的责任。孔子处邻、择友时也表现出谨慎选择的智慧。子曰:"里仁为美。择不处仁,焉得知?"⑦"与善人居,如入芝兰之室,久而不闻其香,即与之化矣;与不善人居,如入鲍鱼之肆,久而不闻其臭,亦与之化矣。……是以君子必慎其所与处者焉。"⑧即使是自己一个人独处之时,孔子也用"慎独"的高标准要求自己。第二,极力主张细心的孔子劝告学生在体察人时要全面而深入地考察,绝对不可人云亦云、以偏概全,被

---

① 《论语·述而》。
② 《论语·述而》。
③ 《论语·述而》。
④ 《孔子家语·观周》。
⑤ 《论语·为政》。
⑥ 《礼记·表记》。
⑦ 《论语·里仁》。
⑧ 《孔子家语·六本》。

事物的现象所迷惑。子贡问曰："乡人皆好之，何如？"子曰："未可也。""乡人皆恶之，何如？"子曰："未可也。不如乡人之善者好之，其不善者恶之。"①"众恶之，必察焉；众好之，必察焉。"②孔子强调对一个人的评判要从自身的考察出发，不应被外界的影响所左右，这种考察应该公正无私，不应以私利为考察目的。从孔子听闻季文子三思而后行所说的"再，斯可矣"③中可看到孔子反对"以祸福利害之计太明，以世故太深，过为谨慎的流弊将至利害徇一己之私的行为"④。第三，不可忽视恒心的孔子用尽心与坚持不懈之心作为评价学生行为对错的标准。《论语·雍也》记载冉求曰："非不说子之道，力不足也。"子曰："力不足者，中道而废。今女画。"子曰："譬如为山，未成一篑，止，吾止也。譬如平地，虽覆一篑，进，吾往也。"⑤在孔子看来，事情的成败与自我所持有的态度紧密相连，而这又完全取决于自我的决心和坚持与否。

孔子"可为则为"的态度不是一种懦弱，更不是一种圆滑，而是一种智慧，一种理性，它需要一种信仰的支撑，体现的是一种中庸的人生法则。同时，孔子的慎言、慎行、慎处、慎独的生活态度不仅指引着孔子自身在乱世之中做到"现"与"隐"的巧妙结合，而且教导着他的学生和后人在自己的人生道路上要用心慎重地走好每一步。在人生旅程中，小心固然不可缺少，但孔子"性相近，习相远"的性善论倾向决定了还要存有一颗宽容而豁达的心。

2. 推己及人，躬自厚而薄责于人

孔子在不同生活层面无形中表现出其多彩而又不尽相同的生活姿态，但无论以何种形式呈现出来，其实都没有远离孔子所强调的"一以贯之"的主线——"忠恕"。子曰："赐也，女以予为多学而识之者欤？"对曰："然，非欤？"曰："非也，予一以贯之。"⑥在《论语·里仁》中也有记载，子曰："参乎！吾道一以贯之。"曾子曰："唯。"子出。门人问曰："何谓也？"曾

---

① 《论语·子路》。
② 《论语·卫灵公》。
③ 《论语·公冶长》。
④ 杨伯峻译注：《论语译注》，中华书局 2009 年版，第 49 页。
⑤ 《论语·子罕》。
⑥ 《论语·卫灵公》。

子曰:"夫子之道,忠恕而已矣。"对于孔子的"忠恕"含义,在学界有着不同的理解。杨伯峻认为,"恕",孔子自己定义为"其恕乎!己所不欲,勿施于人"①。"忠"是"恕"的积极面,用孔子自己的话,应是"己欲立而立人,己欲达而达人"②。而刘殿爵根据《说文》将"忠"释为"尽力而为"之意,是尽一个人的能力做好一件事,一个人通过"忠"而实践由他用"恕"的方法找出的东西。③"忠"是尽心尽力为了他人,绝无二心;"恕"是一种原谅和宽恕,是由己想到他人;"忠恕"是孔子一生都在努力践行的为人之道。

　　但无论学者从哪个角度对"忠恕"进行解析,都可发现他们释义中的共同性,即"忠恕"代表着孔子为人处世的方法。这种将心比心,推己及人的方法不仅能够正其身,还可以成为协调人际关系的润滑剂,最终为营造出一个和谐的社会氛围创造条件。子曰:"君子有三恕。有君不能事,有臣而求其使,非恕也;有亲不能孝,有子而求其报,非恕也;有兄不能敬,有弟而求其顺,非恕也。士能明于三恕之本,则可谓端身矣。"④子又曰:"宽而正,可以怀强;爱而恕,可以容困;温而断,可以抑奸。"⑤理解孔子"忠恕"之道深意的人能够扮演好自己人生中的不同角色,处理好各种不同的人际关系。而将"己所不欲,勿施于人"运用于社会生活之中能够获得社会更多的理解和支持,将"己欲立而立人,己欲达而达人"作为自己的人生法则能够使自己走向更高的道德境界。故子曰:"夫仁者,己欲立而立人,己欲达而达人。能近取譬,可谓仁之方也已。"⑥

　　同时,孔子在与他人交往的过程中,采用一种积极而辩证的眼光看待和审视对方。《论语·述而》云:"互乡难与言,童子见,门人惑。子曰:'与其进也,不与其退也,唯何甚!人洁己以进,与其洁也,不保其往也。'"孔子并没有用一种僵化的观点对待他人,他的人性具有相近善端的思想给予了每个人向善求上的机会,他相信善端需要正确的引导才能结出其善

---

① 《论语·卫灵公》。
② 杨伯峻译注:《论语译注》,中华书局2009年版,第38页。
③ [美]郝大维、[美]安乐哲著:《孔子哲学思微》,蒋弋为、李志林译,江苏人民出版社1996年版,第218页。
④ 《孔子家语·三恕》。
⑤ 《孔子家语·致思》。
⑥ 《论语·雍也》。

果,只有心存包容,才不至于使善端朝相反的方向发展。孔子对自己的要求要远远甚于对方。子曰:"躬自厚而薄责于人,则远怨矣。""君子求诸己,小人求诸人。"①正是孔子在人生态度中所持有的"求诸己"的方式,决定了儒家自我修养方式一个向内求的根本方向。从孟子一直强调"反求诸己""养心,莫善于寡欲"②,到程朱理学的"格物致知"和阳明心学的"致良知",无不是发端于孔子人生中对自我的一种高度自律,而正是这种由内不断完善的路径促使孔子和整个儒家学派对"生"的高度执着与热爱。生死乃一体,如此重视"生"的孔子是以何种态度对待"死"的呢?

### (三) 生死两安

有人认为孔子对死亡的态度从根本上是轻视死亡,从不言谈死亡,或者有人会用"死生由命"对其概而括之。笔者以为单纯用这些观点来概括孔子对待死亡的态度过于表面化和片面化。

1. 死也,命也?

孔子所言之"天"具有着主宰之意,孔子对"天命"抱有一种深信不疑的态度,孔子本人有着坚强的人本化宗教信念,即人生就是一种天命或使命。③ 这样,死亡在孔子心中与天命有着必然的联系。因此,孔子的生死态度首先持有的是"生"由"命"定,"死"也是"天命"安排的观念。如孔子在面对学生伯牛及颜渊之死时:"伯牛有疾,子问之,自牖执其手,曰:'亡之,命矣夫! 斯人也而有斯疾也! 斯人也而有斯疾也!'"④而颜渊死,子曰:"噫! 天丧予! 天丧予!"⑤其中的"命矣夫"和"天丧予"都表现出孔子深知人不可能逃脱走向死亡的命运。这是人生路途上的一种客观必然规律,是没有人能够阻止和逆转的必然走向。而对于这种必然死亡的现象,有时只有采取接受甚至"认命"的态度,要做到"乐天知命故不忧",否则无法走出"死亡"所带来的痛苦。

---

① 《论语·卫灵公》。
② 《孟子·尽心下》。
③ 傅伟勋著:《死亡的尊严与生命的尊严》,北京大学出版社 2006 年版,第 87 页。
④ 《论语·雍也》。
⑤ 《论语·先进》。

当孔子自己面临着生命危险时,孔子仍用"天命"或"使命"的思想宽慰自己。《史记》中记载,孔子离开卫去曹国时经过宋国,与弟子在大树下演习礼仪,桓魋想杀害孔子,砍掉大树,孔子于是离去,弟子们催他快跑,孔子认为是上天把圣德赋给了他,桓魋不能把他怎么样。"子畏于匡,曰:'文王既没,文不在兹乎?天之将丧斯文也,后死者不得与于斯文也;天之未丧斯文也,匡人其如予何?'"①孔子认为他的生死主宰权因其承载的"使命"而在于"天",无论桓魋还是匡人都无法危及他的性命。所以,在生命危急关头,孔子仍然表现出临危不惧的生死情怀。即使在孔子预言自己将要死去之时,他心中已明知没有实现其远大抱负的机会,但他仍以一种极为悲切却十分坦然的态度面对生命的终点。"孔子蚤晨作,负手曳杖,逍遥于门,而歌曰:'泰山其颓乎!梁木其坏乎!哲人其萎乎!'既歌而入,当户而坐。"②这种用"天命"或"使命"来释死的态度使得孔子更加坦然而易于接受现实,以至于将常人对死亡的害怕与恐惧全都抛之脑后。

对于孔子而言,死亡虽离不开命的安排,但孔子却不同于庄子"死生,命也"③那般"安之若命"。孔子还提倡人为的一面,即注重将"人道""使命"与人之生死相连,故孔子发出"志士仁人,无求生以害仁,有杀身以成仁"④及"朝闻道,夕死可矣"⑤的生死感叹。人之死还承载着道德意义,每个人道德生命的主宰权在于自己,而不在"天"。同时,孔子还认为有些人在某种情况下遭遇死亡,在很大程度上受到一个人性格的影响。子曰:"若由也,不得其死然。"⑥结果子路之死正与他直率、鲁莽的性格有密切关系。孔子还看到有些人"死于非命","人有三死,而非其命也,行己自取也。夫寝处不时,饮食不节,逸劳过度者,疾共杀之;居下位而上干其君,嗜欲无厌而求不止者,刑共杀之;以少犯众,以弱侮强,忿怒不类,动不量

①《论语·子罕》。
②《孔子家语·终记解》。
③《庄子·大宗师》。
④《论语·卫灵公》。
⑤《论语·里仁》。
⑥《论语·先进》。

力者,兵共杀之。此三者,死非命也,人自取之"①。孔子对"死也,命也"并不只是作出一个简单的是非判断,而是在"生死有命"之外还看到导致人"死"之复杂性因素的另一面。

2. 死者,重哉哀哉!

《论语》中直言生死的语句非常罕见,"未知生,焉知死"并不能表明孔子在生死问题上持一种"重生而轻死"或"喜生而厌死"的态度。其实"未知死,焉知生"反映出孔子是在正视死的前提下激励着自己认真对待生,蕴含着孔子"由死观生"的生死哲理。钱穆认为孔子的"未知生,焉知死"表明了人生观是由人死观而来。死生一贯,完成死,就是在完成生。完成生,也就是在完成死。② 生与死相互依存、相互证明。孔子这种"生死相了""生死相依"的思想在《荀子·大略》中亦可发现,如子贡问于孔子曰:"赐倦于学矣,愿息事君。"孔子曰:"《诗》云:'温恭朝夕,执事有恪。'事君难,事君焉可息哉!""然则赐愿息事亲。"孔子曰:"《诗》云:'孝子不匮,永锡尔类。'事亲难,事亲焉可息哉!""然则赐愿息于妻子。"孔子曰:"《诗》云:'刑于寡妻,至于兄弟,以御于家邦。'妻子难,妻子焉可息哉!""然则赐愿息于朋友。"孔子曰:"《诗》云:'朋友攸摄,摄以威仪。'朋友难,朋友焉可息哉!""然则赐愿息耕。"孔子曰:"《诗》云:'昼尔于茅,霄尔索绹,亟其乘屋,其始播百谷'。耕难,耕焉可息哉!""然则赐无息者乎?"孔子曰:"望其圹,皋如也,巅如也,鬲如也,此则知所息矣。"子贡曰:"大哉,死乎!君子息焉,小人休焉。"③这正反映了人从永不停息之生最终走向了人之死亡,而人死之息休之别也正说明人之生命完成的意义不相同,表明孔子坚持人需要在生死二者的相互共融中去理解一个人完整的一生,而死亡在孔子内心深处成为人生不可忽视的重要组成部分。

对于死亡,孔子任何时候都表现出十分悲哀及痛苦的心情。面对他最得意的弟子颜渊不幸短命死去,孔子为之伤心恸哭;当他听到"柴也其来,由也死矣"后失声痛哭,并命令把家里的肉酱全部倒掉,由此对死者表

---

① 《孔子家语·五仪解》。
② 钱穆著:《人生十论》,生活·读书·新知三联书店2009年版,第72页。
③ (清)王先谦:《荀子集解·大略篇第二十七》,中华书局1997年版,第509—511页。

现出惋惜和痛惜。"见齐衰者,虽狎,必变。见冕者与瞽者,虽亵,必以貌。
凶服者式之。式负版者。"①"子食于有丧者之侧,未尝饱也。"②孔子对其
他人的死亡也表现出哀伤的心情,这种哀悼之心源自孔子对生命的尊重
和对死亡的一种敬畏之心。另外,孔子对死者的敬重还体现在对丧葬礼
仪的重视和对祭祀的那份虔诚之心上。子曰:"生,事之以礼;死,葬之以
礼,祭之以礼。"③孔子对生死都主张以礼待之,不仅反映生者的孝道之
心,更说明生者对亡者的尊重、敬畏和思念。《礼记·中庸》云:"事死如
生,事亡如存,仁智备矣。"《荀子·礼论》云:"丧礼者,以生者饰死者也,大
象其生,以送其死,事死如生,事亡如存。"两者都反映了儒家学派在丧葬
礼仪中最鲜明的诚敬立场。而对于孔子自身而言,他遇到辨认其父墓址
的困难,甚至冒着违背当时"礼"的不是,仍要将其母亲与父亲合葬,这不
难看出孔子对死者的敬畏,也表明孔子对丧葬礼仪的极端重视。至于祭
祀,孔子更是秉承着"祭如在,祭神如神在。吾不与祭,如不祭"④的虔诚
态度。祭祀是对祖先神灵的追思,也是对先辈的一种寄托,是内心因相信
而生发出来的一种生死情感。

综上所述,孔子万物本于天的思想决定了孔子对生命的一种尊重和
理解;孔子天命不可违的思想决定了孔子死生有命的生死观;而孔子尽人
事以待天命和孔子人性向善的思想决定了孔子在生活态度中的积极奋
进,在死亡态度上的"非命"和重死哀死达到生死两安的观点。

## 三、生命价值的追寻:推仁、礼、信之道

作为中华民族的"至圣先师",孔子的天人关系和人性论思想从根本
上决定了孔子的生命价值追求。关于孔子的人生价值思想,学界的论述
十分丰富且极为复杂。在此着力以《论语》为基础,主要从仁、礼、信等方
面对孔子的生命价值论进行考量。

①《论语·乡党》。
②《论语·述而》。
③《论语·为政》。
④《论语·八佾》。

### （一）推仁道于天下

"仁"在《论语》一书中出现高达一百零九次。在很多学者看来，"仁"既是《论语》的核心，也是孔子一生追求的理想与奋斗目标。钱穆说："孔子特提出一'仁'字为人生大道，论语一书主要即在讨论此一'仁'字。且莫认为论语说到'仁'字处在讲仁，不说到'仁'字处即与仁无关。"①透过孔子的一言一行，无论将孔子视为教育家、政治家还是哲学家，"仁"在孔子的生命旅程中都是首要被推崇的价值对象。

1. 仁道者，人道也

从孔子作为我国历史上伟大的教育家来看，"仁道"是孔子所教之最重要且最难懂的内容。因"仁"的内涵既具有丰富性又带有不确定性，孔子关于学生们的"仁"问作出不同的回答。如颜渊问仁。子曰："克己复礼为仁。"②仲弓问仁。子曰："出门如见大宾，使民如承大祭。己所不欲，勿施于人。在邦无怨，在家无怨。"③樊迟问仁。子曰："爱人。"④子张问仁。孔子曰："能行五者于天下为仁矣。"⑤孔子对"仁"的不同回答让学者们近乎不能了解其真义，悲叹《论语》中的'仁'充满悖论，神秘莫测"，"复杂得使人灰心丧气"。杜维明认为，这并非孔子有意模棱两可所致。相反，孔子在努力把自己对"仁"真正含义的理解和体会讲给他的学生听。陈荣捷指出，孔子是第一个把"仁"看作一种普遍德行的人。⑥ 陈荣捷对孔子"仁"的阐述有其独到之处。孔子针对学生的不同性格对"仁"进行相应的解释，这既体现孔子的因材施教，又反映孔子教育自己的学生要做一个具有普遍德行的"仁人"。但在孔子看来，"仁"既是普遍的又是特殊的，"仁"的普遍性在于其受众对象和施众对象的广泛，这由孔子人性倾善的人性论所决定。孔子相信每个人都有一颗善心，只要做正确的引导，都有达到

---

① 钱穆著：《孔子与论语》，九州出版社 2011 年版，第 39 页和第 104 页。

② 《〈论语·颜渊〉》。

③ 《〈论语·颜渊〉》。

④ 《〈论语·颜渊〉》。

⑤ 《〈论语·阳货〉》。

⑥ ［美］郝大维、［美］安乐哲著：《孔子哲学思微》，蒋弋为、李志林译，江苏人民出版社 1996 年版，第 83 页。

"仁"之境界的可能。而"仁"的特殊性在于其内容的至高和至远,孔子虽竭尽全力让所有学生去知仁、为仁、推仁,但他却不轻易将"仁"许以人。孔子认为学生冉雍、子路、冉有、公西华等都是"不知其仁"也,即使是他最得意的弟子颜渊,他也只言"回也,其心三月不违仁"①。实质上,只有那些心怀"博施于民而能济众"②的安顿百姓之德行的人才内含孔子心中"仁人"的形象。

就孔子作为一个有抱负、有追求的政治家而言,"仁道"是孔子用心力推的最重要主张。首先,从孔子自己短暂的政治生涯来看,他行为中尽施着"仁政"。"其后定公以孔子为中都宰,一年,四方皆则之。由中都宰为司空,由司空为大司寇。……使促由为季氏宰,将堕三都。"③孔子的行为之所以能让各地纷纷起而效仿,关键的原因在于其实施的"安之百姓"的政策,他内心真正关心着群众的疾苦,是"仁政",更是一种"人道"。其次,从孔子在鲁、齐、卫等国对为政者的规劝来看,他的言语中彰显着期望统治者实施"仁政"的迫切愿望。如景公他日又复问政于孔子时,孔子曰:"政在节财。"④又如孔子对哀公所言:"古之为政,爱人为大。"⑤季康子问政,孔子对曰:"政者,正也。"又对曰:"子为政,焉用杀?子欲善,而民善矣。君子之德风,小人之德草。草上之风,必偃。"⑥节财、爱人、为正、为善等都体现了孔子要求为政者要抱持一颗关爱民众的"仁心",是其内心所渴望推行"仁道"的真切表现。故孔子曰:"仁不可为众也。夫国君好仁,天下无敌。""君不行仁政而富之,皆弃于孔子者也。"⑦这表明孔子极力主张为政者要通过好仁而取得天下,否则为富不仁者,违背孔子的真实意愿。最后,从孔子其他的言语来看,他的感叹中体现着"仁道"未得以施展的深深遗憾。子曰:"苟有用我者,期月而已可也,三年有成。"⑧西狩获

---

① 《论语·雍也》。
② 《论语·雍也》。
③ 《史记·孔子世家》。
④ 《史记·孔子世家》。
⑤ 《礼记·哀公问》。
⑥ 《论语·颜渊》。
⑦ 《孟子·离娄上》。
⑧ 《论语·子路》。

麟,曰:"吾道穷矣。"①这既是孔子渴望自己"仁道"能够得以实施的心愿,更是孔子发现自己"仁道"已无处可施的一种悲叹。

在孔子处,"人仁""成仁"或"仁政"有内在的相关性,虽然并不等同。要成仁者必求仁政,求仁政者必要成仁。换句话说,没有仁人就不会有仁政,而没有仁政也不会有完全意义上的仁人或圣人。②"仁者,人也。"孔子之"仁"乃是要成就一个真正的"人",孔子毕生所推行的"仁道者"乃是要真正学到、做到"为人之道"。而孔子毕生的价值追求就在于不竭余力地推行他的"仁道"。孔子的仁道显然顺应着奴隶解放的潮流,这是"人"的发现。每一个人要把自己当成人,也要把别人当成人,事实是先要把别人当成人,然后自己才能成为人。③ 这既是孔子之所思,亦是孔子之所为。孔子"推仁道"的过程极为艰难且不可轻易达到,但他却仍抱有"朝闻道,夕死可矣"④的决心和胸怀。

2. 仁义至上

在孔子看来,一个人的生命价值不仅在于要用一生去学仁、为仁、守仁,而且在于处理好仁义与生死之间的关系,即在仁义置于生命之上的成仁中去体现。孔子认为士人由于"仁"之重任在肩,心境必须宽宏强毅,只有这样才不至于中途退缩,从而达到至死不渝的境界。"士不可以不弘毅,任重而道远。仁以为己任,不亦重乎? 死而后已,不亦远乎?"⑤孔子强调在死亡上面体现出人格的力量,通过死亡来完善道行,即"笃信好学、守死善道"⑥。而在孔子心里,要成就一个完美的人格,在必要的时候还要以"身"去成"仁",仁义要高于生命。"志士仁人,无求生以害仁,有杀身以成仁。"⑦一个人可以为了求仁、成仁而置死于不顾,这将一个人死亡的意义全部显现出来,生命的价值和死亡的品质得到最大的提高。孟子曰:"昔齐景公田,招虞人以旌,不至,将杀之。'志士不忘在沟壑,勇士不忘丧

---

① 《史记·儒林列传》。
② 张祥龙著:《孔子的现象学阐释九讲》,华东师范大学出版社 2009 年版,第 284 页。
③ 张祥龙著:《孔子的现象学阐释九讲》,华东师范大学出版社 2009 年版,第 187 页。
④ 《论语·里仁》。
⑤ 《论语·泰伯》。
⑥ 靳凤林:《论孔子的死亡观》,载《北方论丛》,2000 年第 1 期,第 67 页。
⑦ 《论语·卫灵公》。

其元'，孔子奚取焉？"①而且孔子对那些为仁义而死的人大加赞赏。《孔子家语·礼运》曰："人皆爱其死，而患其生。"一个仁人志士在仁义面前不怕抛头颅、洒热血，反而担心过着不合礼的苟且生活。孔子这种"杀身成仁"的生死价值观成为儒者及后来中华民族优秀儿女的精神品质，故《礼记·儒行》云："儒者可亲而不可劫也，可近而不可迫也，可杀而不可辱也。"这足以说明仁义在儒者心中的至上地位。

同时，孔子在人生价值的追求过程中还理性地处理仁义与利益之间的关系。孔子一方面超脱于世俗物质利益的追求，将仁义之精神追求作为自己的最高目标，仁义绝对高于物质利益。子曰："君子谋道不谋食。……君子忧道不忧贫。"②子曰："贤哉，回也！一箪食，一瓢饮，在陋巷。人不堪其忧，回也不改其乐。贤哉，回也！"③孔子心中对仁道的追求是积极的、有意义的，以能够守住物质上清贫的"安贫乐道"精神作为追逐的目标。另一方面，孔子在其人生追求的过程中也主张积极获取物质利益，并不否认通过正当途径去获得物质财富。子曰："学也，禄在其中矣。"④这不啻以物质利益引诱弟子好好学道。孔子还言"因民之所利而利之"，表明他看重百姓的实际利益，主张给百姓以实际利益。⑤同时，孔子的"庶、富、教"思想体现了孔子对物质财富的一种合理追求，承认物质利益的正当作用。但当仁义与富贵二者发生冲突时，孔子认为宁可贫贱，不可叛道、违仁，任何违背仁义道德的利益都必须加以贬斥。孔子说："富与贵，是人之所欲也；不以其道得之，不处也。贫与贱，是人之所恶也；不以其道得之，不去也。君子去仁，恶乎成名？君子无终食之间违仁，造次必于是，颠沛必于是。"⑥这既描写了孔子处理义利关系矛盾的最好、最有效的方式方法，又是孔子对君子待"仁"的最好诠释。

孔子的人生价值不仅在于不懈地为"仁道"而奋斗，甚至是献出自己的生

① 《孟子·滕文公下》。
② 《论语·卫灵公》。
③ 《论语·雍也》。
④ 《论语·卫灵公》。
⑤ 匡亚明著：《孔子评传》，齐鲁书社1985年版，第229页。
⑥ 《论语·里仁》。

命,而且在于在仁义之内对其他利益进行积极的追求。"仁"虽是《论语》的核心和主旨所在,但"仁"与"礼"之间有着割不断的千丝万缕的联系,要全面把握孔子的生死价值,还需要正确理解"礼"在孔子生命中的地位与价值所在。

### (二) 以礼教于百姓

"礼"在孔子的人生中之重要性仅次于"仁"。春秋时期,随着"天命"观念的变化,社会政治、伦理、道德观念也开始变化,突出地表现在对"礼"的解释和应用上。① 孔子之"礼"不只是停留于周礼"敬天""祭祖"的活动之中,而且具有更加强烈的现实意义。

#### 1. "好礼"之由

孔子在其人生道路上,为何会将目光、精力投向"礼",为何会将"礼"视为自己的一个重要人生目标,主要原因有:

第一,从整个社会与家庭背景来看,"礼"成为孔子力求改变社会与个人的必然选择。西周文化经历了从巫觋文化、祭祀文化到礼乐文化的发展过程,文化本身发生着由德国政治经济学家和社会学家马克斯·韦伯所提出的"祛除巫魅"和"理性化"的变化。② 而孔子生活的春秋末期,是一个"礼崩乐坏""天下无道,礼乐征伐自诸侯出"③的社会极度混乱的时代,更是一个神权遭遇急剧冷落,人的主体性得到显著提高的时代,人的价值观自然而然也在相应地发生变化。此时,孔子力图在现实世界中为人找到一种新的人生追求和价值依托。而"礼"在孔子看来被视为人的身体。子曰:"故曰礼也者,由体也。体不备,谓之不成人。设之不当,犹不备也。"④同时,孔子贵族式的血统和深受"非礼"因素制约的出生,让孔子从小便认识到只有"礼"才可以让他的人生发生变化。于是孔子志于"礼",以对"礼"的选择为人们树立了一种新的价值目标,则是顺理成章之事。

第二,从"仁"与"礼"的关系来看,"仁"与"礼"相得益彰是孔子追求的一个完美道德人格。"礼"字在《论语》中出现了七十余次,"仁"与"礼"的

---

① 匡亚明著:《孔子评传》,南京大学出版社 2011 年版,第 146 页。
② 陈来著:《古代宗教与伦理——儒家思想的根源》,上海三联书店 2009 年版,第 18 页。
③ 《论语·季氏》。
④ 《孔子家语·曲礼子贡问》。

关系是《论语》中的一个十分复杂的问题,历来受到学界的广泛讨论。对此,学界大致主要形成三种意见:其一,认为孔子之道以"仁"为主,"礼"只是"仁"的外在表达;其二,认为孔子之道的中心是"礼","仁"附庸于"礼";其三,认为在孔子之道里,"仁"与"礼"同等重要。① 对孔子思想核心界定的不同,必然决定了学者对孔子人生价值判断的侧重点不同。认为孔子之道重在"仁"者,必认为孔子一生在学仁、推仁,其"仁"的思想渗透于孔子各种其他思想之中,如匡亚明也。反之,认为孔子之道重在"礼"者,则认为孔子的人生在为"传礼"服务,如蔡尚思也。而认为"仁"与"礼"共同构成孔子思想中一个完全的道德质量者,则认为孔子在用"仁"与"礼"的统一造就一个完整的人格,如冯友兰也。钱穆也有云:"读《论语》的,都认为孔子思想主要在讲'仁'与'礼'。"②"仁"与"礼"都是孔子人生价值的重要伦理价值取向。"仁"与"礼"二者相辅相成,不可分割。如当颜渊问仁于孔子时,子曰:"克己复礼为仁。"③这说明"礼"是达到"仁"的手段。同时,子又曰:"人而不仁,如礼何? 人而不仁,如乐何?"④这又反映"仁"是"礼乐"思想产生的基础。换言之,没有仁德之人不能懂得礼乐之精髓,而不理解礼乐之人,也不可能成为一个有仁德之人。"礼"是"仁"的外在表现,"仁"是"礼"的内在本质,它们犹如机之两翼,互相依赖,相互统一。因此,孔子一生不仅在为"推仁道"而奋斗,同时还在为"传礼乐"而努力。

2."为礼"之行

当孔子面对一个"八佾舞于庭"⑤和"三家者以雍彻"⑥的不良社会时,孔子的一生是如何将学礼、复礼、传礼作为自己的思想体系和一生活动的主线的呢?⑦

首先,"以礼修身"是孔子本人生命生活中极为重要的内容。孔子虽然从小缺少父爱,但孔子却从小就对"礼乐"有一种天然的情怀。"孔子为

① 梁家荣著:《仁礼之辨——孔子之道的再释与重估》,北京大学出版社 2010 年版,第 29—30 页。
② 钱穆著:《孔子与论语》,九州出版社 2011 年版,第 94 页。
③ (《论语·颜渊》)。
④ (《论语·八佾》)。
⑤ (《论语·八佾》)。
⑥ (《论语·八佾》)。
⑦ 蔡尚思著:《孔子思想体系》,上海人民出版社 1982 年版,第 243 页。

儿嬉戏,常陈俎豆,设礼容。"①孔子说自己"十有五而志于学",学的便是"礼"。而孔子十七岁时,鲁国贵族孟釐子病危,临终前告诫儿子懿子说:"孔丘,圣人之后,灭于宋……今孔丘年少好礼,其达者欤? 吾即没,若必师之。"②孔子"三十而立"时,他对"礼"的理解与掌握已经让他的言行与众不同,他在不断丰富自己的同时也凸显了自己的人格魅力。孔子曰:"兴于诗,立于礼,成于乐。"③而《孔子家语·曲礼子贡问》中通过记述孔子平时按礼行事的情形,更表现了孔子"非礼勿视、非礼勿听、非礼勿言、非礼勿动"的"以礼立身"的人生信条。④ "礼"既是孔子人生中不断完善自我,向上求"仁"的一个重要手段,又是孔子人生路途中不断奋进的重要标杆。

其次,"以礼治国"是孔子政治思想的一个重要内容,也是他一生四处奔波的目的所在。在孔子看来,如何才能让"天下无道"的政治局面发生根本性的变化? 孔子言:"夫召我者岂徒哉? 如用我,其为东周乎!"⑤反映了孔子的政治抱负在于"能以礼让为国"⑥。一方面,从孔子出仕的过程中可以发现,"礼"是他取得政绩的一个重要原因,也是他亲力亲为的重要方向。如鲁齐夹谷相会中,孔子用"礼"使鲁国获得了最后外交上的成功。虽然孔子的政治生涯十分短暂,但他施政的目标在于重新塑造一个礼仪之邦。另一方面,从孔子的日常言行中也可发现,孔子对为政者抱持着"以礼治国"的殷切期待,无论是哀公还是定公问政的过程中,孔子荐礼是他的一个基本选择。如定公问君臣关系的处理时,孔子对曰:"君使臣以礼,臣事君以忠。"⑦又如哀公问孔子鲁国力量小时能防守,国强盛时可进攻的方法时,孔子对曰:"使君朝廷有礼,上下相亲,天下百姓皆君之民,将谁攻之? 苟违此道,民畔如归,皆君之仇也,将与谁守?"⑧子曰:"上好

---

① 《史记·孔子世家》。
② 《史记·孔子世家》。
③ 《论语·泰伯》。
④ 杨朝明、宋立林主编:《孔子家语通解》,齐鲁书社 2009 年版,第 509 页。
⑤ 《论语·阳货》。
⑥ 《论语·里仁》。
⑦ 《论语·八佾》。
⑧ 《孔子家语·五仪解》。

礼,则民易使也。"①这表明"礼"是孔子处理政治问题的重要手段。但孔子之"礼"也承载了周礼中保守性的一面。如孔子曰:"非礼无以节事天地之神也,非礼无以辨君臣、上下、长幼之位也,非礼无以别男女、父子、兄弟之亲,昏姻、疏数之交也。"②这种尊卑有序、等级森严的礼仪制度是一种时代的烙印,是当今社会需要坚决摒弃的。孔子之"礼"与其"仁"的结合,使得孔子在崇尚"礼治"的同时,加之以"德"来达到他以"仁政"治理天下的目的。"道之以政,齐之以刑,民免而无耻;道之以德,齐之以礼,有耻且格。"③"古之为政,爱人为大,所以治。爱人,礼为大。"④"礼"应该是国君治理国家的根本手段,而孔子全身心所力推的"礼"又内含着爱民、为民、安民达至于"仁"的积极性。

另外,"以礼治教"也是孔子齐家、施教的一个重要精髓。"有教无类"是孔子教育思想深受后人推崇的一个重要原因。孔子不仅对待学生的态度是一视同仁的,而且在其施教的内容上也一致,即孔子都能做到"以礼而约之"。故子曰:"君子博学于文,约之以礼,亦可以弗畔矣夫!"⑤从孔子对伯鱼"不学礼,无以立"⑥的要求中和对"颜渊死,颜路请子之车以为之椁"⑦的拒绝中可以发现,"礼"是孔子培养子女和教育学生的一个重要目标。

所以,多少人间的行为只有经过"礼"这么一勾描,其中的好处、意义和长久的生存价值才显露出来。没有"礼",再好的行为也可能走调。⑧ 正是孔子对"仁""礼"的热爱,才造就了一个被后人永远景仰的人格至上的孔子。孔子"至圣先师"人格的塑造,除了要以"仁""礼"互为目的和手段之外,还需要有一个重要的人生品质和精神追求——"信"。

---

① 《《论语·宪问》》。
② 《《礼记·哀公问》》。
③ 《《论语·为政》》。
④ 《《礼记·哀公问》》。
⑤ 《《论语·雍也》》。
⑥ 《《论语·季氏》》。
⑦ 《《论语·先进》》。
⑧ 张祥龙著:《孔子的现象学阐释九讲》,华东师范大学出版社 2009 年版,第 187 页。

### （三）以信取于众

《论语》中"信"字出现将近四十次，不仅涉及个人，而且在各种人伦关系之中都离不开"信"，这足可证明"信"在孔子心中的分量和地位。

**1. "信"是一种立身成身之道**

"信"在《论语》中时而单独出现，时而与"忠"并用，但很少与"诚"合用。探究其深意便可知，孔子之"信"实含有"诚信""忠敬""信用"之意。子曰："人而无信，不知其可也。大车无輗，小车无軏，其可以行之哉？"①在孔子看来，一个不讲信誉的人就犹如大车子没有安横木的輗，小车子没有安横木的軏，是没有办法行走的。也就是说，这种失信之人没法走出家门，走进社会去寻找自己的立足之地，"信"应是每个人为人之根本。当颜渊问孔子曰："何以为身？"孔子曰："恭敬忠信而已矣。恭则远于患，敬则人爱之，忠则和于众，信则人任之。勤斯四者，可以政国，岂特一身者哉？"②诚信是孔子所肯定的一种极其重要的道德品质，它关系着一个人道德行为上的根本走向，决定着一个人的生命价值取向。孔子自己不仅在人生道路上全身心地做到诚实无欺，不隐瞒、不妄言，而且将忠信作为成就君子理想人格的一个重要组成部分。

从孔子自身来看，孔子用言行一致来为诚信提供明证。孔子曰："二三子以我为隐乎？吾无隐乎尔。吾无行而不与二三子者，是丘也。"③这表明孔子认为自己是一个表里一致的人，将自己之所知都尽教给学生，从来没有欺瞒自己的学生。从孔子对朋友的态度和行为中也可知，孔子努力做到"以信交友"。在择友的原则上，孔子立足于"信"。孔子曰："益者三友，损者三友。友直，友谅，友多闻，益矣。"④只有正直之人、信实之人、见多识广之人才能成为孔子的朋友。同时，孔子对待朋友也极为忠诚。"朋友死，无所归，曰：'于我殡。'"⑤这是忠信品质在孔子人生中的精彩体

---

① 《论语·为政》。
② 《孔子家语·贤君》。
③ 《论语·述而》。
④ 《论语·季氏》。
⑤ 《论语·乡党》。

现。孔子主张朋友之间要互为信任的同时,也极力反对那种不守信的人。子曰:"狂而不直,侗而不愿,悾悾而不信,吾不知之矣。"①所以,孔子的弟子子夏也主张"与朋友交,言而有信"②。后来儒者把忠信作为甲胄,而孟子则将"朋友有信"③发展成为处理五伦关系的一种原则。

从孔子对君子理想人格的要求来看,诚信与君子密不可分。孔子一般将人由品德、能力的高低分成五等,即圣人、贤人、君子、士人、庸人。在孔子看来,圣人是一般人难以企及的,贤人的要求也很高,而君子人格是孔子谈得最多,也是最希望大家都努力为之而践行的一个目标。而要将自己造就成为一个君子,诚信之品性必须具备。子曰:"君子不重则不威,学则不固。主忠信。"④忠与信是构成君子的两种主要德性。孔子主张君子在生活中要做到在行动上敏捷,要先做后说,多做少说,言出必行。子曰:"敏于事而慎于言。"⑤"欲讷于言而敏于行。"⑥"先行其言而后从之。"⑦孔子认为一个人要成为一个君子,必须"言必忠信而心不怨……笃行信道,自强不息,油然若将可越而终不可及者。此则君子也"⑧。也就是说,求信、守信、践信都是一个君子要追求和落实的,正因如此,一个君子为人处事才能做到坦坦荡荡、光明磊落。

所以,在孔子心里,诚信既是由内生发而成可以作为立身的一种道德品质,同时又是作为君子所必须持有的人格理想。除此之外,孔子还将"信"作为学生和为政者首要推行与践行的目标。孔子一生都在为他人要抱持这样一种美好的品德,做到用"信"取于人或取信于民而努力奋斗着。

2. "信"是一种取民之道

从孔子对学生的教育来看,"信"是孔子对学生内在品质的一个统一要求。"为人谋而不忠乎? 与朋友交而不信乎? 传不习乎?"⑨孝悌行于

---

① 《论语·泰伯》。
② 《论语·学而》。
③ 《孟子·滕文公章句上》。
④ 《论语·学而》。
⑤ 《论语·学而》。
⑥ 《论语·里仁》。
⑦ 《论语·为政》。
⑧ 《孔子家语·五仪解》。
⑨ 《论语·学而》。

家门之内,忠信则推之家门之外。孔子之教人最首要者,在教人孝悌、忠信。① 子以四教:文、行、忠、信。② 孔子主要讲授历代文献、社会生活实践、对待别人的忠心、与人交际的信实四个方面。忠信是孔子教学中的重要内容。孔子看到忠信品质对人行为的积极引导作用,当孔子从卫国返回鲁国看到一个男子竟然从旋转回流的水流里成功游渡时十分好奇,而此男子回答是"忠信"带着他自如地出入于水中,于是孔子谓弟子曰:"二三子识之,水且犹可以忠信成身亲之,而况于人乎?"③一个用忠信品德成就自身的人,不仅可以在水中出入自由,而且必然也能够在人群中做到游刃有余,获得周围人的信任和依赖。

从孔子对为政者的建议来看,孔子极力主张"诚信施政"以达到取信于民的社会和谐状态。当他的学生子张、子贡问及如何理政时,孔子都将忠信作为首推的措施。"居之无倦,行之以忠。"④"言忠信,行笃敬,虽蛮貊之邦行矣。"⑤"民无信不立。"⑥这表明在其位者以忠信而行之是一个根本。孔子不仅对自己出仕的学生提出这种要求,对于任何的执政者而言,孔子都认为在对待百姓问题上,要做到"敬事而信"⑦,只有对百姓信实无欺,才能获得他们的支持和信赖,这关系着社会的稳定和国家的生死存亡。而在当时那种社会处于混乱状态的年代,孔子认为忠信于民的品质更是扭转社会不良风气的一个关键,也是制约孔子之道能否得以推行的一个最为内在的要素。

诚信在孔子的人生境界中是其立身、立民之道,是其一生不懈追求的对象。孔子既讲诚信,也讲原则,他不是无原则地讲信用。孔子说:"言必信,行必果,硁硁然小人哉!"⑧这种只知重许诺而不知分辨是非善恶,有

---

① 钱穆著:《孔子与论语》,九州出版社 2011 年版,第 169 页。
② 《论语·述而》。
③ 《孔子家语·致思》。
④ 《论语·颜渊》。
⑤ 《论语·卫灵公》。
⑥ 《论语·颜渊》。
⑦ 《论语·学而》。
⑧ 《论语·子路》。

言必信,有行必果,就往往会犯错误。有若说:"信近于义,言可复也。"①也就是说,接近于义的言才是应该兑现的。② 可见,孔子的诚信与仁义相一致,并且"信"是成就"仁"的基础。樊迟问仁。子曰:"居处恭,执事敬,与人忠。虽之夷狄,不可弃也。"③孔子要实现其仁道,首要条件是要能培养自己忠信的品质,能够执守信道,取信于民。在孔子看来,一个不信守承诺者既不可能成为一个仁者,更不可能实行仁道,巧言令色者,很难具有仁德,更不会成为仁人。

综上所述,孔子在倾其一生不断地为天下能够实施仁道而努力,这是他毕生的愿望和理想,而同时孔子又深知仁道的实现必须要有"礼"与之相适应,且要以"忠信"作为基础。于是,礼教天下和以信取于众也是孔子人生前进过程中不懈追求的目标。

## 四、生命超越的路径:三重生命的拓展

超越意指跨过或超过。生命超越是善于思考生死的人最关心和最渴盼解决的终极关怀问题。它是人类迄今以来亘古不变的追求和愿望,也是中西文化各种不同思想流派研究的共同旨趣。众人皆知,西方文化主要通过宗教去走向它心中的永生,而孔子作为儒家文明的创始人,其生命超越的路径与西方文化截然不同,他借助人文关怀的路径去实现生命的永恒。

### (一) 成圣贤君子——个体精神生命的超越

人的生命并不是一个孤立的个体,他必须生活在家庭和社会之中。马克思曾经把人的本质概括为人的社会属性,即人是社会关系的总和,这意味着人还具有比肉体生命层次性更高的家族生命和社会生命。同时,人又有别于一般的动物,人具有被恩格斯视为"最美丽的花朵"之精神,即人的生命中还有精神生命。从生理学的角度看,人的肉体生命有其生长的

---

① 《《论语·学而》》。
② 匡亚明著:《孔子评传》,齐鲁书社 1985 年版,第 235 页。
③ 《《论语·子路》》。

自然规律，在成长的过程中它不可避免地要走向死亡，这是一种必然，人企图从肉体上去获取一种生命的永恒必定徒劳无功。人类要克服对死亡的恐惧只有另辟蹊径，当代学者靳凤林认为："文化是人性的主要表征和人类所独有的生存方式，是人类赋予自己的生命行为以尊严、价值和意义，从而超越死亡的基本手段。"①在孔子的生死理念之中，孔子首肯的是一个人需要从精神文化生命或道德生命的角度去寻求一种圆满而永恒的生命。

1. 塑造理想的君子人格

在孔子看来，人的生死在一定程度上取决于"天命"的安排，因为一个人既无法选择自己的出身，更不可能不直面最终死亡的来临，这是人在宇宙之中的渺小和无奈。但人却可以自由选择自己人生道路的走向，是做一个人人尊敬的谦谦君子，还是做一个被人统治的小人，这种可选择性正说明了人在天地万物之中的伟大和可贵，因为一个人的生命高度取决于人本身。后来，儒家不但肯定人皆可以为圣贤，而且肯定人皆可以自觉自主地决定"生命的方向"，以成就生命的不朽。②而对于孔子来讲，一个人要追求一种穿透生死的生命境界，关键要形成孔子所认为的理想的君子品格。因为君子将走出一条无怨无悔的合乎"道"的人生之路，这种人生具有永不磨灭的元素让其生命达至永恒，其主要表现在：

第一，君子之德重在仁义。《论语》中"君子"概念和"圣人""仁者""善人""贤人"等词相互映衬着，它们有不同程度的交织，更有高低之差异，但在孔子看来，一般人很难成为圣人，可遇而不可求。子曰："圣人，吾不得而见之矣；得见君子者，斯可矣。"③君子是孔子心目中大家可望而可及并需可求的理想道德形象。孔子所谓的"君子"，不再是指原有的阶级地位之意，它被赋予了需要具有内在德行这一新的内涵。萧公权说："君子这个词原来是指占据高位的人应该培养自己的德行，而孔子则强调培养德行以得到高位。"④孔子之君子内含着重要的德性部分，而孔子的人生价

---

① 靳凤林著：《死，而后生：死亡现象学视阈中的生存伦理》，人民出版社 2005 年版，第 326 页。
② 蔡仁厚著：《孔子的生命境界》，吉林出版集团 2010 年版，第 15 页。
③ 《论语·述而》。
④ [美]郝大维、[美]安乐哲著：《孔子哲学思微》，蒋弋为、李志林译，江苏人民出版社 1996 年版，第 139 页。

值中，"仁"乃是最重要的道德追求，于是君子心中之所想和学中之所求也都在于"仁义"二字，从而与小人形成了鲜明的对比。孔子曰："君子怀德，小人怀土；君子怀刑，小人怀惠。"①"君子喻于义，小人喻于利。"②"君子上达，小人下达。"③"君子义以为上。"④并且君子有九思："视思明，听思聪，色思温，貌思恭，言思忠，事思敬，疑思问，忿思难，见得思义。"⑤从君子的品性特点可知，君子在不断地由内向外涵养自己，不断地使自己走向一个仁者之境界，从而实现自我的内在超越。钱穆说："一个能够重在不断地挖掘自己内心之仁性的君子，人生之不朽，即不朽在此仁体中。"⑥可见，君子内在的德性已经让此人具有了不朽的条件，从而达至不朽的生命境界。

第二，君子之行合乎天道。在孔子看来，君子人格不仅表现于内在高尚的德性之中，更重要的是体现在君子的行为合乎天道，即君子的德行。这首先表现在君子对天命的高度认知上，他不仅要懂得天命存在必然性，更要敬畏天命的不可违逆性。孔子曰："君子有三畏：畏天命，畏大人，畏圣人之言。"⑦"不知命，无以为君子也。"⑧君子之行为要做到以人道顺应天道，既要符合事物发展的规律，又要能够把握处理事情的分寸。君子有三戒："少之时，血气未定，戒之在色；及其壮也，血气方刚，戒之在斗；及其老也，血气既衰，戒之在得。"⑨而《礼记·中庸》曰："君子中庸，小人反中庸。君子之中庸也，君子而时中。"同时，君子行为更要顺应时代的要求，符合老百姓的利益。子曰："君子之于天下也，无适也，无莫也，义之与比。"⑩"君子惠而不费，劳而不怨，欲而不贪，泰而不骄，威而不猛。"⑪君子

---

① 《论语·里仁》。
② 《论语·里仁》。
③ 《论语·宪问》。
④ 《论语·阳货》。
⑤ 《论语·季氏》。
⑥ 钱穆著：《孔子与论语》，九州出版社 2011 年版，第 326 页。
⑦ 《论语·季氏》。
⑧ 《论语·尧曰》。
⑨ 《论语·季氏》。
⑩ 《论语·里仁》。
⑪ 《论语·尧曰》。

这种具有浓厚"人本主义"思想的行为能让百姓获得实惠，造福一方，深受百姓的欢迎，在民众心中留下不易逝去的足迹。《礼记·中庸》言："是故君子动而世为天下道，行而世为天下法，言而世为天下则，远之则有望，近之则不厌。《诗》曰：'在彼无恶，在此无射，庶几夙夜，以永终誉。'君子未有不如此而蚤有誉于天下者也。"只有君子的言行"顺天道，合人道"，才可能成为天下之道与天下之法则，才可能永久有效。所以说，仁道大行，尘世即天国。人而成仁，即可在此尘世复活，在此尘世永生。① 这种复活和永生都在于君子的仁行。除此之外，君子之使命在于弘道。子曰："人能弘道，非道弘人。"②"君子谋道不谋食。……君子忧道不忧贫。"③君子的历史使命不在于关注个人的私利和私欲，而在于心怀大众，在于齐家、治国、平天下，这些使命的实现过程就是生命走向不朽的进程。

君子上述的德、行、使命，一方面"立人德以合天德"，另一方面"本天道以立人道"，有来有往，上下回应（人德与天道相回应），是超越与内在通而为一的。④ 一个人在塑造君子理想人格的过程中能够达到对生死限囿的突破，这是人生价值的追求和实现，更是对自我生命的超越。孔子在追求生死超越的过程中，具体的行为表现在要达到"三不朽"境界。

2. 追求"立德、立功、立言"之不朽境界

"立德、立功、立言"之"三不朽"并不出自于孔子，而是来自《春秋左传》中叔孙豹所言："太上有立德，其次有立功，其次有立言：虽久不废，此之谓不朽。"⑤此"三不朽"后来成为儒家精神生命得以超越的一种基本途径。作为儒家之首的孔子虽不曾明言"不朽"，但孔子的言行中却含有非常丰富的"不朽"观念。

孔子用"三不朽"作为对前人评价的标准。如在齐景公与伯夷叔齐之死的比较中，孔子认为齐景公无德有才而民并不称道他，伯夷叔齐求仁得仁却民永颂之。孔子说："齐景公有马千驷，死之日，民无德而称焉。伯夷

---

① 钱穆著：《孔子与论语》，九州出版社 2011 年版，第 326 页。

② 《论语·卫灵公》。

③ 《论语·卫灵公》。

④ 蔡仁厚著：《孔子的生命境界》，吉林出版集团 2010 年版，第 15 页。

⑤ 《左传·襄公二十四年》。

叔齐饿于首阳之下，民到于今称之。其斯之谓与？"①伯夷叔齐之不朽在于其仁德，此乃"立德"也。同理，在孔子看来，管仲之所以不朽，在于他伟大的功绩。孔子曰："管仲相桓公，霸诸候，一匡天下，民到于今受其赐。微管仲，吾其被发左衽矣！岂若匹夫匹妇之为谅也，自经于沟渎而莫之知也！"②正是管仲让老百姓时至今日仍然享受着他带来的好处，从而使得他能永存于百姓心中，此乃"立功"也。另外，孔子认为臧文仲能够成为臧文仲的原因在于"身殁言立，所以为文仲也"③，这种身死而言论还得以流传，使得生命能获得永生者，可谓是"立言"也。由是观之，有德者、有功者和存言者都是孔子所称赞的对象，其"立德、立功、立言"成就了名垂不朽。

从孔子对君子的要求来看，孔子思想中已经含有不朽的深意。孔子认为君子生前担心的是自己没有能力，并不担心别人不了解自己。子曰："君子病无能焉，不病人之不己知也。"④亦可言，君子只要有所为，有所立，则人必知之，人必记之。而君子为其死后所担心的是"疾没世而名不称焉"⑤。要改变死后而不被人所称道的状况，关键在于生前努力提高自己的道德修养，要有所建树，如此才能形成君子与小人之死的本质区别。《礼记·檀弓》云："子张病，召申祥而语之曰：君子曰终，小人曰死。吾今日其庶几乎？"君子之卒，为息而不为休，曰终而不曰死。所谓息与终，大概即含有不朽之意。君子之卒，不过是活动停止而已，而其活动之影响则未尝断绝，如果历千百世而人民仍"受其赐"，则身虽死而实如不死。⑥君子之所以能曰终而不曰死，乃在于君子所具有的仁德、仁行及弘道之使命，在于生前能做到为德所立、为功所立、为言所立。这是一种精神文化生命的建构，也是一种道德生命的生成，它既赋予了人们生命的无限价值，又克服了人们对死亡的一种本能恐惧。

亚里士多德曾认为，我们可以借依据我们身上的理性原则过"理性生

---

① 《论语·季氏》。
② 《论语·宪问》。
③ 《孔子家语·颜回》。
④ 《论语·卫灵公》。
⑤ 《论语·卫灵公》。
⑥ 张岱年著：《中国哲学大纲》，中国社会科学出版社 1982 年版，第 486 页。

活"来立功、立言,扬名后世,"使我们自己不朽"。① 那么对于孔子而言,要"使我们自己不朽"则需要由内而外地修炼自己,在提高品行的基础上去从事各种活动,去建功立业,从而使自己精神文化生命的影响能够在民众和社会之中经久不衰。换言之,人只有竭尽全力地投入到各种各样的文化创造活动之中,才能坦然地直面死亡,走向有希望和有尊严的人生,才能使有限的生命收获无限的价值,才能最终成就灵魂的真正永恒与不朽。② 孔子不仅从个人的努力中去追求一种精神文化生命的超越,而且还注重将生命放置于家庭之中,主张人们在家族生命的传承中去寻求一种生命的永恒感和不朽感。

### (二) 慎终追远——家族生命的传承

众所周知,家族生命最普通、最常见的延续方式莫过于"后代相传,香火不断",这是血缘生命生生不息的一种简单传递,是人类超越生死的最原始方法。古希腊哲学家赫拉克利特认为:"因为在我们身上,生与死始终是同一的东西,人的生命可以通过后嗣这种简单方式在死后继续存在,也就是说,人就个体而言是有死的,但人这个'种'而言,则是不死的。"③但是,单纯追求生理性、物理性和血缘生命的传递方式,在孔子那种以有后嗣继承为孝的时代是一个不可或缺的内容,也是家族生命得以传承的一个前提基础。对于孔子而言,家族生命得以传承的更高境界还在于丧葬礼仪之中。

1. 在丧葬礼仪中亲临

孔子十分重视礼,且对丧葬礼仪尤甚。孔子并不只是关注礼仪的外在形式,而且注重其内在所彰显的精神。首先,孔子认为丧葬活动是生死沟通的一个有利平台。逝者虽死矣,但死者知与不知,生者难以判断。《说苑·辨物》载:"子贡问孔子:死人有知无知也? 孔子曰:吾欲言死者有知也,恐孝子顺孙妨生以送死也;欲言无知,恐不孝子孙弃之不葬也。赐,

---

① 段德智著:《死亡哲学》,湖北人民出版社 1996 年版,第 79 页。
② 靳凤林著:《死,而后生:死亡现象学视阈中的生存伦理》,人民出版社 2005 年版,第 398 页。
③ 段德智著:《死亡哲学》,湖北人民出版社 1996 年版,第 49—50 页。

欲知死人有知将无知也,死徐自知之,犹未晚也。"生者既不可将死者看作无知者,也不可将其视为有知者,而应该将其当作神明来加以看待。孔子说:"之死而致死之,不仁而不可。之死而致生之,不知而不可为也。是故竹不成用,瓦不成味,木不成斫,琴瑟张而不平,竽笙备而不和,有钟磬而无簨虡,其曰明器,神明之也。"①死者既然为神明,则操办丧葬事宜不可草率。孔子强调在丧葬活动中采取"事死如事生"的伦理原则,在整个的活动中要心怀虔诚敬畏之心。"丧事不敢不勉"②,即要"慎终",要小心谨慎地办理一切丧事。整个丧葬活动会让生者不由地追思已逝的先者,这是一次长时间的生死对话,在悲切的哭诉和哀伤中与亡者交流,其交流的内容是多味的,有强烈的感恩、深深的惋惜、发自内心的自责、痛心疾首的后悔和郑重的承诺等。逝者生前的足迹在其子孙后代脑海中清晰地涌现,亡者生命的德性在其后代心中传承,这激励着生者更好地直面未来的人生,激发生者生命的潜能。

同时,要"慎终"关键在"丧尽其哀",需要做到"生,事之以礼;死,葬之以礼,祭之以礼"③。繁琐的丧礼可以提高人的道德修养,尤其可以增强人"孝""仁"之品性,使家族生命的内在优良美德得以体现和传承。因为丧葬之礼从寿终到吊丧再到入殓,直到最后的出殡,都有着严格的礼仪规定,而每一步的仪式都寄托着生者对死者的一种留恋不舍和殷切希望,具有深厚的人文情怀,这复杂的丧礼必然教化子孙后代在善待和不敢背弃已逝先者中更加增进一份孝敬之心。孔子说:"殷人吊于圹,周人吊于家,示民不偝也。"④而且孔子又云:"升自客阶,受吊于宾位,教民追孝也。未没丧,不称君,示民不争也。"⑤"慎终"的过程是生者与亡者肉体生命最后一次彼此亲临的过程,是一个生者对亡者不断生发敬畏之心的过程,是一个生者不断得到教化的过程。它会让生者更加善待生命,敬畏死亡,以亡者之死作为自己生命的一个新起点,从而使个体的生活,乃至整个家族的

---

① 《礼记·檀弓上》。
② 《论语·子罕》。
③ 《论语·为政》。
④ 《礼记·坊记》。
⑤ 《礼记·坊记》。

生命,生发出强大的生命力。"慎终"不是死者生命的终结,而是死者生命的传递。但是,"慎终"并不是家族生命得以传承的唯一方式,"追远"是生死交流的另一路径。

2. 在祭祀活动中显现

孔子身上虽然带有天然高贵的血统,但孔子三岁时便丧父,他对父亲的伟大形象只能有模糊的回忆。孔子如何与父亲进行情感与精神上的交流呢? 一个家族的生命要在绵延不绝中让子孙后代仍然清晰地记得并加以承载,需要依托祭祀,即"追远"。"圣人之后"完全可以将"陈俎豆,设礼容"变为与"父亲"相会的场所和时刻,也就是《论语》中所云的"祭如在,祭神如神在"的意思。祭祀先人时,先人如在眼前;祭祀神灵时,神灵如在场。[1] 在祭祀中,孔子可以体验到一个活生生的父亲的临在,"洋洋乎如在其上,如在其左右"[2]。其间逝者的生命得以再现,一次特殊的生命对话得以展开,有追思,有感恩,有诉说,更有祈祷和祝福……如《礼记·祭义》云:"是故慼善不违身,耳目不违心,思虑不违亲,结诸心,形诸色,而术省之,孝子之志也。""文王之祭也,事死者如事生,思死者如不欲生。"孝子在祭祀时所思所想都不离已故的亲人,要相信祖先的神灵就在眼前,要听从祖先神灵的教诲,这样才能在精神上获得一种满足感。而对于现代中国人而言,祭祀场所——墓地也成为生者与逝者交流的平台,人们会油然地生发出一种超越世俗生活的向往,培育出良好的德性。[3] 因此,在"追远"中,呈现的是一幅生死对话的动情场面,生者的心灵得到慰藉,道德得到净化和提高。

祭祀中的"追远"者要能"祭之以礼",其关键要做到"祭尽其敬",要心持诚敬之心,且一定要亲自参与祭祀。孔子主张"吾不与祭,如不祭"[4]。如果没有亲身参与祭祀,就如同不祭祀。这礼仪行得好、行得诚恳,就会促成一个"神在"的时刻。[5] 祖先之神灵一定要在虔诚的环境中才能与子

---

① 张祥龙著:《孔子的现象学阐释九讲》,华东师范大学出版社 2009 年版,第 12 页。
② 《礼记·中庸》。
③ 郑晓江:《略论中国祭祀礼仪中的宗教精神》,载《江南大学学报》,2009 年第 6 期,第 27 页。
④ 《论语·八佾》。
⑤ 张祥龙著:《孔子的现象学阐释九讲》,华东师范大学出版社 2009 年版,第 12 页。

孙后代的生命相通,所以孔子反对没有礼节的乱祭鬼神,认为不是自己应该祭祀的而去祭则是一种献媚。"非其鬼而祭之,谄也。"①同时,孔子反对祭祀的次数太多,否则就失去了敬意。《礼记·祭义》记载:"祭不欲数,数则烦,烦则不敬。"这种在持敬中与祖先感应的思想被宋代大儒朱熹发扬,《朱子语类》有云:"人死,气亦未便散得尽,故祭祖先有感格之理。"当代中国台湾地区儒家学者蔡仁厚也说:"在祭礼之中,还可以彻通幽明的限隔,使人生的'明的世界'与祖先的'幽的世界'交感相通。这样,人自然就可以把生死放平来看。一个人的生命,生有自来,死有所归,生死相通,是之谓通化生死。"②在庄严而又神圣的祭祀之中,我们看到的是一种生死沟通,也是一种人神交通,此时此刻的生者定能更加懂得生命的可贵,理解生命的短暂,敬畏死亡的必然,生者在此能够获得一种生命的安顿。同时,我们还能看到的更是一种家族生命的传承,即祖先美德得以继承,个人道德得以涵养。其实,无论是"慎终"还是"追远",它们都具有强化家族生命的重大意义。此外,孔子还将一个人的生命投向整个社会大环境中,生死超越的目标还在于将"小我"放大到整个宇宙社会的"大我"之中,去寻求贯通整个社会生命的途径,而这就要走进包括天地鬼神的宇宙之中。

## (三) 祭天地鬼神——宇宙、社会生命的融通

"礼有五经,莫重于祭。"③这证明了孔子对祭礼和祭祀活动的重视,而孔子之所以如此重礼,就是因为领悟到祭祀活动对生命的洗礼作用。要明白孔子的此种思想,则首先必须认清孔子的鬼神观念。

### 1. 敬鬼神而远之

孔子所云的"未能事人,焉能事鬼"④让不少学者认为孔子是个无神论者,不相信鬼神。其实不难看出,孔子对鬼神持有"存而不论,信而不迷"的态度。鬼神观念自殷商以来就一直盛行而流传,但随着社会的变

---

① 《论语·为政》。
② 蔡仁厚著:《儒学传统与时代》,河北人民出版社 2010 年版,第 21—22 页。
③ 《礼记·祭义》。
④ 《论语·先进》。

化,人们对鬼神的态度确实在悄然改变。《礼记·表记》中孔子说:"夏道尊命,事鬼敬神而远之,近人而忠焉,先禄而后威,先赏而后罚,亲而不尊。……殷人尊神,率民以事神,先鬼而后礼,先罚而后赏,尊而不亲。……周人尊礼尚施,事鬼敬神而远之,近人而忠焉,其赏罚用爵列,亲而不尊。其民之敝,利而巧,文而不惭,贼而蔽。"从孔子所言的夏道"尊命"到殷人"尊神"再到周人"尊礼"可以看出,周礼虽在周代已占据主导地位,但鬼神祭祀观念在人们心目中仍有保留。并且,按照周礼,对不同的祭祀对象,献祭的方法也不同。《周礼》中甚至区分了祀、祭、享,所谓"天神为祀,地祇为祭,人鬼为享。"①因此,祭天神、祭地祇、祭人鬼仍然是周代祭祀的主要内容,而对周礼顶礼膜拜的孔子心中不可能没有给鬼神的存在留下一定的情感空间,只不过被称为"天道远,人道迩"②的时代在一定程度上淡化了鬼神的决定性功能。

　　从孔子的言行之间可知,孔子并没有轻易否认鬼神的存在。首先,在孔子看来,人除了吃饭以外,最重要的就是办丧事和祭鬼神。子曰:"所重:民、食、丧、祭。"③祭祀鬼神是孔子重要的日常生活事务,体现了祭鬼神之事在孔子生命中的重要性。同时,当孔子在人生中遇到人力无法解决的问题之时,他也会转而求之于鬼神。如在孔子生病之时,孔子承认自己已经向天神地祇祈祷很久了。又如《上海博物馆藏战国楚竹书》中的《鲁邦大旱》曾提到,鲁国遇到大旱,鲁哀公问计于孔子,孔子力主"正刑与德",以消弭旱灾的影响,但亦不反对以"珪璧币帛"献祭山川,认为"如毋爱珪璧币帛于山川,正刑与德以事上天,鬼神感之,大旱必止矣"。④ 孔子在关键时刻会向鬼神乞求一种超自然的力量帮助他走出生命的困境。最后,孔子对鬼神的虔敬之心并不鲜见,这不仅显现于孔子的日常饮食之中,而且还体现在他对死者的敬畏之中。"虽疏食菜羹,瓜祭,

---

① 陈来著:《古代宗教与伦理——儒家思想的根源》,上海三联书店 2009 年版,第 138 页。
② (《左传·昭公十八年》)。
③ (《论语·尧曰》)。
④ 谢桂山著:《圣经犹太伦理与先秦儒家伦理》,山东大学出版社 2009 年版,第 64—66 页。

必齐如也。"①"子食于有丧者之侧,未尝饱也。"②孔子曰:"敬鬼神而远之。"③但"远之"并不能表明孔子对鬼神的漠视而否定的态度,因为敬鬼神,其前提就是承认有鬼神,否则何"敬"之有?④ 由此可知,孔子持有的是"存而不乱言,敬而不乱迷"的鬼神观。而孔子之所以如此敬畏鬼神,关键在于孔子从祭祀天地鬼神之中看到另一种生命力的存在。

2. 以祭祀化百姓

孔子心中虽对鬼神存而不论,但他心中的鬼神观念已经不是传统宗教意义上具有支配力量的人格化的天神,也不同于地神等自然神祇,而是生命体死后转变而成的特殊形态的存在。⑤ 宰我曰:"吾闻鬼神之名,不知其所谓。"子曰:"气也者,神之盛也;魄者,鬼之盛也。合鬼与神,教之至也。众生必死,死必归土,此谓鬼;骨肉毙于下,阴为野土。其气发扬于上,为昭明焄蒿悽怆,此百物之精也,神之著也。"⑥从人死必归土的角度可以看出,孔子的鬼神在很大程度上不是宗教上的鬼与神,而是指祖先的亡灵,即孔子祭鬼神就是祭祀祖先。

在孔子看来,祭祀祖先的活动不单只是一个复杂而又神圣的仪式,而是在这神圣的背后富有着深厚的社会功能,它可以拓展人际性的社会生命。而人的社会生命的丰富主要表现在:其一,祭祀可以让生者获得已逝者的福佑,子孙后代的生活会因此而更为安稳。子曰:"我战则克,祭则受福,盖得其道矣。"⑦家庭关系会在祖先神灵的庇护之下变得更为和睦,家族邻里之间也会在复杂的祭祀活动中走得更为频繁,人际交往更加紧密,亲邻关系更加密切。其二,祭祀可以使百姓得到教化,民风日益淳厚,社会更加稳定。孔子认为丧祭之礼的彰显是为了教化百姓仁爱,百姓也就知道孝,而把鬼和神合起来进行祭祀,就使教化达到了一种极致。"明丧

---

① 《论语·乡党》。
② 《论语·述而》。
③ 《论语·雍也》。
④ 蔡尚思著:《孔子思想体系》,上海人民出版社 1982 年版,第 96 页。
⑤ 陈来著:《古代宗教与伦理——儒家思想的根源》,上海三联书店 2009 年版,第 148 页。
⑥ 《礼记·祭义》。
⑦ 《礼记·礼器》。

祭之礼,所以教仁爱也。……丧祭之礼明,则民孝矣。"①"合鬼与神,教之至也。"②子曰:"祭祀之有尸也,宗庙之有主也,示民有事也。修宗庙,敬祀事,教民追孝也。以此坊民,民犹忘其亲。"③祭祀能够达到曾子所谓的"民德归厚"之境界,人们会以更加真诚、更为开放的心态在社会中交往,人们的交际圈得到扩大,人脉更为广泛,社会活动相应增加,对社会的影响也日益深远。其三,尊奉天使,敬事鬼神,就能让日月正常运行,国家更为太平。④"尊天敬鬼,则日月当时。"⑤鬼神还是圣人制定治国理政政策的依照。"故圣人参于天地,并于鬼神以治政也。"⑥在尊天敬鬼的过程中,可以建构一片祥和的政治局面,从而为人们构建良好的社会人际关系奠定坚实的基础。总之,祭祀活动让一个个"小我"走出了家庭,走向了社会,在更为广泛的社会领域生活,使每个人的人际性的社会关系生命也因此而不断延伸。

同时,孔子主张祭祀天地。在孔子看来,在祭天地之中可以实现人的生命与宇宙生命的融通。万物本于天,人的生命之源在于"天",故孔子所祭之天不仅是自然之天,同时更是具有至高无上的德性之天。天乾地坤,天上地下,孔子所追求的是要能有"上达天德,下开地德"的超越境界。天德成始,地德成终。终始条理,金声玉振,而后大成。⑦孔子在天地祭拜之中的深意发展成为儒家所追求的一种天人相通,物我相融,从个体的"小我"走向宇宙性的"大我"的目标。《易传》记载:"夫大人者,与天地合其德,与日月合其明,与四时合其序,与鬼神合其吉凶。先天而天弗违,后天而奉天时。"这种天地境界表明人的生命在祭天地之间已经冲破了原有的生死束缚,由个体性的"小我"走进了宇宙性的"大我",从有限通向了无限,直至永恒。

由上可知,孔子在通达超越生死的路径中有着其内在的逻辑性,他要

---

① 《孔子家语·五刑解》。

② 《礼记·祭义》。

③ 《礼记·坊记》。

④ 杨朝明、宋立林主编:《孔子家语通解》,齐鲁书社2009年版,第159页。

⑤ 《孔子家语·贤君》。

⑥ 《礼记·礼运》。

⑦ 蔡仁厚著:《儒学传统与时代》,河北人民出版社2010年版,第56页。

从成圣贤君子和"三不朽"中去实现精神文化生命的超越,从慎终追远中去收获家族生命的传承,从祭天地鬼神中去建构宇宙、社会生命的融通。这种超越呈现了层次的递增性和方向的多元性,从而在多方位的角度去收获生命的不朽。

## 第三节　孟子的生命伦理思想

　　孟子在儒家文化甚至中华文化的整个发展进程中都享有十分重要的地位,除了家喻户晓的"孔孟之道",国学大师冯友兰先生也评价道:"孔子在中国历史中之地位,如苏格拉底之在西洋历史,孟子在中国历史中之地位,如柏拉图之在西洋历史,其气象之高明亢爽亦似之。"[1]杨泽波认为,无论什么时候,面对如何治国、如何成德和如何生活的问题,中国人总要直接或间接地到孟子的思想中去寻找有用的资源。所以,可以说有中国人的地方就一定有孟子,尽管或许案几上可能没有置放他的牌位,但血管里却一定流淌着他的鲜血。[2]可见,孟子作为原始儒家的主要代表人物,他的思想一直以来对中华儿女产生了并继续产生着重大而深刻的影响。孟子生活在政治时局最动荡和最混乱的时代,但思想学术却十分繁荣和活跃,学派之间辩论激烈。面对"天下之言不归杨则归墨"[3]的社会状况,孟子的志向在于弘扬他最崇拜的偶像孔子的思想,"我亦欲正人心,息邪说,距诐行,放淫辞,以承三圣者"[4]。孟子立志坚定捍卫孔子的地位,继承和弘扬孔子的学说,并使其理论更加完善化和体系化。孟子虽然身处极为重视现实的艰难社会困境之中,但仍然坚信人性本善的思想洞见,毅然舍弃个人的现实利益,抱持拯世救民、心怀天下的崇高精神品质,以至于被后世尊称为"亚圣"。孟子一生都在致力推行"仁者无敌"的王道主张,他的言行举止之间透露出其在人性论、生死观、价值观和道德修养等

---

① 冯友兰著:《中国哲学史》,中华书局 1947 年版,第 140 页。
② 杨泽波著:《孟子与中国文化》,上海人民出版社 2017 年版,第 217 页。
③《孟子·滕文公下》。
④《孟子·滕文公下》。

方面深邃的生命伦理思想。

# 一、人性本善，天与之

人性问题，是人类自古以来一直在探讨的永恒课题。"至圣先师"孔子关于人性的讨论是极少的，《论语》中仅提到"性相近，习相远也"。到了战火纷飞的战国时期，儒家关于人性的讨论却显得十分激烈，如告子主张性无善无不善、孟子言性善、荀子认为人性恶、世硕强调性有善有恶等。

## （一）道性善，人皆可以为尧舜

古代"性"字从"生"字而来，针对告子"生"之谓"性"的观点，孟子并没有对其进行直接反对。在孟子看来，人的本性并不是由外力强加给自己的，是我固有之的一种存在，即天生就存有的、与生俱来的东西，它不需要任何外力的作用，是自然而为之的。孟子说人性善时，强调每个人都有成为尧舜的可能性。孟子认为，人没有不善良的，正如水没有不向下流的。"恻隐之心，仁之端也；羞恶之心，义之端也；辞让之心，礼之端也；是非之心，智之端也。"[1]恻隐、羞恶、辞让和是非之心是每个人天生就有的，是上天所赋予的，没有此"四心"者，则非人也。在这里，道德本心被孟子看成人与动物的根本区别，这准确地认识到道德是人所特有的品质，但其中却也蕴含着一种先天道德善的观念论。而且，人所具有的"四心"是仁义礼智的"四端"。"端"意指始端。也就是说，人性"四心"只要能够扩而充之，就可成为仁义礼智"四德"。"四心"如果是火之始燃，"四德"就是火之燎原。[2] "四心"若为泉之始达，"四德"就是泉之汇海。

孟子在人性善的基础上不仅主张"圣人与我同类者"，而且强调"人皆可以为尧舜"。孟子强调每个人都有做圣贤的资质，但为何不是人人都可以成为尧舜呢？因为圣人比普通人更早懂得人之心有所同然者，这便是

---

① 《孟子·公孙丑上》。
② 朱贻庭著：《中国传统伦理思想史》，华东师范大学出版社 2009 年版，第 103 页。

理也、义也。而且，我们大多数人都不知道该如何去做。其实做圣贤的方法很简单，"尧舜之道，孝悌而已矣"①。尧舜所体现出的圣贤之道，其实就在日常的孝、悌之间。但既然人人都有善性，为何有人最终却成为恶人呢？在孟子看来，一是由于受到后天环境的影响。比如，少年子弟在丰收年成之时多半懒惰，而在灾荒年成之时却多半强暴，这不是因为他们天生的资质不同，而是因为外界环境导致他们的心境发生了变化。二是由于使用不当。孟子认为，心灵器官的良能是为"性"，以身体器官的良能是为"命"，其实"性"与"命"本来都是良善的，但是由于用不尽其才，就成了恶。好利本身并不是恶，疾恶和好声色本身也不是好，这些都是天生的情。如果使用不得当的话，也便就是恶了。② 三是由于有些人不善于探求。孟子强调"求则得之，舍则失之"③。虽然"四心"是人本来先天就有的，仁义礼智"四德"也不是外力所强加的，但却需要人积极努力探求才能得到。反之，人一旦不善于探求，甚至根本没有对高尚品德的追求而放弃，那便会失掉本有的善性。于是，导致人与人之间形成种种不同差别的，正是每个人自身发挥人性的本质程度之差异，也就是每个人尽心的程度各有不同。所以孟子说："尽其心者，知其性也。知其性，则知天矣。"④意思是说，只有充分扩张善良的本心，才能够懂得和彰显人的本性。孟子的性善论并不是"性本善论""性善完成论"，而是"心有善端可以为善论"或"心有善端应当为善论"。⑤ 任何人要想成为善人、圣人，都需要有积极的正向作为，要充分挖掘和发挥自我主观能动性，这是一个积极向上求善的过程。只有知晓人的本性，才能够真正懂得天命，孟子视"天"为道德本体的根源。

## （二）天：道德本体的形上根基

孟子关于"天"有着丰富的论述，他继承并丰富孔子对于"天"的认知。

---

① 《孟子·告子下》。
② 罗光著：《儒家生命哲学》，台湾学生书局 1995 年版，第 195 页。
③ 《孟子·告子上》。
④ 《孟子·尽心上》。
⑤ 杨泽波著：《孟子与中国文化》，上海人民出版社 2017 年版，第 110 页。

从孟子"尽心可知性,知性则知天"的思想中能够得知,心、性、天三者之间其实是由天而生性,由性而定心的衍生关系。孟子的"天"具有形而上学性,它是一切道德的本源。孟子曰:"心之官则思,思则得之,不思则不得也。此天之所与我者。"①由此可知,"心"的主要功能在于思考,思考就能够悟得其中的道理,不思考则会一无所得。而我们的"心"能够思考的能力又是上天所赋予的。因此,依孟子看来,如果能够抓住"心",立乎其为大者,便可以成为有德行的君子,这样"天"仍然是"心"之所以为善的最终源头。而且,在孟子看来,人的生命为心灵生命,人的心灵生命按照人性天理,而人性天理乃是天道②,"天命之谓性"③。"仁义忠信,乐善不倦,此天爵也。"④天爵为德义之爵,这种尊贵不待外求,为"自己而然"的尊贵。清代焦循注曰:"天爵以德,人爵以禄。"⑤正由于"天"是道德的形上本体,仁爱正义、忠诚守信等一切道德规范都与"天"息息相关。因此,我们要保持上天所赋予给我们的本心,培育上天赐予给我们的本性,这既是一个尊奉上天的过程,也是一个不断完善自我、涵养自身并使自我能够得以安身立命的过程,即孟子所云:"存其心,养其性,所以事天也。夭寿不贰,修身以俟之,所以立命也。"⑥于是,对于"天",人需要顺之、乐之和敬之。"顺天者存,逆天者亡。"⑦"乐天者保天下,畏天者保其国。诗云:'畏天之威,于时保之。'"⑧这些都表明人只有顺从上天意志才能够生存,违背上天意志则要遭受灭亡,敬畏上天的威灵则可以保住福佑。

孟子不仅敬天,而且重命。孟子曰:"莫之为而为者,天也;莫之致而至者,命也。"⑨天意是没有人叫他们这样做,他们却这样做了;天命是没有人给予他们,他们却得到了。而且孟子把"命"区分为正命与非正命。"莫非命也,顺受其正。是故知命者,不立乎岩墙之下。尽其道而死者,正

---

① 《孟子·告子上》。
② 罗光著:《儒家生命哲学》,台湾学生书局 1995 年版,第 117—118 页。
③ 《礼记·中庸》。
④ 《孟子·告子上》。
⑤ (清)焦循:《孟子正义》,沈文倬点校,中华书局 1987 年版,第 796 页。
⑥ 《孟子·尽心上》。
⑦ 《孟子·离娄上》。
⑧ 《孟子·梁惠王下》。
⑨ 《孟子·万章上》。

命也。桎梏死者,非正命也。"①正命就是顺道而行所接受的,如为尽力行道而死的人受的就是正命,而违背道德而行所接受的就是非正命,比如因为立于危墙之下或犯罪而死亡的人就属于非正命类,这种死亡是人自己自找的,而不是天意所为的。正命者遵循其道,死得其所,属于正常死亡,是人力无法改变的。② 天命要顺势而为,不可违逆,也不可以强求。"行止,非人所能也。吾之不遇鲁侯,天也。"③孟子认为,鲁平公本意是要来会见自己但最终却没有成行,这并不是他宠爱的近臣臧仓个人的能力所能阻止的,这一切都是天命所致。孟子继承了孔子天命不可违的思想,但同时认识到个体自身的幸福也可以掌握在自己手中。孟子不仅借引《诗经》中的"永言配命,自求多福",而且强调"天作孽,犹可违;自作孽,不可活"④。祸福之来,皆其自取。⑤ 这说明一个人的命运祸福存亡其实皆在自己,不能自强则听天所命;修德行仁,则是天命在我。换言之,命运有时是掌握在自我手中,是福是祸是强是弱都在自己,因为上天已经赋予每个主体道德性,至于发挥道德性的能动性如何则完全在主体自我本身。因此,孟子讲立命、俟命,虽然他承认命的存在,但是还强调个人的主观努力。正因如此,孟子对心、性、天与天命的认知态度从根本上决定了孟子整个的人生态度。

## 二、率性而为,不失本心

孟子的师承话题虽然仍然是学界一直探讨的问题,但《孟子》书中谈到子思的次数仅次于曾子,可见孟子思想深受子思影响不容置疑。而《中庸》乃子思所作,"天命之谓性,率性之谓道,修道之谓教"⑥。孟子不仅强力地论证了"天命之谓性"的意蕴,而且一直在用自己的言行彰显着何谓

---

① 《孟子·尽心上》。

② (宋)朱熹:《四书章句集注》(下),金良言今译,上海古籍出版社 2006 年版,第 328 页。

③ 《孟子·梁惠王下》。

④ 《孟子·离娄上》。

⑤ (宋)朱熹:《四书章句集注》,中华书局 2011 年版,第 262 页。

⑥ 《礼记·中庸》。

"率性之谓道"。所谓率性,循天理是也。① 孟子的一生乃是遵循天理,自然而然而为之的一生,是"率性而为,不失本心"的一生,孟子对待生命、生活和死亡都有着自己独特的人生智慧。

## (一) 重生敬死

孔子的一句"未知生,焉知死"让后世对孔子的生死观有了各种不同的剖析,其实孔子不仅重视生,而且重视死,但要理解死亡的意义则要用现世的努力去完成。孟子同样抱持的是一种重生敬死的生死观,从《孟子》全书可发现,出现"生"的次数有三十九次,而出现"死"的次数高达四十五次,且还有许多时候出现"亡"字,这足以表明孟子对人之生死的密切关注程度。

孟子曰:"体有贵贱,有小大。无以小害大,无以贱害贵。"②每个人都需要爱护和保养自己的身体,身体的每个部分虽然都很重要,但却有贵贱之分,有大小之别。口腹是小而次要的部分,心志却是高贵而重要的部分,人不能因小而害大,以贱而害贵,即人不能只顾着吃喝而忘记心中大的抱负,影响思想意识的培养。人活着需要吃喝,但人的吃喝绝不仅仅是为了活着,从而可以看出,孟子的生命是有层次性的,既有低级的生理生命,还有更高级的精神生命的追求。生理生命的存有是每个人追求一切的根本与基础,孟子主张需要用心呵护保护好我们的身体,要有危机意识,要认识到"立乎岩墙之下"的危险。这种对生命安全要时刻保持高度的警觉或忧患意识十分重要,我们有时人生的大不幸正是由于平常缺乏安全意识而导致的。只有安全至上,生命才能有保障。因此,我们每个人都需要爱惜自己的生命。但是,孟子坚决反对"拔一毛利天下而不为"的杨朱,反对视生命高于一切的只强调个体身体和生命价值的极端利己主义。同时,孟子强调还需要关爱家人,需要将这种对生命的尊重和关怀扩大到他人、社会,甚至是天下万物苍生。"亲亲而仁民,仁民而爱物。"③孟

① (宋)朱熹:《四书章句集注》,中华书局 2011 年版,第 186 页。
② 《孟子·告子上》。
③ 《孟子·尽心上》。

子对生命的关爱怀有一种博大的情怀，虽然他的爱有亲疏差等，但他敬重的生命主体却是广博的。在孟子所有的关爱对象中，他特别注重老年人群体。"天下有达尊三：爵一，齿一，德一。"①孟子认为爵位、年龄和道德是天下公认最为尊贵的三种东西。而且，孟子强调"老吾老，以及人之老；幼吾幼，以及人之幼"②。孟子尊老敬老的思想传承了舜等圣人的孝道传统，强化了中华民族优秀传统孝道美德的根基。此外，孟子还进一步升华了关于孝道的理解，孟子认为"孝"其实存在着"养志"与"养口体"两种不同形式。"养志"就是晚辈既让长辈享有优裕的物质生活，又要让其获得精神上的充实和愉悦，如曾子侍奉父亲曾晳即是如此。"养口体"是晚辈对长辈只是在口腹上或物质上有所满足，而精神上的愉悦却是缺失的，如曾元对曾子的奉养则是"养口体"。可见，"养志"是孟子所赞成的更高层次的孝。现如今百善孝为先仍然是中华儿女需要弘扬的传统孝道，是每个中华儿女都需要懂得而且要去践行的传统美德。

　　作为社会的人要保全自我的性命，除了自我的主观努力，还离不开整个社会的政治稳定。而战国时期，周天子式微，敌国相争，兵革不休，富国强兵成为当时诸侯各国的主要目标。孟子秉持"人皆有不忍人之心"③的人本性善的观念，他反对君王好战，主张"征伐有道"，反对因战争而导致老百姓白白地丢掉性命。同时，孟子声称"不教民而用之，谓之殃民"④。如果老百姓没有被训练过便被派去打仗，那等于是加害百姓。孟子这种反对让老百姓无谓牺牲的思想与孔子的不让老百姓接受训练就让他们上战场视为抛弃百姓的观点相一致，他们都建议为政者要爱惜百姓、善用百姓。对于为政者而言，孟子认为君王首先要解决老百姓最基本的生存问题，需要重视老百姓的生命和生活问题。孟子反对为政者出现"使斯民饥而死"⑤的不良社会现象，主张为政者要能够通过"不违农时、不入洿池、时入山林"的政策，让老百姓真正过上"乐岁终身饱，凶年免于死亡""养生

①《孟子·公孙丑下》。
②《孟子·梁惠王上》。
③《孟子·公孙丑上》。
④《孟子·告子下》。
⑤《孟子·梁惠王上》。

丧死无憾"①的安稳生活。孟子认为,务实民生,顺时生养。每天都有人出生,也有人死去,生死是自然现象,所以要让人"养生丧死无憾"。②孟子对为政者提出的爱民、养民、使民的政策,都是建立在对生死规律的正确认知上。

孟子不仅尊重生命,而且敬畏死亡。孟子曰:"养生者不足以当大事,惟送死可以当大事。"③竭尽全力奉养生者,这是正常的人情所勉。能够哀死送终,才是行之高者。事不违礼,可谓难矣,故谓之大事。④在孟子看来,用力侍奉好双亲那是人之常情的事情,不足以称之为大事,而只有把为双亲养老送终的事竭尽全力去做好,那才是真正的大事。儒家十分重视丧葬礼仪,要把送死之事做好而不违礼,这对于操办丧事的人来说会提出较高的要求,即要做到葬之在哀,祭之在敬。"哭死而哀,非为生者也。"⑤孟子强调,哭泣死者而悲哀,不是为了做给活着的人看的,而是因为逝者生前有德,所以哭者为之而伤心。因此,当滕定公逝世后,太子滕文公派老师然友去问孟子他该如何操办父亲的丧事时,孟子回答:"亲丧固所自尽也。曾子曰:'生,事之以礼;死,葬之以礼,祭之以礼,可谓孝矣。'"⑥并且孟子引用孔子的话,建议滕文公要做到"君薨,听于冢宰,歠粥,面深墨。即位而哭,百官有司,莫敢不哀,先之也"⑦。这正是事莫大于奉礼,孝莫大于哀恸的最具体的表现。孟子不仅告诫他人对送死之事要做到发自真情地依礼而行,而且孟子对自己父母的葬礼也是如此。孟子丧父之时身份是士,丧母之时为大夫,而大夫的俸禄要重于士,所以他母亲的棺椁衣衾的精美程度要比父亲的更甚。孟子认为"君子不以天下俭亲"⑧,对待双亲之事一定要尽心竭力,这是努力做孝子之心的表现。可见,孟子对送死之事十分重视而且相当尽心。从古代的传统社会到科

---

① 《孟子·梁惠王上》。
② 傅佩荣著:《人性向善:傅佩荣谈孟子》,东方出版社 2012 年版,第 9 页。
③ 《孟子·离娄下》。
④ (清)焦循:《孟子正义》,沈文倬点校,中华书局 1987 年版,第 462 页。
⑤ 《孟子·尽心下》。
⑥ 《孟子·滕文公上》。
⑦ 《孟子·滕文公上》。
⑧ 《孟子·公孙丑下》。

技迅猛发达的现代社会,丧葬礼仪正在经历着一个逐渐弱化的过程,这确实可以摒弃传统丧葬礼仪中那些繁文缛节的部分,但无论形式如何精简,丧葬礼仪中那份对逝者的哀伤和敬重之情不可消失。这既是死者的美德得以传承的大好时机,又是生者与死者能够最近距离进行生死对话的最后机会。

除此之外,孟子对生死问题还存有更深的认知,孟子提出的"知生于忧患而死于安乐也"①的至理名言一直启示着后人,告诫人们要认清忧患与安乐之于生死的辩证关系。我们每个人都渴望着、追求着舒适安逸的生活,也在尽力逃避和克服各种忧愁和患害,但早在两千多年前,孟子就早早地大声告诉我们,忧患有时才会真正让我们成长,一味地享受安乐最终只能走向死亡之途。

## (二) 行止有度

综观孟子所有的言行举止,不难发现孟子身上有着一股强烈的浩然之气。程颐曾这样评价:"孟子有些英气。才有英气,便有圭角,英气甚害事。"②孟子的英气反映出来的就是他处事中追求自我的原则,在任何时候都不愿意失其本心去做违背自我良心的事情。正如孟子曰:"得志,与民由之;不得志,独行其道。"③大丈夫在得志的时候,要与百姓一起遵循着大道往前走;在不得志的时候,也要能够独自坚持自己的原则,做事不失其道,不失其本心。从孟子对自我的要求来看,孟子在各国游历时的去与留都遵从着自己内心深处的原则。"千里而见王,是予所欲也;不遇故去,岂予所欲哉? 予不得已也。"④孟子跋涉千里来和齐王相见,到后来无所留恋地要离开齐国回家乡,这都是孟子按照自己的想法,坚守着自己的行事原则。当来则来,当离开哪怕有千万个不舍也绝不委曲求全地留下,不违背自己的本心去做事情。一言以蔽之,孟子不会干他所不想干的事,

---

① 《孟子·告子下》。
② (宋)朱熹:《四书章句集注》,中华书局 2011 年版,第 186 页。
③ 《孟子·滕文公下》。
④ 《孟子·公孙丑下》。

也不要他所不想要的物。"无为其所不为,无欲其所不欲,如此而已矣。"①比如,孟子在齐国作卿,曾与盖邑的县长王骧奉命同行到滕国去吊丧,但对于独断独行、目空一切的王骧,孟子整天都没有搭理他。如果孟子认为他所干之事和所要之物在他的原则范围之内,他也绝对不会放弃。孟子的弟子陈臻问孟子:"原来在齐国您没有接受齐王送给您的上等金,而后来在宋国和薛国又接受了他们国君送的礼物,这到底哪次对呢?"孟子回答:"都是对的,因为在宋国要远行,送的是盘费,而在薛国,前行的路上将有危险,要戒备费,所以接受了。而在齐国则没有任何接受的理由,君子不可以被钱收买。"②可以受则受,不可以受则不受。正如孟子所说,如果行为不合乎道德,就是一碗饭也不能受之于他人,但如果行事合理、合道,则即使像舜接受了尧的天下,那也是可以接受的应得之物,不属于过分的行为。③ 孟子所坚守的原则既是他心中所追求的道义,亦是遵循着天理。孟子"当行则行,当止则止"的处事之道表明他有原则、有个性、有正义之心的豪爽气概,这是孟子身上所彰显出来的一种特殊的风骨和节气,值得后人景仰和敬佩。但也正是孟子鲜明的个性导致他在各诸侯国到处碰壁,难以实现自己的愿望。

孟子来到平陆时,对当地的长官孔距心的态度是该批评时绝对不含糊,需要表扬时绝对不吝啬。当面批评孔距心为官而不得力,并让他认识到自己的错误,同时又在齐王面前表扬孔距心有知错之心。④ 孟子不仅自己在行事之时遵循着内心的法则,而且认为有德行的人做事一定要行止有度,要有规矩,绝不做似是而非之事。"非礼之礼,非义之义,大人弗为。"⑤比如,君子追求功名利禄之时,一定要坚持礼义之道的原则,不能令人为耻。君子在做事的时候,要因势利导、不失本心,做到利己利人。正如孟子批评白圭说道:"禹治水的时候是使水归于正道,所以禹以四海

---

① 《孟子·尽心上》。
② 《孟子·公孙丑下》。
③ 《孟子·滕文公下》。
④ 《孟子·公孙丑下》。
⑤ 《孟子·离娄下》。

作为沟壑。而现在你却把邻国作为沟壑,让水逆流而行,这就大错特错了。"①可见,孟子心中坚持的不是以自我为中心的狭隘利己主义原则,而是有利于他人和天下的仁义之道。孟子强调做事的法度要有界限,否则过犹不及。而对于君子是否要主动去谒见诸侯,也要坚持原则,如果不是臣子,便可以不去,不需要逼着自己去做违背良心的事情。

正是由于孟子一身正气,不卑不亢,坚持自己的原则,绝不违背本心去谒见诸侯,因此没有得到统治者的重用。如果孟子委曲谒见诸侯,虽然可以得到任用,但是却丢失其本心,违背了心中的原则。面对如此困境,孟子反对"枉尺直寻"之说,始终坚持原则不放。在这种特殊情况下,坚持原则而不作任何妥协,就是一种"反经"。② 但是,孟子并不是一个顽固派,其实,在他坚持的原则范围之内,孟子还有主张"求权"的一面。"求权",就是根据实际情况或环境,可以对一些规则进行适度的调整,即要能够灵活应变。"天下溺,援之以道;嫂溺,援之以手。"③男女授受不亲,是礼也,但嫂溺援之以手,是权也。如果在嫂子溺水这种特殊的情况下,仍然坚守着男女授受不亲的固有礼节而不施救的话,那和豺狼就没有差别了。因此,在孟子看来,在特殊情况下,需要采取该出手时就出手的权变之策,否则就丢失了人所本有的恻隐之心。但孟子对"求权"没有一个明确的标准,只强调"惟义所在",而"义"是内心的,是无法用语言表达清楚的东西。④ 因此,这就导致孟子的"求权"学说要真正运用到现实中还存在一定的难度。

## 三、尚志,居仁由义

孔子主张"贵仁",并强调"仁"与"礼"的结合与统一,孟子继承孔子的"贵仁"思想,但是突出"义"而不强调"礼",主张仁义并举,提出以"仁义"

---

① 《孟子·告子下》。

② 杨泽波著:《孟子评传》,南京大学出版社 2011 年版,第 201 页。

③ 《孟子·离娄上》。

④ 杨泽波著:《孟子评传》,南京大学出版社 2011 年版,第 217 页。

为主体的仁义礼智"四德"相统一的道德规范体系。① "仁""义"是孟子最重要的两个道德范畴，在孟子处具有十分丰富的内涵，构成孟子一生坚持不懈的追求目标。

## （一）仁义并举

仔细查阅《孟子》可统计得到，"仁"在《孟子》中出现一百五十七次，"义"出现过一百零八次，"仁义"连用出现过二十七次。这足以表明"仁义"二字在孟子生命中的极端重要性。② 张岱年先生指出："孟子发挥孔子的思想，亦以仁为人生之第一原则；而又极注重义，仁义并举、以为生活行为之基本准衡。孔子哲学的中心观念是仁，孟子哲学的中心观念则是仁义。"③ 孟子曾释义"恻隐之心，仁也；羞恶之心，义也"④。"人之所不学而能者，其良能也；所不虑而知者，其良知也。……亲亲，仁也；敬长，义也。"⑤ 在孟子看来，因为良知良能是先天的，故"仁"与"义"是人生来就具有的。"仁"主要指父母与子女之间的关系，这是一种最纯粹的、最原始的情感。"义"则强调兄长之间或君臣之间等其他的社会关系，"义"虽然也有情感，但理性的成分大于情感。"夫仁，天之尊爵也，人之安宅也。"⑥ 天爵就是指上天所赋予人的宝贵之物，"仁"是天赋的尊爵，故"人人有贵于己者"。"仁"不仅是人的德性、道德原则，而且是人先验固有的本性和本心，孟子将"仁"已经心性化了。⑦ 而且，"仁"存在于人与人之间，只有真正懂得处理人际关系的仁道之人，才算得上一个真正的人，即孟子所言"仁也者，人也。合而言之，道也"⑧。可见，孟子不仅把"仁"内化为人的心性本质，而且成为人之所以为人、人真正能够成人的道德原则。孔子虽然十分重视"仁"，但却不轻易将"仁"许予人。由此可知，孟子的"仁"较之

---

① 朱贻庭主编：《中国传统伦理思想史》，华东师范大学出版社 2009 年版，第 89 页。
② 陈昇著：《〈孟子〉讲义》，人民出版社 2012 年版，第 166 页。
③ 张岱年著：《中国哲学大纲》，中国社会科学出版社 1982 年版，第 264 页。
④ 《孟子·告子上》。
⑤ 《孟子·尽心上》。
⑥ 《孟子·公孙丑上》。
⑦ 陈来著：《孔子·孟子·荀子：先秦儒学讲稿》，上海三联书店 2017 年版，第 170 页。
⑧ 《孟子·尽心下》。

于孔子,在道德主体范围方面有了极大的扩展。

同时,孟子曰:"仁,人心也;义,人路也。舍其路而弗由,放其心而不知求,哀哉!"[①]"仁"是人的自然本心;"义"是人要遵循的自然之路,是一条合理的正宜之路。一个人如果有鸡狗走丢了都知道要去找回来,何况是丢失了心呢? 因此,学问之道的实质就是要把那丧失的仁义之心找回来。而且,孟子在回答王子垫"士何事"问题时,用仁义解释"士"要使自己的志行高尚。"仁义而已矣。……居仁由义,大人之事备矣。"[②]在孟子看来,"士"需要做到志行高尚,只需要做到居住于"仁",行走由"义"就可以了。"仁"代表本心,"义"代表正道;"仁"代表固有的道德意识,"义"代表所有的道德原则和行为规范。[③] 孟子心中的大丈夫也正是要居住在"仁"这个天下最广阔的住所里,站立在"礼"这个天下最正的位置上,行走在"义"这个天下最通达的大道上,具有宽广的胸襟与高尚的理想,得志时做到"与民由之",不得志时做到"独行其道"而不失志、不后悔。故孟子曰:"君子所性,虽大行不加焉,虽穷居不损焉,分定故也。君子所性,仁义礼智根于心。"[④]君子真正所追求的不是要得到天下,而是要推行大道,真正的本性在于根植于内心的仁义礼智。"理义之悦我心,犹刍豢之悦我口。"[⑤]孟子把求得仁义作为自我人生的最大快乐,认为仁义对精神的慰藉作用犹如佳肴满足口舌的欲望。"生,亦我所欲也。义,亦我所欲也。二者不可得兼,舍生而取义者也。"[⑥]当生命与仁义发生矛盾的时候,孟子给出了舍弃生命而求取仁义的坚定回答。"天下有道,以道殉身;天下无道,以身殉道。"[⑦]天下祥和太平之时,君子得志,则会推行和实施心中之道,则身出道必得以行;当天下混乱不堪时,则君子以身守道,会不惜为道而死。可见,仁道、道义是孟子心中士人一生最高的道德坚守和终极价值追求。

---

① 《孟子·告子上》。
② 《孟子·尽心上》。
③ 陈来著:《孔子·孟子·荀子:先秦儒学讲稿》,上海三联书店 2017 年版,第 172 页。
④ 《孟子·尽心上》。
⑤ 《孟子·告子上》。
⑥ 《孟子·告子上》。
⑦ 《孟子·尽心上》。

此外,在孟子看来,一个懂得施仁的人,会将自己的爱心由内而外、由近及远地推散出去,一个善于行仁之人不会去抛弃自己的亲人,一个善于行义之人也不会不把自己的君王放在首位。心怀不仁的人或许可以暂时获得小利,但不可能获得天下这种大利。"不信仁贤,则国空虚。无礼义,则上下乱。"①治国之道,当以仁义为名,然后就会上下和亲,君臣集穆。这是天经地义,不易之道。②　因此,统治者治国理政,如果以仁贤为本施行仁道,最终就会获得天下。具体说来,就是统治者需要心怀重民之意,重视关心老百姓的利益,一切以老百姓的利益为先。同时,统治者还需要做到爱民与养民,要关心和体恤老百姓的疾苦,要以老百姓的乐为乐,以老百姓的忧为忧,让老百姓过上丰衣足食的生活。最后,统治者还需要实施教民的政策。孟子指出,为政者需要从教化老百姓的内心入手,这会比一般施行善政更加行之有效,向老百姓施教是保证一个社会和谐发展的重要措施。因此,统治者如果能够由仁义而行,不仅可以避免因利而行导致的逐利相争现象,而且会获得天下大利。"苟不志于仁,终身忧辱,以陷于死亡。"③意思是说,如果一个统治者无意于实施仁政,就会一辈子忧患受辱,以至于最后陷入了死亡的境地。孟子针对当时天下所有人只知唯利是求,而不复知有仁义的社会现象,提出用圣贤之心作为拔本塞源而救其弊的良方,主张从本源上进行根治。现代社会,由于受到市场经济带来的各种冲击和影响,价值和文化的多元让一些年轻人难以清晰作出正确的价值判断,拜金主义、唯利是图的现象并不罕见。同理,现代社会要从根本上解决这些问题,同样需要从本心上去求,人们需要去追逐比物质利益更高的人生价值追求,需要不断地进行道德涵养,提升自我的人生境界。

## (二) 集义养气

在孟子心中,"士"要实现自己心中的理想人格,首先需要正确理解"志"与"气"的关系。"夫志,气之帅也;气,体之充也。夫志至焉,气次焉。

---

① 《孟子·尽心下》。
② (清)焦循:《孟子正义》,沈文倬点校,中华书局 1987 年版,第 35 页。
③ 《孟子·离娄上》。

故曰：'持其志，无暴其气。'"①志向是意气感情的主帅，意气感情是充满体内的力量。人的志向会主导着意气感情，而意气感情也会反作用于志向，人的志向的实现，需要有内心意气感情所散发的力量作为支撑。因此，要坚定自己的志向，不要滥用自己的意气感情，要把握好自己的心态和情绪。其次，理想人格的实现需要不断培养浩然之气，这是一种大丈夫精神。"气"是感性的、不可言说的，而孟子的浩然之气更是很难说清楚的东西。"其为气也，至大至刚，以直养而无害，则塞于天地之间。其为气也，配义与道；无是，馁也。是集义所生者，非义袭而取之也。"②在孟子看来，浩然之气具有"至大至刚"的特点。这个"大"，并不是说它的个头最大，而是说它作为一种气质，表现出来的是人的精神世界所具有的磅礴气度。这个"刚"，不是说它的硬度最高，而是说浩然之气表现的是人的意志的坚忍不拔、顽强不屈。③ 浩然之气的另一个特点就是"配义与道"。这种"气"必须与"义"和"道"相配合，是一种符合道义的正直之气，如果缺乏了"义"与"道"，则不会产生力量。因此，这种气的形成需要一个正义的经常积累过程，不是偶然的正义的行为就能够产生出来的。

　　同时，理想人格的实现需要掌握诸多的"集义养气"的道德修养方法。孟子特别重视"养"。"养"是把见端甚微的善好好培养起来，有如一粒种子，放在适宜的空气、日光、水土中，使其能发荣滋长。④ 孟子认为，至大至刚的"气"需要"直养"。"直"不仅指正直，也包括真诚在内。一个人只有内心真诚，才能够像直线一般表现出内心的意念，没有任何扭曲或其他的念头。以"直"来养气，不要阻碍它、扭曲它，如此一来，它就会充满在天地之间。孟子的修养是从真诚而正直着手。⑤ 因此，孟子强调培养"浩然之气"，需要有"诚"意，既不能舍弃、放松，又不可能一蹴而就、急于求成，更不能"一日暴之，十日寒之"，必须坚持不懈。"诚者，天之道也；思诚者，

① 《孟子·公孙丑上》。
② 《孟子·公孙丑上》。
③ 陈昇著：《〈孟子〉讲义》，人民出版社 2012 年版，第 242—243 页。
④ 徐复观著：《中国人性论史》，华东师范大学出版社 2005 年版，第 109 页。
⑤ 傅佩荣著：《人性向善：傅佩荣谈孟子》，东方出版社 2012 年版，第 80 页。

人之道也。"①"万物皆备于我矣。反身而诚,乐莫大焉。"②真实无欺是宇宙万物的自然法则,而人作为宇宙万物的精灵,更需要向"天"学习,做到以人道遵循天道,追求真诚。孟子认为,人只要能够做到"反身而诚",使气与道义相配合而俱行,人道与天道合一,则心中就会感到无穷无尽的快乐。"诚有诚乃合于情,精有精乃通于天,木石之性,皆可动也,又况于有血气者乎!"③正所谓"精诚所至,金石为开",更何况人的血气。而且养气要顺道,要遵循事物发展的规律,不能效仿宋人拔苗助长,欲速则不达。养气需要以持志自反为要,则心勿忘为善养浩然之学。④ 心勿忘,则集义不止也。因此,真正的集义养气需要用心去做长期的栽培之功,如此才能涵养出顶天立地的大丈夫精神英雄气概。

由此观之,孟子心中具有浩然之气的大丈夫能够行仁义之大道,做到居仁由义,以坚守道义为自我的人生追求,以胸怀天下为己任,有为天下百姓谋利益的强烈社会责任感。在中华民族的历史上,孟子的浩然之气和大丈夫精神对后世的影响极大,成为中华儿女尤其是后来知识分子的理想人格和精神追求。

---

① 《孟子·离娄上》)。
② 《孟子·尽心上》)。
③ (清)焦循:《孟子正义》,沈文倬点校,中华书局1987年版,第422页。
④ (清)焦循:《孟子正义》,沈文倬点校,中华书局1987年版,第172页。

# 第二章

◆

# 早期基督教生命伦理思想

众所周知,西方文明在整个漫长的演进过程中都与基督教有着千丝万缕的联系,尤其进入中世纪以后,基督教可以说成为构成西方文化的重要精神根基。从某种意义上说,基督教之于西方社会就好像儒家思想之于我们的传统社会一样,已经不是一个简单的宗教信仰或迷信的问题,它已经成为一种文化。[①] 基督教作为一种文化,深深地影响着西方人的世界观、价值观、思维方式、政治理念和最根本的生死观念,渗透在西方人社会生活的各个方面。黑格尔曾认为欧洲自我意识的出现源于基督教,因为它第一次确定了人的主体地位,使人的思想获得充分的承认。[②] 基督教使西方人更加审视自我,寻求民主,为自我而生存,重视人存在的价值,追求人的生存意义和目的所在。尤其是基督教在其早期发展中所体现出来的在逆境中日益发展强大的顽强生命力,对西方世界的影响更是深刻的。因此有人说,只有了解基督教文化,才有可能真正了解西方文化。英国学者莱特指出,基督教伦理学的任务,不是按照圣经的话使劲再喊一遍,而是把圣经世界与当今世界作"视野融合",意即打通古与今、新与旧、常与变、同与异、内与外、正与反、一与多、连续与间断、抽象与具体、东方与西方的隧道。[③] 鉴于此,本章主要以耶稣和保罗为代表去探究早期基督教所彰显出的生命伦理精神,以期更好地打通圣经世界与当今世界的关系。

---

① 赵林著:《基督教与西方文化》,商务印书馆 2013 年版,第 1 页。
② [德]黑格尔著:《小逻辑》,贺麟译,商务印书馆 1980 年版,第 333 页。
③ [英]莱特著:《基督教旧约伦理学》,黄龙光译,中央编译出版社 2014 年版,第 iv 页。

# 第一节　早期基督教生命伦理思想溯源

要全面洞察早期基督教的生命伦理思想，需要持有历史性的视野，将时间轴往前推移，去追溯早期基督教思想形成的源流，找到奠定其生命伦理思想的根基所在。我们将从圣经上影响耶稣及其最早门徒的伦理教导——《旧约》书卷出发，全面厘清早期基督教与古犹太教之间的内在关系，深刻揭橥《旧约》里所蕴藏的深邃生命智慧。

## 一、早期基督教与古犹太教之间的内在关联

犹太民族作为一个小小的民族，曾屡遭压迫、欺侮，但却积极吸收四邻各古国的文化精华，创造性地形成了希伯来文化，希伯来圣经成为希伯来文化的重要宝库，是古犹太教的经典。古犹太教指的是在公元1世纪之初基督教产生之前的犹太教，既不是后来被基督教化了的犹太教，也不是我们今天所说的犹太教。由于后来希伯来文化不仅受到希腊文化的强烈冲击，而且遭到罗马帝国的致命打击，再加之犹太教内部四分五裂，派别林立，思想复杂，观点各异。根据约瑟夫的观点，犹太教徒在公元1世纪分成了四个派别。撒都该派人认为希伯来圣经"摩西五经"是唯一具有权柄的犹太法，不相信未来的生命、复活或最终审判之类的教导。法利赛派人承认整本希伯来圣经的权威性，相信人死后仍有生命，主张说善人的灵魂在死后转生到别人身上去。艾赛尼派人在旷野中过着与世隔绝的生活，选择离开主流社会，相信"定命说"和"灵魂不灭说"。革命派或奋锐党坚信上帝是他们唯一的主人，对罗马人进行猛烈的反击，一直进行着他们的游击活动。尤其在公元66—73年以及公元132—135年两次罗马犹太战争惨败之后，古犹太人文化受到了致命摧残。正是在这种内忧外患的逆境之中，基督教产生了。因此，追溯基督教的渊源，从基督教产生的历史进程中不难发现，其思想主要来源于希伯来文化、希腊文化和罗马文化。这三种文化源流对基督教的贡献各不相同。除此之外，基督教还受

到了日耳曼人的影响。换言之，基督教思想中包含着丰富的古犹太教的信仰主义、古希腊的理性主义和古罗马的法律精神，而其中古犹太教的道德观念对基督教的影响尤为深远。

众所周知，圣经由《旧约》和《新约》两部分构成，《旧约》最初是犹太教的经典，后来也被保留在基督教经典之中。但是，关于希伯来圣经经典对基督教的影响，向来都是难以回答且容易引发分歧的问题。从圣经诠释的视野看，初代教会的马吉安（Marcion）认为，由于《新约》与《旧约》的上帝不同，《旧约》的律法完全不适合于《新约》。公元 2 世纪末至 3 世纪中叶十分兴盛的亚历山太（Alexandria）学派从静态的视角出发，高度重视《旧约》与《新约》之间的连续性与协调性，但又因此忽视了圣经的内在发展。后来的安提阿（Antioch）学派则弥补了亚历山太学派的不足，重视《新约》中《旧约》救恩预言实现的重要性，强调圣经的历史发展，形成了动态的圣经权威进路视角。改教时期，身为圣经释义者的马丁·路德在实践中经常将《旧约》的十诫作为教导的基础，但却将《旧约》律法的道德权威诉诸自然律。加尔文强调《旧约》与《新约》之间的合一和延续性，重视《旧约》律法的权威，并将其适切性从十诫向外扩展。宗教改革中比较激进的重洗派，同样承认《旧约》与《新约》之间的关联，但却认为《新约》的道德权威绝对优于《旧约》。在当代信仰派别中，时代主义（Dispensationalism）切断了《旧约》延续到《新约》的救赎，并且过度强调律法和恩典之间的对立关系。而与时代主义完全相反，神律论（Theonomism）将《旧约》的重要性高高举起，主张《旧约》律法具有永远的道德力，并且吸收了加尔文的教导，强调《旧约》与《新约》之间的内在合一。禧年中心（The Jubilee Centre）学派强调《旧约》的权威性，主张《旧约》伦理可以成为基督徒生活的规范指引。弥赛亚犹太教（Messianic Judaism）同意在基督教正典的脉络之下，《旧约》律法对基督徒仍然具有道德的权威性。[①] 由上可知，许多的释经学派关于《旧约》对基督教的影响程度说法不一，但从圣经文本出发却不难发现《旧约》律法对早期基督徒的深远影响。罗素在《西

---

① ［英］莱特著：《基督教旧约伦理学》，黄龙光译，中央编译出版社 2014 年版，第 440—465 页。

方哲学史》中认为，基督教的圣教历史和道德观念主要来自于希伯来文化。① 希伯来文化的犹太教经典《旧约》为基督教提供了源头活水。有学者认为，最初，基督教只是晚期犹太教宗教生活中的一个产物而已。② 但是，基督教突破了古犹太教中所体现出的民族自足性、封闭性和狭隘性。也就是说，古犹太传统为基督教的产生提供了相应的土壤，构成了基督教的母体，使得基督教能够从犹太教内部脱胎出来，二者之间有着许多一脉相承的东西。因此，正确理解古犹太教是全面阐述基督教信仰的一个基本先决条件。

早期基督徒历来都十分重视希伯来圣经，而《新约》中也随处可见对《旧约》的引用之处。而且，从身份可以发现，耶稣和他的门徒都是犹太人，从《新约》开始记录的耶稣谱系可以证明耶稣是大卫的后裔。耶稣时常熟读《旧约》，体认着上帝所垂示的真理，将其奉为自己做人的原则，同时对圣经所记历史的事实和先知的教训有着更深切的了解。③ "四福音书"中耶稣常常指出"经上记着说"，而他每次提到"圣经"时，所指的恰恰就是《旧约》。《旧约》的暗示和盼望正是耶稣一生要完成的人生使命。耶稣自己宣称，他来不是要废掉律法和先知，反之，而是要来成全他们的。保罗出生在一个犹太法利赛教派家庭，他也从小学习《旧约》律法，深受犹太教信仰和希腊文化的熏陶与影响。著名犹太哲学家、"二战"时期德国犹太人领袖利奥·拜克指出，保罗出生在大数城，该城以希腊哲学闻名，然而"保罗是大数城的犹太人，却不是大数城的叙利亚人、波斯人或埃及人……他有着犹太人的背景"④。拜克突出强调，保罗的宗教思想中可以看到深深的犹太教传统痕迹。"我是以色列族、便雅悯支派的人，是希伯来人所生的希伯来人；就律法说，我是法利赛人。"⑤虽然保罗明确声称自己是"外邦人的使徒"，但这一点并没有偏离正统的犹太教义，而且从保罗

---

① 赵林著：《基督教与西方文化》，商务印书馆 2013 年版，第 32 页。
② ［德］瓦纳尔·耶格尔著：《早期基督教与希腊教化》，吴晓群译，生活·读书·新知三联书店 2016 年版，第 2 页。
③ 吴雷川著：《基督教与中国文化》，商务印书馆 2017 年版，第 30 页。
④ Baeck, L., "The Faith of Paul", *Journal of Jewish Studies* 3(1952), pp.102-103.
⑤ 《腓立比书》3:5—6）。

的行程中可以看出,无论他走到哪里,犹太会堂都是保罗首先要前往的地方。"二人在以哥念同进犹太人的会堂。"①"保罗和西拉经地暗妃坡里、亚波罗尼亚,来到帖撒罗尼迦,在那里有犹太人的会堂。"②并且不难发现,保罗通过书信去解决的许多问题中都体现出一种明显的犹太色彩,犹太教成为保罗进行基督教信仰说明不可回避的关键内容。"所以你们要知道,那以信为本的人,就是亚伯拉罕的子孙。"③保罗竭力说明,亚伯拉罕与上帝之间的关系不是因为外在的割礼或献祭,而是由于信心。因此,对于保罗来说,他并没有否认《旧约》上帝的话语,而是认为要加入亚伯拉罕这个大家庭,并不一定要行外在的割礼或者通过严守律法,唯一所要求的资格就是相信上帝。《新约》中在基督里与上帝所建立的亲密立约关系,正是《旧约》律法原所指向的关系。因此,有学者认为,如果不提到《旧约》,就无法对基督教信仰有充分的认识。或者说,若是忽略《旧约》信仰,《新约》自身很快就解释不下去,基督教信仰也难以解释得通。④ 固然,基督徒面对《旧约》中的经文不可避免地会产生许多新的问题,形成新的认知。美国学者艾德·帕里什·桑德斯经常讨论保罗思想与当时犹太教思想之间的关联,桑德斯指出盖士曼及布特曼等学者有意无意之间,带着信义宗的色彩看保罗,忘记他们应当按照第一世纪的犹太教背景来看保罗。并且,桑德斯强调犹太教救恩的盼望在于"他们是拥有律法、神的约民的地位",基督徒则相信"唯有与基督一同有份才可能得到更好的义"。保罗与犹太教相符之处,是他同样关注进入并保守约的地位。最大的差别在于,保罗宣告犹太民族并没有专利特权;凡是相信基督的人都得以成为约民,与亚伯拉罕一脉相承。⑤ 但可以说,《旧约》中的古犹太教信仰为《新约》中的基督教信仰提供了重要的神学基础,《旧约》成为准确理解《新约》的重要前提。《旧约》对以色列具有典范性的特质,对在《新约》信仰同一

---

① 《使徒行传》14:1。

② 《使徒行传》17:1。

③ 《加拉太书》3:7。

④ [英]约翰·德雷恩著:《旧约概论》,许一新译,北京大学出版社 2004 年版,第 382 页。

⑤ [美]霍桑(Gerald F. Hawthorne, Ph.D.)、[美]马挺(Ralph P. Martin, Ph.D.)著:《21 世纪保罗书信辞典》(上册),杨长慧译,团结出版社 2015 年版,第 756—757 页。

位上帝的教会社群也具有典范性。① 《旧约》和《新约》是"过去—现在—未来"的连续的历史启示,《旧约》结束于先知预言,耶稣应验过去先知的预言,成全西奈之约,实现大卫之约,并把《旧约》的末世预言显明为未来拯救的步骤和目标。② 甚至早期基督教的"上帝之国"观念也是根源于古犹太教,因为古犹太人早在被古巴比伦流放之前,心中就有强烈的"上帝之国"或"上帝统治"的信仰观。③ 由此可见《旧约》与《新约》之间内在的一脉相承关系。因此,要真正理解早期基督教的生命伦理思想,首先需要对《旧约》中所体现的古犹太教生命伦理思想进行全面的梳理和剖析。

## 二、《旧约》中的神人关系

以色列民相信上帝是个造物主,上帝创造了天下万物。"世界和住在其间的,都属耶和华。"④人类也不例外。《旧约》开篇的《创世记》描述着,上帝是按照自己的形象造人的,也就是照着自己的形象造男造女的。⑤ 可见,在以色列民看来,上帝与人之间存在一种天然的造物主与受造物的关系。上帝按照自己的形象造人,这一方面表明人类拥有与其他生物不同的特征,被上帝赋予了特殊的身份和职能。"我们要照着我们的形象,按着我们的样式造人,使他们管理海里的鱼、空中的鸟、地上的牲畜和全地,并地上所爬的一切昆虫。"⑥在所有的受造物之中,人类有着独特的优越性和更高贵的地位。"你叫他比天使微小一点,并赐他荣耀尊贵为冠冕。你派他管理你手所造的,使万物,……都服在他的脚下。"⑦由此可知,人类享有的这种独有优势不是本身所固有的,而是上帝所赐予的,人类要利用其特性替上帝管理或治理其他受造物,人类被赋予的不仅是一种能力,更是一种责任。换言之,造物主上帝与受造物人类之间实质上是

---

① [英]莱特著:《基督教旧约伦理学》,黄龙光译,中央编译出版社 2014 年版,第 65 页。
② 赵敦华著:《圣经历史哲学》(上册),江苏人民出版社 2016 年版,第 16 页。
③ 卓新平著:《基督教文化百问》,今日中国出版社 1995 年版,第 27 页。
④ 《诗篇》24:1。
⑤ 《创世记》1:27。
⑥ 《创世记》1:26。
⑦ 《诗篇》8:5—8。

一种主人与仆人的关系，人类是上帝的仆人，要替代上帝照看地球上的万物。人类在行使照看职责之时不可以随心所欲、任意妄行，而是需要效仿和顺服上帝的意愿。以色列民是被上帝所拣选的特殊子民。"我要与你并你世世代代的后裔坚立我的约，作永远的约，是要作你和你后裔的神。"①因此，以色列君王在以色列民族史上掌握的是奴仆式的王权，扮演的是奴仆式君王的角色。通过《撒母耳记》《列王纪》和《历代志》可知，其实任何君王只有被上帝拣选并赐予"义"之后，才能具备统治臣民的正当性与合法性。"现在王若服侍这民如仆人，用好话回答他们，他们就永远作王的仆人。"②"上帝自古以来为我的王——在地上施行拯救。"③尽管以色列各支派都有自己的领袖，但是他们必须尊敬和顺从上帝，要对上帝尽忠。唯有如此，他们才能够有能力和勇气战胜任何强大的敌人，在地上生养众多，国家兴旺。比如，《撒母耳记》记载大卫在扫罗之后成为以色列的王，但后来大卫与本族人和异族人之间都有发生争执，他却因为自己的忠诚在耶和华灵的庇护下战胜了众敌。反之，倘若支派领袖对上帝心怀不敬，平日倘若敬拜其他神的话，他们的民族就会受到敌人的围攻，遭受到各种惩罚。扫罗正是因为没有听从耶和华的命令，所以耶和华把扫罗和以色列人都交到他们的对手非利士人手里。正如摩西不断叮嘱和告诫百姓那般："你们若不听从耶和华你们神的诫命，偏离我今日所吩咐你们的道，去侍奉你们素来所不认识的别神，就必受祸。"④这实际上表明了，上帝才是以色列真正的王或者统治者。

　　另一方面，上帝虽然按照自己的形象造人，但是这并不能表明人长得看上去就是上帝的模样，上帝的形象并不是人类真正能够企及的。这只说明人类是上帝在世上履行职责的代表，要像上帝的形象一样对待他所创造的万物，上帝能够与人进行对话和沟通，但二者之间存在质的区别。两者属于不同层级的二元性（duality）的存有（being），上帝是神圣的，人类无法用言语对上帝进行描绘和定义，人与上帝之间存在一条巨大的鸿

① 《创世记》17:7。

② 《列王纪上》12:7。

③ 《诗篇》74:12。

④ 《申命记》11:27—28。

沟。上帝是全能且完美的。上帝关注所创造的万事万物,有着克服、战胜和超越一切的能力,能够帮助以色列民走出埃及,具有左右自然的能力。"他就用大能的手和伸出来的膀臂,并大可畏的事与神迹奇事,领我们出了埃及。"①"我是自有永有的。"②上帝的大能贯穿了整个《旧约》。《旧约》反映人类始祖因为听从蛇的诱惑而偏离了上帝的旨意,导致人类产生不能自我剔除掉的不完美,从此人与上帝之间的距离越来越遥远。而在以色列民看来,要弥补自身的缺陷和不完美,洗掉身上的原罪,拉近与上帝之间的距离,一切都只有依靠上帝的恩典和行为,不能凭借人类自己的主观努力去完成。上帝是无限和良善的。上帝是永恒的存在,是"过去—现在—未来"的整体。上帝的作为是人类无法完全认识和理解的。"这样的知识奇妙,是我不能测的;至高,是我不能及的。"③上帝的心思对于以色列民来说是深不可测的,上帝的存在对于他们而言也是隐而不现、遥不可及的,因此人类是有限性的存在,无法观见上帝的面。"天怎样高过地,照样我的道路高过你们的道路,我的意念高过你们的意念。"④上帝在道德上是圣洁的、至善至美的。以色列民深信人不能认知上帝的本质,甚至不知上帝的名"YHWH"如何读出来。⑤ 以色列民是无法企及更不可能超越上帝的,他们不是为了自我而存在的,而是为了荣耀和喜悦上帝而存在的。

上帝是积极行动的。上帝作为历史的掌管者,无论是顺境还是逆境,都在上帝的计划之中。⑥ 也就是说,从《旧约》中可以看出,上帝在任何时候的言行之中彰显的都是一幅幅积极主动的画面,其中有对被造物施展的爱、怜悯、恩典和公义等。"为千万人存留慈爱,赦免罪孽、过犯和罪恶。"⑦"看这一切,谁不知道是耶和华的手做成的呢?"⑧由此可知,对于以色列民族而言,上帝掌握着绝对的主动权,恩待谁、怜悯谁、惩罚谁,一切

---

① (《申命记》26:8)。
② (《出埃及记》3:14)。
③ (《诗篇》139:6)。
④ (《以赛亚书》55:9)。
⑤ 傅有德主编:《犹太研究》(第7辑),山东大学出版社2009年版,第39页。
⑥ 〔英〕约翰·德雷恩著:《旧约概论》,许一新译,北京大学出版社2004年版,第254页。
⑦ (《出埃及记》34:7)。
⑧ (《约伯记》12:9)。

都由上帝决定。同时,上帝还掌握着被造物人类的生死大权。上帝永远是主角式、主动性的存在。相对而言,人类则是被动的追随者和被安排者,对上帝需要心怀崇敬之心。"人的脚步为耶和华所定,人岂能明白自己的路呢?"①这意味着上帝与以色列民之间存在着主从和依赖关系。《旧约》中的上帝不会允许人类擅自主张,当他们聚集力量建造通天塔时,上帝立刻采取行动,通过建造巴别塔加以制止。"就是在那里,你的手必引导我,你的右手也必扶持我。"②所以,摩西十诫的首条诫命就是"除了我以外,你不可有别的神"③。对于以色列民来说,他们人生中最大的诫命就是爱上帝。天上地下都没有别的神可以信奉,以色列民不能为自己雕刻偶像,更不可乱用上帝之名,要把安息日定为圣日。这充分表现以上帝为中心的伦理思想,构成了整个《旧约》的伦理基础。但是,作为崇敬者可以在上帝脚下获得智慧、力量、勇气和能力,甚至可以获得宽恕和改过自新的机会。于是,以色列民不能违背上帝的意志和引导去过自己的生活。如果以色列民自以为是、自大妄为、为所欲为,则他们就要为自己擅自实施的行动付出沉重的代价。上帝与以色列民族之间的交往主要在于上帝积极的恩典和慈爱的行动,绝不是出于以色列民自身的努力得来的。以色列民不可能依靠自己的努力去赢得与上帝同在的感觉。因此,上帝与以色列民之间存在着明显的主仆关系。但是,当我们将以色列民的视角不断向外拓展时不难发现,在以色列民看来,人与人、人与自然之间的生命伦理关系却呈现出都属于上帝被造物的共通属性。

## 三、《旧约》中古犹太人的生命观

首先,在《旧约》中不难发现,虽然人与万物都同属于上帝的被造物,但是人的生命与其他被造物的生命之间存在着重要差别。"凡活着的动物,都可以作你们的食物,这一切我都赐给你们,如同菜蔬一样。"④这样,

---

① 《箴言》20:24。
② 《诗篇》139:10。
③ 《出埃及记》20:3。
④ 《创世记》9:3。

上帝将人与其他动物区别开来。在上帝所造的地球上的万事万物之中,人的生命是最宝贵和最重要的,受到上帝特殊的呵护和关爱。"流你们血、害你们命的,无论是兽是人,我必讨他的罪,就是向各人的弟兄也是如此。"①因此,在以色列民看来,他们的生命优于其他生物的生命,有着其独特的价值。于是犹太律法中规定,如果牛把人触死,并报告了牛主人,则这头牛会用石头被打死,牛的主人也会被处死。但是,如果一个人偷盗了一头牛或一只羊,只需要加倍偿还即可。如果拐带的是人,那么拐带的人必定要被处死。上帝既爱护人类的生命,也要求以色列民自身要做到尊重生命。"不可杀人、不可奸淫"②是摩西十诫中重要的诫命之一。于是,《旧约》中蕴含着蓄意杀人是违背上帝赋予人类生命价值,违背上帝命令的思想。由于以色列民族本身是从埃及杀婴等杀戮的恐惧中得以释放的,因此他们自身必须更加懂得尊重生命的意义,绝不容许社会中存有谋杀的行为。③ 犹太律法规定,造成人身伤害的,要以命偿命,以眼还眼,以牙还牙等,对犯杀人罪的惩罚更是明确强调:"故杀人犯死罪的,你们不可收赎价代替他的命,他必被治死。"④犹太律法的诸多内容都表明,上帝提出对人类生命尊重的强烈要求。甚至圣经正典书卷中似乎找不到关于允许人自杀的诫命或是许可。人既不能杀别人,也不能杀自己。⑤ 除此之外,人类的生命虽有着优越于其他生物的特性,但其他生物的生命同样需要被尊重和被照看,人类在其他生物面前不能为所欲为,而要按照上帝的意志尊重和维护其他生物的生命。"只要你行公义,好怜悯,存谦卑的心,与你的神同行。"⑥人类的地位不是凌驾于自然之上的,而是其中的一部分,他们必须按照上帝的意思,照看地球和上面的生灵,并与它们共享地球上的生活。⑦ 在以色列民看来,从普遍性角度看,人与其他万物的生命在地位上是平等的,因为都同属于上帝的被造物,都在上帝的统一管理和

① 《创世记》9:5。
② 《出埃及记》20:13—14。
③ [英]莱特著:《基督教旧约伦理学》,黄龙光译,中央编译出版社 2014 年版,第 294 页。
④ 《民数记》35:31。
⑤ [古罗马]奥古斯丁著:《上帝之城》(上卷),王晓朝译,人民出版社 2006 年版,第 30—32 页。
⑥ 《弥迦书》6:8。
⑦ [英]约翰·德雷恩著:《旧约概论》,许一新译,北京大学出版社 2004 年版,第 288 页。

计划之中；从特殊性角度看，人在所有受造物中具有王者的身份，有代替上帝管理其他生物的权利，但只能代替上帝行公义，维护好其他生物之间的秩序和平等，让其他生物的生命更好地得以施展，实现上帝的意志。因为上帝是以慷慨和慈爱照顾全部的被造之物的，所以以色列民也同样需要用关爱和怜惜对待其他的受造物，"人要传说你可畏之事的能力，我也要传扬你的大德"①。以色列民需要致力于上帝的要求和喜爱。"夸口的却因他有聪明，认识我是耶和华，又知道我喜悦在世上施行慈爱、公平和公义，以此夸口。"②由此可知，其实以色列民自身并不具有真正意义上的生命主宰权，只有上帝才是真正的主宰者，正如《诗篇》所言："你收回它们的气，它们就死亡，归于尘土。"③

　　在人与人之间的关系方面，由于上帝是按照自己的形象造人的，意味着每个人的存在都有同样的价值和重要性，因此以色列先知坚定不移地认为，没有一个种族比另一个种族优越，社会中也没有哪一群人比其他人更重要。④ 从上帝与以色列民之间订立的约可以看出，摩西十诫是上帝与整个以色列民族之间的"生命之约"，反映出《旧约》十分重视群体的伦理观念。正如有学者指出，"十诫"的重要功能就是"将每一个以色列人带入对群体的忠诚与权力认同的直接关系中，人们保证守约，并作出集体的决定，使上帝同个体与群体都发生关系，并强化个体的责任去遵守每一个诫命。"换句话说，没有群体的一致性，社会便无法存在。⑤ 这充分说明以色列民个体与整个以色列民族的命运紧密相连，构筑的是唇齿相依、休戚与共的命运共同体。比如，犹太支派中迦米的儿子亚干从耶利哥"取了当灭的物"，耶和华就把怒气向以色列民发作。亚干一个人的过错使整个支派都受到了牵连。同时，以色列民的每个个体都需要按同一标准去遵守诫命，所有个体的生命都同等重要，没有某个个体可以高高在上，都需要对上帝负责，受上帝监督。在上帝面前，所有人的生命都是平等的，包括

① 《诗篇》145:6。
② 《耶利米书》9:24。
③ 《诗篇》104:29。
④ ［英］约翰·德雷恩著：《旧约概论》，许一新译，北京大学出版社2004年版，第289页。
⑤ 傅有德主编：《犹太研究》（第7辑），山东大学出版社2009年版，第32页。

男女之间的平等。在创世的故事里，没有说过在生活伴侣关系中哪一方的地位比另一方更高一等，没有女人，男人就不完全，唯有两个人在一起，才能发挥出人生的最大潜力。①《创世记》中最初反映的夫妻关系是一种合作伙伴和生活伴侣。而且，"十诫"中规定，无论男女，在安息日都可以不用做工，享有守圣日的权利，哪怕是奴仆也不例外。约伯甚至从创世论的角度出发，揭示了主仆之间的生命平等。"造我在腹中的，不也是造他吗？"②由于以色列民是奴隶出身，他们对待奴隶显示出与众不同和十分宽容的态度。用银子买的奴仆可以接受割礼并参加逾越节活动，可以参与七七节、住棚节等欢庆和筵席。甚至对出逃的奴仆也有着特殊的庇护。"若有奴仆脱了主人的手，逃到你那里，你不可将他交付他的主人。他必在你那里与你同住，在你的城邑中，要由他选择一个所喜悦的地方居住，你不可欺负他。"③在对待穷人方面，《旧约》中随处可见其显示出的平等、尊重和公义态度。"欺压贫寒的，是辱没造他的主；怜悯穷乏的，乃是尊敬主。"④从《箴言》中可以看出，无论人的社会经济地位如何，他们都同出于一个造物主，来自于同一位上帝，所以无论是当权者还是审判官，都需要对穷人平等以待，穷人有权利享受司法上的平等。"他要按公义审判你的民，按公平审判你的困苦人。"⑤公义、公平和平等是上帝的根基和特质，以色列民在上帝面前分有到的正是这种慈爱，这既是上帝对以色列民的爱、应许和要求，也是以色列民对待上帝之爱需要作出的真切现实回应。但是，现实往往并不如希冀的那般美好，或者说，任何美好愿望的实现都不是轻而易举就可以达成的。在以色列民对上帝的回应之中，淋漓尽致地反映出古犹太人那种非同寻常的生活态度和人生精神。

## 四、《旧约》中古犹太人的生活观

通过《旧约》可知，当人反抗上帝到堕落的地步时，上帝要拯救的并不

① ［英］约翰·德雷恩著：《旧约概论》，许一新译，北京大学出版社 2004 年版，第 290 页。
② （《约伯记》31：15）。
③ （《申命记》23：15—16）。
④ （《箴言》14：31）。
⑤ （《诗篇》72：2）。

是某个人，而是全人类。上帝拣选以色列民族作为典范，成为上帝希望人类要成就的最后作品的榜样。"我眷顾他，为要叫他吩咐他的众子和他的眷属遵守我的道，秉公行义，使我所应许亚伯拉罕的话都成就了。"①遵守上帝的道，主动、积极地守正行善、秉行公义，尽心、尽性、尽力爱上帝，这些构成以色列民独特的伦理生活品质。因此，上帝与以色列民族之间的约定已经渗透到以色列民的日常生活之中。对于犹太人而言，遵守摩西十诫已经成为他们生活中的习惯性实践，他们不会去思考其他的生活方式。换句话说，律法中的道德要求是犹太人首先需要履行的道德义务，更是法律义务。因此，犹太人在生活中要做到"克己"，要在周围树立起"火一般的律法"，将自己包围其中，过一种与众不同的生活——要谨守上帝的一切律例、典章，遵守六百一十三条律法，严格按照律法行事；要效仿上帝，正如上帝是圣洁的、仁慈的，每个犹太人也要变得圣洁和仁慈；要做一个道德的人②，"只要你行公义，好怜悯，存谦卑的心，与你的上帝同行"③。所以，道德要求在以色列民生活中被置于十分重要的位置。正如撒母耳对扫罗所说："听命胜于献祭；顺从胜于公羊的脂油。"④"我喜爱良善，不喜爱祭祀；喜爱认识上帝，胜于燔祭！"⑤在摩西看来，是否遵循律法已经成为以色列民进行生死抉择的关键，但是以色列民触犯律法的历史却从未间断。

　　一部《旧约》，其实就是一部以色列民族的苦难史和血泪史。在漫长的历史中，犹太人经历了太多太多的苦难。"我熬炼你，却不像熬炼银子；你在苦难的炉中，我拣选你。"⑥具体表现在：以色列民在法老压迫下所发出的哀嚎、西奈旷野中生发出的抱怨、非利士人统治下的伤害、"巴比伦之囚"、耶路撒冷"上帝之城"的毁灭、罗马犹太人战争的摧毁、家园的丧失……尽管犹太人一路前行中充满了苦难、压迫、折磨、流散甚至死亡，当以色列亡于亚述帝国、犹大亡于巴比伦帝国之后，以色列亘古的信仰传承

① 《创世记》18：19。
② 傅有德主编：《犹太研究》（第 7 辑），山东大学出版社 2009 年版，第 153 页。
③ 《弥迦书》6：8。
④ 《撒母耳记上》15：22。
⑤ 《何西阿书》6：6。
⑥ 《以赛亚书》48：10。

受到了最直接的撼动和最致命的挑战,但犹太人却从未停止前行的步伐,他们用一颗坚忍不拔的心和不屈不挠的精神去面对所有的不幸和苦难。《塔木德》以寓言的方式描述了以色列民回应苦难的四种方式:一是做到沉默地顺从,就像亚伯拉罕没有去挑战上帝要他献祭以撒的神圣命令那般;二是有对抗式的表现,就像约伯一样,不断地质疑和追问自己所遭遇的苦难;三是凭借恳求或哀求,就像希西家深情恳求废除要将其立即处死的神圣命令;四是做到积极接受,就像大卫王请求上帝击打他一样。可以说,任何一种回应在某个给定的特殊状况下或许都是合适的,但是总的来说,大卫王的回应显示了爱与正直的最高层次。① 从以色列民回应苦难的过程中不难发现,以色列民具有敢于“走出去”的冒险精神。这个民族的族祖亚伯兰的父亲名叫他拉,被迫从两河流域的吾珥城走出去,要到迦南去,沿着幼发拉底河,走到了大河的上游哈兰地方。以色列的众子,各带家眷和雅各一同来到埃及,然后摩西时代对抗法老的压迫,走出埃及。王国时期,先知不忍见社会风气日下,生活腐化,欺压穷人,崇拜偶像,远离亚卫的教诫。先知“走出去”,大声呼喊国人除旧布新、改弦更张。② “走出去”需要开放的胸怀、冒险的勇气、创新的精神和善于吸收他人优点的态度。有证据显示,后来出现的以色列文化有着很强的迦南文化延续成分,以色列人早期表达信仰的文字与迦南宗教语言有不少共同之处。③ 以色列民持有一颗开放的胸怀,向外不断吸收其他文明的精华,但无论何时何地都没有抛弃自己的传统或者说是精神命脉。公元前 8 世纪至公元前 7 世纪,巴勒斯坦的以色列王国和犹太王国都受到外族文化的影响,但这一时期的先知却奋力捍卫着民族的信仰。犹太历史学家塞西尔·罗斯(Cecil Roth)说:“每当危机时刻来临,就会有一位先知挺身而出,责骂民族的倒退,激发人民起来抗击敌人,指责国王本人的一些错误行为,或是告诉人们怎样才能阻止即将到来的危险。”④也就是说,以色列

① 傅有德主编:《犹太研究》(第 7 辑),山东大学出版社 2009 年版,第 135—136 页。
② 朱维之、韩可胜著:《古犹太文化史》,经济日报出版社 1997 年版,第 21 页。
③ [英]约翰·德雷恩著:《旧约概论》,许一新译,北京大学出版社 2004 年版,第 68 页。
④ [英]塞西尔·罗斯著:《简明犹太民族史》,黄福武、王丽丽译,山东大学出版社 1997 年版,第 48 页。

民在坎坷前行的路途中始终没有忘掉维系民族团结之根——宗教信仰，即使遭到无尽的挫折、欺凌和迫害，到处漂流，直至受到死亡的威胁，他们仍然相信上帝的拣选，相信弥赛亚将要来临。如塞琉古王朝对希腊文化的推崇、罗马人对第二圣殿的摧毁等，这些都没有从根本上动摇犹太人的文化精神。犹太人的宗教意识最深固，民族意识最坚强，可以说在世界各民族中都是无与伦比的。哪怕他们身处在被驱逐、被迫害和被迫流散的逆境命运之中数千年，他们依然能够凭借坚定的信仰，顽强地生存下来，并最终建立起自己的国家。正如有的学者指出，犹太民族怀有执拗和倔强的秉性，他们积极反抗压迫，即使最残酷的迫害也没能将他们灭绝；相反的是，他们在实际生活中显示出紧密的团结能力，凡是在他们得到承认的地方，他们都为当地的文明作出了卓越的贡献。① 正是以色列民面对生活苦难所表现出来的那份坚定不移、百折不挠和积极奋进的精神，创造了世界民族史上的伟大奇迹。

## 五、《旧约》中古犹太人的死亡观

死亡观是古犹太宗教的一个重要思想。希伯来语中用"mavet"表示"死亡"之意，它的词根来源于迦南人地下世界的上帝——"Mot"。② 从《旧约》的《创世记》可以得知，上帝本是按照自己的形象造人，人类的始祖亚当最初犹如上帝一般是永恒的和不朽的。上帝告诫亚当不可食智慧之树的果实，但是在蛇的引诱下，夏娃和亚当却相继尝试了善恶之果，人类由此获得判断善恶的智慧，但也被上帝逐出伊甸园，从此无法走向通达生命树的道路，于是开启了需要面对死亡的人生之旅。这既意味着人类生物意义上的死亡，也彰显了道德意义上的邪恶。基督教拉丁教父奥古斯丁认为，上帝把人造成这个样子，他们若是履行了顺从的义务，就能得到天使般的不朽和幸福的永生，不会有死亡的干扰，但若他们不服从，死亡就会带着公义的审判降临到他们身上。③ 正是这种不服从导致人类也便

---

① 朱维之、韩可胜著：《古犹太文化史》，经济日报出版社 1997 年版，第 30 页。
② 傅有德主编：《犹太研究》（第 7 辑），山东大学出版社 2009 年版，第 139 页。
③ ［古罗马］奥古斯丁著：《上帝之城》（上卷），王晓朝译，人民出版社 2006 年版，第 537 页。

从尘土而来，又要终归尘土而去。"你本是尘土，仍要归于尘土。"①"凡有血气的就必一同死亡，世人必仍归尘土。"②死亡是人类完整人生的必要组成部分，是一件必然会发生的事情。"我们都是必死的，如同水泼在地上，不能收回。"③古犹太教坚持认为，人类的死亡问题并不是上帝所造成的，也并非上帝的真实意愿，而是人类自身的原罪导致死亡难题的必然发生。对于以色列民而言，死亡虽是无法逃避的人生难题，但是上帝却用长寿作为对德行高尚人的奖赏。上帝曾告诉亚伯兰："但你要享大寿数。"④"你必寿高年迈才归坟墓，好像禾捆到时收藏。"⑤以色列民族被称为十分注重现实主义精神的民族，关心追求现世今生的幸福。"求你使我们早早饱得你的慈爱，好叫我们一生一世欢呼喜乐。"⑥恶人的毁灭和善人的获福都发生于此生此世。⑦《旧约》有许多关于人类自然死亡的记载。例如，始祖亚当活了 930 岁，其儿子塞特共活了 912 岁，其孙子以挪士共活了 905 岁。这似乎总体上反映出一种现象，即以色列民的寿命呈现一代不如一代的每况愈下的状态。犹太历史学家约瑟夫（Flavius Josephus）曾经指出，古人的长寿固然与当时较为健康的食物有关，但更重要的是因为他们的美德，他们因为爱上帝而得到上帝的特别垂青。这似乎表明以色列民对上帝意志的屡屡背离和冒犯，即作为整体的以色列民族的道德衰败。于是，岁数的缩减便成了上帝对以色列民整体道德滑坡的一种必要的警醒。⑧ 德行与寿命的密切相关度表明，犹太传统关于死亡的观念离不开现世的羁绊。以色列民十分尊重和顺从死者生前的遗愿。雅各并不希望自己死后被埋葬在埃及之地，于是

---

① 《创世记》3:19。
② 《约伯记》34:15。
③ 《撒母耳记下》14:14。
④ 《创世记》15:15。
⑤ 《约伯记》5:26。
⑥ 《诗篇》90:14。
⑦ 林中泽：《超越死亡：古代犹太人的死亡观及其历史演变》，载《历史研究》2014 年第 5 期，第 114—115 页。
⑧ Flavius Josephus, *The Antiquities of the Jews, in The Works of Flavius Josephus,* trans. by William Whiston, vol. 1, Book I, Chapter 3, Philadelphia: Jas. B. Smith & Co., 1854, p.45.

立下遗嘱："我与我祖我父同睡的时候,你要将我带出埃及,葬在他们所葬的地方。"①雅各的儿子们按照父亲的吩咐照办了,把雅各搬到迦南地,埋葬在幔利前、麦比拉国间的洞里。约瑟去世前对子孙起誓说"要把我的骸骨从这里搬上去",他的子孙们也遵照他的遗言行事。《塔木德》也规定,对于一个快要死亡的人来说,他的口头遗嘱和书面文献会具有同等的律法效力,而且人们为了减轻将要逝世人的痛苦,甚至可以违背"安息日不准劳作"的神圣规定。② 可见,针对死者最后的夙望,以色列民给予的是尊重和满足。

同时,以色列民重视入土为安的丧葬方式。在一般的情况下,尸体必须入土为安,重要人物在死后如果没能得到安葬,上帝是会发怒的。③ 例如,在大卫王统治期间,曾连续三年发生严重饥荒,经求问上帝才得知,原来扫罗在位时曾欠下一笔血债,在安排偿清这笔血债之后,大卫从基遍人手里索回了扫罗及其儿子的尸骨,埋进了其祖先的坟墓里,于是上帝才息了怒,饥荒宣告结束。这充分说明人死后尸体入土为安的重要性,它同时似乎揭示出,尽管死人世界在整体上不会对活人世界构成直接的威胁,但在某种特殊的场景下,活人对待死者的态度却有可能引起上帝的关注甚至干预。死去的人将会被埋入坟墓,进入到阴间。"你必坠落阴间,到坑中极深之处。"④阴间是否阴森、可怕、恐怖,《旧约》中并没有过多的描述,但可以得知,人死之后到了阴间就意味着将要被遗忘,或许在某种意义上也可以把死亡看作是以另外一种方式继续生存。

从犹太教圣经中可以发现,很少有相信死者复活的观念,记载人死后复活的例子也很少。因为从人的自然属性来看,人在死亡之后是不可能复活的。但是,"巴比伦之囚"对犹太教末世论思想的发展产生了重要影响,犹太教的末世思想中从此开始出现启示成分,进而影响到犹太人的死亡观,死者复活思想也因此开始形成。到第二圣殿时期,死者复活、末日

---

① 《创世记》47:30。
② 傅有德主编:《犹太研究》(第7辑),山东大学出版社2009年版,第147页。
③ 林中泽:《超越死亡:古代犹太人的死亡观及其历史演变》,载《历史研究》2014年第5期,第119页。
④ 《以赛亚书》14:15。

审判来临时的奖赏和惩罚观念开始重要起来。《撒母耳记》《约拿书》等都有指出，上帝不但有让人死的权力，还有使人复活的能力，但并不是每个人都能复活。"他已经吞灭死亡直到永远。……他必拯救我们。"①"死人要复活，尸首要兴起。"②《以赛亚书》称上帝对恶人是永恒的惩罚，其中并没有提到恶人会复活的例子；《以西结书》把犹太人从流散地的回归比喻为一个人死而复活。③　在塞琉古国王安提阿哥迫害犹太人期间，随着爱国热情的高涨，复活的教义在以色列民中得到了更为广泛的接受。

"弥赛亚"(Messiah)是古希伯来语"Meshiah"的音译，原意为"受膏者"，指被赋予神圣使命的人。"巴比伦之囚"以后，弥赛亚观念开始同犹太民族的复兴和理想社会的实现联系起来，弥赛亚被看成是带领犹太人摆脱异族压迫的领导者。④　长期以来，犹太人深信以色列先知对弥赛亚的预言，对弥赛亚的盼望成为他们支撑自己前行的精神支柱。"我要做一件新事，如今要发现，你们岂不知道吗？"⑤寄居巴比伦的以赛亚勉励流亡的同胞，劝他们对往事的伤感为上帝在他们中间行新事的盼望。以赛亚认为，上帝不仅过去为以色列民行事，而且在当下、今世也将为人类的福祉采取行动。先知拯救充满着盼望，他们希冀在大卫的后裔中有一位弥赛亚来帮助他们恢复大卫的王国。"见有一位像人子的，驾着天云而来，被领到亘古常在者面前。"⑥上帝将要派来一位弥赛亚建立上帝之国。犹太人的上帝之国不是指末日或来世，而是指当下社会状况的改变，或者新的社会秩序的建立。⑦　因此，在犹太传统中，弥赛亚属于今世的范畴。弥赛亚是以色列民族共同的民族期待，成为以色列民走出逆境的强大精神支柱，不仅肩负着拯救以色列民族的责任，而且承担着将外邦人纳入分有上帝之爱的历史任务。在《新约》看来，耶稣体现的正是《以赛亚书》中的弥赛亚观念，正是人们所盼望的那位能够拯救全人类的弥赛亚。

---

① 《以赛亚书》25:8—9）。

② 《以赛亚书》26:19）。

③ 傅有德主编：《犹太研究》(第7辑)，山东大学出版社2009年版，第140页。

④ 傅有德主编：《犹太研究》(第6辑)，山东大学出版社2008年版，第147页。

⑤ 《以赛亚书》43:19）。

⑥ 《但以理书》7:13）。

⑦ 傅有德主编：《犹太研究》(第6辑)，山东大学出版社2008年版，第154页。

## 第二节  "四福音书"中的生死特质

学博中西的"清末怪杰"辜鸿铭认为:"欧洲意义上宗教文化之所以存在是由于它为人们提供了一种庇护,一个避难所,并通过信仰能够找到他们生存的永恒感。"①回溯历史,基督教文化正是犹太人在内忧外患的处境下所生发出来的一种生死渴盼。透视犹太民族内部,公元 1 世纪的犹太教已经处于分崩离析的边缘,派别林立的现象使原本统一的思想已经出现了观念上的分化,如保守而又只言不行的法利赛人相信永生或人死后灵魂的存在;身居权贵而又具有妥协通敌性的撒都该人却完全否认死后生命的存有,对命运的看法与法利赛人截然不同;艾赛尼派在消极遁世中去坚守犹太教教义的宗旨;奋锐党人在与罗马统治者积极抗争的过程中期待着弥赛亚的到来。反观犹太人的外部世界,希腊文化对传统犹太文化的"冲刷"和"洗礼",塞琉古王朝和罗马帝国的残暴统治与高压政策,迫使末世论思潮严重泛滥。② 内困外焦的犹太人迫切需要一个真正的弥赛亚为他们的生命提供庇护和保障,引领他们去探寻生命永恒之意义。这种殷切的生命诉求和复杂的历史氛围成为孕育基督教文化的温床。

人所共知,从基督教存在的第一天起,它就拥有一部被视为正典的犹太人的圣经,原文用希伯来文撰写,后广泛用于希腊文译本即《七十子希腊文译本》(Septuagint)之中。与此同时,还存在另外一个同等重要的权威,即以口传传统传递下来的耶稣的话语。③ "耶稣语录"被后来学者以"Q"字,就是"Quelle"作为代表,德文意思是"根源",它构成了《新约》的核心内核,成为"四福音书"共同分享的一块基石,这是研究耶稣文本最原始的信息。在《新约》中,保罗书信也是认识和理解耶稣的重要资料,但保罗是以耶稣的死和死而复活为出发点,强调耶稣的神性及由此而带来的拯

① 辜鸿铭著:《中国人的精神》,李晨曦译,上海三联书店 2010 年版,第 26 页。
② 朱维之、韩可胜著:《古犹太文化史》,经济日报出版社 1997 年版,第 380 页。
③ [美]布鲁斯 M. 麦慈格著:《新约正典的起源、发展和意义》,刘平、曹静译,上海人民出版社 2008 年版,第 2 页。

救,他的中心可称为"十字架神学"。① 保罗书信让信徒进一步懂得耶稣的精神、基督的爱,使耶稣的形象得到了升华。随着对耶稣研究的深入和发展,学者们已经不满足对信仰基督的理解,而是转向对历史的耶稣的寻找,如 19 世纪德国杜宾根学派的主要成员大卫·弗里德里希·施特劳斯的《耶稣传》旨在对耶稣的生平进行一个自然的解释。1985 年,美国 30 位研究《新约》的知名学者共同发起组成耶稣研究会,旨在重新开展对历史人物耶稣的研究。1945 年被发现的哈马迪藏书中的《托马斯福音》完整抄本成为一种新的可供比较的资料。耶稣研究会的学者们认为,《托马斯福音》是目前所知的福音书中最早写作的一本,对研究耶稣具有重要价值。② 上述文本为多方位全面地研究耶稣提供了可供参考的素材,但从当今学界最普遍使用的材料,以及对耶稣生平、事迹和教训最直接性的描述来看,"四福音书"应该是研究耶稣的最重要文本。

"四福音书"出自耶稣死后的四位不同的作者之手,各自成书时间和作者究竟是谁在学界并没有形成统一的定论。就成书时间而言,历史上存在着《约翰福音》"居先地位"论说。德国著名神学思想家施莱尔马赫(Schleiermacher)认为,《约翰福音》作者是耶稣"圈内"人物,二者具有相当的亲密关系,从其他三部福音书作者与耶稣的关系来看,《约翰福音》必然是成书最早的。③ 伟大的学者亚历山大的革利免(Clement of Alexandria,约主后 230 年)认为,有家谱的福音书是最先写成的——《路加福音》与《马太福音》,然后是《马可福音》,最后是《约翰福音》。④ 现在学界大多持《约翰福音》"居后地位"的主张,一般都认为《马可福音》产生最早,其后是《马太福音》和《路加福音》,最晚的是《约翰福音》,这主要是从"四福音书"的内容进行推算的。现在学界所流行的说法要更为准确,因为从人们对事物的认识规律来看,人们对任何事物的认识必然要经历一个从简单到复杂、从具体到一般、感性到理性的渐进过程,而《约翰福音》与其他三部福音书的区别恰好表现在对耶稣认识程度的重大差异上。

---

① 刘光耀、孙善玲等著:《四福音书解读》,宗教文化出版社 2004 年版,第 206 页。
② 刘光耀、孙善玲等著:《四福音书解读》,宗教文化出版社 2004 年版,第 285—287 页。
③ 钟志邦著:《约翰福音注释》(卷上),上海三联书店 2010 年版,第 36 页。
④ [英]巴克莱著:《新约圣经注释》,胡慰荆、梁敏夫译,中国基督教两会 2007 年版,第 934 页。

其他三部福音书更注重耶稣具体的、形象的事迹，而《约翰福音》则更强调耶稣精神的层面。尽管如此，"四福音书"作者力图解决的问题却极为一致，即到底谁是基督，以及基督与圣父之间、基督与世人之间的关系和作用如何等。"四福音书"之间体现的是一种多元而又统一的关系，统一性体现在四位作者都在用自己的生死之路去带领他们的对象寻找一条真正充满信心、体认生命意义和真谛的道路，即要找到心中真正的上帝，这是他们共同而又唯一的愿望；多元性在于作者们从各自迥异的人生经历出发，在通向同一目标的道路上领略到的却是一幅幅不尽相同的生死画卷。"四福音书"所凸显的不同生死特质主要表现在以下四个方面：

## 一、《马太福音》中的生死之教

《马太福音》位居"四福音书"之首，成为最受人尊敬的福音书，其原因并不在于它成书的时间最早，关键是作者马太记载的内容是耶稣的教训。耶稣的教训不是一般性的教导，它关系到门徒的生命品质，关乎他们的生死方向，更关涉他们对上帝之国的认识。一言以蔽之，耶稣的教训是关涉生与死的教导。

首先，耶稣的生死教训反映了耶稣对门徒德性的要求。《马太福音》中耶稣教训的巅峰之作是天国八福。"虚心的人有福了，因为天国是他们的。哀恸的人有福了，因为他们必得安慰。……为义受逼迫的人有福了，因为天国是他们的。"[①]这是耶稣教训门徒的思想精髓，是其教训的核心和精华，从此肺腑之言中透露出耶稣对门徒的期望。在耶稣看来，怀有一颗谦卑、忍耐、奉献和友爱之心是为人之本，更是成人之道。尤其是门徒的谦逊与宽恕是耶稣最为看重和提倡的道德品性。在第 18 章耶稣对门徒教训道："凡自己谦卑像这小孩子的，他在天国里就是最大的。"[②]"你们各人若不从心里饶恕你的弟兄，我天父将也要这样待你们了。"[③]耶稣的教导为门徒的为人处世提出了道德要求，耶稣希望门徒能够在彰显自我

---

① 《马太福音》5:3—10。

② 《马太福音》18:3。

③ 《马太福音》18:35。

德行的过程中发挥着那属于"盐和光"的功效与热量,在照亮他人奉献自己的过程中成就自我。

其次,耶稣的生死之教为信徒们驱散了心中的迷雾,为徘徊于十字路口的信徒指明了前行的方向。一般认为《马太福音》写于犹太—罗马战争之后的七八十年代,因在耶路撒冷遭毁后,当时的基督教已经初步从犹太教这个母体中分离出来了,基督教的信徒已不是单一的犹太人而是有许多外邦人。① 如何处理基督教与犹太教传统之间的关系已是新老信徒都迫切希望解决的问题,是传承还是抛弃,抑或二者兼而有之,耶稣用其精辟的教训作出了回答。一方面,耶稣教导门徒说:"莫想我来要废掉律法和先知;我来不是要废掉,乃是要成全。我实在告诉你们:就是到天地都废去了,律法的一点一画也不能废去,都要成全。"②耶稣告诉信徒要谨记基督教与犹太教之间一脉相承的关系,耶稣就是古犹太先知预言的弥赛亚基督,作为基督的门徒绝不能对犹太教传统视而不见,这是基督教的基础和根子,也是耶稣基督的生命职责。另一方面,耶稣又教导门徒说:"你们听见有话说:'当爱你的邻舍,恨你的仇敌。'只是我告诉你们:要爱你们的仇敌,为那逼迫你们的祷告。"③这又表明耶稣在保持尊重传统的同时并不照抄照搬,而是流露出一种敢于突破传统的限囿,勇于积极同旧思想中的一些反对派、保守派作斗争,善于创新的人生态度。因此,耶稣的扬弃态度成为新旧思想斗争的指南针,也成为信徒心中的指路明灯。

再次,耶稣的生死之教规劝了一些迷失的犹太人。在犹太教复杂的思想派别中,信徒们都在期待着救世主弥赛亚的到来,但他们中有许多人却对弥赛亚没有清醒的认识,因此耶稣用他的生死教训挽救着他们。如有一个迦南的妇人前来求耶稣帮助的时候,耶稣说:"我奉差遣,不过是到以色列家迷失的羊那里去。"④可见犹太人是需要耶稣拯救的重要对象,而如何让犹太人相信耶稣即弥赛亚,耶稣在教训中使用了许多应验先知的话,如耶稣的教导中经常使用比喻,这是要应验告知的话,说:"我要开

---

① 梁工著:《圣经指南》,辽宁人民出版社 1993 年版,第 667 页。
② (《马太福音》5:17—18)。
③ (《马太福音》6:43—44)。
④ (《马太福音》15:24)。

口用比喻,把创世以来所隐藏的事发明出来。"①马太还通过记载耶稣生活中的每一个细节怎样与告知的预言吻合,迫使犹太人承认耶稣就是弥赛亚。②

最后,耶稣的生死之教为门徒描绘了天国的景象,带去了生活的希望。耶稣在其教训中对天国领袖之职进行了描述,如耶稣在选取了十二门徒之后告诉这些君王使者的任务、装备、行为、所受的挑战、忠心与酬报和代价等。耶稣对门徒说:"随走随传,说:'天国近了!'医治病人,叫死人复活,叫长大麻风的洁净,把鬼赶出去。你们白白地得来,也要白白地舍去。……我实在告诉你们:这人不能不得赏赐。"③耶稣对君王的使者进行了一个清晰的言说,让门徒既明白自己的当下,更要理解自我的未来。同时,耶稣通过许多现实的包罗万象的比喻使天国更加形象化,如用稗子和麦子的比喻告诉门徒要懂得区分人的真假善恶,要善于区别某个人是否真的在天国之中。耶稣警告着上帝的审判最终一定会到来,天国君王也必然来临。针对橄榄山上门徒对末世预兆的暗问,耶稣回答说:"那些日子的灾难一过去,'日头就变黑了,月亮也不放光,众星要从天上坠落,天势都要震动'。那时,人子的兆头要显在天上,地上的万族都要哀哭。他们要看见人子有能力,有大荣耀,驾着天上的云降临。"④耶稣这些事关生死之教训给身处困境的信徒们增添了无限的信心,重新燃起了他们生活的希望。

总之,马太将耶稣智慧的生死教训以一种能够直接被教会日常生活所采纳的方式收集整理在一起,它是为信徒们准备的一部权威性忠告纲要,以便帮助他们将基督徒的信心运用到日常生活实践中。⑤ 这不仅只是耶稣对门徒的教导,更是马太心中耶稣对待现实与未来、传统与现代以及人生真理的态度。语言是表白一个人内心世界的有声工具,它似有形又无形,它既能起到沁人心脾之效,但也不免会导致苍白乏力之果,这一

---

① 《马太福音》13:35。
② [英]巴克莱著:《新约圣经注释》,方大林、马明初译,中国基督教两会 2007 年版,第 16 页。
③ 《马太福音》10:7—42。
④ 《马太福音》24:29—30。
⑤ [英]约翰·德雷恩著:《新约概论》(上册),胡青译,北京大学出版社 2005 年版,第 244 页。

切的关键在于演说者的技艺。显然，马太塑造的耶稣是一个成功的教导者，但在马可心中，耶稣不止于言，而是更多的在用自己的行为去演绎那非同寻常的短暂而又永恒的人生。

## 二、《马可福音》中的生死之行

《马可福音》在四部福音书中篇幅最短，语言最精练，作者被普遍认为是耶稣的门徒约翰·马可。马可的记载手法全然不同于马太，马可主要通过耶稣的事迹来展示耶稣，《马可福音》被认为是描写有关耶稣生平记录中最贴切的一部作品，让读者看到的是一个在不断行动着的真实的耶稣，魏斯科（Westcott）称《马可福音》为"生活的写照"。[①] 因此，《马可福音》又被称为"行动的福音"。《马可福音》中耶稣的行动不是一种单纯的行为描述，它不仅再现的是耶稣的生死品质，更关乎着耶稣所希翼对象的生死动向。耶稣这些最显性、最感官的生死行动如何能够成为马可传承耶稣精神的重点视阈呢？

从《马可福音》的成书背景看，当今学者普遍认为，《马可福音》写于公元64年冬罗马大火之后、公元70年耶路撒冷被毁之前，也就是在罗马基督徒遭受严重迫害的环境下写成的。[②] 通过整篇《马可福音》，可以从中看到许多受试炼、遭逼迫的画面。如耶稣于是叫众人和门徒来，对他们说："若有人要跟从我，就当舍己，背起他的十字架来跟从我。因为，凡要救自己生命的，必丧掉生命；凡为我和福音丧掉生命的，必救了生命。"[③]"但你们要谨慎，因为人要把你们交给公会，并且你们在会堂里要受鞭打，又为我的缘故站在诸侯与君王面前，对他们作见证。……并且你们要为我的名被众人恨恶，惟有忍耐到底的，必然得救。"[④]这既是罗马基督徒在现实生活中受到尼禄皇帝残酷迫害的缩影，又是基督徒跟从耶稣要走一条漫长而艰辛道路的表现。因此，在基督徒身心都遭受重创的情

---

① ［英］巴克莱著：《新约圣经注释》，文国伟译，中国基督教两会2007年版，第484页。
② 梁工著：《圣经指南》，辽宁人民出版社1993年版，第661页。
③ 《马可福音》8:34—35）。
④ 《马可福音》13:9—13）。

况下,有些信徒的信仰无形中便发生了动摇。于是,马可利用耶稣在生死之路上最易深入人心的行为,给当时正处于徘徊和苦难中的信徒树立一个现实的标榜。马可用耶稣现实可见的行动表明,在真正通向上帝之国的道路上一定要忍受惨痛的迫害,哪怕这种逼迫是源于自己的亲人,正如耶稣是因自己的门徒而被出卖一般;同时要敢于背负起属于自己的十字架,用自己的死去换起新生,正如耶稣用自己献身于十字架的血赢得了他与圣父同等受尊敬的地位。这些行为在坚信耶稣能力的同时说明信徒们需要坚定不移地跟随耶稣,要学会用最直接的行动去证明自己的信仰。

同时,《马可福音》中耶稣的生死之行是在努力形象地刻画耶稣的人性。《马可福音》的对象并不是犹太人,因外邦人组成的基督徒团体中,信徒对耶稣基督的认识并不一致,有些后来被称为“幻影学派”的信徒认为耶稣只是看上去像个人而已。据此,马可对耶稣人性的记载十分详实,并时常伴有一些非常具体生动的细节描写。如耶稣怒目周围看他们,忧愁他们的心刚硬,就对那人说:“伸出手来。”他把手一伸,手就复了原。[1]“有人带着小孩子来见耶稣,要耶稣摸他们,……于是抱着小孩子,给他们按手,为他们祝福。”[2]“怒目”“忧愁”“抱”“按”“祝福”等动作描写不仅凸显了耶稣细心中充满关爱的人性面,而且从中可以看出耶稣对生命的珍惜和关切,他的行为关乎着他人的生与死。耶稣用生的行为拯救他人,用死的作为给他人以重生的希望。即便《马可福音》的开篇也是直截了当地从为耶稣传道进行准备入手的,也就是说,在马可心中,耶稣一生的行为都是舍己为人的。这些对耶稣事迹和为人的描写,为信徒们展示的是一个看得见、摸得着的耶稣,不仅为信徒们在视觉上增加了真实感,更无形地增强了他们内心的信念。无论是马太眼中耶稣语言式的教导,还是马可心中感官式的行为,都是为了让信徒认识上帝、走进上帝、坚信上帝,获得上帝那至高无上的爱。

---

[1] 《马可福音》3:5。

[2] 《马可福音》10:13—16。

## 三、《路加福音》中的生死之爱

在"四福音书"中，《路加福音》一直享誉着"最优美、最感人"的特质，芮南(E. Renan)称"《路加福音》是全世界最美的书"，菲尔逊(Filson)认为"《路加福音》的行文风格表明它是希腊化时代用希腊文字作的优美作品，在古今一切文艺创作中都占有崇高的地位"[①]。是什么能让《路加福音》享有如此之美誉？归根结底，构成《路加福音》"美"与"真"之特质的关键在于作者让信徒看到了上帝无限的大爱，圣父上帝博大而又深厚的爱被圣子耶稣的生死之爱展示得细致入微。耶稣之爱是神圣的爱，耶稣之爱是让信徒得以再生的爱，其主要表现在：

第一，耶稣之爱朴实而明了。比对《新约》的内容时不难发现，《路加福音》与《使徒行传》都具有希腊式的风格。《新约》曾多次提到路加只是个非犹太裔的外邦医生，而且《路加福音》的开篇就非常清楚地表明了作者著述的意图，此书是为提阿非罗大人所写，是要让提阿非罗看到一个全面而又清晰的耶稣。提阿非罗同样是个外邦人，因此从作者和对象看，《路加福音》是在相对平实的语境中演示着耶稣那朴实的生死之爱，它比其他三部福音书要更容易理解和接受。比较四部福音书，耶稣的家庭生活在《路加福音》中被表现得最为丰富，耶稣的降生、在圣殿中献上小耶稣和孩童耶稣在圣殿中这些环节自始至终都没有离开耶稣的父母，没有离开他的家庭，这让人看到了耶稣智慧及爱的成长与父母的关怀紧密联系着，似与一般的孩童生活相差无几。直至耶稣成人之后，耶稣爱种的撒播也大多在家庭之中。"耶稣出了会堂，进了西门的家。西门的岳母害热病甚重，有人为她求耶稣。"[②]"众人看见，都私下议论说：'他竟到罪人(税吏撒该)家里去住宿。'"[③]而"浪子的比喻"让人欣赏到的是一个慈父的爱。这自然而然地让耶稣的信徒们在朴实的家庭生活中领悟到了上帝大爱的存在。

---

① 梁工著：《圣经指南》，辽宁人民出版社 1993 年版，第 679 页。

② 《路加福音》4:38)。

③ 《路加福音》19:7)。

第二，耶稣之爱广博而无垠。在犹太人心中，上帝是犹太民族才配享有的特权，其他人不可能获得上帝的恩赐。但是，在路加的视野中，耶稣之爱已经打破了犹太基督徒与外邦人基督徒之间的界限，消除了他们之间一直以来都无法冲破的屏障，因为耶稣基督的救恩是照亮外邦人的光，又是以色列人的荣耀。① 耶稣既是犹太传统的正宗传人，又是普世万民的救世主。② 耶稣的爱普照着那些被社会边缘化的人群，耶稣讽刺无知的财主、为穷人祈福，说："你们贫穷的人有福了，因为神的国是你们的！"③而且耶稣行医救治的对象大多数与妇女有着密切的关系，耶稣使寡妇之子复活、为有罪的女人赦罪、医治西门的岳母及患血漏的女人和她死了的女儿等，直到耶稣死后向门徒显现说："人要奉他的名传悔改、赦罪的道，从耶路撒冷起直传到万邦。"④可以说，耶稣基督把自己无分轩轾地献给每一个人，消除了所有人之间的藩篱，因而《路加福音》又被称为是一本"普世性的福音"。⑤ 这一切足以反映路加眼中耶稣之爱将撒遍大地的每个角落，不受任何边界的限制。

第三，耶稣之爱至高而深邃。因为耶稣之爱并不是来自于自我内心的自觉生发，而是与圣父、圣灵融为一体，故耶稣之爱的作用力离不开上帝与圣灵，耶稣的降生、施洗、传道等人生的各个环节无不与圣父和圣灵有关。如天使说："圣灵要临到你身上，至高者的能力要荫庇你，因此所要生的圣者必称为神的儿子。"⑥"约翰说：'我是用水给你们施洗……他要用圣灵与火给你们施洗。'……众百姓都受了洗，耶稣也受了洗。正祷告的时候，天就开了，圣灵降临在他身上，形状仿佛鸽子。"⑦这一切已经表明耶稣的神圣性，也说明了耶稣之爱的至高性。在耶稣复活之后，耶稣将他的爱寄托于他的门徒，希望他们能够传颂和发扬光大。于是，耶稣对门徒说："我要将我父所应许的降在你们身上，你们要在城里等候，直到你们

---

① 《路加福音》2:32。
② 梁工著：《圣经指南》，辽宁人民出版社 1993 年版，第 676 页。
③ 《路加福音》6:20。
④ 《路加福音》24:47。
⑤ ［英］巴克莱著：《新约圣经注释》，陆中石译，中国基督教两会 2007 年版，第 732 页。
⑥ 《路加福音》1:35。
⑦ 《路加福音》3:16—22。

领受从上头来的能力。"①爱的接力棒不仅在门徒之间相互传递,而且被教会所承载,《路加福音》的结尾写着:"正祝福的时候,他就离开他们,被带到天上去了。他们就拜他,大大地欢喜,回耶路撒冷去,常在殿里称颂神。"②由此,教会因耶稣之爱而存在,耶稣之爱在教会的发展壮大中向更深更远处传播。总体上看,由于路加自身从事医生的特殊职业,他眼中耶稣满怀的悲天悯人情怀都是通过具体的历史事件来显现的,马太与马可也具有相似的"物质的"或"身体的"记载特点。③《约翰福音》则是采取一种更为抽象和富有神学色彩的形式去展示耶稣的生死形象。

## 四、《约翰福音》中的生死之道

《约翰福音》的作者一直是学者深度探讨的话题,从《约翰福音》的结尾"为这些事作见证,并且记载这些事的,就是这门徒"④中可以推理出,《约翰福音》的作者就是耶稣最喜爱的门徒约翰。这种推测在初世纪教会的教父中,最早被里昂(Lyon)的主教爱任纽(Irenaeus,约主后 130—200年)所认可⑤,后来此观点在学者的怀疑中被不断接受。或许约翰与耶稣的关系正如施莱尔马赫所说的是"圈内"人物,因此约翰的眼光与其他三部福音书作者相比要更为犀利而透彻,其内涵也更富有深意。约翰关注的是"内在的"和"属灵的",《约翰福音》甚至是超越历史的诠释和领悟的一部福音书,克莱门特为此将《约翰福音》称为"一部属灵的福音书"(a spiritual gospel)。⑥ 在属灵的福音书中,门徒似乎更接近上帝,在耶稣的带领下直接找到了自己的生死之道,这也是约翰著此福音书的最主要的目的。"但记这些事,要叫你们信耶稣是基督,是神的儿子,并且叫你们信了他,就可以因他的名得生命。"⑦

---

① 《路加福音》24:49)。
② 《路加福音》24:51—52)。
③ [英]约翰·德雷恩著:《新约概论》(上册),胡青译,北京大学出版社 2005 年版,第 250 页。
④ 《约翰福音》21:24)。
⑤ 钟志邦著:《约翰福音注释》(卷上),上海三联书店 2010 年版,第 16 页。
⑥ 钟志邦著:《约翰福音注释》(卷上),上海三联书店 2010 年版,第 50 页。
⑦ 《约翰福音》20:31)。

在约翰看来，所有人包括他自己最根本的生死之道就是信耶稣基督。约翰一方面开门见山式地指出了耶稣独有的身份与地位。"太初有道，道与上帝同在，道就是上帝。这道太初与上帝同在。万物是藉着他造的。"①这表明上帝、耶稣与万物之间的关系，耶稣是最初的道，但他却与上帝同时存在，耶稣又是上帝创造万事万物的力量，基督成为维系上帝与人之间的桥梁，耶稣通过"道成肉身"的形式给人以生命之光和前行之力。约翰另一方面表明了信耶稣的真正作用。只有认识耶稣，以至于信基督，才是人生的正道，才能走上新生之路。"神爱世人，甚至将他的独生子赐给他们，叫一切信他的，不至灭亡，反得永生。"②"信子的人有永生；不信子的人得不着永生。"③"我实实在在地告诉你们：那听我话、又信差我来者的，就有永生，不至于定罪，是已经出死入生了。"④据笔者不完全统计，"信"字在《约翰福音》中记录了近七十次，除了第 18 章和最后一章外，几乎每章中都明显有言"信"的痕迹。对于约翰而言，"信则永生"是一条真理，唯有相信圣子基督才能真正理解圣父上帝的心思，才能逐渐投向上帝的怀抱，找到他们所追求的永恒之路。

约翰为何要如此强调信耶稣基督？这主要是因为当时《约翰福音》成书约于主后 100 年，并在以弗所完成，约翰所面对的对象是外邦基督徒和被希腊化的犹太人。由于他们受到古希腊传统思想的影响，他们认为自己所看到的只是事物的影像，在此之外必有一个真实的事物存在，即柏拉图的洞穴比喻中所看见的影子与木偶是洞穴内的现象世界，而本质在洞穴之外的火光、太阳及太阳下的万物，这些才是真实的理念世界。于是，当时的"灵智派"（Gnosticism）对"道成肉身"的耶稣、上帝及创造都存在着不同的看法，创造主的上帝不但不是真正的上帝，而且对真正的上帝一无所知，更进而与之为敌。灵智派的领袖克林妥说："世界不是上帝创造的，却是由远离上帝的一种力量所创造，它远离那超乎一切以上的力量，它不认识那高于一切的上帝。"耶稣并没有真正的神性，只不过是上帝一

---

① 《约翰福音》1：1—3。

② 《约翰福音》3：16。

③ 《约翰福音》3：36。

④ 《约翰福音》5：24。

连串发射体中的一个,他也不具有人性,只是带有人形的幽灵,没有真正的血和肉。① 面对如此激烈的异端思想,约翰通过对耶稣血、肉、肋、腿的反复详细描述来进行有力的反驳,不断再现一个有血有肉有神性的耶稣。并且约翰利用希腊人易于理解和接受的方式对基督教信仰进行了全新的诠释,意在展现一个并非幻影而是具有真正人性的耶稣,真实旨意是为约翰眼中那些异端分子纠正世界观,使他们重新走上一条实实在在理解永恒奥秘和真理的生死之道。

由上可知,"四福音书"对耶稣生死形象的展现各具特色,侧重点不一。后来学者认为"四福音书"的作者采用了不同的表记方式,马太以狮为表记,展示的是犹大支派的雄狮,听到的是耶稣基督发自内心的生死之教;马可以人为表记,在写实主义中看到的是耶稣救赎他人的生死之行;路加以牛犊为表记,耶稣就像牛犊般为世人而献上自己,撒尽他所有的爱;约翰以鹰为表记,通过苍鹰凌空飞扬的那双透澈的眼光读懂了耶稣生死之道的真谛,明白了上帝的心声。② "四福音书"作者虽在再现耶稣的手法上有着重大的差异,但他们的思想却是相互渗透、不可分割的,耶稣之教或之言、耶稣之行、耶稣之爱、耶稣之道不能孤立而行。耶稣之言和耶稣之行是践行耶稣生死观的途径,耶稣之爱是耶稣生死观的核心价值,耶稣之道是耶稣生死观的根本方向,它们的终极目的绝对统一,即要通过展现耶稣的生死精神,让信徒理解十字架上的爱,从而坚定不移地走一条通向上帝之国的永生之路。

## 第三节　耶稣的生命伦理思想

耶稣作为西方文化传统的代表,对西方文化的影响是无比深远的。有学者认为,耶稣作为基督教的开创者,耶稣基督是基督教的中心,耶稣的精神存在则有基督教,反之,则无基督教。③ 毋庸置疑,耶稣在早期基

① [英]巴克莱著:《新约圣经注释》,胡慰荆、梁敏夫译,中国基督教两会 2007 年版,第 936 页。
② [英]巴克莱著:《新约圣经注释》,陆中石译,中国基督教两会 2007 年版,第 729—730 页。
③ 张钦士编译:《革命的耶稣》,华北公理会出版社 1927 年版,第 2 页。

督教中的开拓性和奠基性地位是绝对不可动摇的,他背负十字架的舍己更是进一步促进了早期基督教的发展壮大。因此,要了解早期基督教生命伦理思想,对耶稣关于生命、生活和死亡的思想研究自然而然被推到了极致的位置。

## 一、耶稣的神人关系与人性观

历史上是否真正存在耶稣这个人的话题,一直是神学家、哲学家和历史学家经久不衰的研究课题,因此耶稣传的写作者们持有不同的写作方式,如保罗斯的《耶稣传》、哈斯的《课本》、施莱尔马赫的"耶稣传讲演录"和施特劳斯的《耶稣传》,他们对耶稣的研究风格各异。

### (一) 耶稣的神人二性

自基督教创立以来,历史上围绕着基督论这一核心问题进行过层出不穷的争论,从而衍生出许多的派别,如一位论派、基督嗣子论派、一志论派、聂斯脱利派和幻影论派等,这些教派强调的或是基督的神性,或是基督的人性。[①] 但也有如诺斯替教派一般,将基督的神性与人性完全分离。自公元 451 年查尔斯顿大公会议以来,耶稣基督是什么的问题有了一个正统回答,即耶稣既是"真正的人",又是"真正的神"。换言之,耶稣基督作为真正的人具有属人的本性,作为真正的神又具有属神的本性,一个人格将两种属性集于一身。马丁·开姆尼茨在其《基督的二性》中对基督的神人二性论进行了详细阐述和分析;基督教大思想家汉斯·昆对此作了一种被称为"切合时宜的积极描述"。在基督教教义中,耶稣既是人又是神似乎已是一个不用争论的内容。

现在许多研究都倾向于耶稣是一个实实在在的历史人物。根据罗马帝国时期著名的历史学家塔西陀对耶稣的记载,耶稣被判决刑罚的原因是,他在社会中传播有害的迷信。生活在公元 1 世纪的犹太史学家约瑟

---

① ［德］马丁·开姆尼茨著:《基督的二性》,段琦译,译林出版社 1996 年版,第 2—3 页。

夫也记述了犹太人的反抗和斗争,耶稣就是约瑟夫笔下的历史人物之一。①"四福音书"更是再现了一个活灵活现的耶稣,其中可以看到他是一个历史人物的体现,发现耶稣人性的一面。首先,耶稣的称呼与头衔以"人子"的方式出现。《马可福音》中耶稣常常以"人子"自称,并且出现过十四次,从而将耶稣的人性面刻画得淋漓尽致。如"人子必须受许多的苦"②。其次,耶稣具有血肉之躯。"你们看我的手,我的脚,就知道实在是我了。摸我看看!"③再次,耶稣有作为人的心智和意志。如"我不求自己的意思,只求那差我来者的意思"④。而意志是人所特有的属性,是人最根本的表现。最后,在传道中,耶稣有作为普通人的表现。如耶稣的行程中体现了人的计划性。"耶稣离开那地方,来到靠近加利利的海边,就上山坐下。"⑤此外,耶稣情绪中所带有的悲伤感、恐惧感、孤寂感和不安全感,以及耶稣的受难能力,都反映出耶稣是个真实的人。耶稣具有人性的原因在于:一是为了救赎人性,使之摆脱上帝的愤怒、诅咒和永死;二是为了在他自身里面再造和恢复最初的人性,并能使人类洁净、成圣和更新。⑥耶稣是上帝的语言在历史中的代言人,他是上帝与人类生命相联结的唯一的最佳纽带,使人与上帝之间的对话得以可能。耶稣只有了解世人生活的苦楚,才具有承担中保职责的条件。同时,耶稣是上帝的报信者,他来到人世间宣扬那些肯定的信息,这架构了上帝与人类生活沟通的最有效的桥梁,使人们能够赖此生存,通过现实的耶稣来大大增强人类对上帝的信任度。最后,耶稣的神圣肉身最终成为人类软弱的牺牲品,从而为恢复人的上帝形象付出血的代价。然而,对于基督的人性是否会死,有着不同的观点。瑞士基督教神学家、哲学家巴特认为,基督在十字架上既承受罪人受诅咒的死,又承受他本身自然的死,因此人性的本质是必死的。相反,古老新教的二性论教义认为基督的人性本身是不死的,因为作

① 王亚平著:《基督教的神秘主义》,东方出版社 2001 年版,第 67 页。
② (《马可福音》8:31)。
③ (《路加福音》24:39)。
④ (《约翰福音》5:30)。
⑤ (《马太福音》15:29)。
⑥ [德]马丁·开姆尼茨著:《基督的二性》,段琦译,译林出版社 1996 年版,第 22 页。

为真正的人的基督是没有罪也不会死的。① 在基督教中,或许正是基督人性的不死性才让人相信他、追随他,最后完全服从于他。

但是,在基督徒看来,耶稣仅仅具有他的人性无法救赎人类,还需要具有战胜魔鬼撒旦的力量,即耶稣的神性。在"四福音书"尤其是《约翰福音》之中,耶稣的神性得到绝对的彰显。《约翰福音》的耶稣是上帝的独生子,是世界之光,耶稣照亮众人,成为他们的榜样。"太初有道,道与神同在,道就是神。"②"道成肉身"③构成了圣父、圣子和圣灵三位一体的位格,在"道成肉身"的基督里,基督的人性和神性合二为一。"万物是藉着他造的;凡被造的,没有一样不是藉着他造的。"④所有受造之物没有一样不是借着他造的,万物都是他和父上帝所共有的。耶稣行使神迹奇事、成全应许、赐予生命、登山易容、使死人复活、行使审判,所有这些都是耶稣神性的活动,道的神性在救赎活动中表现得异常活跃。但是,学界对耶稣的神性持不同态度。欧芮斯特·勒南认为,人们传说着千百个有关耶稣治病的奇特故事,其中许多是以讹传讹的结果。我们不必夸大病人的病情,那被解释为"被鬼附身"的精神失常通常都是很轻微的。⑤ 施特劳斯也认为"四福音书"中的超自然的神迹按照现代科学的观点不可能发生,那只不过是耶稣时代的人们对弥赛亚降临的一种向往,是基督一生普通而自然的事迹被蒙上了神话色彩。⑥ 基督教大思想家汉斯·昆认为真正的上帝在拿撒勒人耶稣里面并凭借他的事件的全部重要性得以启示,上帝是什么样子就表现在耶稣身上。⑦ "人看见了我,就是看见了父。"⑧在基督教教义之中,耶稣的神性是耶稣之所以能够平息上帝的愤怒,战胜魔鬼撒旦,摧毁死亡,恢复生命的力量源泉。基督的神人二性并不能截然分开,

---

① ［德］于尔根·莫尔特曼著:《来临中的上帝》,曾念粤译,上海三联书店 2006 年版,第 84 页。

② 《约翰福音》1:1)。

③ 《约翰福音》1:14)。

④ 《约翰福音》1:3)。

⑤ ［法］欧芮斯特·勒南著:《耶稣的一生》,梁工译,商务印书馆 1999 年版,第 208 页。

⑥ 刘光耀、孙善玲等著:《四福音书解读》,宗教文化出版社 2004 年版,第 275 页。

⑦ ［德］奥特、［德］奥托编:《信仰的回答》,李秋零译,汉语基督教文化研究所 2005 年版,第 229 页。

⑧ 《约翰福音》14:9)。

二者在相互共融中产生作用。没有耶稣的人性,神性则无法在人身上发生效应。道的神性不能靠着本身给世人恢复生命,而要在"道成肉身"状态下,在人性中并借着人性才能完成。[①] 并且,整个神性在其人性中得到彰显放光,而人性也随着这光增长,并与道合为一体。但是,由于耶稣的人性无法满足基督的三项职责,即先知、祭司和君王,因此耶稣的人性更离不开他的神性。没有神性,耶稣无法使人类面对上帝而成为天父的儿子;没有神性,耶稣也无法洗去人类的罪而再度恢复上帝的形象;没有神性,耶稣无法带领人类走进上帝之国。总之,耶稣的人性是纯洁的、被造的、有限的恩赐,耶稣的神性却是丰满的、无限的和永恒的存在。所以,基督的神性是第一位的,人性是第二位的,基督的人性是其神性的工具,二者要在彼此相互贯通中才能完成一切活动。

## (二) 神人关系

毋庸置疑,理解上帝与人之间的关系,《旧约》与《新约》呈现出的是两幅不同的画面,它们之间既有割不断的千丝万缕的联系,又有难以抹杀的区别,因同一个上帝对人有着不一样的表现。

### 1. 人是上帝的形象

众所周知,《旧约》开篇的《创世记》形象地记载了上帝不仅创造天地、日月和星辰,创造世界,而且"上帝就照着自己的形象造人,乃是照着他的形象造男造女"[②]。这充分说明了上帝是万物的本原,是积极的创造者。人是上帝的产物,人是上帝形象的生动体现。上帝也因此赋予了人一切的权利和义务,规定着人的所为和不为。但是,上帝的形象并不是静态地、不变地、绝对地被规定着,而是动态地、变化地、相对地被规定着,这反映了人与上帝之间的一种实际上发生着的关系。也就是说,人之所以是上帝的形象,是因为人是上帝的创造物、对话者、呼召对象,人与上帝之间是一种盟约关系。因此,基督教将人的存在在本质上看作一种面对上帝的存在。构成人最内在本质的理性、意志自由、理解道德义务的能力,是

---

① [德]马丁·开姆尼茨著:《基督的二性》,段琦译,译林出版社 1996 年版,第 112 页。
② 《创世记》1:27。

人之所以能与自己的创造者上帝保持一种特殊关系的能力。

"耶和华上帝用地上的尘土造人,将生气吹在他的鼻孔里",然后又用男人的一根肋骨创造了女人。① 由此,马丁·路德认为上帝创造亚当时所依照的上帝形象是最完美和最高贵的事物。因为他的理性和意志都没有罪的玷污,理智是纯粹的、记忆是完好的、意志是正直的,处在十分美好和可靠的良知中,没有任何忧虑和任何对死亡的恐惧。亚当在根本上就完全具有上帝形象,他不仅认为和相信上帝是仁慈的,而且还过着一种属神的生活。② 亚当心中充满了上帝所赋予的智慧和爱,他在上帝爱的海洋中可以过着犹如上帝一样的生活,没有忧虑,更不需要去思考生与死的问题。

但是,好景不长,由于人滥用了上帝所赋予的自由意志,偏离了原来所具有的最完美的善,远离了上帝所指的方向,人的上帝形象在亚当的原罪中遭到了完全的破坏,人似神般的生活已被打破,死亡成为人必须面对的难题,而人对死亡则带着深深的恐惧感和未知感。人虽然丧失了上帝的形象,但神学人学仍然认为,此时人即便是作为罪人,在原则上也是上帝的形象,即普遍的上帝形象。③ 毕竟人最初的形象是造物之主上帝这一点无法改变,亚当失去的是上帝所赋予的内在本质的东西,而不是上帝所描绘的形象。但人必须面对上帝,不可避免地要承担自己的责任,因此人需要得到上帝的恩典,要通过对耶稣基督的信仰来恢复上帝的真正形象,神学人学称其为特殊的上帝形象,只有这样才能真正实现自己的生命。④ 然而,人只有在耶稣基督里才能重新获得真正的自身,重新走近上帝。在耶稣作为中保去恢复人的上帝形象之过程中,上帝又成为人的父。

2. 神人关系即父子关系

从"四福音书"中可以发现,耶稣特别喜欢称上帝为"在天之父"。在

---

① 《创世记》2:7)。
② [德]奥特、[德]奥托编:《信仰的回答》,李秋零译,汉语基督教文化研究所 2005 年版,第 147 页。
③ [德]奥特、[德]奥托编:《信仰的回答》,李秋零译,汉语基督教文化研究所 2005 年版,第 136 页。
④ [德]奥特、[德]奥托编:《信仰的回答》,李秋零译,汉语基督教文化研究所 2005 年版,第 136 页。

耶稣看来,上帝是拥有无偏袒的、公正的和仁慈的爱的化身。正是由于耶稣对上帝所持有的这种理解和看法,人成了上帝的子女。"所以你们要完全,像你们的天父完全一样。"①耶稣认为,正是因为上帝平等对待所有的子女,所以所有的子女要以天父作为行为的榜样。在《旧约》中,只有以色列民才被称为上帝之子,以色列民与上帝之间有着盟约,任何外族人都不能享有。而耶稣冲破了古犹太教中的神人关系,将上帝与所有人之间的关系都看作一种父子关系,这种父子关系对于耶稣而言只是一种一般化的关系。耶稣这样做只能是出自他自己内心的意见,是在他自己的天性中存在无偏袒的仁慈这样一种独创性原则的结果。②所以,耶稣将这种以善胜恶的广博之爱作为上帝本性的一个基本原则。在耶稣看来,上帝是"在天上的父",但他并不属于任何人特有的专利,人人都是上帝的儿女,他们彼此虽有性别、种族的不同,但都可以随时随地享受上帝全部的慈爱与能力。上帝的特征是一视同仁地施恩,不断地为寻求各人的至善而努力。每个人只要相信和享受上帝的爱,并用行动去传递上帝的爱,就可以不折不扣地成为上帝的儿女,人与人之间也因此形成了一种彼此平等、互相和睦的兄弟关系。"凡向弟兄动怒的,难免受审判。"③上帝的子女之间切不可心中有怒气,口中有伤人之语,需要能够忍受他人的错误,要有宽容之心,否则心中犯罪也自会受到严厉的处罚,因为耶稣眼中的上帝是一个慈爱与圣洁的和合体。然而,"四福音书"中的上帝表现出来的并不是一位马虎的父亲,对于人所犯的一切罪恶、过失与错误,他不会假装视而不见。天上的父在审视子女外表行为的同时,甚至还监察和审判他们内心深处的思想世界。"你祷告的时候,要进你的内屋,关上门,祷告你在暗中的父。你父在暗中察看,必然报答你。"④耶稣认为,天父是子女行为的观察者和审判者,子女自己设定的计划、时间表都注定要失败,因为一切都掌握在上帝父的手中。所以,上帝的子女需要怀着一颗崇拜、虔

---

① 《马太福音》5:48。
② [德]大卫·弗里德里希·施特劳斯著:《耶稣传》(第1卷),吴永泉译,商务印书馆1999年版,第283页。
③ 《马太福音》5:22。
④ 《马太福音》6:6。

诚、敬畏和谨慎的心情与天父对话，不能因为父子关系或天父的博爱而丝毫有损上帝的尊严与权能。

同时，在耶稣心中，上帝是地上子女的生命专家，不仅为他们指引前进方向道路，而且提供物质和精神食粮。"你们需用的这一切东西，你们的天父是知道的。"①耶稣提醒他们不需要为自己生命中的喜怒哀乐而过分关注、担心甚至是忧虑，天父在赋予他们生命的同时，也会赐予他们维持生命的食粮，因为天父具有对子女生命管辖的力量。耶稣认为，人要想获得上帝的恩赐，必须以他们对天父的绝对信任为前提。而对天父的完全服从和信任，需要借助上帝的独生子耶稣。其他人可以成为上帝的众儿子，耶稣却是上帝的独生子，他们的地位不可等而视之。

### (三) 耶稣善恶二重的人性观

人的存在是一切问题存在的前提，没有人便没有了探讨人性问题的必要。但是，要理解耶稣的人性论，首先需要分析耶稣关于人的构成的认识，因而灵魂与肉体的关系便成为一个无法逃避的问题。

#### 1. 耶稣灵肉二元的整全论

自古希腊以来就有哲学家对灵魂与肉体的关系进行讨论，柏拉图针对灵魂和肉体的区分推论出两个不同的世界，人的肉体属于感性世界，灵魂属于理念世界。柏拉图还认为，人的本质是使用身体的灵魂，灵魂不仅高于肉体，而且是不朽的。

圣经的神创论表明，上帝用泥土造人，又将"生气"吹进人的鼻子里，人就成了有灵的活人。人包括了肉体与灵魂两部分，肉体由神所造而有其尊严和完满性，灵魂由神所赐而有其纯洁性和神圣性。二者虽都来源于神，但灵魂却要优越于肉体，因为人是基于灵魂作用于肉体之上而成为一个活人，肉体缺乏独立行为的能力。并且，始祖亚当也因灵魂受到恶魔的引诱才导致肉体受到惩罚，原罪后，灵魂遭到玷污，肉体带着罪孽。在解读"四福音书"时会发现，人既有属土的肉体形象，也有属天的灵魂形

———————————

① 《马太福音》6：32）。

象，且灵魂要优于肉体。"叫人活着的乃是灵，肉体是无益的。"①"那杀身体不能杀灵魂的，不要怕他们。"②但对于现实中的人，无论肉体还是灵魂都需要耶稣的拯救，耶稣的救恩是整全的救恩，是对灵魂和肉体全部的救恩，肉体同样受到上帝的关心。但是，只有充满良善的灵魂才能使人走进天国，只有在耶稣基督里，人的灵魂才能与上帝相遇，短暂的肉体才有化为永恒的前提，人的生命才会脱胎成全新的生命。耶稣虽承认灵肉二元，但他并未把它们绝对平行或截然对立，而是灵魂的良善将带来肉身的复活，灵肉二者是整全而统一的。耶稣灵肉二元的整全论直接决定了他善恶二重的人性论思想。

2. 耶稣善恶二重的人性论

从《旧约》上帝造人的过程可以看出，最先为上帝所创造的始祖亚当是按照上帝最完美的形象所造成的，上帝并没有让他带有先天的恶，而是赋予他最纯粹的理性。古罗马基督教神学家、教父奥古斯丁说，上帝造人原是良善的。③ 换言之，人最先天的本质是属善的。但是，始祖亚当和夏娃没有遵守上帝的诫命，在蛇的引诱下偷吃了智慧果，结果被上帝逐出了伊甸园，到大地上生活，繁衍子孙，这就是始祖的堕落。始祖所犯下的罪过随着生殖行为传给了他们的子孙后代，成为人类的原罪，代代相传，绵延不绝，罪恶也随之而成为了人的本性。因而每一个人都是带着原罪来到世间的，人人都是罪人，罪恶感也成为基督教的起点和基础。所谓原罪，它不是实罪，即不是现实的罪、个别的有罪行为。相反，它是一种处境，是疏远上帝的一种生活状态，而这种状态就是个人生活中一切个别的有罪行为和疏忽的根源。④ 原罪是人违背上帝命令的表现，它破坏了人与上帝之间的和谐关系，使人与上帝越来越疏远。

《新约》中出现过五个不同的"罪"字，对罪进行了五种不同的界定：一罪就是没有做到应该和能够做到的地步；二罪是过了是非的分界线，没有

① 《约翰福音》6：63。
② 《马太福音》10：28。
③ ［古罗马］奥古斯丁著：《上帝之城》（下卷），王晓朝译，人民出版社2006年版，第498页。
④ ［德］奥特、［德］奥托编：《信仰的回答》，李秋零译，汉语基督教文化研究所2005年版，第153页。

一个人敢说他永远是站在分界线正确的那一边;三罪是滑进罪恶里面去;四罪是明知故犯,知法犯法;五罪是无法偿付所欠的债,不尽责。没有一个人敢说他对人、对上帝已经尽了完全的责任,这种完全并不存在于人间。因此,罪恶的真意是每一个人都包括在内的通病。在人的眼前是外表的受尊敬,在上帝的眼前是内在的罪恶,两者同时存在。<sup>①</sup>　因而,在耶稣眼中,每一个人都是有罪的。"你们要听,也要明白。入口的不能污秽人,出口的乃能污秽人。"<sup>②</sup>按照耶稣评判人的标准,判断一个人的罪不仅要根据他的行动,更应按照他在未行动前的意念。没有人只因自己遵守外表的律例而成为善人,也没有人能证明他在外表上道德完备之外从来没有过不该有的念头。所以,这也就是为什么每个人只能对着上帝说:"上帝开恩,可怜我这个罪人。"

同时,耶稣认为只有上帝才是良善的,其他人包括他自己均没有享受良善的资格。当有一官称耶稣为"良善的夫子,我该做什么事才可以承受永生"时,耶稣对他说:"你为什么称我是良善的? 除了神一位之外,再没有良善的。"<sup>③</sup>这就是说,耶稣清楚地知道他的能力是上帝赐予的,他的良善也需要借助上帝的力量。由于耶稣与上帝之间有一种独一无二的关系,因此耶稣可以用上帝的纯洁之爱去洁净那已被罪恶染污的心灵。耶稣说:"我来本不是召义人悔改,乃是召罪人悔改。"<sup>④</sup>耶稣要住在罪人中间,通过进入人的生命之中,使人获得恩典。这个恩典的价值在于,不仅除去事实上的罪,也除去罪的可能性;不仅挪去事实上的死,也挪去可能的死。<sup>⑤</sup>　这种恩典让人得到的是一种全新的和永恒的生命。

由此可见,对于耶稣来讲,人乃是上帝的创造物,生命中的一切均是上帝所赋予的。人在最初的原始状态中是良善的,不存在生与死的界限,但始祖在原罪中将上帝的形象打破,一切现实的人都带着罪而来,死亡也成为罪的结果,死亡被视为违抗上帝并与生命为敌的破坏性力量。然而,

① ［英］巴克莱著:《新约圣经注释》,方大林、马明初译,中国基督教两会 2007 年版,第 141—143页。
② 《马太福音》15:10—11)。
③ 《路加福音》18:18—19)。
④ 《路加福音》5:32)。
⑤ ［德］于尔根・莫尔特曼著:《来临中的上帝》,曾念粤译,上海三联书店 2006 年版,第 247 页。

上帝又派其具备神人二性的独生子耶稣来到人间,用其被钉十字架的行为救赎人类,使人类重新分有了上帝的永恒,进而让人的有限生命在上帝的荣耀中重新获得了永恒。

## 二、向死而生的态度论

耶稣一生走过的只有短短约三十个春秋,但当时耶稣生活的巴勒斯坦聚集了多语言、多民族的不同人群,巴勒斯坦犹太人内部已经四分五裂,不同教派对生命的认识和生活的态度各有不同。法利赛派相信人死后仍有生命,但却用繁琐的条文约束人的现世生活;撒都该派不承认人死能复活的说法,仅仅遵循希伯来圣经前五部书,过着保守而安逸的生活;而艾赛尼派则用近似禁欲主义的生活来保持其生命的纯洁性。耶稣对生命持有与众不同的情怀,他尊重、热爱和挑战生命,持有一种向死而生的态度。

### (一) 尊重与挑战生命

在耶稣看来,人的生命是灵魂与肉体的统一体,灵肉二者相互依存而发生着作用,世界上既不存在没有灵魂的肉体,也不存在不需要肉体的灵魂,但是灵魂却高于肉体。耶稣的这种灵肉二元的整全论观点显然表达了耶稣对生命的一种全方位的认识,即生命本身需要尊重,但却存有轻重、主次之分。

#### 1. 尊重生命

耶稣对生命首先表现的是那份尊重和敬畏之情。在耶稣眼中,人是有灵性的被造物,与动物有着根本的区别,人的生命比任何动物的生命都要更加高贵。所以,当有人问耶稣安息日可不可以治病时,耶稣回答说:"你们中间谁有一只羊,当安息日掉在坑里,不把它抓住拉上来呢? 人比羊何等贵重呢! 所以,在安息日作善事是可以的。"[1]"你们看那天上的飞鸟,也不种,也不收,也不积蓄在仓里,你们的天父尚且养活它。你们不比

---

[1]《马太福音》12:11—12)。

飞鸟贵重得多吗?"①这表明人的生命高于其他万物,更应该受到加倍呵护和尊重。当耶稣救治病人时,他借着治病,最终赐给病人的不仅是他们的健康,而且也赐予他们工作和他们最需要的自尊。② 如文士和法利赛人,带着一个行淫时被拿的妇人来,叫他站在当中。耶稣说:"我也不定你的罪。去吧! 从此不要再犯罪了。"③这个在文士和法利赛人眼中极可能连姓名都不为人知的妇人,耶稣不但没有将其视为一件物品或者把她当作抽象的东西,而是将她看作一个实实在在的人,这是对生命的一种肯定和重视。耶稣借着上帝给他的能力和权威尽量去挽救每一个犯错的人,通过他的爱,使人不断向善。社会中的一些软弱者或者有罪者在耶稣面前都获得了前所未有的尊重。

耶稣并不是一个禁欲主义者,他不仅尊重人的生命,而且十分关心人生命中必要的现实需求。他肯定人为了生存需要保存最基本的生命能量,人要过上充实而幸福的生活,就需要具备衣物和其他的物质财富。"有一个安息日,耶稣从麦地经过,他的门徒掐了麦穗,用手搓着吃,有几个法利赛人说:'你们为什么作安息日不可做的事?'耶稣对他们说:'经上记着大卫和跟从他的人饥饿之时所作的事,连这个你们也没有念过吗?他怎么进了神的殿,拿陈设饼吃,又给跟从的人吃?'"④这充分体现了耶稣强调和重视肉体生命的基础性地位,是用他自身人性的一面真正体会世俗生活的艰难和需要,没有让人活在真空之中。

耶稣虽然承认物质生活是生命的必需品,但他认为寻求物质上的安全只能是生命中的一个最低目标,如果仅以此作为人生的全部则是耶稣所鄙视的。耶稣劝告人们不要太热衷于这个时代而忘却永恒,世俗的事虽然需要关心,但是过分关心会使我们忘记还有一位上帝,生命与死亡都在他的掌握之中。⑤ 所以,当众人在海那边找着耶稣问他几时到这里来

---

① 《马太福音》6:26。
② ［英］巴克莱著:《新约圣经注释》,方大林、马明初译,中国基督教两会 2007 年版,第 267—268 页。
③ 《约翰福音》8:3—11。
④ 《路加福音》6:1—4。
⑤ ［英］巴克莱著:《新约圣经注释》,文国伟译,中国基督教两会 2007 年版,第 434 页。

的,耶稣回答说:"我实实在在地告诉你们:你们找我,并不是因见了神迹,乃是因吃饼得饱。不要为那必坏的食物劳力,要为那存到永生的食物劳力,就是人子要赐给你们的,因为人子是父上帝所印证的。"①"不要为自己积攒财宝在地上,地上有虫子咬,能锈坏,也有贼挖窟窿来偷;只要积攒财宝在天上,天上没有虫子咬,不能锈坏,也没有贼挖窟窿来偷。因为你的财宝在哪里,你的心也在那里。……你们不能又侍奉神,又侍奉玛门(财宝)。"②这反映了物质需求与精神需求在耶稣心中的不同地位,人生不能只有物质需要而无精神追求,只有精神的才能决定生命的方向,才是生命中可保存之物。当耶稣在旷野受魔鬼试探时,魔鬼对他说:"你若是神的儿子,可以吩咐这块石头变成食物。"耶稣回答说:"经上记着说:'人活着不是单靠食物,乃是靠神口里出的一切话。'"③在耶稣看来,人的生命需要有更高的精神追求和终极目标,今世并不是生命的结束,它只是生命征程中的一个驿站,人应当将眼光放在永恒上。耶稣所期望的"精神生命"中之"精神",正如德国路德派神学家布尔特曼在《耶稣基督与神话学》中所言:"对于个体而言,精神是引导人过一种真正的人的生活的指南。"④耶稣一切主张都将精神食粮作为支持人生的真正所需,精神生活优越于物质生活是耶稣毫不犹豫的人生态度。

进一步看,耶稣对生命的尊重还表现在他智慧地对待时间老人。耶稣告诉他的门徒要珍惜时光,绝对不能任意浪费时间。"白日不是有十二小时吗? 人在白日走路,就不至跌倒,因为看见这世上的光。若在黑夜走路,就必跌倒,因为他没有光。"⑤耶稣又对门徒说:"光在你们中间还有不多的时候,应当趁着有光行走,免得黑暗临到你们;那在黑暗里行走的,不知道往何处去。"⑥这都是耶稣对门徒的忠告,表明人生不但要珍惜属于自己的时间,还要及时作出生命中的重要决定,时间不可以怠慢,机会一

---

① 《约翰福音》6:26—27)。
② 《马太福音》6:19—24)。
③ 《路加福音》4:3—4)。
④ [德]布尔特曼等:《生存神学与末世论》,李哲汇、朱雁冰等译,上海三联书店1995年版,第26页。
⑤ 《约翰福音》11:9)。
⑥ 《约翰福音》12:35)。

且失去将不会再现。耶稣还真诚地告诫门徒,虽然冒险是一种值得称赞的美德,但真正的勇者并不是不顾一切的鲁莽者,他绝对不提倡做无谓的、不必要的牺牲,因为上帝的恩典是给予爱惜生命之人的。耶稣说:"有人在这城里逼迫你们,就逃到那城里去。我实在告诉你们:以色列的城邑,你们还没有走遍,人子就到了。"①面对危险既要敢于面对,更要善于解决,有时保护生命的回避战略正是达到目标的有效方法。所以,耶稣主张在生命旅途中,人不但要善待自我的生命,而且要善于用自己的聪明才智去迎接人生中的风风雨雨。

2. 挑战生命

在耶稣看来,就人自身而言,人生本是一条充满坎坷的曲折道路。耶稣认为人性的最初状态是良善的,由于人违背了上帝的诫命而犯下了原罪使人成为一个罪身,这意味着现实中的人要时刻进行善恶之较量。奥古斯丁认为,善恶是灵魂的伦理属性,由于自由意志是灵魂的禀性,灵魂可以作出服从或违背正常秩序的自由选择,于是人的恶来源于人的自由意志所作出的错误选择。②这证明人本身就存在着走歧路的可能性。但是,当人处于生命困顿之时,当人在人生十字路口徘徊之时,耶稣却给人指明了前进的方向,耶稣说:"你们要进窄门。因为引到灭亡,那门是宽的,路是大的,进去的人也多;引到永生,那门是窄的,路是小的,找着的人也少。"③耶稣告诉人们要敢于接受命运的挑战,善于作出正确的选择,任何成功的背后都要付出艰辛的代价,要获得生命之真谛,达到永生之境界,必须敢于走上一条不寻常的道路。

对于整个社会而言,浓浓的硝烟已弥漫了整个天空,耶稣的职责就是用他的一生去救赎整个人类,用他的爱洗去人类身上的罪孽,这必然使他更加明白,他的工作就是在主持一场善恶之战。耶稣经常将鬼驱赶走,这其实就是上帝的至善与魔鬼之恶的一种对垒。在战争中,耶稣时而会显示出他人性中焦虑和犹豫的一面,但更多时候体现的是他令人钦佩的勇气。如《马太福音》的第12章中描述了耶稣生命中发生的一连串重要事

① 《马太福音》10:23。
② 赵敦华著:《基督教哲学1500年》,人民出版社2007年版,第152页。
③ 《马太福音》7:13—14。

件,说明的是代表正统宗教的文士及法利赛人对耶稣恶意的敌对行为逐渐增强的四个步骤,即从对耶稣的怀疑到对耶稣敌意的侦查,进而形成对耶稣的肆意和存有偏见的盲从,最后发展到对耶稣作出邪恶的决定。但耶稣用五种方式应付这逐渐增强的逼迫,他以勇敢、警告、一连串使人惊讶的宣告、教训及邀请来应付挑战。① 耶稣以安详的态度面对生命体现了耶稣对敌人的一种蔑视,对生命危机的一种坦然处之的态度。在生命中的最后一段日子,耶稣的每一次行动都显示他对敌对者最卑鄙手段的反抗和挑战,他是以挑战来作为他最后行动的开端的。

不仅如此,耶稣还将权柄赐给门徒,让他们治病救人,使他们能够有克服罪恶的能力。同时,耶稣还为人们如何从根本上解决生命问题提供了方法,耶稣告诉人们要建立生命中唯一的真正的根基,即顺服上帝。② 耶稣将顺服视为生命的本质,而有顺服的行动则成为生命的动力和源泉。耶稣说:“所以,凡听见我这话就去行的,好比一个聪明人,把房子盖在磐石上。雨淋,水冲,风吹,撞着那房子,房子总不倒塌,因为根基立在磐石上。”③只有将生命之基建立在对他信服之上的人,才可以经受住生命中的狂风暴雨。正如詹姆士·里德在《基督的人生观》中所揭示的,耶稣拥有完满的人生,上帝是他人生的总目标,他能把事情处理得得心应手,他是各种环境的主人,知道发生在他周围的所有事情的解决方法。④ 所以,耶稣应对生命挫折的能力是杰出的。然而,生命与生活相互依存,不可分割,耶稣向死而生的生命态度要通过耶稣在生活中所具备的乐观和积极的态度表现出来。

### (二) 积极有为

耶稣出生于加利利的小城拿撒勒的一个普通家庭,在他传道前的三十年,他都是在拿撒勒度过的。著名圣经注释学家威廉·巴克莱

---

① 〔英〕巴克莱著:《新约圣经注释》,方大林、马明初译,中国基督教两会 2007 年版,第 260—261 页。
② 〔英〕巴克莱著:《新约圣经注释》,方大林、马明初译,中国基督教两会 2007 年版,第 185 页。
③ 《马太福音》7:24—25)。
④ 〔英〕詹姆士·里德著:《基督的人生观》,蒋庆译,生活·读书·新知三联书店 1989 年版,第 14 页。

（William Barclay）认为，耶稣在那段时日承担着供养母亲与弟妹的责任，直至他们长大成人，能够照顾自己。在肩负起拯救世界的使命之前，耶稣先坚贞地完成了他的家庭责任。① 这在一定程度上反映了耶稣生活中所具有的强烈责任感和使命感。事实上，《新约》几乎没有花多少笔墨在耶稣三十岁之前的生活上，我们或许只能从已知的关于耶稣成长的那个社会的资料推出一点相关的信息。因此，我们主要讨论耶稣传道期间面对生活的态度和行为反映。

1. 警醒而不忧虑

在复杂和强大的敌对势力面前，耶稣始终能够保持一种警觉和一份清醒，即使魔鬼熟练地通过经济的和政治的等各种手段对他进行试探，耶稣也能巧妙地战胜他。尤其是当魔鬼对他说："你若俯伏拜我，我就把一切都赐给你。"耶稣说："撒旦退去吧！因为经上记着说：'当拜主你的神，单要侍奉他。'"②这是关于政治性的弥赛亚的试探，是所有试探中最为严重的，因为这正是当时很多人所盼望的弥赛亚的样子。可纵使在万国的荣华景象面前，耶稣也能再一次清醒地认识到这与他将要开始的新世界是大不相同的。③ 耶稣断然拒绝了魔鬼的要求，始终将自己真正的职责谨记于心。但试探者对耶稣的干扰并没有结束，这种影响甚至就在他的身边。耶稣转过来，对彼得说："撒旦，退我后边去吧！你是绊我脚的，因为你不体贴神的意思，只体贴人的意思。"④耶稣与魔鬼的较量从来没有停止过，而耶稣也一直没有放松警惕。

同时，耶稣在日常生活中也要求他人能随时保持小心谨慎的态度。上帝不仅倾听人深思熟虑的话，即使是无意中的言语，也会成为最后审判的证据。耶稣对法利赛人说："我又告诉你们：凡人所说的闲话，当审判的日子，必要句句供出来。因为要凭你的话定你为义，也要凭你的话定你有罪。"⑤所以，人要对自己所有从口里出来的话负责任，哪怕是一次无意识

---

① ［英］巴克莱著：《新约圣经注释》，陆中石译，中国基督教两会 2007 年版，第 754 页。

② 《马太福音》4:9—10）。

③ ［英］约翰·德雷恩著：《新约概论》，胡青译，北京大学出版社 2005 年版，第 52 页。

④ 《马太福音》16:23）。

⑤ 《马太福音》12:36—37）。

造成的不小心都不可逃脱。人不仅说话要处处用心，对物质财富也要体认到其潜在的危害。耶稣在财富中看到两种危险，一种是财富和能够被买卖的东西变成了以其自身为目的。金钱变成了工作的动机和追求的对象。另一种是财富会给予人一种虚假的安全感，这种虚假的安全感会阻碍人去寻求和发现人在上帝那里获得的安全。① 所以，无论是针对无形的语言还是有形的物质，耶稣都警告人们必须采取小心对待、谨慎处理的态度。

此外，耶稣还认为一个人在生活中随时都需要保持清醒的头脑，但却不能因此而过分忧虑。耶稣告诫门徒"不要为明天忧虑，因为明天自有明天的忧虑；一天的难处一天当就够了"②。在这样一个纷繁复杂的社会中，人活一天当尽好一天的责任，人只有了解了今天的责任是什么，并集中精力去完成责任，才能更好地面对明天。让将来自己去关心自己，现在管不着将来。这就是耶稣能够不慌不忙、坦然平静地把许多责任集中起来完成的原因。③ 因此，"无忧无虑的生活"成了耶稣主要的人生态度，他深深地知道忧虑没有任何用处，人只有在敢于做好当下的前提下方能把握未来。

## 2. 坚持而敢于创新

在耶稣看来，将来的生活无须多虑，也无法预知，但对待现今的生活却需要努力，要对生活做好充分的准备，要有坚韧不拔的意志，才能收获生活的希望。耶稣说："神的国，如同人把种撒在地上。黑夜睡觉，白日起来，这种就发芽渐长，那人却不晓得如何这样。地生五谷是出于自然的：先发苗，后长穗，再后穗上结成饱满的子粒。谷既熟了，就用镰刀去割，因为收成的时候到了。"④在生活中，对于肉眼看不见的生长过程，我们要做到的是遵循它的自然规律，而不能急于求成，要保持一份忍耐和盼望的心情，自然会有水到渠成的时候。耶稣还认为，人生并不是一个静止不变的

---

① ［英］詹姆士·里德著：《基督的人生观》，蒋庆译，生活·读书·新知三联书店 1989 年版，第149—150 页。

② 《马太福音》6:34。

③ ［英］詹姆士·里德著：《基督的人生观》，蒋庆译，生活·读书·新知三联书店 1989 年版，第101 页。

④ 《马可福音》4:26—29。

过程,人生需要不断的努力,才能收获得越来越多。"凡有的,还要加给
他,叫他有余;凡没有的,连他所有的也要夺去。"①人生犹如逆水行舟,不
进则退。在耶稣看来,只有勇于探索的人,才能充分展现自我,才能越发
达到良善,从而最终通过接近他,与在天之父走得越来越近。

耶稣在生活中还是一个敢于冒险和积极创新的人,内心潜藏着一种
明知不可为而为之的精神。当众人都认为麻风病人不可触摸时,他却义
无反顾地做了;当他所有的敌人都严禁安息日治病救人时,他却冲破一切
阻碍做了行善之事。从表面上看,这表现出耶稣勇于冒险之精神,其实质
上更体现出他在生活中敢于打破传统思想束缚的一种创新思维。耶稣还
通过新旧衣服和新酒旧皮袋的比喻说明,在生活中需要有一种接受新事
物的观念和敢于进取的态度。"没有人把新衣服撕下一块来,补在旧衣服
上。若是这样,就把新的撕破了,并且所撕下来的那块新的和旧的也不相
称。也没有人把新酒装在旧皮袋里。……没有人喝了陈酒又想喝新的,
他总说陈的好。"②对于耶稣来说,破除犹太教的教条性、保守性、狭隘性、
虚伪性和繁锁性成为耶稣生活的一个目标。正因为如此,耶稣在许多人
眼中早已成为一个实实在在的革新者。欧芮斯特·勒南认为,耶稣是一
个宗教改革者,推行一场甚至囊括了大自然本身的彻底变革是耶稣的基
本思想。此后,耶稣脱离了政治,他最后希望促成的变革是一种道德变
革。③ 勒南还认为,耶稣所引发的道德革命要远远胜过他所施行的奇迹。
革新的力量对于耶稣来说是巨大的。

由上可知,耶稣在传道期间主要的生活态度是做到不焦虑与不畏惧
和敢于创新。但毕竟耶稣是神人二性的和合体,在生活中,他面对困难时
也会出现彷徨,产生犹豫,这正反两方面的生活情怀正是对耶稣生命精神
的一种展现。

然而,死与生是共处、共存的,死可以通过生而被克服,这种生是对死

---

① 《马太福音》13:12。
② 《路加福音》5:36—39。
③ [法]欧芮斯特·勒南著:《耶稣的一生》,梁工译,商务印书馆1999年版,第132—133页。

的超越和整合。① 换言之,生死二者既对立又统一,它们共同构成了一个完整的人生,即它们是人生的一体两面。对于死亡,宗教界及一些神学家的理解有所区别。17 世纪的新教正统派遵循奥古斯丁和天主教的教义,区分了死的三种面向,即灵魂的死、身体的死和永远的死。构成这三重死的死因是各异的,分别是魔鬼的诱惑、人的罪和上帝的愤怒。② 莫尔特曼则通过建构他的死亡概念,认为死亡乃是易受损的、受时间限制的受造的特性,而这个特性将因着万有被重新创造成永恒的生命而被克服。③ "四福音书"是如何描绘耶稣基督对待死亡的呢?

### (三) 人我死亡之别

从总体上看,耶稣将死亡分成两类:一类是肉体的死亡,即身体之死;另一类是灵魂的死亡,即精神之死。耶稣的灵肉关系也决定了耶稣对这两种不同死亡的态度,也就是说,灵魂之死比肉体之死要更为可怕。"那杀身体不能杀灵魂的,不要怕他们;惟有能把身体和灵魂都灭在地狱里的,正要怕他。"④这深深地影响着耶稣对他人之死和自己之死的态度。

#### 1. 短暂的睡眠(对他人之死)

在耶稣眼中,一般人认为的可怕的身体上的死亡对于他而言并不是令人痛心和害怕的事情,那只不过是一次短暂的睡眠和休息而已。耶稣到了管会堂的家里,看见有吹手,又有许多人乱嚷,就说:"退去吧! 这闺女不是死了,是睡着了。"⑤在《约翰福音》中,当耶稣收到拉撒路得病的消息时,又在比利亚停留了两天,他明知拉撒路会在此期间死去。耶稣延迟的目的就是要让人相信死就像轻微的睡眠一样,很快就要听从耶稣的绝对命令苏醒过来。⑥ 耶稣大声呼叫说:"拉撒路出来!"那死人就出来了,

---

① Léon-Dufour, Xavier(1986), *Life and Death in the New Testament*, San Francisco: Harper & Row, Publishers, p4.

② [德]于尔根·莫尔特曼著:《来临中的上帝》,曾念粤译,上海三联书店 2006 年版,第 81 页。

③ [德]于尔根·莫尔特曼著:《来临中的上帝》,曾念粤译,上海三联书店 2006 年版,第 80 页。

④ (《马太福音》10:28)。

⑤ (《马太福音》9:24)。

⑥ [德]大卫·弗里德里希·施特劳斯著:《耶稣传》(第 2 卷),吴永泉译,商务印书馆 1999 年版,第 188 页。

手脚裹着布,脸上包着手巾。[①]　其实,希腊文与英文一样,常把死人说成睡着了的人,其实"坟墓"(cemetery)这个词来自希腊文"koimeterion",指人睡眠之处。而且,耶稣让拉撒路从死里复活,比耶稣单纯医治他的疾病更足以使门徒有信心。所以,对于这种休眠式的死亡,耶稣认为不需要为之哀哭。当耶稣将近城门,看到一个寡妇为自己死去的独生子而痛哭时,耶稣就怜悯她,对她说:"不要哭!"又说:"少年人,我吩咐你起来!"[②]那死人就坐起,死者很快又回到尘世中生活。

耶稣能够使死人复活,死就像睡觉一样,成为一件十分自然的事情。正如耶稣所说:"复活在我,生命也在我,信我的人,虽然死了,也必复活。"[③]因而,只要信耶稣的人都能从死中恢复其生命。对于耶稣"所赐予的生命",既不能单纯理解为指一般的未来生命,也不能单纯理解为现在特别给予个别人的身体复活的生命,而是同时兼指,就从他而出的新的精神生命而言,即属灵的生命。[④]这种复活的事件在"四福音书"中作为一件件真正的故事进行描述,这里除了有耶稣行神迹的能力之外,在一定程度上还反映了早期基督徒对死亡的一种看法。基督徒认为,耶稣基督自己能从死里复活,必然他也具有使其他的死人得以复活的能力。但是,如果我们不能想象会真的有这样一桩事的话,那么这原因则在于犹太人和最早的基督徒关于上帝与其在自然界及人类社会中的启示的想法和我们的不同,从而才在他们和我们之间产生了不同的效果。[⑤]因此,对于耶稣使死人复活的观点,必须采取历史的方法去考量。对于耶稣之死,也会由于种种原因而产生不同的看法。

2. 最终的得胜

《新约》中用了很多的比喻手法来表达耶稣被钉死在十字架上的真实含义。第一,将耶稣的死比喻为争战。整个福音书其实就是描写耶稣与

---

① 《约翰福音》11:43。
② 《路加福音》7:14。
③ 《约翰福音》11:25。
④ ［德］大卫·弗里德里希·施特劳斯著:《耶稣传》(第2卷),吴永泉译,商务印书馆1999年版,第190页。
⑤ ［德］大卫·弗里德里希·施特劳斯著:《耶稣传》(第2卷),吴永泉译,商务印书馆1999年版,第185—186页。

反对上帝旨意之力量之间进行的一场争战。第二,将耶稣的死比喻为榜样。"你们蒙召原是为此,因基督也为你们受过苦,给你们留下榜样,叫你们跟随他的脚踪行。"①第三,将耶稣的死比喻为献祭。"看哪,神的羔羊,除去世人罪孽的。"②"他被杀献祭了。"③第四,将耶稣的死比喻为赎价和代人受罚④。"因为人子来,并不是要受人的服侍,乃是要服侍人,并且要舍命作多人的赎价"⑤。这些关于耶稣之死的观点,各有其道理,但这只能代表早期基督徒的一些理解。"四福音书"如何体现耶稣自己对待死亡的态度呢?

首先,从耶稣的神性面看耶稣对待死亡的态度。从耶稣在他一路走向死亡的事件中可知,耶稣对死亡持一种从容和蔑视之态度。他们说:"约翰的门徒屡次禁食祈祷,法利赛人的门徒也是这样;惟独你的门徒又吃又喝。"耶稣对他们说:"新郎和陪伴之人同在的时候,岂能叫陪伴之人禁食呢? 但日子将到,新郎要离开他们,那日他们就要禁食了。"⑥耶稣用新郎要被打发离开来说明他知道那日子不久就会到来,他对自己的死并不是茫然不知。在耶稣在世的最后一个星期,他将每件事都预先准备好。他不仅为自己准备进城的驴,而且准备好守逾越节的地点、晚餐,以及最后的晚餐中耶稣对门徒的言行。这都表现出耶稣从容不迫地向十字架一步步靠近,虽然深知前途艰险,但仍毫不犹豫地继续前进。当耶稣在门徒面前预言自己的死时,彼得就拉着他,劝他说:"主啊,万不可如此,这事必不临到你身上!"⑦耶稣愤怒地斥责彼得,并将他视为要试图引诱自己偏离正道的撒旦。最后,当兵丁在刑场拿苦胆调和的酒给耶稣喝时,耶稣尝了,就不肯喝。这种拒绝显示耶稣并不恐惧死,他宁愿以清醒的头脑去告别自己的生命,用鄙视的态度去等候死的来临。

其次,从耶稣的人性面去审视耶稣面临死亡的心态时,耶稣具有同普

① (《彼得前书》2:21)。
② (《约翰福音》1:29)。
③ (《哥林多前书》5:7)。
④ [英]约翰·德雷恩著:《新约概论》,胡青译,北京大学出版社2005年版,第86—90页。
⑤ (《马可福音》10:45)。
⑥ (《路加福音》5:33—35)。
⑦ (《马太福音》16:22)。

通人一样的恐惧和求助心理。在客西马尼花园，耶稣就曾出现了临死前的心灵挣扎，耶稣对门徒说："我心里甚是忧伤，几乎要死；你们在这里等候，和我一同警醒。"①在耶稣知道死亡就在眼前，将要发生在自己身上的一刹那，他也处于极度痛苦的状态。只不过当惨遭横死的思想终于越来越多地压在耶稣的心头时，这种思想的恐怖在他的心灵上投下了一片黑影，他需要鼓起全部精神力量，重振对上帝慈父般爱意的绝对信赖，恢复对自己使命的意识，在这种极端情况下，保持沉着镇静。②于是，当在刑场上受到众人的侮辱时，耶稣大声喊着说："以利！以利！拉马撒巴各大尼？"就是说："我的神！我的神！为什么离弃我？"③在肉体生命慢慢消失的过程中，耶稣最后用他的神性战胜他的人性，一步步使他的灵魂变得清晰，从而重新认识自己的使命。

最终耶稣被钉上了十字架，但是耶稣在自己的死亡中看到了他仍然是这场善恶之争的得胜者。耶稣清醒地知道，十字架虽然结束了他的生命，但他却用自己的死换取了整个世界的得救。在死后不久，耶稣自己也作为上帝的亲近者和上帝的儿子被宣告着。耶稣已形成了一种新的方式，信仰上帝现在变成与信仰耶稣基督一样有效。耶稣死之后，他已不再仅仅成为信仰上帝的见证人。像上帝一样，耶稣他自己也成为信仰的对象。④耶稣每次提到十字架时，复活则必紧跟其后。而且，耶稣知道他所遭受的耻辱后面是荣耀，他所背负的十字架换取的是冠冕。"他们要戏弄他，吐唾沫在他脸上，鞭打他，杀害他。过了三天，他要复活。"⑤如果说死结束的是耶稣生命的话，那么复活结束的便是耶稣的死，而最终的荣耀将他的死完全吞没了。

因此，当立足于耶稣的神人二性及他的灵肉观基础之上，并用辩证的方法去认识和分析耶稣的生死态度时，既能看到耶稣在生命中所展示的

---

① 《马太福音》26:38。
② ［德］大卫·弗里德里希·施特劳斯：《耶稣传》（第1卷），吴永泉译，商务印书馆1999年版，第386页。
③ 《马太福音》27:46。
④ Jüngel, Eberhard (1974), *Death: the riddle and the mystery*, Philadelphia: The Westminster Press, p105-106.
⑤ 《马可福音》10:34。

积极面，又可发现他生活中的消极之处；而当用历史的眼光去辨析耶稣的死亡态度时，也同样会看到耶稣在死亡面前所显示的两面性。

## 三、追求"信望爱"的生命价值论

通过圣经"四福音书"对耶稣生平事迹的描述可以看出，耶稣一生有着自己的崇高追求和奋斗目标，他从出生便带着对上帝的信仰而来，对上帝的信仰成为耶稣前进的根本动力和不懈追求。同时，耶稣还肩负着让基督徒对上帝产生信仰的使命，并最终通过自己的殉道来换取基督徒对上帝乃至对耶稣的绝对信任。

### （一）为信仰而献身

#### 1. 信仰的本真含义及其主要表现

信仰通常是指一种终极关怀，是人的一种精神追求。在基督教中，信仰是一种关系，是人与上帝、人与基督之间的关系；信仰也是一种知识，是一种特殊的启示性的知识，是人通过相信启示，进而相信在启示中所产生的知识。[①] 奥古斯丁将信仰定义为以赞同的态度思想。[②] 瑞士基督教神学家巴特则认为，信仰不能理解为将圣经文本或者教会规章视为真，而是要承认活的耶稣基督本身，不是此外的任何人和任何东西。[③] 信仰的概述虽不相同，但都带有对某事物的一种坚决的肯定态度，这种态度不能轻易发生动摇。

就耶稣本人而言，信仰不是法利赛人对旧律法的教条性的理解与刻板式的遵循，信仰应该是对上帝的绝对信任与崇拜之情，它需要的是一颗绝对的、纯粹的心。所以，信仰既表现为人的一种虔诚心境，又表现为人的一种主观思想，它必须依赖于语言来表达，但是语言又难以穷尽信仰的

---

① ［德］奥特、［德］奥托编：《信仰的回答》，李秋零译，汉语基督教文化研究所 2005 年版，第 253 页。

② 靳凤林著：《死，而后生：死亡现象学视阈中的生存伦理》，人民出版社 2005 年版，第 123 页。

③ ［德］奥特、［德］奥托编：《信仰的回答》，李秋零译，汉语基督教文化研究所 2005 年版，第 255 页。

内涵及本质。加尔文认识到,在对上帝的奥秘的信仰中,包含着某种超越我们的意识和我们的语言,不能用语言来表述的东西。① 所以,耶稣除了用语言,还通过其人生中的各种活动,包括其死亡之行为,使基督徒深信那用肉眼看不见,用言语又穷之不尽的上帝之存在。具体分析耶稣短暂的人生,他对信仰的执着追求主要表现在以下方面:

首先,耶稣的生死行为表现出耶稣对上帝的绝对信靠。耶稣在生活中处处体现出乐观而积极的人生态度,其背后显示的是耶稣的自信,同时也是对上帝的完全信靠。"我父把羊赐给我,他比万有都大。谁也不能从我父手里把他们夺去。我与父原为一。"②在耶稣对待自己即将到来的死亡态度中,他用完最后的晚餐,给门徒留下了诸多遗训,从中充分肯定了他对上帝的信任,也显示出耶稣深信他死之后必将产生一个对自己深信不疑的基督教团体。③ 特别是耶稣死前经过整夜的拷问盘查,虽然他遭受到敌人的嘲弄、打击和鞭笞,但他仍然具有十足的把握和信心,他在最后的叫喊声中仍清醒地认识到,上帝不会轻易地抛弃他,上帝一定会将自己安置在他的右边。而且,耶稣对上帝的信仰有着更深层次的意蕴,那就是去证明上帝的大能。

其次,耶稣用自己的一生去展示上帝的全知、全能,亲身证实上帝一定得基督徒去信仰。在《新约》中,信仰有多重含义,它们互不重合。福音书中,"相信"通常用于表示与神迹有关的事情,如百夫长的信心使得他的仆人得救,上帝的大能在耶稣身上得到了显现。④ 实际上,神迹的产生依赖于信仰自身。耶稣认为,信仰就像芥菜种,它能挪移大山。耶稣说:"是因你们的信心小。我实在告诉你们:你们若有信心像一粒芥菜种,就是对这座山说'你从这边挪到那边',它也必挪去,并且你们没有一件不能做的

---

① ［德］奥特、［德］奥托编:《信仰的回答》,李秋零译,汉语基督教文化研究所 2005 年版,第 266 页。

② 《约翰福音》10:29—30)。

③ Léon-Dufour, Xavier(1986), *Life and Death in the New Testament*, San Francisco: Harper & Row, Publishers. p117.

④ ［德］卡尔·白舍客著:《基督宗教伦理学》(第 2 卷),静也、常宏译,上海三联书店 2002 年版,第 27—30 页。

事了。"①耶稣还说："我实在告诉你们：你们若有信心，不疑惑，不但能行无花果树上所行的事，就是对这座山说：'你挪开此地，投在海里！'也必成就。② 在耶稣看来，基督徒要信仰上帝，必须具备一种开放的胸怀，要对自我进行全盘否定，要对人格进行重新塑造，并且要对上帝绝对顺从和赞同。所以，耶稣说："日期满了，神的国近了！ 你们当悔改，信福音！"③

最后，耶稣自始至终在为基督徒信任自己而奋斗着。这并不是耶稣的本意和最终目标，他的所作所为都是为了要使上帝与人之间产生高度而终极的信任感。这在《约翰福音》中表现得最为明显，因为道及"道成肉身"的圣子是《约翰福音》中信仰的核心内容。"我也知道你常听我。但我说这话，是为周围站着的众人，叫他们信是你差了我来。"④马大说："主啊，是的，我信你是基督，是神的儿子，就是那要临到世界的。"⑤最终耶稣通过自己的鲜血与死亡使自己的生命得到了基督团体的信任，并由此使人与上帝之间摆脱旧盟约的约束，建立起全新的盟约。⑥ 基督徒与耶稣之间的信任关系，促成了基督徒与上帝之间的完全信靠。

总而言之，耶稣信靠上帝是基督徒对上帝产生信任的前提条件，而基督徒相信耶稣则构成了他们信仰上帝的唯一手段。同时，基督徒对上帝的完全信服与绝对顺从是耶稣信仰上帝的最终目的，也是耶稣一生为之而前进的航标。

2. 生命与信仰

耶稣在生命与信仰的问题上，是如何处理它们之间的关系的？ 首先，耶稣认为，信仰必须放置于生命之上。耶稣对门徒说："若有人要跟从我，就当舍己，背起他的十字架，来跟从我。因为凡要救自己生命的，必丧掉生命；凡为我丧掉生命的，必得着生命。人若赚得全世界，赔上自己的生

---

① 《马太福音》17:20。
② 《马太福音》21:21。
③ 《马可福音》1:15。
④ 《约翰福音》11:42。
⑤ 《约翰福音》11:27。
⑥ Léon-Dufour, Xavier(1986), *Life and Death in the New Testament*, San Francisco: Harper & Row, Publishers. P86.

命,有什么益处呢? 人还能拿什么换生命呢?"①这表明耶稣要求门徒为了信仰需要舍掉自己的生活和生命,因为耶稣自己毫无保留地献身于自己的使命,将一切都奉献给它,耶稣只为他的父和神圣使命活着,他深信自己注定要完成这使命。② 所以,耶稣希望门徒需要效法他本人,随时准备背起属于自己的十字架,耶稣相信这才是人生道路上最正确的选择,这才是最有意义的人生。耶稣坚信,在关键的决定性时刻能为信仰而受苦流血的人一定能得到上帝的荣耀,为了信仰而流血的人一定能得到恩赐,因"流血的人有福了"是耶稣登山宝训中的八福之一。

不言而喻,当门徒的信仰与家庭发生矛盾时,耶稣劝告门徒当为了自己的信仰而不惜断绝一切"自然的血缘生命"。耶稣说:"你们不要想,我来是叫地上太平;……因为我来是叫'人与父亲生疏,女儿与母亲生疏,媳妇与婆婆生疏。人的仇敌就是自己家里的人'。爱父母过于爱我的,不配作我的门徒;爱儿女过于爱我的,不配作我的门徒。"③耶稣不仅这样告诫门徒,而且耶稣自己在处理这种关系时也是如此。在耶稣心中,只要能够追随他并与之有着共同信仰的人,都是他的兄弟姐妹。耶稣伸着手指着门徒说:"看哪,我的母亲,我的弟兄。凡遵行我天父旨意的人,就是我的弟兄、姐妹和母亲了。"④在耶稣眼中,信仰完全可以代替人的血缘生命,替代原始的亲情,进而使人与人之间、人与基督之间、人与上帝之间形成一种全新的社会性生命。耶稣还知道有一些不求信仰的人,他们"凡做恶的便恨光,并不来就光,恐怕他的行为受责备"⑤。对于这些没有信仰的人,耶稣说:"信而受洗的,必然得救,不信的,必被定罪。"⑥信仰成为人的生命能否得救的前提条件。

但是,对于耶稣而言,信仰只表现为生命中的一种内心信念完全不够,它还需要通过外在的灵性修养方式来加以体现,灵修方式对基督徒的

①《马太福音》16:24—26)。

② [法]欧芮斯特·勒南著:《耶稣的一生》,梁工译,商务印书馆 1999 年版,第 304 页。

③《马太福音》10:34—37)。

④《马太福音》12:49—50)。

⑤《约翰福音》3:20)。

⑥《马可福音》16:16)。

生命具有积极的反作用。耶稣的灵修方式有多种表现,如当耶稣基督遇到困难,心情极端烦躁之时,耶稣对门徒们说:"你们坐在这里,等我到那边去祷告。"①耶稣要通过祷告的方式使自己心情平静下来。耶稣孤身一人在旷野禁食四十个昼夜,也是当时他实行灵修的方法。被污鬼附着的男孩的父亲喊着说:"我信!但我信不足,求主帮助!"②这种祷告不应该仅仅是一种心理力量的来源,而且更是一种热爱上帝的崇拜行动,这种行动在人的生命中起到镇定剂和调味剂的作用。现在基督教对一般平信徒的灵性修养方式主要有:第一,安静与默想;第二,祷告与灵阅;第三,敬拜与禁食;第四,耶稣祷文及图像;第五,每日反省;第六,灵修日记与定期接受指引;第七,俭朴生活;第八,社会服务与职业。③ 在基督徒的生命与生活中,这些灵修方式在很大程度上滋润着他们的生命,激活着他们的生活。

至此,我们自然会质问:基督徒所信仰的上帝到底是否存在?上帝如何能被理性所证明呢?其实,信仰与理性的关系问题在基督教哲学中一直都备受争议。经院哲学之父安瑟尔谟用"本体论"的先天证明方法证明上帝的存在,而托马斯·阿奎那在关于上帝存在的证明问题上提出了后天证明的演绎方法。当然,这些均受到了以休谟为代表的经验论者的质疑和批判。但是,存在主义者先驱基尔克果说:"如果我能够客观地把握上帝,我就不信,但恰恰是因为我不能客观地把握上帝,我就必须信仰;而想坚持信仰,我就必须不断地注意,要保持客观的不确定性,我处在七万尺水深的不确定性之中,但我还是信。客观的不确定性不是它的缺陷,而是它的本质。"④实质上,上帝的存在性难以用科学证明。蒂利希在《信仰的动力》一文中认为,科学与信仰不能互相干预,无论是科学还是历史的真实性都不能证明或者否定信仰的真实性,反之亦然。⑤ 信仰属于思想意识的范畴,它不是一种客观存在,正如康德所认为的,上帝的存在与否在理论上无法解决。

① 《马太福音》26:36)。
② 《马可福音》9:24)。
③ 靳凤林主编:《领导干部伦理课十三讲》,中共中央党校出版社 2011 年版,第 201—202 页。
④ [德]奥特、[德]奥托编:《信仰的回答》,李秋零译,汉语基督教文化研究所 2005 年版,第 276 页。
⑤ Paul, Tillich(1957), *Dynamics of Faith*, New York: Harper & Row Publishers. p89.

　　当哲学家们都在思考上帝是否存在的时候,希伯来人感兴趣的却在于人应该如何与上帝进行交往。在耶稣看来,对于基督徒而言,他们仅仅心怀对上帝的敬仰并不能完全与基督达到同一的状态,信德必须与望德相结合。也就是说,信仰只有通过希望来表现,否则就不能构成真正的信仰。于是,耶稣在为信仰而献身的过程中,他给民族、给他人以至于给自己带来了一种重生的希望。

## (二) 活出生命的希望

　　望德在耶稣的道德伦理中是一个重要的美德范畴,它主要指基督徒对基督和上帝所给予的无限期待,它的目标在于救赎希望的实现。同时,望德也是耶稣基督身上不断散发出希望之光的过程。

### 1. 绝望与希望

　　当一个民族深陷绝境之际,耶稣给它带来的是民族的弥赛亚。以色列人在历经大卫和所罗门时期的短暂而强大的统一之后,就遭受着民族分裂的命运,进而所面临的民族压迫更让他们苦不堪言。亚历山大大帝东征,犹太人被卷入了希腊化的狂潮;安条克四世为了对他们彻底推行希腊文化,亵渎犹太教,禁止遵循犹太教的所有礼仪和节期,让他们吃猪肉等。犹太人有史以来第一次仅仅由于信奉本民族的宗教而面临绝境,引起了马卡比战争,并坚决抵抗塞琉古王朝的奴役,之后建立起犹太人的政权哈斯蒙尼王朝。但是,公元前 63 年,耶路撒冷遭到罗马的攻陷,成为罗马帝国的行省,犹太人的民族信仰再次面临严重的危机。此后,在罗马帝国统治的一百多年中,犹太人纷纷起来反抗,但都受到镇压,他们中的大多数人被迫浪迹天涯。身处生存绝望境地的犹太人需要有一种超自然的力量,将他们从罗马人的铁拳统治下解出救来。此时的犹太人仍深信自己是上帝的特殊选民,对上帝依旧抱有深切盼望,而这种盼望正是通过耶稣基督得以实现的,这也正是耶稣的神圣使命。

　　希望是人类生活的指路明灯,是人类前进的精神动力,是对现实的不满及对更好、更完善生活的向往。从最广泛的意义上讲,希望只是一种情感,而不能成为一种美德。然而,希望只有毫不动摇地寻求道德上的善与可爱才能成为美德。① 通过福音书可以发现,耶稣所讲的有关"希望"的词并不多见,但深究还是可以看到其中蕴含着"希望"的深层意义。登山宝训是耶稣有关伦理道德教导的最主要的内容,有些学者将其称为"基督教义之纲要""天国大宪章"和"君王的宣言"等。在这最为重要的内容中,深藏着耶稣给人带来的希望,因为天国向他们这些人敞开。耶稣的目的是要提高国民的道德和宗教水平,建立一个除了以亚伯拉罕子孙为夸耀之外还有许多更重要的特权可夸耀的社会,使他们可以有资格接受那位他们所希望来临的弥赛亚。② 所以,耶稣开口训道:"饥渴慕义的人有福了,因为他们必得饱足。"③这表明只要保存心灵饥渴并对良善十分盼望,他们就一定能得到上帝的荣耀。

当一个软弱者遭受社会的欺压和轻蔑时,耶稣给予他的是一颗满怀希望而又深受鼓舞的心。"压伤的芦苇他不折断,将残的灯火他不吹灭。等他施行公理,叫公理得胜,外邦人都要仰望他的名。"④耶稣的人生目的不是来捻灭将残的灯火,而是要使这灯火燃烧得更加明亮、更加清晰乃至更加长久。耶稣不是一个弱势生命的讥讽者和摧残者,而是处于劣势地位生命的鼓励者和搀扶者。在人悲苦时,他给人以安慰;在人绝望时,他给人以希望。换言之,耶稣所做的是要每个人都能够活出自己的生命希望,这希望不仅是将一个具有恐惧之心的旧人换成一个具有盼望之心的新人,其中还包括对生命复苏的渴望、对天国的期望和对不朽的追求。固然,这个目标只有在耶稣基督的带领下才能实现,并且是耶稣用自己的死作为代价将一切的希望变成现实。实质上,耶稣在实现目标的过程中,也包含着自己对上帝的一种期望。在耶稣所经历的各种事件中,他十字架上最后的叫喊结束了向全世界所扩散的黑暗,他暗示着一个新宇宙的产

---

① [德]卡尔·白舍客著:《基督宗教伦理学》(第 2 卷),静也、常宏译,上海三联书店 2002 年版,第 84 页。
② [德]大卫·弗里德里希·施特劳斯著:《耶稣传》(第 1 卷),吴永泉译,商务印书馆 1999 年版,第 270 页。
③ 《马太福音》5:6。
④ 《马太福音》12:20—21。

生。① 这种临终的哭喊既是耶稣对上帝的信任，也是他心怀希望的表现，同时表明的是耶稣给基督徒所带来的希望。这种"希望"，神学将它定义为一种超自然的美德，人们通过它期待着救赎的完全和获得救赎的方法。② 由此可以推出，希望变成现实的过程也就是救赎的过程，而救赎的实现又必将是耶稣本人忍受各种痛苦的艰难过程。

2. 拯救与忍受

从耶稣基督来到人世间的职责可知，耶稣不仅生来就是一位君王，他天生更是一位救世主，因为人的拯救是上帝的计划与目标，也是耶稣的人生目标。从耶稣对人性善恶二重的人性论中亦可得知，人是带着原罪的实体，人必须在耶稣基督的救恩下才能洗去全身的罪孽，从而带着悔改之心走向新的生活。所以说，每部福音书其实都是一部救恩史。耶稣的救恩要依靠建立一种新的社会体制来进行，即上帝之国的建立。在这个上帝之国中，他接纳的对象首先是为着儿童和那些怀有童心者；其次是为着被世界遗弃者，为着由社会的傲慢所造成的牺牲品，那些善良而谦卑的人；再次，是为着异教徒、教派分立者、税吏、撒玛利亚人和推罗、西顿的非犹太人。③ 耶稣的救赎是普世而整全的救恩，它涉及的范围包括了社会各个不同的阶层，没有性别之分，没有强弱之别。同时，这种拯救也包含着社会生活的各个方面，不但是肉体的复苏，更是灵魂的觉醒。对灵魂的终极关怀是最重要的，因为耶稣所建立的上帝之国，本质上就是一个精神王国，而即将到来的拯救也必将是一种精神上的拯救。最后，这种拯救不仅强调现世，而且更注重来世。

耶稣所实施的全部拯救要以他忍受各种巨痛为代价，耶稣为了实现自己的人生目标，一生中所忍之事无数，而最重要的有如下几点：第一，耶稣要忍受同乡人的排斥之苦。如当耶稣满有圣灵的能力回到加利利在会

① Léon-Dufour, Xavier(1986), *Life and Death in the New Testament*, San Francisco: Harper & Row, Publishers. p.143.

② ［德］卡尔·白舍客著：《基督宗教伦理学》（第2卷），静也、常宏译，上海三联书店2002年版，第90页。

③ ［法］欧芮斯特·勒南著：《耶稣的一生》，梁工译，商务印书馆1999年版，第165页。

堂进行布道时，"会堂里的人听见这话，都怒气满胸，就起来撵他出城"①。第二，耶稣要忍受魔鬼撒旦的屡次试探之难。第三，耶稣要忍受与亲人的分离之苦。如耶稣回答说："谁是我的母亲？谁是我的弟兄？"②第四，耶稣要忍受最喜欢的门徒彼得的不相认之痛。彼得发咒起誓地说："我不认得你们说的这个人！"③第五，耶稣要忍受自己门徒的出卖之痛。犹大去见祭司长说："我把他交给你们，你们愿意给我多少钱？"④第六，耶稣要忍受敌人的嘲笑之苦。"看守耶稣的人戏弄他，打他，又蒙着他的眼，问他说：'你是先知，告诉我们打你的是谁？'他们还用许多别的话辱骂他。"⑤第七，耶稣要忍受钉十字架之苦。总之，耶稣是在经历了一切苦难，并用自己的死作为赎罪的代价之后，才实现伟大的拯救目标，而耶稣特殊的人生意义也正是在这一切的苦难和为他人赎罪之死中得到了全部的彰显。

然而，现在基督教伦理中的望德与耶稣基督在世之时相比有着更为新颖的意义，如今的望德在于培养基督徒忍受苦难的坚韧和刚毅，让人在困境和不幸中百折不挠，避免懦弱、颓废和绝望。莫尔特曼认为，望德还要求信徒不仅要专注于来世，更要看到现实世界既非自我实现的天堂，也非自我异化的地狱，而是充满了无数可能性。因此，基督徒应以实际行动参与到此世的改造中来，使人们从不义的经济、政治、文化等社会结构中解放出来。⑥ 然而，信德与望德只是耶稣实现人生价值的两个不可或缺的组成部分。实际上，耶稣要实现最终的目标，还有一个更为重要的内容——爱德。这"三主德"是耶稣实现上帝救恩的必要条件。在这三者中，爱德可谓最为重要的美德。若没有爱，则一切的信仰都是虚假的；若没有爱，则一切的希望都将化为泡影。

### （三）博施爱心

一般来讲，人们都习惯于将爱分成两大类：一类是表示欲望的人类

---

① 《路加福音》4:28。
② 《马可福音》3:33。
③ 《马可福音》14:71。
④ 《马太福音》26:15。
⑤ 《路加福音》22:63—65。
⑥ 靳凤林主编：《领导干部伦理课十三讲》，中共中央党校出版社 2011 年版，第 200 页。

之爱,即爱洛斯(Eros);另一类是表示上帝对人类的一种终极道德原则之爱,即阿迦披(Agape)。希腊文圣经提及爱时,普遍采用的几乎都是"Agape"。并且,人们认为这两种爱截然不同,因为一种是世俗的爱,另一种是超自然的神性的爱。但蒂利希认为,真正说来,只有一种爱,这就是阿迦披,因为阿迦披不仅无限地接纳他者,而且是爱的根本动因。所以,只要有了阿迦披,也就一定会因此而有爱洛斯。① 笔者认为,这两种爱存在着根本的不同,因为人类之爱的"Eros"表现的是人与人之间的平行关系,而具有神性之爱的"Agape"表现的是上帝与人之间的垂直关系。

1. 爱人如己

通过"四福音书"可知,一部救恩的福音书,其实也是一部向基督徒传播上帝之爱的福音书,而耶稣是在为将爱的种子撒向更广阔、更肥沃的土地而努力。耶稣的工作就是来传递上帝之爱,这种爱不仅是一种发自内心的美好思想,更是一种实实在在的爱的行动。

耶稣所追求的爱是一种至高无上的爱。耶稣基督首先明确表达出了爱的必要性:"你要尽心、尽性、尽意,爱主你的神。这是诫命中的第一,且是最大的。其次也相仿,就是要爱人如己。"②人只有首先与邻人具有良好的关系,才能使自己有机会与上帝沟通,没有对他人的爱则不可能获得上帝对自己的爱。也可以说,爱邻人能够成为上帝爱人的条件,也是人爱上帝的具体表现形式。

耶稣所追求的爱是一种广博普世的爱。从耶稣一生所致力建立的上帝之国可以发现,他所接纳的对象体现了耶稣之爱的广博性,他突破了民族与国籍的界限。耶稣同情的是痛苦忧愁的人,怜悯的是孤单饥饿的人,帮助的是无所适从的人等。正如耶稣说:"他看见许多的人,就怜悯他们,因为他们困苦流离,如同羊没有牧人一般。"③耶稣就好像一个牧羊人,用爱呵护着每一只需要照顾的羊。

---

① 张传有著:《幸福就要珍惜生命——奥古斯丁论宗教与人生》,湖北人民出版社2001年版,第16页。

② (《马太福音》22:37—39)。

③ (《马太福音》9:36)。

耶稣所追求的爱是一种平等无私的爱。在耶稣看来,人人都是上帝的子女,彼此之间是兄弟般的关系,都能平等地分有到他的爱。"爱人如己"充分地体现了这种平等性,人不能宽己而严他,人对待他人时应该要像希望他人对待自己一样。耶稣在临别时留下了一条特殊的命令给门徒:"我赐给你们一条新命令,乃是叫你们彼此相爱;我怎样爱你们,你们也要怎样相爱。"①同时,耶稣高度赞扬了马利亚用一斤极贵的香油抹他的脚,又用自己头发去擦耶稣的脚,他认为马利亚所展示的就是这种谦卑无私的爱,而耶稣所要追寻的正是这种忘我的爱。正因如此,耶稣可以为了他人而舍掉自己。

耶稣所追求的爱是一种体谅饶恕的爱。耶稣要基督徒具有宽广的胸怀,要能包容和释怀一切。耶稣认为,饶恕也是走向上帝的途径之一,"你们饶恕人的过犯,你们的天父也必饶恕你们的过犯"②。对于触犯他的弟兄,耶稣不是饶恕七次而是七十个七次。人不仅要宽恕他人的过错,还要能够发自内心地去爱自己的仇敌,"你们倒要爱仇敌,也要善待他们,并要借给人不指望偿还,你们的赏赐就必大了,你们也必作至高者的儿子,因为他恩待那忘恩的和作恶的"③。耶稣劝门徒爱敌人的目的在于使敌人能够向善的方向发生转变,进而使整个社会也因这种爱而发生变化。在耶稣心中,爱在整个社会中发挥着法律无法替代的作用,法律的核心是正义。但是,爱与正义在耶稣心中所占有的分量却不相同。

2. 爱超越于正义

在一般情况下,爱与正义之间即使不是针锋相对,至少也必须泾渭分明。索福克勒斯在《安提戈涅》中描述道,纵使在热爱的背后,正义也依旧是冰冷的,爱的热量无法使正义变热。④ 但是,在圣经中,正义作为一个极为重要的道德概念,主要体现在上帝所表现的正义之中,上帝的正义在于他平等地施爱及公正地审判。所以,耶稣为爱奋斗的人生中,同样也必须处理爱与正义这对矛盾。

---

① 《约翰福音》13:34)。
② 《马太福音》6:14)。
③ 《路加福音》6:35)。
④ 李猛:《爱与正义》,载《书屋》2001 年第 5 期,第 66—67 页。

对《旧约》中的摩西五经及旧的先知书应采取何种态度,一直是耶稣与法利赛人争执的一个焦点。法利赛人认为,对上帝的敬畏只要在恪守律法中就能得到体现,外在的表现形式重于一切实质的内容。耶稣则认为,对上帝的尊重与敬畏需要坚守原有的法律,因为只有维护法律的正义,社会才能稳定与和平。耶稣说:"这样,凯撒的物当归给凯撒,神的物当归给神。"①这毫无疑问地表明耶稣已经承认了自己的双重身份,耶稣在信奉神圣的上帝时,仍需要尊重世俗的君王。但是,耶稣更加认识到,对律法的遵守需要采取灵活的原则,需要将内在的精神与外在的爱的行动紧密结合起来,这样才能理解律法中正义的精神实质,才能使人们获得更为道德的生活。

但是,《旧约》和《新约》所蕴含的爱与正义的比例不尽相同,《旧约》主要体现耶和华的公正无私,而《新约》更多地展现了上帝传递给基督的仁慈与无私的爱。并且,《新约》中的爱不仅成全了正义,而且超越了正义。耶稣说:"莫想我来要废掉律法和先知;我来不是要废掉,乃是要成全。"②耶稣被钉十字架事件正是以爱成全了律法,成全了将基督交在彼拉多手下的律法。所以,圣爱或许能够坚固律法,成就自由。③ 其实,耶稣人生唯一的责任就是去帮助人,唯一的律法就是爱。同情的责任与爱的责任,应在一切其他的律法、律例与法则之先,这个观点使耶稣轻看了一切身体上的冒险。④ 由于正义的美德是个人实现自我及社会获得稳定的必备条件,耶稣之爱能够平等地传递也必须以公平正义为基点。所以,爱只能高于正义,但并不能完全取代正义而独立存在。

要而言之,耶稣在用自己的一生传播着上帝的爱,以证明自己对上帝的信仰,从而给基督徒带来重获新生的希望,这既是他的人生目标,亦是他的死亡意义。但是,后世也不乏对耶稣的爱进行尖锐批判的思想家,如尼采认为耶稣的爱为同情所玷污,对人的同情致使年轻的希伯来人产生

---

① 《路加福音》20:25。
② 《马太福音》5:17。
③ 李猛:《爱与正义》,载《书屋》2001年第5期,第69—70页。
④ [英]巴克莱著:《新约圣经注释》,方大林、马明初译,中国基督教两会2007年版,第188页。

了对死亡的渴望。① 这样必然对耶稣的生死价值产生全盘的否定。的确,作为神人二性兼备的耶稣,他的那种博爱必会产生一定的负面效应。但是,耶稣毕生所追求的"信望爱"价值取向已经成为基督教信念伦理的三大主德,这一历史功绩不可抹杀。

## 四、奔向天国的生命超越论

最初的基督徒在现代科技尚未出现时认为,人位于三层宇宙世界的中心,地球的平面位于黑暗的地狱之上,天堂的圆屋顶之下,天堂之外是黑暗的、不为人知的混沌世界。② 对于基督徒而言,这个世界既有天使神灵,也有魔鬼野兽,而"天堂"是他们最理想的归宿。即使在现代科技高度发达的今天,一些基督徒仍持此观点,认为"天堂"是人死后最好的去处。"天堂"在基督教世界中成为一个最美好以及基督徒最向往的地方,也成为"彼岸"与死后世界的代名词。在"四福音书"中,耶稣基督并没有使用"天堂",更多的是谈到"天国"。"天国"具有上帝掌握权柄的深刻内涵,如果用"天堂"去完全代替"天国",似乎还不足以恰当而准确地理解耶稣在生死超越问题上的本真意蕴,因为"天国"才是耶稣基督穿透生死的理想境界。

### (一) 构建美丽的上帝之国

"天国"一词在《新约》中共出现三十二次,主要是在《马太福音》中;而在《路加福音》和《马可福音》中,主要使用的是"上帝的国"。实际上,"天国"与"上帝的国"属于同一个概念,它们在《新约》中经常被互换通用,二者的区别只在于对象的不同。在耶稣看来,一个人只有走进上帝之国才不会面对生死选择之痛苦,生死之别才会消失。耶稣的使命、职责及做工表明,构建心中的上帝之国成了耶稣毕生的愿望和追求,耶稣所追寻的"信望爱"的价值取向都是为了他所构建的上帝之国服务的。在不同的时代背景下,学者对上帝之国的描绘和论证差异很大。

---

① 戴晖:《爱与正义——尼采的品德学说》,载《南京社会科学》2005 年第 10 期,第 9 页。
② [英]约翰·德雷恩著:《新约概论》,胡青译,北京大学出版社 2005 年版,第 582 页。

　　19 世纪的注经学将上帝之国理解为一种精神上的王国,起联结作用的是上帝的意志。但是,魏斯认为,上帝之国并非内在于世界,而是超脱于尘世;并非作为世界历史的一部分生长起来,而是具有一种末世论的意义。① 史怀哲把《新约》对一种非常临近的、超越的、属神的行动的期待视为一个通过历史的进程而被超越的、有时代限制的观念。这样,上帝之国对于史怀哲来说是一个内在的东西。这种一以贯之的终末论的模式得到了维尔纳、布里等人的支持。② 可见,针对上帝之国是否内在于世界之中的问题,学界的观点不尽相同。当代学者陈俊伟认为,耶稣所构建与宣扬的上帝之国是一个动态而非静态的概念,因为上帝作王掌权,彰显他的荣耀、威严与权能。上帝之国是一个既涉及今世又包括来世,既抽象又具体的概念,因为它既是上帝掌权的实际,又是上帝掌权的领域与范围;既是现在的实际,又是将来可见的领域与范围。耶稣宣扬的上帝之国不同于犹太人的想象与盼望,因为犹太人盼望的仅仅是政治的弥赛亚;同时,耶稣宣扬的上帝之国也不同于地上之国,因为地上之国的延续是以血亲关系为立足点并且依靠刀剑而建立的,上帝之国则是在超越血亲关系的基础上靠十字架而建立的,地上之国讲报偿,上帝之国讲爱与牺牲。③ 陈俊伟在一系列的对比中总结出了上帝之国的特征所在,既清晰又形象。由此可见,耶稣的上帝之国是既内在于世界又要超脱于世界的,只有这样,上帝之国才能更好地解决基督徒现世与来世、当下与未来的关系。

　　无论学者对基督教的上帝之国作出何种不同的解释,都不难发现,其实他们的界定中还是存有许多共性的。对于耶稣而言,首先,上帝之国具有普世性,因为上帝之国拯救的对象是所有贫穷的、心灵贫乏的、饥饿的、悲伤的、疼痛的、哀哭的、软弱的、饥渴慕义的、为义受逼迫的、怜悯的、清心的、使人和睦的人,他们没有性别、年龄、种族之分。生命的平等性在上帝之国得到全部的彰显。那些被打入地狱的不义之人是否也在此之列

---

① ［德］鲁道夫·布尔特曼著:《生存神学与末世论》,李哲汇、朱雁冰等译,上海三联书店 1995 年版,第 3 页。
② ［德］奥特、［德］奥托编:《信仰的回答》,李秋零译,汉语基督教文化研究所 2005 年版,第 389 页。
③ 陈俊伟著:《天国与世界》,宗教文化出版社 2010 年版,第 137—143 页。

呢？上帝的拯救是"全赦论"还是"审判的双重结局"？其实，从"四福音书"中似乎会发现，恶人确实被打入了地狱，如财主与讨饭的拉撒路的结局截然不同。"他在阴间受痛苦，举目远远地望见亚伯拉罕，又望见拉撒路在他怀里。"①这些被打入地狱的人要经过"地狱之火"的惩罚和洁净后才能进入天国。"倘若你一只眼叫你跌倒，就去掉它！你只有一只眼进入神的国，强如有两只眼被丢在地狱里。在那里，'虫是不死的，火是不灭的'。因为必用火当盐腌各人。"②因此，他们经过一个痛苦的炼狱过程也可走进上帝之国获得全部的救赎。其次，上帝之国具有关系性。上帝与子民在上帝之国中形成了一种更为亲切与直接的父子关系，它是一个由简单而神圣的父子与兄弟姐妹关系形成的爱的团契。上帝子民要经历完全的救恩，如麦子被收在仓里③，又如绵羊承受那创世以来为其所预备的国④，再如进入筵席的喜乐。这些隐喻都在说明，最终子民将完全恢复因罪与上帝中断的关系，并且享受关系恢复所带来的喜乐与满足⑤；假如没有形成一种新的关系，也就不可能形成上帝之国。再次，上帝之国具有创新性。无论学者称其是内在于世界还是外在于世界的上帝之国，在基督教中，这种临到的上帝之国，都是以一种看不见的形态荣耀子民的生命，他们的生命在其内部将会获得全部的更新，世俗的生命因此而显得神圣起来。最后，上帝之国具有超越性。走进上帝之国的子民，其生命将获得完全的救赎，与生俱来的原罪已经被赦免，对死亡的恐惧已化为乌有，生与死的鸿沟已在上帝的光照中获得超越。在耶稣所构建的上帝之国中，拥抱生命的永恒可视为最根本的要素和亮点。

在耶稣看来，"上帝的国"与"永生"紧密连在一起。耶稣认为，得永生和进入上帝之国是一回事。要理解此意，需要区分"永存""永恒"与"永生"。一般来讲，永恒的生命与永生指同一个意思，它们是对永存生命的一种超越。永恒的生命不仅仅指其延续性，它意指某种生命的质素，而只

---

① 《路加福音》16：23。

② 《马可福音》9：47—49）。

③ 《马太福音》13：30）。

④ 《马太福音》25：34）。

⑤ 陈俊伟著：《天国与世界》，宗教文化出版社 2010 年版，第 231 页。

有上帝能用这形容词（aionios）去加以形容。因此，永恒的生命就是上帝所属的生命，即上帝的生命。永不停止的生命有可能在地狱而不是在天堂①，它与永生不能直接划等号。"叫一切信他的都得永生。"②"我所赐的水要在他里头成为泉源，直涌到永生。"③这里的"永生"不仅表示耶稣的门徒将享受一种崭新的生命——上帝的生命，而且说明有了像上帝那样的生命；不仅意味着门徒有了新的动力来过现实世界的生活，而且意味着这种因耶稣而带来的与上帝的关系要存到永远。④ 因此，永生并不简单地意味着永远的生存，而是一种活在上帝统治世界中的生活。耶稣基督让他的门徒在上帝之国收获的永恒生命之树有其独特的魅力。

对于基督徒而言，永生，它始于现在，关乎当下，关注未来，穿透死亡，走向永恒。永生不是单指死后世界的生命，它与现世生命息息相关。永生不是指和今生无关的另外一个生命，永生是今生经过更新变化之后变成另外一个生命。⑤ 将来的生活并不存在于死后，而存在于当下所过的现实生活中。因此，永生是一种复活之后的生命，正如复活的基督是建立在那位先前被钉十字架的基督之上，而不是一个全然陌生的基督。所以，"旧我"并未完全消失，"崭新的自我"却在此基础上悄然而生，死亡已被其克服，并由此走进上帝永恒的国度之中。永生，它因圣灵而产生，借信仰而显现，就关系而永存。上帝存在的本真意识因着信仰而产生，基督徒也因此在不知不觉中走进三种新的关系之中。一是进入与上帝的新关系之中。审判者变成父亲，陌生变成亲密，恐惧变成爱。二是进入与他人的关系之中。憎恨变成爱，自私变成服务，苦恨变成宽恕。三是进入与自己的新关系之中。软弱变成力量，挫折变为成功，紧张变成平安。⑥ 在这种新的关系中，基督徒收获新的生命和新的希望。基督徒在此收获了他们永恒的生命之树，这是耶稣从"个我"或"小我"角度的一种人生超越。其实，

---

① ［英］巴克莱著：《新约圣经注释》，胡慰荆、梁敏夫译，中国基督教两会 2007 年版，第 1002 页。
② 《约翰福音》3：15）。
③ 《约翰福音》4：14）。
④ ［英］约翰·德雷恩著：《新约概论》，胡青译，北京大学出版社 2005 年版，第 119 页。
⑤ ［德］奥特、［德］奥托编：《信仰的回答》，李秋零译，汉语基督教文化研究所 2005 年版，第 446 页。
⑥ ［英］巴克莱著：《新约圣经注释》，胡慰荆、梁敏夫译，中国基督教两会 2007 年版，第 1038 页。

耶稣对"未来"的回答可以放眼于整个宇宙的"大我"之中，可以在上帝的圣洁与荣耀之中去构筑"上帝在宇宙中的舍金纳"。

## （二）上帝宇宙性的临在

舍金纳指的是上帝降临的行动和他内住的结果。舍金纳的思想联系了无限的上帝和他要居住的有限的、地上的空间。① 莫尔特曼曾将舍金纳与上帝在时间中的临在"安息"相对应讨论。笔者认为，上帝对整个宇宙的临在与荣耀，即宇宙性的舍金纳，也是耶稣生死超越的重要途径。

### 1. 上帝的荣耀和荣耀上帝

"我是初，我是终。"这是对于我们这些被束缚在时间中的无法逃避过去的现实中的人而言的。② 但是，对于耶稣而言，他所要达到的是一种超越时空的永恒，无论过去、现在还是将来，"既是初，也是终"。耶稣基督要成为一个昔在、今在、以后永在的全能者，但这种永恒和全能的存有离不开上帝的荣耀。在《约翰福音》中，耶稣为自己祷告时说："父啊，时候到了，愿你荣耀你的儿子，使儿子也荣耀你……父啊，现在求你使我同你享荣耀，就是未有世界以先，我同你所有的荣耀。"③耶稣基督的终极目标是要让自己、世人和世物在时间与空间的结构中都享受上帝的荣耀，并去荣耀上帝，直到永恒。享受上帝的荣耀即获得上帝的爱；荣耀上帝即要为了上帝本身的缘故去爱上帝，并且去享受上帝，因为只有上帝才配得荣耀。④ 因此，一方面，耶稣用自己生命和死亡来证明他对上帝的完全信靠，由此表达他对上帝的荣耀，最终使自己和上帝同等地享受着万物与子民对他们的荣耀，以至于达到了他所追求的永恒；另一方面，耶稣还通过自身使世间万物获得上帝的荣耀，从而又让上帝在万物中得以荣耀，这一过程让耶稣的生命收获了永恒。

对于耶稣而言，他所追求的永生不仅指人类的生命，而且指一切生物

---

① ［德］于尔根·莫尔特曼著：《来临中的上帝》，曾念粤译，上海三联书店，2006 年版，第 285 页。
② 刘小枫主编：《20 世纪西方宗教哲学文选》，上海三联书店 2000 年版，第 1835 页。
③ 《约翰福音》17：1—5）。
④ ［德］于尔根·莫尔特曼著：《来临中的上帝》，曾念粤译，上海三联书店 2006 年版，第 300 页。

的生命。耶稣说："正如你曾赐给他权柄，管理凡有血气的，叫他将永生赐给你所赐给他的人。"[1]一切有血气的万物都将获得永生。于是，有关"一切事物崭新创造"的宇宙终末论象征就显得比上帝之国的历史象征更整全，因为没有宇宙的终末论就没有个人性的终末论可言[2]，"大我"是"小我"得以存在的前提条件，犹如人的灵魂与肉体的关系。人的生命只有在整个历史和宇宙中才有其意义和价值，人的生命不能脱离社会历史和自然环境而得以生存与发展。如果没有整个宇宙的更新，人要获得永生则没有立足之地。从《新约》的出发点也可知，耶稣的最终归宿不仅具有未来性，而且还具有宇宙性；耶稣的未来不仅是个人的未来，而且还是整个世界的未来。所以，对宇宙的盼望才是耶稣整全的盼望，整个的宇宙都应成为上帝所荣耀的对象，即上帝所爱的对象。可以说，在基督教中，宇宙万物能享受上帝之光的普照是耶稣得以超越生死的手段和体现，也是宇宙万物得以超越生命时空的唯一途径。宇宙万物的生命结构也因此借着耶稣的恩典，在上帝的荣耀中一切都变成新的。

2. 新天新地新世界

在希腊文中，有两个词用来代表"新"的意思：第一个词是"neos"，它是指时间上的新；第二个词是"kainos"，它不单指的是时候，而且在质素上也是新的，是从来未曾出现过的。[3] 但是，布特曼说："'新'并不属于上帝的范畴，永恒才是。"而莫尔特曼却认为，"新"这个范畴是操控整个《新约》的终末词语。[4] 笔者以为，对于耶稣基督而言，"永恒"与"新"相辅相成，难以分割。如果没有生命的更新，新人仍旧是带有罪恶的人，追求"永恒"就没有任何意义可言。若是没有生命之"永恒"，生命之"新"则无法继续下去。被钉十字架上的耶稣通过他的复活，给世界带来新的作为以达到永恒之目的。换言之，在一切新天新地新世界中，无须进行"生"与"死"的较量和对话，因为生死界限在此已被超越。

通过耶稣的启示观念可发现，人类的现存状态正在接近它的终点，这

---

[1]（《约翰福音》17:2）。
[2] [德]于尔根·莫尔特曼著：《来临中的上帝》，曾念粤译，上海三联书店 2006 年版，第 123 页。
[3] [英]巴克莱著：《新约圣经注释》，胡慰荆、梁敏夫译，中国基督教两会 2007 年版，第 2685 页。
[4] [德]于尔根·莫尔特曼著：《来临中的上帝》，曾念粤译，上海三联书店 2006 年版，第 26 页。

个终点将是一场剧变,一种类似分娩之痛的"极度痛苦",但又是一次"重生"。① 恰似约翰在启示录中描写的,揭开第二印的时候,听见第二个活物说:"你来!"就另有一匹马出来,是红的,有权柄给了那骑马的,可以从地上夺去太平,使人彼此相杀,又有一把大刀赐给他。② 这匹使人际关系断裂、社会充满痛苦仇恨的红马被耶稣收住了缰绳,耶稣战胜了罪大恶极的巨魔撒旦。于是,弥赛亚在云中出现,开始进行审判。在这场审判中,有的被带进昏暗、污秽的汲希纳与撒旦及其判逆的天使为伴,有的则被带进了乐园,他们彼此之间有一条不可逾越的深渊,这种万物的新秩序将是永恒的。③ 耶稣在《马太福音》中说:"我实在告诉你们:你们这跟从我的人,到复兴的时候,人子坐在他荣耀的宝座上,你们也要坐在十二个宝座上,审判以色列十二个支派……然而,有许多在前的,将要在后;在后的,将要在前。"④耶稣的审判不是一个终结,而是一个新的开始,他纠正了混乱、无序的旧秩序,使得在世上卑微的人,在天上将可能为大,而在世上为大的人,在将来的世界中可能成为卑微的,从而创造了一个新的世界秩序。

在这样一个新的秩序之中,先前如尼禄时期迫害基督徒,实施惨无人道的酷刑,令人痛苦且四处黑暗的天地已成为过去。约翰说:"我又看见一个新天新地。因为先前的天地已经过去了,海也不再有了。"⑤上帝如莫尔特曼在《来临中的上帝》中所言,既临在于历史的时间中,又内住在历史的空间中。或者说,原来充满罪恶、恐怖的地上之城变成了充满上帝临在的宇宙圣殿。因此,上帝宇宙性的舍金纳构筑了一个将获得永恒福祉的新天新地。在这新天新地中,上帝充满着万有,万有将洋溢着上帝之爱。

总之,耶稣通过他的上帝之国和宇宙性的临在以达到超越生死的目的,但是耶稣又深深知道,上帝之国是属灵的、无形的,是用肉眼无法审视

---

① [法]欧芮斯特·勒南著:《耶稣的一生》,梁工译,商务印书馆1999年版,第213—214页。
② (《启示录》6:3—4)。
③ [法]欧芮斯特·勒南著:《耶稣的一生》,梁工译,商务印书馆1999年版,第213—214页。
④ (《马太福音》19:27—30)。
⑤ (《启示录》21:1)。

的,但它可以借助其他有形的方式来加以彰显。因此,教会及一些节日礼仪也是耶稣基督和信徒超越生死的神圣手段。

### (三) 生命超越的有形彰显

教会在基督内,好像一件圣事,就是说教会是与上帝亲密结合以及全人类彼此团结的记号和工具。[①] 这既表明教会与上帝的紧密联系,又表现基督通过教会对信徒进行生命的洗礼,获得生命的沟通和生死的超越。

#### 1. 教会:超越生死的圣地

审视"四福音书"可知,耶稣在努力形成一种有形的组织、一个有机的团体——教会,作为其实现生死超越的途径,基督努力地掌握着教会。耶稣说:"他们永不灭亡,谁也不能从我手里把他们夺去。"[②]耶稣成为教会的头,教会成为他的身体。教会是上帝之国临到世界所产生的复杂的信仰团体,是人的组织与团契,包含各个不同性别与年龄阶段、社会阶层、背景与族群的人,是有份于上帝之国在现今彰显的末世性社群。[③] 教会与上帝之国间有着密切的联系。

第一,教会始于上帝之国。教会是基督徒因着信仰上帝而聚集在一起的大家庭。教会成为联结上帝与基督徒的纽带,从此基督徒与上帝和好,投入上帝的怀抱,他们的生命也因此而发生了改变。教会中形成的人与人的和睦及宽恕关系是基督徒走进上帝之国的前提,基督徒的生命在爱的契合中走向了完满,达到了永恒。

第二,上帝之国因着教会而得到彰显和宣扬。教会是上帝之国的器皿与托管者,上帝之国的作为与权能通过教会而彰显,死亡的权势不能胜过教会,并且上帝要借着教会"使天上执政的、掌权的,现在得知上帝百般的智慧"[④]。在教会里,基督徒能够"经验"到上帝之国的真实,他们对上帝之国进行诠释与描述,上帝之国的神秘性在此被揭露,从抽象变得具

---

① [德]卡尔·白舍客著:《基督宗教伦理学》(第2卷),静也、常宏译,上海三联书店2002年版,第667页。
② (《约翰福音》10:28)。
③ 陈俊伟著:《天国与世界》,宗教文化出版社2010年版,第313—314页。
④ 陈俊伟著:《天国与世界》,宗教文化出版社2010年版,第316页。

体。故可以说,教会是上帝之国的证明人。

第三,教会在本质上也是属天的,它与上帝之国都具有拯救性与末世性的功能。"圣灵向众教会所说的话,凡有耳的,就应当听! 得胜的,我必将神乐园中生命树的果子赐给他吃。"①教会是完全顺服基督的,握有"上帝之国的钥匙",享有捆绑与释放的权柄。教会不但在现今为上帝之国作见证,其目标是末了要显现的上帝之国,并期待成为上帝之国完全来到时的社群。② 耶稣用心组建的教会组织成为基督徒跨越生死线的重要场所。这个组织在世俗的生活中因为与政治生活有着千丝万缕的联系,所以其虚伪、腐败与堕落的负面作用也在一定程度上日益凸显起来,由此遭到许多信徒的反对。马丁·路德的宗教改革强调废除教会的职能,坚持只要内心信仰上帝,"因信称义",便可直接与上帝对话,实现生与死的超越。尽管如此,教会和教会组织中的一些祭祀活动与节日礼仪,在相当程度上可以说明当时耶稣生死超越的思想。

### 2. 礼仪:超越生死的圣事

"礼仪"(ordinance)是"基督指示他的教会所执行的外在仪式"。由于基督教以古犹太教为基础发展而来,因此在节日礼仪上,基督教仍保留了犹太教的一些内容,如守安息、节期、遵守禁食礼仪等,这些现在都成为基督教的重要节日,并被赋予了时代性。③ 比如,安息日在犹太教中是表示自由日、休息日及聚会日的节日,一般认为是纪念上帝创造宇宙后而安息的一天,即星期六。在基督教中,安息日纪念耶稣从死里复活的日子,被称为主日,在星期天。这样,基督徒主日礼拜在纪念基督复活的同时,又能获得基督所赐的快乐,基督徒的生命在仪式中与上帝进行交流,接受上帝的恩赐,从而更加脱俗。"礼仪"又为"圣礼"(Sacrament),是由希腊文"musterion"引申而来的,指"有神秘意义的东西",是不可见的恩典的一种可见的形式,一般来讲有七种仪式,即洗礼、坚振、告解、圣餐、终傅、神品和婚配。④ 这些不同的圣礼有着不同的意蕴,但在一定程度上都起到

---

① 《启示录》2:7)。
② 陈俊伟著:《天国与世界》,宗教文化出版社 2010 年版,第 317 页。
③ 谢炳国编著:《基督教仪式和礼文》,宗教文化出版社 2000 年版,第 2—3 页。
④ 谢炳国编著:《基督教仪式和礼文》,宗教文化出版社 2000 年版,第 2 页。

超越生死的作用。

　　首先,洗礼被认为是耶稣基督亲自设立的圣事,神圣不可动摇。耶稣说:"天上地下的所有权柄都交给了我。所以,你们要去,使万民成为门徒,奉父、子、圣灵之名给他们施洗。"①这种由耶稣首设的受洗代表着子民走进上帝的第一步,有着赦罪和获得上帝救赎的深刻内涵。耶稣说:"信而受洗的,必然得救,不信的,必被定罪。"②同时,耶稣将这种权柄交给了他的门徒。耶稣说:"就如父派遣了我,我也同样派遣你们……你们赦免谁的罪,就给谁赦免;你们存留谁的,就给谁存留。"③洗礼使子民与上帝重新立约,获得了恩典,以此拯救人的灵魂,赋予人的灵魂一种超性的生命。德尔图良曾说:"肉身受洗,使灵魂得免肉体玷污;肉身受膏,使灵魂得以成圣;肉身受按手,使灵魂得圣灵的光照;肉身受基督圣礼宝血的饲养,使灵魂得受上帝的滋养。"④奥古斯丁也认为,洗礼能将人的原罪和受洗者的罪都洗去。但是,中世纪经院哲学家托马斯认为,仅有受洗还不够,它还必须依靠祷告的辅助作用。托马斯说:"人在领洗后,要想最终使灵魂获救,就必须不断祈祷,因为罪过虽经圣洗赦免,但罪恶的劣根并未铲除。"⑤祷告具有敬拜、认罪、代求、赞美和感恩五层意义,使人与上帝的关系更加和谐。圣礼坚振也能使信徒所获得的新生命更加完满和丰富。

　　同时,耶稣基督还借助圣餐的超越作用,深受犹太教传统中的逾越节晚餐的影响。圣餐是在祝圣饼酒中,把饼、酒"变成"耶稣的身体和血液,即圣体。圣体使基督徒的生命获得一种超越。耶稣说:"吃我肉喝我血的人,就有永生,在末日我要叫他复活。"⑥耶稣的圣体给予基督徒精神食粮,是他们精神生命得以延长的不可或缺的手段。在托马斯看来,圣体圣事所给予超性生命的效能,好比丰富的食物之于自然生命,起着延续、滋养、康复等多种作用,它增强了爱德,坚固了宠爱,接受了考验。⑦圣餐后

① 《马太福音》28:18—19)。
② 《马可福音》16:16)。
③ 《约翰福音》20:21—23)。
④ 谢炳国编著:《基督教仪式和礼文》,宗教文化出版社 2000 年版,第 100 页。
⑤ 康志杰著:《基督教的礼仪节日》,宗教文化出版社 2000 年版,第 44 页。
⑥ 《约翰福音》6:54)。
⑦ 康志杰著:《基督教的礼仪节日》,宗教文化出版社 2000 年版,第 99—100 页。

来成为纪念耶稣受难和复活的重要仪式,基督徒在此期待并体悟着基督临在于圣餐之中,以使其获得灵性的超越生命。

并且,基督教十分关注人的生前,强调人死亡之前的"临终关怀"——终傅,终傅是指神父用那种圣橄榄油涂在临终病人的双眼、双耳、鼻子、嘴唇、双手、双脚及腰的两侧。[①] 这是借着圣礼以安慰和帮助即将离世的人,使他们借助耶稣基督的力量战胜一切病魔所带来的痛苦。同时,要借着对罪的赦免以达到医治灵魂的功效,从而使其能够心灵平静地踏上通往天国的路。基督教也十分重视死亡问题,注重死后的丧礼,整个丧礼以追思感恩、赞美荣耀上帝为宗旨,基本程序包括宣召、唱诗、读经、讲道、行述、祷告等。对于信徒来说,在一系列的追思活动中,人的肉体生命也许会消失,但他们却深信灵魂能与上帝同在。

综上所述,耶稣基督在无形的、美丽的上帝之国中,以及在有形的教会和礼仪中,达到自我和信徒的生死超越,并且在构筑上帝宇宙性的舍金纳中,使得万有变成全新乃至永恒。

## 第四节　保罗的生命伦理思想

从整本《新约》的内容看,福音书中的耶稣故事和保罗书信差不多占据整个《新约》的四分之三,足见耶稣和保罗在早期基督教教会中的重要地位。据记载,《新约》中最早成文的文字就是使徒保罗所写的那些书信,它们是整个《新约》中屈指可数的,我们能够确定其作者身份和大致写作时间的篇目;保罗所写的书信为今天的读者保存和呈现了原始基督教最真实和最自然的状态,有学者称保罗书信记录了基督教初生时的"本真态"。[②] 因此,让我们细细地品味保罗书信,走进保罗的人生世界,去领略保罗伟大的精神智慧,从而进一步理解早期基督教的生命精髓。

---

① 谢炳国编著:《基督教仪式和礼文》,宗教文化出版社 2000 年版,第 11 页。
② 张晓梅著:《使徒保罗和他的世界》,社会科学文献出版社 2012 年版,第 1 页。

# 一、"三位一体"的上帝观

保罗出生在一个犹太法利赛教派家庭,从小接受和学习犹太教的律法,对犹太教有着较深的了解。保罗成长生活在一个希腊化的大数城,从保罗一系列的书信中不难得知,保罗接受过"希腊—罗马教育",深受希腊文化的熏陶和影响。因此,保罗对上帝的认知既延续和继承了犹太教的传统观念,又在现实的生活中产生了许多新思想。

## (一) 神的属性特征

众所周知,犹太人是坚定的一神主义者,保罗作为一个基督徒,仍旧坚信上帝是独一的,坚持着一神论的观念。"但中保本不是为一面作的,神却是一位。"①"知道神只有一位,再没有别的神。"②虽然保罗仍然是个不折不扣的一神主义者,但是保罗的书信中已经不知不觉地将一神主义的上帝发展走向成为具有"三位一体"的轮廓或雏形。保罗虽然没有明确或正式对三一神观念作出解释,但在保罗书信中却能找到许多相关思想的证明。保罗书信中有些经文使用了"三位一体"公式,有些出现了圣父、圣子、圣灵三种密切相关的不同表达。"恩赐原有分别,圣灵却是一位;职事也有分别,主却是一位;功用也有分别,神却是一位,在众人里面运行一切的事。"③"愿颂赞归与我们主耶稣基督的父神! 他在基督里曾赐给我们天上各样属灵的福气。"④保罗虽然采用了三元的表达形式,但却没有对此进行严格的区分。⑤ 保罗书信里充满了对三一神的颂赞。在保罗看来,他们具有相同的位格。

在保罗的全部作品中,耶稣就是"主"的观念被一以贯之。"你若口里

---

① 《加拉太书》3:20。
② 《哥林多前书》8:4。
③ 《哥林多前书》12:4—6。
④ 《以弗所书》1:3。
⑤ [美]霍桑(Gerald F. Hawthorne, Ph. D.)、[美]马挺(Ralph P. Martin, Ph. D.)著:《21世纪保罗书信辞典》(上册),杨长慧译,团结出版社2015年版,第540页。

认耶稣为主,心里信神叫他从死里复活,就必得救。"①"愿主耶稣基督的恩常与你们众人同在!"②当时,歌罗西教会的一些教徒认为,需要存在其他超自然媒介,耶稣只不过是上帝的几个可能的彰显方式之一。针对这种错误认知,保罗坚决认为"上帝本性一切的丰盛,都有形有体地居住在基督里面"③。圣父的作为是通过圣子耶稣基督或圣灵的功用来最终呈现的,神的作为亦可称为耶稣或圣灵的作为。仅在《罗马书》的第8章,圣灵就被提起二十次以上,这足以彰显,保罗坚决认为圣灵代表的就是上帝的力量。④ 保罗相信神是一位,因此神的灵也只有一位,圣灵也就是神的灵。保罗虽然没有直接探讨有关圣灵的位格,但从保罗书信中可以发现,保罗极度盼望教会成员能够明白,圣灵具有神的性质。或者说,圣灵与主耶稣之间有着密切的关系,圣灵亦具有耶稣基督的性质,圣灵也被称为"基督的灵"或者是"神儿子的灵"。"如果神的灵住在你们心里,你们就不属肉体,乃属圣灵了。人若没有基督的灵,就不是属基督的。"⑤与神的儿子耶稣基督相交,就等于与圣灵相交。⑥ 圣灵具有重要的中保作用,圣灵将圣子和他的祝福带给信徒,使得基督与基督徒同在。"但与主联合的,便是与主成为一灵。"⑦在保罗看来,圣灵代表上帝的力量,会赐给基督徒力量,使得他们生出新的像圣子一样的品格。在保罗书信中,圣父、圣子、圣灵三位的称呼虽有不同,但有时是完全重叠和代用的,他们三者具有同一性,在本质上是合一的。有学者指出,"三位一体"的表述虽然不是出自圣经,但是在指谓上帝之时,经文中不断出现圣父、圣子、圣灵三种称呼,它们也就成为基督教三一思想的渊源所在⑧,最终演变成为基督教"三位一体"的教义。上帝的三个位格之间是密切关联、相互融合的一个整体,

---

① (《罗马书》10:9)。

② (《哥林多前书》16:23)。

③ (《歌罗西书》2:9)。

④ [英]巴克莱著:《新约圣经注释》,胡慰荆、梁敏夫译,中国基督教两会2007年版,第1436页。

⑤ (《罗马书》8:9)。

⑥ [美]霍桑(Gerald F. Hawthorne, Ph. D.)、[美]马挺(Ralph P. Martin, Ph. D.)著:《21世纪保罗书信辞典》(上册),杨长慧译,团结出版社2015年版,第600页。

⑦ (《哥林多前书》6:17)。

⑧ [美]奥尔森著:《基督教神学思想史》,吴瑞诚、徐成德译,北京大学出版社2003年版,第51页。

它既是一，又是三，这也正是基督教上帝内在的奥秘所在。

在《旧约》里，上帝创造了宇宙万物和人类，上帝是一种自有永有的存在。保罗继承了古犹太教中的上帝是造物主的观念，他称神为"你是造天、地、海和其中万物的"①，并且大胆向雅典人宣告他们所不认识而敬拜的神是"创造宇宙和其中万物的神，……他从一本造出万族的人，住在全地上，并且预先定准他们的年限和所住的疆界"②。在保罗心中，上帝拥有创造万事万物的大能，上帝的永能和神性似乎明明是可知的，但是上帝却不能被眼睛所看见，只能借着所造之物去显现上帝的创造之力。而且，在保罗看来，万物虽是由上帝所造，但万物又是借着基督而被造的。"因为万有都是靠他（基督）造的，……一概都是藉着他造的，又是为他造的。"③保罗的上帝创造论中，强调了基督在创造中的角色和作用，但是这也绝不会因此而贬低上帝在创造中的角色，而是表达出二者共同的参与和创造。同时，保罗又清楚地指出，上帝创造万物是"为了"（eis）基督而造，从而形成以基督为中心的世界。④ "万物都是藉着他有的，我们也是藉着他有的。"⑤在《以弗所书》中，保罗再次强调基督在上帝的计划和基督徒生命里的中心位置。"使天上地上一切所有的，都在基督里面同归于一。"⑥

同时，保罗认为，上帝不仅创造了万物，而且还对被照管的万物进行照管和教导。比如，保罗坐船前往意大利时，在海上遇到大风暴，是上帝派使者站在他身旁，带领他走出千难万险，并且上帝赐给保罗力量和信心，指引他救出同船的众人在马耳他岛登陆，最终抵达罗马。在保罗看来，上帝照管的能力是遍及全人类的，是所有人的救世主，但当他的子民经历到磨难之时，上帝会特别悉心地眷顾他们。"惟有基督在我们还作罪

---

① 《使徒行传》4:24）。
② 《使徒行传》17:24—26）。
③ 《歌罗西书》1:16）。
④ ［美］霍桑（Gerald F. Hawthorne, Ph.D.）、［美］马挺（Ralph P. Martin, Ph.D.）著：《21世纪保罗书信辞典》（上册），杨长慧译，团结出版社2015年版，第526页。
⑤ 《哥林多前书》8:6）。
⑥ 《以弗所书》1:10）。

人的时候为我们死,神的爱就在此向我们显明了。"①上帝在万事中工作,使那些爱上帝的人得益处。上帝对受造物的关照是按照他自己的意愿和方式进行的。并且,上帝的关照是通过他的爱、恩典和怜悯来进行的。上帝的爱是通过他儿子的死显明的,借着圣灵浇灌在信徒的心中。② 在保罗心中,上帝是一个充满慈悲、怀有恩典和具有爱心的照管者。

另外,保罗认为,神是至高无上的君王。"那可称颂、独有权能的万王之王、万主之主。"③不言而喻,至高无上的上帝是严厉的、威严的、公义的和具有审判力的。"神降怒,是他不义吗? 断乎不是! 若是这样,神怎能审判世界呢?"④从上帝的威严中也反映出他的一颗公义和恩慈之心。"可见神的恩慈和严厉,向那跌倒的人是严厉的,向你是有恩慈的。"⑤上帝会用公义审判世界,这反映他公义的本性。⑥ 在保罗看来,上帝按照公义审判,表明他不会偏袒任何人,无论是犹太人还是外邦人,除了基督之外,所有人都不可能逃避上帝的审判。"至于那些有名望的,不论他是何等人,都与我无干。神不以外貌取人。那些有名望的,并没有加增我什么。"⑦由此可知,保罗心目中的上帝是公义和公平的,这是上帝重要的本质属性。

### (二) 与基督的合一

上帝作为造物主、关照者、君王和审判者的角色,决定了人在上帝面前需要保持谦卑的姿态,坚持恭顺与服从原则,对上帝持有不容置疑的态度。换言之,上帝是每个基督徒都要恭顺和服从的主人。正如奥古斯丁认为,从保罗书信的字里行间读出一种极端的谦卑论,一切荣耀归于神,而人毫无可以自夸之处。奥古斯丁指出,在《罗马书》第 9 章到第 11 章

---

① 《罗马书》5:8。
② 《罗马书》5:5。
③ 《提摩太前书》6:15。
④ 《罗马书》3:5—6。
⑤ 《罗马书》11:22。
⑥ [美]霍桑(Gerald F. Hawthorne, Ph.D.)、[美]马挺(Ralph P. Martin, Ph.D.)著:《21 世纪保罗书信辞典》(上册),杨长慧译,团结出版社 2015 年版,第 530 页。
⑦ 《加拉太书》2:6。

中,保罗在痛苦挣扎中最后得出的教训就是,世人绝无可能凭自己的意愿和力量行善、自救。① "你们得救是本乎恩,也因着信。这并不是出于自己,乃是神所赐的。"②在保罗看来,人之所以不能完成自救,那是因为人靠自己的力量根本无法认识上帝,要认识上帝,只有与耶稣合一才能认识基督,认识了基督才能认识上帝,才能够有资格成为一个基督徒。奥古斯丁和他之前的基督教的神秘主义者们,用古典哲学的道德伦理观,从善与恶的角度来阐述人与上帝的关系,因而得出人的内在就是上帝的结论,寻找上帝,与上帝的合一,就是揭示人的本质,找回人原有的善。③ 基督是上帝的智慧和大能,人借着圣灵住在身子里便不再做恶的事情。保罗本人可能会被批判为犹太教的叛徒,但是对于他而言,他在上帝面前带着真生命的印记④,正如保罗在《加拉太书》中所说的,他自己身上是带着耶稣的印记的。⑤

保罗强调,与基督合一,人与上帝的新关系就会形成新的结果。人从上帝对罪的审判中解放出来,从罪的权势下解放出来,人其实进入了一种新的服侍,不再是"罪的奴仆",而是"上帝的奴仆"⑥;人通过上帝的灵在基督身上做工而从死亡中脱离出来,"靠着爱我们的主,在这一切的事上已经得胜有余了"⑦;人从律法下获得自由,不必靠着遵守律法才能获得上帝的怜悯和恩典⑧;基督徒实现了"在基督里的自由"⑨。基督徒所获得的自由不是随心所欲的,而是要"效法他儿子的模样"去做工。⑩ 因此,早期基督徒出现许多效仿耶稣基督行为的殉道者,哪怕他们受到再多的迫害,如司提反被石头砸死之后,从《新约》中仍可以看到"那些分散的人往

---

① 张晓梅著:《使徒保罗和他的世界》,社会科学文献出版社 2012 年版,第 4 页。
② 《以弗所书》2:8)。
③ 王亚平著:《基督教的神秘主义》,东方出版社 2001 年版,第 117 页。
④ [英]约翰·德雷恩著:《新约概论》,胡青译,北京大学出版社 2005 年版,第 365 页。
⑤ 《加拉太书》6:17)。
⑥ 《罗马书》6:22)。
⑦ 《罗马书》8:37)。
⑧ [英]约翰·德雷恩著:《新约概论》,胡青译,北京大学出版社 2005 年版,第 414 页。
⑨ 《加拉太书》5:1)。
⑩ 《罗马书》8:29)。

各处去传道"①。在教会最初三百年间殉道的基督徒数量虽没有准确的数字，但据优西比乌说，在底比斯被处死的基督徒非常之多，以致"杀人的斧子都钝了……而刽子手们累得精疲力竭，只好轮流行刑"。② 由此可以发现，早期基督徒身上具有如耶稣基督一般的虔诚与忠诚。但是，所有基督徒都要做出殉道的举动并不容易，因此有些基督徒通过在修道院进行修炼，过着修道的生活。这些早期的修道运动体现的是为理想而殉道的崇高精神，尤其希望通过祈祷的作用去寻求他们所希冀的与上帝的合一。

## 二、"若不死，就不能生"的态度论

从保罗的出身来看，保罗虽然是出生在外邦城邑的罗马公民，但他却心怀犹太国人的盼望、野心、傲慢、偏见和爱国主义情怀。保罗曾称自己是"希伯来人所生的希伯来人。就律法说，我是法利赛人；就热心说，我是逼迫教会的；就律法上的义说，我是无可指摘的"③。保罗曾是犹太领袖眼中大有希望和前途的青年。但是，从《新约》中可以发现，当看到第一个殉道者司提反受到他们的迫害时表现出那种容忍和饶恕的态度时，保罗的内心深有不安，再加之他看到其他耶稣信徒在遭受逼迫时表现出的坚韧不屈的精神，他原有的信仰和偏见似乎在发生动摇。保罗在去大马士革路上的奇特经历，让他义无反顾地走上了一条充满艰险的血染传道之路，演绎出他在生命与生活面前的别样态度。

### （一）坚韧宽容

保罗从一个对基督教会残忍无情的逼迫者悔改成一个积极维护者和热情传扬者，这种改变需要一种更加坚定的信仰和力量作为支撑。因此，在传道的过程中哪怕遇到再大的危险和困难，保罗在生活中都展现出一种异样的坚韧品质。保罗在《哥林多后书》中列举了他曾经的折磨和遭

---

① 《使徒行传》8:4。
② ［美］阿尔文·J.施密特（Schmidt A.J.）著：《基督教对文明的影响》，汪晓丹、赵巍译，上海人民出版社 2013 年版，第 8 页。
③ 《腓立比书》3:5—6。

遇,其中有多次下监牢;被犹太人鞭打五次;被棍打三次;被石头打一次;遇着船出故障有三次,在深海里历经一昼一夜;又屡次行远路,遭遇过江河的、城里的、旷野的和海中的危险,还经历过盗贼的、同族的、外邦人的和假弟兄的危险,他为真理忍饥挨饿,露体受冻。保罗在这一切困苦患难的背后迸发出来的,是忍耐的可贵品质。对于保罗而言,这是一种胜利的忍耐,这种忍耐能够应付一切,能够使人有能力面对包括死亡在内的一切遭遇,还会使他即使处于进退维谷,无法脱颖而出的情况之下,也能够呼吸天上的空气。① 保罗认为,当基督徒遭遇到敌人逼迫时,需要除去伸冤复仇的思想,需要为逼迫他的人祷告。

同时,针对基督徒普通的日常生活规则,保罗也提出了需要保持忍耐的行为要求,"在指望中要喜乐,在患难中要忍耐,祷告要恒切"②。保罗劝告基督徒身处患难时,要保持坚韧不拔地克服艰险的气概。正因为如此,早期基督徒以其道德的生活方式遭受罗马人的排斥和压迫,这些迫害不但没有削弱他们的斗志,反而促进了基督教的发展。早期基督徒在现实生活中哪怕受到再大的折磨和迫害,仍然保持高度的道德自律精神,坚守着他们自己的意志和方向。"凡事谦虚、温柔、忍耐、用爱心互相宽容。"③保罗认为,忍耐是基督徒需要具有的一种重要精神品质,这是一种不承认失败、善于坚持到底的精神。保罗用赛跑进行比喻,"凡较力争胜的,诸事都有节制,他们不过是要得能坏的冠冕:我们却是要得不能坏的冠冕"④。在保罗看来,基督徒要想获得胜利,要像参加希腊罗马竞赛的选手一样,必须操练刚毅、耐心和自制的品质。人生就是战场,既要知道自己的奋斗目标,还要具备取得胜利的法宝,学会用宁静忍耐的态度对待人生。这种忍耐力不仅需要忍耐任何外部环境,而且可以支配环境,它可以激发基督徒将生活中的挫折变成不断前行的垫脚石。

保罗强调忍耐的对象不仅是生活中面临的困境,而且是人生中所遇到的人,而对于后者而言,就表现出另一种重要的精神品质——宽容。比

---

① ［英］巴克莱著:《新约圣经注释》,胡愍荆、梁敏夫译,中国基督教两会 2007 年版,第 1642 页。
② 《罗马书》12:12。
③ 《以弗所书》4:2。
④ 《哥林多前书》9:25。

如,保罗在以弗所工作期间常不断操劳,处在许多的考验和精神上的痛苦之中。保罗因他所奠定的教会有离道反教的事而深为忧伤,纵然有许多反对他的声音,他仍然找机会根据不同的需要给各处教会写信,责备、指导、劝诫并勉励他们①,但是保罗从来没有放弃过他们。保罗在耶路撒冷和小亚细亚之间来回奔走,足迹遍及哥林多、以弗所、安提阿、凯撒利亚和罗马,他传播福音,创建教会,到处受到偏见和嫉妒,他仍时常保持谦逊、谨慎和宽容的态度。"务要传道!无论得时不得时,总要专心,并用百般的忍耐,各样的教训,责备人,警戒人,劝勉人。"②从《新约》中可以看出,保罗的一生乃是贫穷、克己和痛苦的。保罗渴望得到仁爱和同情,可是他却无畏地应付误会、责骂、仇恨和侮辱,勇敢地忍受危险和痛苦所带来的令人寒心的恐惧。③ 保罗不仅自己做到克己,而且要求基督徒能保持自由开放的姿态。"有人信百物都可吃,但那软弱的,只吃蔬菜。吃的人不可轻看不吃的人,不吃的人不可论断吃的人。"④保罗认为,在一个团契中,基督徒要用比较宽广的胸襟和自由的态度对待他人,没有人有权利去论断别人,因为这样的权柄只属于上帝。

### (二) 创新生命的平等

剖析《新约》中保罗的作品不难发现,保罗的所言所行是以一种崭新的、具有挑战性的方式在进行着。约翰·德雷恩认为,从历史的角度来看,保罗可以称作一位在早期基督教会成长过程中富有创新精神的思想家。⑤ 保罗的创新精神在生活中表现为,他在追求各种人际关系的和谐与生命的平等。众所周知,在早期基督徒入住罗马之前,罗马人对生命的蔑视和不尊重程度是触目惊心的,生命被看成廉价的,甚至是可以肆意毁灭的。比如,妇女地位低下、杀婴陋习、弃婴盛行、奴隶作为角斗士是可以灭杀的对象等。这些成为犹太人与外邦人之间一直存在的矛盾与壁垒。

---

① [美]Ellen G. White 著:《使徒保罗传》,吴涤申编译,世界知识出版社 2011 年版,第 108 页。
② 《提摩太后书》4:2。
③ [美]Ellen G. White 著:《使徒保罗传》,吴涤申编译,世界知识出版社 2011 年版,第 237 页。
④ 《罗马书》14:2—3。
⑤ [英]约翰·德雷恩著:《新约概论》,胡青译,北京大学出版社 2005 年版,第 453 页。

当时,在罗马和犹太背景文化的社会中,犹太人瞧不起外邦人,罗马人鄙视他们口中的"野蛮民族",互相排斥、鄙视、压迫和奴役的现象比比皆是。自从认识到耶稣基督的弥赛亚作用后,保罗不仅自己的生命发生了全新的变化,而且也在努力让他人的生命发生改变。保罗明白福音的作用可以打破所有外界的束缚和藩篱,可以去践行一种全新的、开放的和平等的人际关系。"并不分犹太人、希腊人、自主的、为奴的、或男或女。"①在有些学者看来,这种平等超越了种族/国家的、社会财富/地位的,甚至自然性别的区别,可以称为一种"激进的"平等,不承认任何一种先天或后天的人的差异。② 比如,保罗在私人信件《腓利门书》中强调,要把逃跑的奴隶可尼西母归还给他的主人腓利门,"不再是奴仆,乃是高过奴仆,是亲爱的兄弟"③。保罗凭借道德的压力,迫使主人自愿还奴隶自由,但是他并没有从根本上攻击奴隶制度。对于保罗而言,基督是化解世俗人际关系不平等的重要途径。无论主人还是奴仆,在耶稣基督那里都为一,他们因为敬畏基督而能互相敬重,互相尊重,这是保罗所提倡和希冀的理想人际关系。

　　在家庭关系方面,保罗主张尊重妇女,提倡夫妻相互顺服。犹太人十分轻视妇女,在犹太法律里,妇女不是一个人,只不过是一个物件而已。保罗效法基督,继承了耶稣基督男女平等的思想,不受异教文化的影响,赞誉妇女为同工。罗宾·斯克罗格斯(Robin Scroggs)说:"保罗尊妇女为他的同工。她们协助建造、领导教会,她们在公开聚会时祷告、说预言。"④妇女由此享有自由和尊严。保罗对哥林多人说:"丈夫当用合宜之分待妻子,妻子待丈夫也要如此。"⑤基督徒夫妻应当都有一颗敬畏基督的心,彼此要顺服。⑥ 保罗曾在以弗所对基督徒说:"你们作丈夫的,要爱

---

① 《加拉太书》3:28。
② 张晓梅著:《使徒保罗和他的世界》,社会科学文献出版社2012年版,第217页。
③ 《腓利门书》1:16。
④ Robin Scroggs, "Paul: Chauvinist or Liberationist?", *Christian Century*, 15 March 1972, 308.
⑤ 《哥林多前书》7:3。
⑥ 《以弗所书》5:21。

你们的妻子。"他又补充道:"爱妻子便是爱自己了。"①保罗要求丈夫爱自己的妻子,这种爱犹如基督爱教会一般,是能够为着妻子的利益而随时准备牺牲自己的爱。对于基督徒而言,性事是神圣而隐秘的,是夫妻之间彼此相爱、互相尊重的一种真情表达,而不是个人自私欲望的满足。保罗不仅要求夫妻之间的平等,父母与子女之间的关系也需要改变。保罗时代,罗马的父亲在家里享有绝对的权柄,掌握着儿女一辈子的生死大权,甚至存在父亲不承认孩子,要抛弃孩子的重大危险。保罗指出:"要孝敬父母,……你们作父亲的,不要惹儿女的气,只要照着主的教训和警戒养育他们。"②儿女要尊重和服从父母,父母切不可挫伤儿女的锐气。保罗挑战的是原有尊卑有序和不合理的家长制度,追求的是一种新型平等的家庭伦理关系。③ 而且,保罗针对当时男女两性关系道德观念荡然无存,婚姻关系非常松弛放荡,离婚、奸淫等属于普遍正常现象之社会现实,提出要建立男女关系的新法典,"上帝的旨意就是要你们成为圣洁,远避淫行"④。保罗指出,夫妻都要用圣洁和尊贵守住自己的身体,夫妻共同高举圣洁的生活和担当是维护家庭的重要职责。

### (三) 为着活而死

保罗作为基督教的第一位神学家,要想了解他对待死亡的态度或者关于死亡的理解,首先需要理解保罗眼中的"身体"。据统计,在保罗书信中,"身体"一词出现过九十一次,不仅概念复杂而且意义丰富。吉威特(R. Jewett)认为,保罗有关人类学的教导大部分源自他与希腊对手(诺斯底派?)的接触衍生而得。⑤ 诺斯底主义持有的是善恶二元论的观点,主张人由灵与肉两部分组成,而灵魂是善的,肉体是恶的。整个希腊及受希腊思想影响的世界都相信灵魂不灭论,但灵魂的永恒却与身体截然分开。

---

① (《以弗所书》5:25,28)。

② (《以弗所书》6:3—4)。

③ [美]阿尔文·J.施密特(Schmidt A.J.)著:《基督教对文明的影响》,汪晓丹、赵巍译,上海人民出版社 2013 年版,第 85 页。

④ (《帖撒罗尼迦前书》4:3)。

⑤ [美]霍桑(Gerald F. Hawthorne, Ph.D.)、[美]马挺(Ralph P. Martin, Ph.D.)著:《21 世纪保罗书信辞典》(上册),杨长慧译,团结出版社 2015 年版,第 105 页。

有学者认为,在保罗书信中,经常出现身体与灵魂二者相重叠的情况,但并不足以构成如当时希腊思想中严谨的二元论。贝斯特指出:"我们不能将人分为'我'及'非我',灵魂与身体。人是单一的个体,可以是一个'身体',也可以是一个'灵魂'。"①保罗在人论中采用的智慧文学元素相当多元,不是二元论能够概括的,因此保罗的人论不能以二元论的智慧来分析。② 在保罗看来,有时身体是可以与肉体等同的,身体也就是肉体的简称。"使你们必死的身体又活过来。"③"谁能救我脱离这取死的身体呢?"④这里肉体是必定会死亡的,保罗的肉身存在也是必死的。保罗承继了《创世记》中上帝用泥土创造亚当的思想,强调属土的也就是必朽坏的,"死由亚当来",这一切正是人的罪与悖逆导致了肉体的死亡。死亡在现世的肉体生命中掌权。所以,保罗的"身体"并不是一个单一的概念。邓恩如此评论:"每次σῶμα出现在保罗书信,读者都需要留意,此词并非仅止于肉身的意义,其整全的意义包括肉身在内,但并非仅止于此。"⑤保罗的肉体有时指的是"罪身",而"罪身"是一定会死的,"使罪身灭绝,叫我们不再作罪的奴仆,因为已死的人是脱离了罪"⑥。但是,保罗没有受希腊化主义的影响,像柏拉图学派一样认为肉体或身体是"灵魂的监狱",强调永生不朽就要抛弃身体,从而完全轻视肉体的作用。

保罗强调,肉体虽然必定朽坏,但肉身受死在复活中却有着重要的作用。一方面,肉身受死成为耶稣基督复活的前提,成为他救赎和做工的凭借,即耶稣基督的死是为了众人的活。耶稣被钉十字架是为众人的罪而死,第三天从死里复活了。"但如今他藉着基督的肉身受死,叫你们与自己和好,都成了圣洁,没有瑕疵,无可责备,把你们引到自己面前。"⑦耶稣

---

① [美]霍桑(Gerald F. Hawthorne, Ph.D.)、[美]马挺(Ralph P. Martin, Ph.D.)著:《21世纪保罗书信辞典》(上册),杨长慧译,团结出版社2015年版,第105页。
② [美]霍桑(Gerald F. Hawthorne, Ph.D.)、[美]马挺(Ralph P. Martin, Ph.D.)著:《21世纪保罗书信辞典》(下册),杨长慧译,团结出版社2015年版,第1386页。
③ (《罗马书》8:11)。
④ (《罗马书》7:24)。
⑤ [美]霍桑(Gerald F. Hawthorne, Ph.D.)、[美]马挺(Ralph P. Martin, Ph.D.)著:《21世纪保罗书信辞典》(上册),杨长慧译,团结出版社2015年版,第107页。
⑥ (《罗马书》6:6)。
⑦ (《歌罗西书》1:22)。

基督在十字架上所流的血就是为着他人更好地活着,是为着形成人与上帝、人与人等和睦的人际氛围。因着基督的死,人与上帝之间的隔阂消除了,上帝因此叫万有与他和好,人由此走向上帝,获得上帝的赐福。基督的复活让众人获得崭新的生命。保罗在临刑之前说:"对于我来说,生命就意味着基督和赢得死亡。这两样我都得到了,我的要求是,上路吧,与基督同在。"保罗效仿基督赴死的神秘主义的宗教实践,影响了几个世纪的基督徒。① 另一方面,基督徒的死是为了自己的复活。保罗将身体分为"血气的身体"与"灵性的身体"。"血气的身体"是必死的,复活的身体是灵性的、不朽坏的。必死的身体和复活的身体之间有着无法阻隔的连续性,因为"若不死,就不能生"②。换句话说,在保罗看来,没有死便没有新生,死是为了更好地活。所以,保罗在书信中强调,自己的死亡将是有益处的。③ 但是,复活的身体与现在肉体的身体之间又并非完全相同,因为"并且你所种的,不是那将来的形体,不过是子粒,即如麦子,或是别样的谷"④。由此可以推理出,基督徒所种的是血气的、必朽坏的、羞辱的和软弱的,而复活的是灵性的、不朽坏的、荣耀的和强壮的。基督徒身体的复活需要他们坚信耶稣基督的生命、死亡和复活的事实。"使我认识基督,晓得他复活的大能,并且晓得和他一同受苦,效法他的死,或者我也得以从死里复活。"⑤保罗相信,人死之后仍然是以有形的身体存在着,反对把复活看成一种个人内在的属灵经历。保罗相信整个人的复活,其中包括身体的复活,但复活后的生命要成为新的,因为身体与灵魂都是神圣的。保罗关于生命与死亡的意义十分丰富。从广义而言,保罗视生死为两个极端相反的用语,生命是上帝的恩赐,死亡是罪的刑罚。基督徒借着与基督同死,得以脱离死亡,进入生命。⑥ 在保罗看来,身体的死亡是为了进入新的生命,开始新的生活,但是基督徒绝对不能靠着自己的力量获

---

① 王亚平著:《基督教的神秘主义》,东方出版社 2001 年版,第 80 页。

② 《哥林多前书》15:36)。

③ 《腓立比书》1:21)。

④ 《哥林多前书》15:37)。

⑤ 《腓立比书》3:10—11)。

⑥ 〔美〕霍桑(Gerald F. Hawthorne, Ph. D.)、〔美〕马挺(Ralph P. Martin, Ph. D.)著:《21 世纪保罗书信辞典》(下册),杨长慧译,团结出版社 2015 年版,第 804 页。

得这种自救。总之,基督徒是向着罪死,在基督里活。

## 三、"因信称义"的价值论

保罗是个思想果敢、意志坚强的人,过去他素以自己法利赛式的严格作风自傲,但是自从经历大马士革路上的悔改之后,他的生命发生了重大转变,他从一个逼迫耶稣门徒的少年变成一个热情的参与者和活跃的激进分子,曾经他千方百计要打压和摧毁的基督教,现在已经成为他要用生命去保护和宣扬的事业,以致使他声名远扬。固然,保罗并不是大马士革道路上的一次奇遇便造就完毕的产品,这是他自己内心强大的动力与他身外同样强大的世界遭遇,渐渐塑造而成的。① 保罗思想意识的变化使他用一种全然不同的方式去理解世界,也更加明白自己一生的重要使命和人生追求。

### (一) 引导众人追求真理

在保罗看来,做好一个器皿,引导众人去追求他们的真理,是他一生的重要职责。"他是我所拣选的器皿,要在外邦人和君王并以色列人面前宣扬我的名。"②保罗一直清楚地意识到,他只不过是上帝所拣选的器皿,要履行上帝信使的职责。同时,保罗又深深地知道,这个器皿犹如"普通的瓦器",只不过是上帝临时用来存放其能力的容器而已。"我们有这宝贝放在瓦器里。"③但是,这个器皿又是神圣的,因为保罗正是由此能够使他遇见的那些人的生命发生改变,尤其是在那些人遇到困难的时候,保罗能够借助圣灵的力量让他们走出困境和苦难。犹太人与保罗在许多问题上存在严重的分歧。犹太人认为,割礼是他们成为上帝信徒的必要条件,要成为基督徒只有一条出路,就是先成为犹太人;人是可以借着自己的努力,依赖遵守律法的能力而与上帝恢复良好的关系;坚持的是律法主义。而在保罗看来,外邦人虽然不行割礼,仍然可以成为上帝的选民,他说:

① 张晓梅著:《使徒保罗和他的世界》,社会科学文献出版社 2012 年版,第 191 页。
② (《使徒行传》9:15)。
③ (《哥林多后书》4:7)。

"只要守神的诫命就是了。"①犹太人不可能靠着自己的力量去寻求与上帝的和好,一切的赦免都需要靠上帝的恩典;基督徒不必一味追求顺服那做不到的律法,需要的是上帝的爱。另外,在保罗看来,外邦人在基督没有来临之前,是被排除在以色列民的社会之外的,并且人生是没有希望的。"那时,你们与基督无关,在以色列国民以外,在所应许的诸约上是局外人,并且活在世上没有指望,没有上帝。"②因此,保罗要做的是随时准备帮助他们找到成长的新方向。"我虽是自由的,无人辖管,然而我甘心作了众人的仆人,为要多得人。"③"受割礼不受割礼都无关紧要,要紧的就是作新造的人。"④而且,保罗认为,要消除犹太人与外邦人之间的隔阂,表达他们之间的合一是他传道使命的重要内容,"我却不以性命为念,也不看为宝贵,只要行完我的路程,成就我从主耶稣那里所领受的职事,证明上帝恩惠的福音⑤。保罗知道,他被上帝拣选出来作为器皿,并不是为着权利、为着自己的荣耀和骄傲,而是为着服务、为着要奉献和牺牲他的一生。

而且,从保罗书信中可以发现,保罗不仅是福音的传道人,而且是教会的牧羊人,保罗在积极利用教会去达到他引导众人追求真理的目的。保罗以前是摧残教会的急先锋,他"蹂躏"教会,甚至想把教会夷为平地。但是,经过大马士革之路的悔改后,保罗唯一的人生目的是他甘愿为教会牺牲一切,甚至为它而死,要把这教会普及全世界。⑥ 保罗知道,他所接受上帝托付的工作是世界归主,所宣讲的上帝不再仅仅是以色列民的上帝,而是所有人、所有民族的上帝,是"我们的父亲"。以色列犹太人身份具有特殊性,既不是纯粹的犹太人,又没有被看成真正的罗马人。他们这种被双方排斥在外的感觉,需要一个世界性的思想。保罗正是适应了这种形势的要求,打破了以色列犹太人犹太教狭隘的民族主义情绪,不分犹太人与希腊人、自由人与奴隶、男人与女人,不再把耶稣基督看作仅仅是

---

① 《哥林多前书》7:19。
② 《以弗所书》2:12。
③ 《哥林多前书》9:19。
④ 《加拉太书》6:15。
⑤ 《使徒行传》20:24。
⑥ [英]巴克莱著:《新约圣经注释》,胡慰荆、梁敏夫译,中国基督教两会2007年版,第1685页。

犹太民族的救世主,而是全人类的救世主。① 保罗的目标是要拯救一切相信的,先是犹太人,后是希腊人,让他们在绝望的世界里获得拯救。保罗因此竭力四处劝告和宣扬上帝的福音,哪怕他当时处在被愚拙、被驱逐、被讥诮和被囚禁等险恶的环境之中,他仍然通过书信的形式达到用生命影响生命的目的。

### (二)"因信称义"荣耀耶稣

"因为人心里相信,就可以称义;口里承认,就可以得救。"②追根溯源,保罗热衷于传教的原因在于他的归信。保罗坚定地认为,耶稣复活是一件真实的事情。耶稣复活的事实是保罗具有坚定信仰的前提条件。布特曼指出:"基督徒信仰的本质,就是承认耶稣是主,同时相信祂已复活这一神迹。"③《罗马书》《加拉太书》《哥林多前书》《哥林多后书》因表述保罗神学思想较为充分,被誉为"四主书",堪称基督教神学和教义奠基之作。④《罗马书》和《加拉太书》都在讨论中彰显着保罗的核心思想"因信称义"。"义人必因信得生。"⑤保罗思想中的"信"具有丰富的内涵,"信"的表意是忠心信实、相信之意。但在保罗看来,"信"还表示着信心、希望和信仰,对"信"最合适的解释其实是完全的接受和绝对的信靠,"信"成为一种皈依。保罗的"信心"不是对不可能发生的事情的那种"盲目的信心",因为保罗的信仰是以他自己生命中的确凿事实和经历为基础的。保罗的信心中包含的是以耶稣降生、受死、复活和上帝之国的降临这些绝对事实为基础的,而不是以希望式的想法为基础的对上帝的委身。⑥ 确切地讲,保罗是以"委身"作为他对上帝"恩典"的回应和信心的表达。换言之,保罗的"相信"和"信心"回应了上帝给予他们的那种所不配拥有的爱,而且这种信心要与他人进行分享,要在更广泛的社会群体交往中展现出来。保罗的"因信称

① 王亚平著:《基督教的神秘主义》,东方出版社 2001 年版,第 79 页。
② 《罗马书》10:10)。
③ [美]霍桑(Gerald F. Hawthorne, Ph. D.)、[美]马挺(Ralph P. Martin, Ph. D.)著:《21 世纪保罗书信辞典》(上册),杨长慧译,北京:团结出版社,2015 年版,第 419 页。
④ 张晓梅著:《使徒保罗和他的世界》,社会科学文献出版社 2012 年版,第 156 页。
⑤ 《罗马书》1:17)。
⑥ [英]约翰·德雷恩著:《新约概论》,胡青译,北京大学出版社 2005 年版,第 458 页。

义"表明，基督徒与上帝之间会形成一种新的关系，由一种间隔、敌意和恐惧的关系转变成一种挚爱、信赖和友善的关系，由此开启一种新的生活，但是这种扭转依靠的是上帝的大能。奥古斯丁提出"人的称义乃出于神的恩典"，保罗在《以弗所书》中称："你们得救是本乎恩，也因着信。这并不是出于自己，乃是上帝所赐的。"[1] "称义"不能依靠律法的善功、任何的善行或者是其他可依赖的方式，"义"只能经由信仰而来。在保罗看来，只有真正的信仰和信靠耶稣基督，由爱心而生发出来信心才能"称义"，才能让自己的身份发生变化或转换成一个真正的基督徒。

从比较的视角看，保罗对"义"的理解与犹太教的"义"有所区别。犹太人认为"义"是律法所带来的，指犹太人通过遵守律法可以与上帝维持良好关系，强调外邦人要成为基督徒，必须要先让自己成为一个犹太人。保罗则认为，所有的人绝无可能凭自己的意愿和力量行善、自救，一切的救恩都来自上帝的爱和恩典。"称义不是因行律法，乃是因信耶稣基督。"[2]但是，保罗的"因信称义"并不表明他不相信律法或者是完全反对律法本身，只是说明保罗反对用割礼、饮食等律法要求将犹太人与外邦人完全区别开来，反对将律法滥用。"义人必因信得生。"[3] "称义"在保罗书信中具有十分重要的作用。学者邦坎（G. Bornkamm）、康哲民（H. Conzelmann）等主张将"因信称义"作为保罗的中心思想，这在很大程度上与马丁·路德的历史渊源有关。马丁·路德在 1520 年写作《基督徒的自由》时，已经可以把"因信称义"写入他的改革檄文。保罗的"因信称义"后来发展成为基督教的核心要义，这是人内心生发出来的一种坚定的信仰。这种内在的信仰实际上是一种表明依赖和献身于一位先知或一个按机构的方式安排的权威的声明，恰恰不再只是一种个人对教条的确认。[4] 从某种意义上讲，信仰是信仰者内心的法。犹太神学家和哲学家马丁·布伯曾对早期基督教以保罗为典型的信仰与犹太人的信仰进行了比较，他认为希伯来圣经中的"Emunah"是犹太人对神的"信任"，而保罗

---

① 《以弗所书》2:8。

② 《加拉太书》2:16。

③ 《罗马书》1:17。

④ 王亚平著：《基督教的神秘主义》，东方出版社 2001 年版，第 102 页。

的信仰是希腊的"Pistis"，或者说是"相信"；犹太人的信仰表明，人"发现自己"处在信仰关系中，而"Emunah"是人需要"皈依"的。① 因而对于保罗来说，那就是对耶稣基督的信靠和献身。但史怀哲（Albert Schweitzer）认为，保罗的中心思想不是"称义"，他指出："在《加拉太书》中'因信称义'以其最简洁、最原初的样式展现在读者面前，然而这一教义还不能独立，需要有从终末论教义'在基督里'得出的概念作为辅助，才能阐述清楚。无论在《加拉太书》还是《罗马书》中，'因信称义'的出现都只因为保罗要对付关于律法的争端。"②保罗的"称义"确实还涉及将来的层面，与将来审判有着密切的关系。"我们靠着圣灵，凭着信心，等候所盼望的义。"③基督徒并非在过去被称为义，在将来要受审判。保罗在书信中面对的是哥林多人存在错误神学及属灵骄傲的问题等，保罗书信的目的就是要粉碎哥林多人的骄傲，对他们提出审判的警告。④ 由此可见，保罗的"因信称义"包含着过去和将来，既标志着基督徒生活的开始，又意味着基督徒最终的结局。在保罗心中，凡是相信耶稣是为他们的过犯而被钉十字架的人，他们的信心都将被算为义，这是信靠，也是荣耀。保罗的主要人生目标就在于让更多的人通过信靠耶稣而荣耀耶稣，"靠着耶稣基督结满了仁义的果子，叫荣耀称赞归与上帝⑤"。保罗即使在监狱里也从不忘记他生命中的主要目标，就是要让基督徒知道，他所有的经历和遭遇都是让福音兴旺。⑥

## 四、"藉着基督"的生命超越论

保罗书信的字里行间让我们看到了保罗深邃的神学思想。作为一个

---

① 张晓梅著：《使徒保罗和他的世界》，社会科学文献出版社 2012 年版，第 42 页。
② Schweitzer, A. (1931), *The Mysticism of Paul the Apostle*, trans. W. Montgomery, London：A. & C. Black, p. 220.
③ （《加拉太书》5:5）。
④ ［美］霍桑（Gerald F. Hawthorne, Ph. D.）、［美］马挺（Ralph P. Martin, Ph. D.）著：《21 世纪保罗书信辞典》（上册），杨长慧译，团结出版社 2015 年版，第 760 页。
⑤ （《腓立比书》1:11）。
⑥ （《腓立比书》1:12）。

神学家,保罗在超越生命的路径上有着他独特的理解。

耶稣基督从死里复活,是基督教信仰的基石,也是保罗末世论(eschatology)的中心主旨。基督的复活揭开了末世论的序幕,是对将来盼望的根基。保罗的"死里复活"用语,含义十分丰富,可以归纳为下列九种意象:第一,复活意指更新变化。"我们不是都要睡觉,乃是都要改变。"①第二,复活意指基督徒身体的更新变化,也指道德品行上的更新。第三,复活意指成为不朽坏的。复活的生命与现在的光景十分不同,"血肉之体不能承受神的国,必朽坏的不能承受不朽坏的"②。第四,复活意指不死的。基督徒要借着复活,从必死的本质变成不死的。第五,复活意指耶稣已升为至高。保罗暗示,耶稣基督再来之时,基督徒也将经历身体被提升天。"以后我们这活着还存留的人必和他们一同被提到云里,在空中与主相遇。"③第六,复活意指得着荣耀。上帝之国是荣耀的,基督徒将来能分享上帝的荣耀。"我们又藉着他,因信得进入现在所站的这恩典中,并且欢欢喜喜盼望上帝的荣耀。"④第七,复活意指能够永生。基督徒在耶稣基督里,便能得着永生。基督徒在基督里现在已享有恩典,但其完全的实现则乎将来。"恩典也藉着义作王,叫人因我们的主耶稣基督得永生。"⑤第八,复活意指变成基督的形象。凡在基督里的信徒,都在一个转变成上帝形状的过程之中,"我们众人既然敞着脸得以看见主的荣光,好像从镜子里返照,就变成主的形状"⑥。"效法基督的形象"是基督徒末世的目标。第九,复活意指身体得赎。保罗相信人的复活包含人的肉身得赎,并且这与耶稣基督的复活相关联,并关乎整个人类和受造界的得赎。⑦ 由此可见,保罗的复活涉及身体、品德和灵魂之变化,既与现世有关,又与来世相连。保罗虽然从未说过所有人都会全体复活,但他却指

---

① 《哥林多前书》15:51)。
② 《哥林多前书》15:50)。
③ 《帖撒罗尼迦前书》4:17)。
④ 《罗马书》5:2)。
⑤ 《罗马书》5:21)。
⑥ 《哥林多后书》3:18)。
⑦ [美]霍桑(Gerald F. Hawthorne, Ph.D.)、[美]马挺(Ralph P. Martin, Ph.D.)著:《21 世纪保罗书信辞典》(下册),杨长慧译,团结出版社 2015 年版,第 1159—1165 页。

出，无论信徒还是非信徒，无论活人还是死人，最后都需要接受审判。"他'必照各人的行为报应各人'。"①保罗坚信，众人在基督里都能复活，因为"若有人在基督里，他就是新造的人，旧事已过，都变成新的了"②。

洗礼是保罗超越生死的一种重要方式。洗礼是基督教教会的集体仪式，也是个人仪式。从保罗书信和《使徒行传》中可以发现，保罗一般都称"奉耶稣的名"受洗，有时也简称为受洗（eis Christion）。在保罗看来，受洗不是一种纯粹外在的宗教仪式，而是被赋予一种新的特殊意义。洗礼被看作耶稣的死，受洗者在洗礼中与基督合为一，从而经历与耶稣同钉十字架、同死、同复活的过程。"我们藉着洗礼归入死，和他一同埋葬，原是叫我们一举一动有新生的样式，像基督藉着父的荣耀从死里复活一样。"③保罗强调，基督徒在洗礼时，生命会发生道德和灵性上的变化。洗礼使他们脱去了旧人和旧人的行为，从而收获了新的生命，过上了新的生活，成为了新人。因此，洗礼象征着基督徒罪得洁净，"求告他的名受洗，洗去你的罪"④，从而"脱去肉体情欲"。耶稣接受施洗约翰的洗礼时，神的国度便成立了。保罗相信基督徒接受洗礼时，借着耶稣，参与神的国度的设立。受洗者与主同死同复活，有份于新时代的开始，信徒也因此现在是活在其中。耶稣由死里复活，新造（new creation）由此展开，信徒在基督里，一切都成为新造的了，基督徒的生活实际上就是新造中的生活。⑤ 基督的死在历史中已经成就了救赎，神的救赎计划却仍然有待将来完全实现。"新人"在此新纪元中的生活，便是在这两极之间，在"已然"（already）及"未然"（not yet）暂时的张力之间，在"他们的现况"与"他们应当成为的样式"之间。⑥ 基督徒在"未然"的时代中生活，结束了没有上帝的生命，开始了在基督里的新生命。在这新生中，基督徒获得了新的标

① 《罗马书》2:6。
② 《哥林多后书》5:17。
③ 《罗马书》6:4。
④ 《使徒行传》22:16。
⑤ ［美］霍桑（Gerald F. Hawthorne, Ph.D.）、［美］马挺（Ralph P. Martin, Ph.D.）著：《21世纪保罗书信辞典》（上册），杨长慧译，团结出版社2015年版，第94页。
⑥ ［美］霍桑（Gerald F. Hawthorne, Ph.D.）、［美］马挺（Ralph P. Martin, Ph.D.）著：《21世纪保罗书信辞典》（下册），杨长慧译，团结出版社2015年版，第910页。

准,他们不再以世人的普通标准来判断事物。由此保罗认为,基督徒对耶稣基督的信靠,对上帝的委身,给他们带来的是个新生命、新世界,这个新世界既在当下,又在未来。

对于犹太人来说,现世与当下全部是险恶的、令人痛苦的,来世与未来才是良善的、美好的,只有弥赛亚的来临才能让他们获得拯救,才能打破旧有的世界,宣告诞生一个新世界。这种拯救只能是对来世的盼望,在现世生活中是无法实现的。耶稣从不愿将上帝之国只描述为一个对未来将要到来的更好事物的应许。耶稣指出,他在世生活侍奉之时,就已经开创了神的国度,这在带给人生命的同时又赋予强烈的希望。也就是说,耶稣所说的上帝之国,并不是在这个世界之外的另一个世界,而是要将现在不合仁爱和公义的世界变成充满上帝的仁爱和公义的世界。保罗关于现世及今世的观点与犹太教不同,他和耶稣持有相同的"已然而未然"的天国观。保罗始终主张现在和未来之间保持着连续性与关系性,复活后的存在与今世是连续的,上帝的国度横跨现世与未来,既是未来的事件,又彰显于基督徒的现世生活之中。"因为神的国不在乎吃喝,只在乎公义、和平并圣灵中的喜乐。"①换言之,保罗既渴望未来的生活,又不蔑视现世的生活。但是,这两个世界却并不相同,因为上帝将要用"不是人手所造,在天上永存的房屋"来代替人手所造的"地上的帐棚"。② "所见的是暂时的,所不见的是永远的。"③保罗认为,今生的世俗生活对于基督徒来说,就像暂时居住的帐篷那样,而他们真正的居所应该是天上永存的房屋,即他们心中神圣的天国。因此,基督徒像是生活在两个世界中的人,他们生活在世界之中与世界之上,生活在世俗之国与上帝之国,必须做到在这两个世界和两个国度中进行平衡与互动。④ 加尔文指出:"我们既因对今世的厌倦和厌恶而期待它的结束,同时也照神的旨意珍惜他所给我们的每一个新的日子,好让我们的疲倦不至于成为埋怨和不耐烦。"⑤也可以说,

---

① 《罗马书》14:17)。

② 《哥林多后书》5:1)。

③ 《哥林多后书》4:18)。

④ 朱小明著:《孟子与保罗的对话:儒家与基督教思想之异同与会通》,孔学堂书局 2014 年版,第402 页。

⑤ [法]加尔文著:《基督教要义》,钱曜诚译,生活·读书·新知三联书店 2010 版,第 709 页。

保罗认为,现世是为来生进行预备,基督教应该在今生见证上帝的良善。现世的生活是为了走向上帝的国度,而且现世的生活又是通往天国的桥梁和纽带。在保罗看来,基督徒是两个世界的公民,基督徒在这世上,已尝到永生的滋味,他们不轻蔑世俗世界,同时又看见了一丝荣耀的光辉,这不仅是走向未来荣耀的道路,也是走向审判的道路。

# 第三章

◆

## 原始儒家与早期基督教生命伦理比较

　　原始儒家与早期基督教作为中西方两大文明体系的精神标杆,它们所内含的生命伦理思想博大精深、源远流长。文化之间的特殊差异性有可能会导致文化冲突,但并不意味着差异本身就是冲突。其实,恰恰是因为彼此存有差异,才有相互了解和理解的必要。因为需要相互了解和理解,才必须展开相互间的交流和对话。[①] 本书立足于建设社会主义文化强国的宏伟目标,承担起提升文化自觉、增强文化自信、实现文化自强的责任。同时,本书采取文化的相互性意识或平等意识,仔细检审了原始儒家和早期基督教的生命伦理精神品格。本章基于上述深入探讨,通过文化的相互镜鉴原则,将对儒耶生命伦理思想进行全面系统的、立体而精细的比较研究,包括儒耶生命本体论、生命态度论、生命价值论、生命超越论和思维方式五个重要层面之间的比较,努力对二者之间存有的共性和差异性寻绎个究竟。

## 第一节　原始儒家与早期基督教生命本体论比较

　　"本体论"(Ontology)最初的源头是希腊文"logos"(理论)和"ont"

---

① 万俊人著:《思想前沿与文化后方》,东方出版社 2002 年版,第 233 页。

（是，或存在），后来又有拉丁文"Ontos"作为其词源，意指存在物或存在者。① 西文中的"本体论"不仅包含关于本体的理论，还有形而上学的一般性或理论性部分，甚至有时被用来指整个形而上学。有学者认为，严格地讲，"ontology"应译为"是论"或"存在论"。② 因此，从狭义的角度说，"本体论"是关于存在及其本质的抽象性质的学说，或者可称为最终本性的学说，是要探讨世界的本原或本性问题。进行儒耶生命本体间的对话，需要将视角聚焦到儒耶的"天人关系"与"神人关系"、"天"与"上帝"和人性论的融通与冲突三个方面去考究。

## 一、"天人关系"与"神人关系"

宋代哲学家邵雍曾言："学不际天人，不足以为之学。"探究天人之际在中国古代是一个十分重要的课题。在早期基督教哲学中，上帝与人的关系问题同样是个核心议题。

### （一）"天"与"上帝"作为生命之源的异同

在原始儒家文化与早期基督教文化的碰撞与交流中，"天"与"上帝"的对话是一个无法绕开的话题，很多学者对此持有不同的观点。有学者认为，原始儒家之"天"与早期基督教之"上帝"完全不同，原始儒家之"天"不可能代替早期基督教之"上帝"，"天"的作用远不及"上帝"。刘小枫也认为，无论是在三代还是先秦之时，中国都没有一部类似《旧约》那样通篇讲人与上帝关系的圣典，当代学人竭力论证出来的神性之天，都不过是一堆捡出来的片语，不可能与西方的上帝相提并论。③ 与之相反，有学者强调，"天"与"上帝"不但毫无冲突，而且应该整合为一，"人人可为尧舜"与"人人可为基督"并无区别。④ 特别是当代海外新原始儒家对儒学的宗教

① 蒋永福、吴可、岳长龄主编：《东西方哲学大辞典》，江西人民出版社 2000 年版，第 56 页。
② ［英］尼古拉斯·布宁、余纪元编著：《西方哲学英汉对照词典》，人民出版社 2001 年版，第 708 页。
③ 刘小枫著：《拯救与逍遥》，上海三联书店 2001 年版，第 94 页。
④ 董小川著：《原始儒家文化与美国基督新教文化》，商务印书馆 1999 年版，第 153 页。

性持肯定态度，认为儒学中的"天"，就是基督教的"上帝"。① 周可真指出，"上帝"是外于世界、超于世界的存在者，"天"是存在于世界之中的宇宙主宰；"上帝"是唯一真神，是人类的创造者，"天"是众神之主，是人类的老祖宗。② 这些学者分别从不同学术背景出发进行比较研究，有着各自存在的合理性。本书试图从生命伦理的维度对原始儒家之"天"与早期基督教之"上帝"进行比较探究。

通过比较去审视生命的源头，我们不难发现，无论从东西方的宏观视角，还是从儒耶生命伦理的微观视野，眼光都不约而同地分别投射在"天"和"上帝"之上。也就是说，"天"与"上帝"分别作为东西方生命之源和人类存在之基，都承载着生命本体的天职，但在履行生命本体角色时发挥的功效却完全不同，二者之间存有造生之力与创世之主的区别。子曰："四时行焉，百物生焉，天何言哉？"③《诗经》有云："上天之载，无声无臭。"这些都彰显着"天"享有孕育化生万物的条件和内在动力的思想。"天生万物"的观念是中国古人的一种传统信仰，傅佩荣在分析"天"时将其解释为"造生者"和"载行者"。"天"的运行化生可以看作一种自然而然之为，而不是有意之行，人们很难看到"天"所呈现出的喜怒哀乐情绪的变化。所以，刘小枫指出，原始儒家天人两端并非一种创世论的关系，比如上帝创造了人，而是一种共生性的关系。④ 在早期基督教中，上帝似乎是一个有目的、有意识和富有情感的造物主。"我们要照着我们的形象，按着我们的样式造人。"⑤"耶和华神使他沉睡，他就睡了。"⑥由此可以看出，圣经中的上帝不仅是有意识地造人，而且还是有目的地安排着受造物的一切。尤其值得注意的是，上帝借此创造了一切，他创造的一切事物在被造前后都令他喜悦。柏拉图相当大胆地表明，当整个创世被完成之时，上帝是充

① 罗秉祥：《上帝的超越与临在》，载何光沪、许志伟主编：《儒释道与基督教》，社会科学文献出版社 2001 年版，第 243 页。
② 蔡德贵著：《孔子 VS 基督》，世界知识出版社 2009 年版，第 159 页。
③ 《论语·阳货》。
④ 刘小枫著：《拯救与逍遥》，上海三联书店 2001 年版，第 98 页。
⑤ 《创世记》1：26）。
⑥ 《创世记》2：21）。

满了欢乐的。① 上帝好像是一个快乐的创造者。"天"是按照自然规律去化生万物,造就人类。"天"似乎并非按照自己的意愿去刻意孕育万物苍生,但一切又似乎真实地体现了"天意"。但是,上帝造人时一切都在按照自己的意志进行着,如人的外貌和衣食信行,甚至人在受造物中的地位等,所有的都在上帝的规划和意愿之中,彰显着上帝的喜好。著名汉学家谢和耐指出,在基督徒那里,上帝高谈阔论、发布命令和提出要求,发挥着重要的干涉作用,他主动创造世界,赋予每个人灵魂,始终都要在人生的长河中表现出来。相反,在中国人那里,"天"不会讲话,只能够以间接方式发挥作用,"天"的活动始终是沉默的、无意识的和持续不断的。② 由此可知,原始儒家的"天"是自为自在的,而早期基督教的"上帝"是自有永有的,"I AM WHO I AM"③。因而,从生命起源的角度看,"上帝"对待人较之"天"似乎要更费尽心机,这也恰好说明上帝在人面前为何会具有绝对威慑力和主宰力。

　　同时,"天"与"上帝"都是至上至善的存在,都有着意志和人格,具有着赏善罚恶的功能,决定着世俗的人伦关系,但二者所决定的伦理秩序却表现出纵横之别。子曰:"巍巍乎! 唯天为大,唯尧则之。"④"获罪于天,无所祷也。"⑤"故天之生物,必因其材而笃焉。故栽者培之,倾者覆之。"⑥"天"作为最高、最大和最善者的同时,还是人类道德审判的裁决者。而且,"天"的伦理特性决定了人类的伦理秩序。"天尊地卑,乾坤定矣。"⑦"有天地然后有万物,有万物然后有男女,……有上下然后礼义有所错。"⑧天尊地卑、阳尊阴卑决定了中国传统社会的男尊女卑关系,最终形成尊卑有序、上下有别的伦理秩序,成为几千年来制约中国国民的等级

---

① ［古罗马］奥古斯丁著:《上帝之城》,王晓朝译,人民出版社 2006 年版,第 469 页。
② ［法］谢和耐著:《中国与早期基督教——中西文化的首次撞击》,耿升译,上海古籍出版社 2003 年版,第 176 页。
③ 《出埃及记》3:14)。
④ 《论语·泰伯》)。
⑤ 《论语·八佾》)。
⑥ 《礼记·中庸》)。
⑦ 《系辞上》)。
⑧ 《序卦》)。

鲜明的封建伦理纲常。董仲舒认为,世俗的君臣、父子、夫妇之义都取诸阴阳之道,而"天道"的阴阳之变就具有一贵一贱一尊一卑的伦理关系,并且这种尊卑有序的伦理秩序犹如自然界的阴阳关系绝对不可以改变。在早期基督教看来,上帝是万能的和良善的,上帝是人类道德的来源。上帝在赋予人相同形象的同时,也给予了人相等的善性,并且是一切道德评判的标准。对于基督徒而言,上帝就是人的尺度。① 但是,上帝所决定的世俗人伦关系表现形式与天之下的尊卑贵贱有所不同。"新郎和陪伴之人同在的时候,陪伴之人岂能哀恸呢?"②"凡遵行我天父旨意的人,就是我的弟兄、姐妹和母亲了。"③上帝决定的人际关系表现出一种陪伴的或兄弟姐妹式的平等伦理关系,他们之间没有高低贵贱之别,是一种在团契内的抽象的平等主义。早期基督教这种兄妹式的人际关系一直延续至今,成为教会规范成员的一种天然约束力。但是,在早期基督教的团契内外,形成的却是一种义人与罪人的关系,这体现在身份上人与人之间有着性质上的根本区别,而不是彼此地位上的简单不同,从而预示早期基督教内外存在一种天然敌对的人际关系。可见,"天"与"上帝"管理和统治之下的社会人伦关系呈现着纵向有序与横向平等的差异,而这两种方向截然不同的人伦关系,造就了人们在各自社会中的不同地位,形成了不同的家庭关系和社会关系,导致两种文化在交流过程中出现激烈的碰撞。早期基督教关于人类平等的论点,严重威胁了中国的一整套离不开上下级之间的角色分配而形成的社会体系④,由此而导致近代基督教与中国文化的"礼仪之争"问题也就不足为奇了。

### (二)"天人"与"神人"中生命主体之异同

比较"天人"与"神人"之关系可以发现,人作为"天"或者"上帝"的被造物,是所有受造物中最高贵的生命体,是唯一被赋予道德的主体。"天

---

① 徐行言主编:《中西文化比较》,北京大学出版社 2004 年版,第 204—205 页。
② 《马太福音》9:15。
③ 《马太福音》12:50。
④ [法]谢和耐著:《中国与早期基督教——中西文化的首次撞击》,耿升译,上海古籍出版社 2003 年版,第 100 页。

与人"和"神与人"之间都存在着无限与有限的统一,但联结这两种关系的共同纽带都需要"德",前者依靠的是人德,后者依赖的是耶稣之德。而且,"神人关系"表现出的是一种父子式的关系,"天人关系"则是非父子式的。毋庸置疑,父子关系是一种最亲密的社会关系,但实际上,早期基督教中父子式的"神人关系"在彼此的亲密度和融洽度方面,却远远比不上原始儒家之中的"天人关系",因为人在"天"与"上帝"面前作为独立的生命体,能够发挥主体性的自由度和力度不相同。在原始儒家看来,处在"天人关系"之中的人,可以享有积极自主发挥自我生命的主动性,能够完全依靠自己的道德主体性去达到与天齐一的道德境界。这个过程不需要借助任何外界的作用力,人可以依靠自己的德性将自我的生命潜能完全挖掘出来。"天行健,君子以自强不息"①,原始儒家中君子自强不息的道德品格与天德之间存在自然合一的逻辑关系性,可以说是"天人合一"最明显的表现。有学者将原始儒家的天人合一归为天人一德、天人一体,天与人之间具有一致性和统一性,这是二者能够"合"的基础。② 不言而喻,"德"是天人相合的一个重要基础。孟子曰:"诚者,天之道也;思诚者,人之道也。"③天地本身具有大德是原始儒家提倡天人合一、天人合德的前提基础。人道遵循与符合天道,又是人德能够接近天德的基本遵循,人的积极主动成为能够与天合的重要环节。换言之,原始儒家的"天"虽然高高挂在空中,但要达到天人合一的境界,关键在于人自身而不是天。孟子曰:"尽其心者,知其性也,知其性,则知天矣。"④"人皆可以为尧舜。"⑤对于原始儒家而言,一个人可以在"天"面前尽情地、无限地发挥自己,与天合一是他们自我追求和超越的目标。

但是,在早期基督教看来,人在"神人关系"中作为一个完全的生命主体,发挥自主性的能力是消极被动的,甚至是不完全和极为有限的。新正统神学家强调上帝是"Wholly Other",表明上帝是"完全的相异者",是一

---

① 《乾卦》。
② 郭清香著:《耶儒伦理比较研究——民国时期早期基督教与儒教伦理思想的冲突与融合》,中国社会科学出版社 2006 年版,第 66 页。
③ 《孟子·离娄上》。
④ 《孟子·尽心上》。
⑤ 《孟子·告子下》。

个绝对的他在和全然的他者。上帝之所以超越于人之上,就是因为他与人是完全相异的。罗秉祥解释道,人在六个方面具有先天定限,比如人在存有上、在本性上、在对上帝的认知上、在对上帝的言说上、在人类道德能力及成就上和在人类社会政治文化的完美上都有着定限。[①] 人所具有的局限性与上帝的完满性之间存在一条根本无法逾越的巨大鸿沟。对于早期基督教而言,每个人都是罪人,无论自身如何努力都不可能达到一种与上帝并驾齐驱的境界,与上帝合一的超自然境界只有圣子耶稣基督才能做到。杜维明指出,在早期基督教传统中,认识到天人之间存在的本体论鸿沟是非常重要的。[②] 因此,若基督徒要想逐步走近上帝,仅仅凭借他们自我发挥道德主体性是完全不够的,神人之间需要借助耶稣的中保作用,耶稣是基督徒能够走向上帝的引领者。而且,从《新约》中可以看出,基督徒生命境界的提升不在于自己付出多少,而在于上帝的救恩。耶稣指出:"在人是不能,在神却不然,因为神凡事都能。"[③]保罗说:"人称义是因着信。"[④]由此观之,在早期基督教中,基督徒虽然具有上帝的肖像,并且把上帝深深地埋在他们的内心深处,但他们却无法甚至不可能真正企及上帝。在"神人关系"中,上帝处于绝对地位,是一个完全的主动者和主宰者,而人只能处在相对位置,是一个彻底的受动者和执行者,人向上求善的力量不在自身,在于上帝的恩典。

可见,在"天人关系"与"神人关系"中,人作为生命主体在发挥能动性方面表现出来的深度与自由度的差异性,需要用辩证地眼光去看待。在"天人关系"中,作为主体的人一方面可以尽情释放自我能量,挖掘自我生命的潜能,最大限度地实现自我生命价值,另一方面又容易生发出一种绝对的优越感和自我膨胀感,从而导致以人为中心的绝对人本主义;而在"神人关系"中,人作为主体虽然无法完全地表现自我,甚至容易走向完全丧失自我的神本主义,但是生命主体却能够时常心存一颗敬畏之心,善于

---

① 罗秉祥:《上帝的超越与临在》,载何光沪、许志伟主编:《儒释道与基督教》,社会科学文献出版社 2001 年版,第 261—265 页。

② [美]白诗朗著:《普天之下:儒耶对话中的典范转化》,彭国翔译,河北人民出版社 2006 年版,第 191 页。

③ 《马可福音》10:27)。

④ 《罗马书》3:28)。

用外界的力量规范和约束自我的行为，不会轻易为所欲为。所以，人的能动性之发挥需要控制在一定的范围之内。

## 二、原始儒家与"天"和早期基督教与"上帝"

原始儒家与"天"和早期基督教与"上帝"的关系奠定了儒耶生命伦理形成的前提基础，它们之间的较量从根本上决定了儒耶生命态度和人生价值等之间存在对话的现实性与必然性，是进行儒耶生命伦理比照的一个首要问题。

### （一）两对关系地位表现的异同

将原始儒家与"天"和早期基督教与"上帝"两种关系进行比较，不难窥见孔孟之于"天"和耶稣保罗之于"上帝"地位关系表现出非父子关系与父子关系的区别。纵览《新约》可以发现，耶稣与上帝之间是一种最为亲密、最为隐性的父子关系，这与前面整体上的"神人关系"所表现出的父子关系完全不同。"一切所有的，都是我父交付我的。"①"你是基督，是永生神的儿子。"②在《约翰福音》中，圣父、圣子、圣灵三位一体关系得到一种极致的彰显，构成早期基督教的一个核心内容。"若不藉着我，没有人能到父那里去。"③由此可知，上帝、耶稣和圣灵是三一神，在本体上是相同的。耶稣是其圣父上帝的形象代言人，是联结基督徒与上帝的中保，圣父隐藏在圣子之中，基督徒需要借着圣子耶稣基督而认识圣父上帝。同时，上帝的命令也就是耶稣的意愿，这决定了耶稣神圣的价值使命就是传递上帝的旨意，带领他的子民走向上帝，完成他神圣的救赎职责。保罗在书信中更是用多种方式呈现出神作为父亲的角色。上帝是耶稣基督的父，是被造物的父，是所有基督徒的父。重要的是，保罗将父子关系几乎全部

---

① 《马太福音》11:27。
② 《马太福音》16:16。
③ 《约翰福音》14:6。

保留来指信徒与神的关系。① 在保罗看来,上帝是"荣耀的父""慈悲的父""最圣洁的父",上帝要用他的大爱去照亮基督子民的生活,从而使基督徒成长为他儿子的样式。"因为他预先所知道的人,就预先定下效法他儿子的模样,使他儿子在许多弟兄中作长子。"②基督徒视上帝为父,表明上帝与人之间存在的那种无可比拟的亲密关系。

但是,对于原始儒家而言,无论是孔孟还是后来的儒者,没有任何人被认为与"天"之间可以用父子关系相称。即使在漫长的历史中,人们也不曾把孔子作为上天的儿子来崇拜。③ 孔子的德性可以与天地日月相匹配。子贡曰:"仲尼,日月也,无得而逾焉。"④孔子以完满的君子人格和至高的德性被尊称为"圣人",孟子被称为"命世亚圣之大才",他们确实都成为世人追求的道德典范,但是却不能成为"天"的形象代言人,不能享有与耶稣一样的中保角色,毕竟耶稣是神性与人性兼而有之的和合体,而孔孟终究是世俗之人。但是,两对关系在存在冲突之余,还存有可以相互融通之处。在世人的眼中,孔孟和耶稣保罗都以"圣人"之名位居众人之上,他们分别是中西方道德追求的榜样,是人们人生追求的动力和楷模。孔子堪称中国历史上达到天人合德境界的先行者,也是塑造这个理想的开创者,而耶稣是西方历史上唯一真正能够与上帝同善合一的人子。

### (二) 原始儒家对"天"和早期基督教对"上帝"态度之异同

从共同性上看,原始儒家在"天"面前和早期基督教在"上帝"面前都呈现出一种顺服的态度,也就是原始儒家的听从天命观与早期基督教的服从上帝之态度。在原始儒家看来,人们不仅要顺应"天",而且还需要积极效仿"天"。"是故天生神物,圣人则之。天地变化,圣人效之。"⑤在《新约》中,随处可见早期基督徒对上帝的绝对顺从。"子凭着自己不能做什

---

① [美]霍桑(Gerald F. Hawthorne, Ph.D.)、[美]马挺(Ralph P. Martin, Ph.D.)著:《21世纪保罗书信辞典》(上册),杨长慧译,团结出版社2015年版,第527页。

② 《罗马书》8:29。

③ 姚新中著:《儒教与基督教——仁与爱的比较研究》,赵艳霞译,中国社会科学出版社2002年版,第68页。

④ 《论语·子张》。

⑤ 《系辞上传》。

么,惟有看见父所做的,子才能做;父所做的事,子也照样做。"①保罗说:
"在上有权柄的,人人当顺服他。"②与此同时,儒耶二者在顺从的态度之
中还都表现出知畏相兼的情愫。从《论语》中可知,孔子以知天和畏天作
为判断君子与小人的重要标准,一个君子要能做到乐天知命和敬畏天命。
与之相对应的是,在早期基督教中,知上帝、畏上帝和信上帝也成为评判
义人与罪人的基本准则。但是,儒耶二者在知天与知上帝的路径方式上
迥然不同。原始儒家主张,人需要采取"下学而上达"③的自下而上方式,
通过自主了解和自觉学习就可以获得对"天"的认知;而基督徒认为,基督
徒无法自知上帝,需要借助"因信而称义"④的自上而下路径,通过耶稣基
督才能获得对上帝的认知。

　　而且,在进一步比对中可以发现,儒耶二者持有的顺服和效法态度的
程度不能等量齐观,即原始儒家主张的是顺天、尊天与效天,而早期基督
教强调的是绝对与完全地服从上帝。比如,孔子主张知天命的同时还提
倡要尽人事以待天命,尽人事反映孔子在"天"与"天命"面前充分发挥主
观能动性,有着希望掌握自我命运而与天命相抗争的一面,"天"对于孔子
而言似乎并没有完全而绝对的权威性。汉代大儒董仲舒虽曾竭力建立起
天的绝对权威,但终究是在为建立起地上君主的绝对权威而服务的,即要
建立君权神授论⑤,目的并不是要真正彰显天的绝对权威性。同时,"天"
并不是原始儒家唯一敬拜的对象,原始儒家还提倡祭拜地示、人鬼、日月、
山川社稷等,尤其是祖先崇拜迄今仍为中国人的一种文化传统和生命传
承方式。但是,对于早期基督徒而言,父子式的"神人关系"决定着基督徒
对上帝需要持有一种绝对且完全的信靠态度,基督徒需要绝对服从,而上
帝具有绝对权威。不仅如此,基督徒绝对不能祭拜别的神,他们唯一可以
且必须信靠的对象只有上帝。正是早期基督徒绝对听命于上帝的态度,
决定了上帝对他们的反作用力。如耶稣毅然背负着十字架,用自己的鲜

---

① 《约翰福音》5:19。

② 《罗马书》13:1。

③ 《论语·宪问》。

④ 《罗马书》4:11。

⑤ 蔡德贵著:《孔子 VS 基督》,世界知识出版社 2009 年版,第 170 页。

血去表明对上帝的绝对服从，而上帝最终也成全了他的独生子耶稣，耶稣基督因着这"存心的"死成为了永恒。原始儒家的"天"最后并没有完全成就孔子，孔子"朝闻道，夕死矣"的凤愿终究没有得到实现，但孔子却在乐天知命和尽人事的过程中实现了自我的不朽人生。孔子与耶稣在他们各自的社会领域都取得了几乎相同的社会地位。

## 三、原始儒家的人性论与早期基督教的善恶观

休谟说："一切科学对于人性总是或多或少有些关系，任何学科不论似乎与人性离得多远，它们总是会通过这样或那样的途径回到人性。"[①]因而，我们关于生命伦理问题的讨论更离不开人性善恶的主题，每个人这种关于生命原点人性的不同认识，在很大程度上会决定着人生道路、人生态度和人生走向终点方式的不同。

### （一）儒耶善恶观之异同

关于儒耶的人性论问题，学界存在一种较为普遍的观点，即早期基督教传统人性论以"原罪"观念为核心，造成的是"罪感文化"，而中国传统人性论以"性善论"为核心，产生的是"乐感文化"，二者互不相容，完全对立。[②] 何光沪详细论证了中国儒教哲学的人性论与早期基督教哲学的人性论相通的可能，认为人性不是由生物性、物质性和时空性构成的自然属性，而是"自由、心智和创造性"三要素的结合。[③] 何光沪从人的自然属性与本质属性去寻找中西方宗教哲学人性论的共通之处。当我们从生命伦理的视角去审视儒耶的人性论时，我们会探究到二者人性论中存在的可以会通和无法通约之处。

从原始儒家的生命本于天和早期基督教的上帝创造万物之角度看，

---

① ［英］大卫·休谟著：《人性论》，关文运译，商务印书馆 2005 年版，第 6 页。
② 何光沪：《早期基督教哲学与中国宗教哲学人性论的相通》，载许志伟、赵敦华主编：《冲突与互补：基督教哲学在中国》，社会科学文献出版社 2000 年版，第 228 页。
③ 何光沪：《早期基督教哲学与中国宗教哲学人性论的相通》，载许志伟、赵敦华主编：《冲突与互补：基督教哲学在中国》，社会科学文献出版社 2000 年版，第 211—226 页。

儒耶二者人性的来源都不是现实的世俗社会,而在于"天"或"上帝";而且,二者都提出人性中有善的存在,但善又不是绝对不变的,它容易受自由意志的影响。"乾,元、亨、利、贞。"①"元"表示的是一种初生的状态。"元者,善之长也。"②这表明生命的最初状态占据了善的首要位置。孟子主张善端是上天所赋予的,是人本身所固有的,而不是外界强加给我们的。上帝的一切被造物都是良善的,一切本性都是善的,③由此可推知,始祖亚当最初也是善的。同时,在儒耶看来,善性并不会永恒存在,也不会永远保持其本质不变。孔孟认为,人性的善端需要不断去涵养它,需要合理利用人的自由意志,要在不断学习的过程中去培育,这样才能将"心"的善端彻底挖掘出来,从而修炼成善果。否则,人性中的善端就会被埋没或走入恶的境地。所以,儒学用"人心惟危,道心惟微;惟精惟一,允执厥中"④对"心"进行了一种最为经典的概括。《创世记》中记载:"你所赐给我、与我同居的女人,她把那树上的果子给我,我就吃了。"⑤在早期基督教中,亚当最初具有与上帝的同善,但当他滥用了上帝所赋予的自由意志时,就偏离了上帝的旨意,成为人类原罪的始祖,从而导致他们无法摆脱"人人都是罪人"之困境。而且,耶稣也强调,人心与善恶问题无法分开。"善人从他心里所存的善,就发出善来。"⑥"凡看见妇女就动淫念的,这人心里已经与她犯奸淫了。"⑦奥古斯丁认为:"善并非不变的,只有惟一的、真正的、幸福的上帝是不变的,上帝创造的事物确实是善的,因为他们都来自上帝,但决不是不变的。"⑧由此观之,儒耶在看到人性善的同时,又发现人性所内含的脆弱性。人性之善美并不属于绝对真理的范畴,而属于相对真理。⑨但是,儒耶在如何克服人性弱点问题上采取了不同的措

---

① 《乾卦》。
② 张祥龙著:《孔子的现象学阐释九讲》,华东师范大学出版社 2009 年版,第 79 页。
③ [古罗马]奥古斯丁著:《上帝之城》,王晓朝译,人民出版社 2006 年版,第 498 页。
④ 《尚书·大禹谟》。
⑤ 《创世记》3:12。
⑥ 《马太福音》12:35。
⑦ 《马太福音》5:28。
⑧ [古罗马]奥古斯丁著:《上帝之城》,王晓朝译,人民出版社 2006 年版,第 493 页。
⑨ [法]谢和耐著:《中国与早期基督教——中西文化的首次撞击》,耿升译,上海古籍出版社 2003 年版,第 135 页。

施。孔孟主要通过自我修养去促使德性的发展,这是一个由低到高渐进式的向上发展过程;而对于早期基督教而言,去除人的原罪需要上帝的恩典,人的原罪通过上帝的救赎得到赦免,但人的德性再也不能恢复到始祖亚当最初那至善的原点,可以恢复的只有基督徒与上帝的良善关系。

与此同时,在人性善恶的理解与判断标准方面,儒耶二者存在着截然不同的看法。对于原始儒家而言,性善与"仁"密切相关,仁端是上天所赋予的,判断善与恶、仁与非仁的标准在于一个人的行为是否依天道而行,做到心系家国天下,通过不断努力去为现实的社会需要服务,达到天下安定的局面。但是,对于早期基督教而言,判断善恶的标准主要在于是否服从上帝,恶的原因是对上帝所赋予善的偏离,在于本有良善的一种缺失。何光沪认为,"罪"这个字只是一个不准确的、无可奈何的译名,从希腊原文来说,它的基本意义是指射箭时"不中的",也就是说偏离了目标。在早期基督教教义中,"罪"被用来表示人顺从自己的私欲而违背上帝的旨意,因骄傲不信而背离上帝,结果也就偏离了上帝造人的目的。[①] 与之相反,谦逊而信服上帝的人则是义人,罪人与义人的不同,关键在于罪人对上帝的远离与反抗。这表明,儒耶二者都采用了非世俗的神圣的一面作为评价善恶的标准,但是原始儒家具有强烈的现实性,早期基督教体现的则是绝对的神圣性。正是儒耶在人性认识上存在着的上述异同,导致二者所采取的自我修养方式和人生模式之间存有异同。

## (二)儒耶人生路径方式之异同

由于孔子持有人性善端倪的观点,因此在人生选择方面,孔子以人的原生命作为基点去努力实现人的生命价值。这是一个不断努力去超越自我生命的过程,也是将生命逐步向外扩展、向上求善的过程。由此可以看出,孔子探寻的是一种从知善到求善再到至善的人生模式。而且,由于原始儒家对人性自足完满有着绝对的信任,因此推动这种人生模式进程实施的关键动力在于人本身的自救或自修,也就是孔子所说的"求诸己"[②]。

---

① 何光沪:《早期基督教哲学与中国宗教哲学人性论的相通》,载许志伟、赵敦华主编:《冲突与互补:基督教哲学在中国》,社会科学文献出版社 2000 年版,第 229 页。
② 《论语·卫灵公》。

孟子主张"仁者如射,射者正己而后发;发而不中,不怨胜己者,反求诸己而已矣"①,这是孟子对孔子自我道德修养途径的传承。孔子采用学与思相结合的修养方式去培育善端,这是促使人性不断完满的基本方法。孔子虽然认为有"生而知之者"②,但同时更强调"学而知之"③,主张一般人的知识首先是通过后天的学习才能获得④。"学而不思则罔,思而不学则殆"⑤"博学而笃志,切问而近思,仁在其中矣"⑥,这些主张都表明原始儒家强调要在自己的学习与思考过程中去逐渐提升自我的德性。《中庸》提倡"君子慎其独"的修养方式,《孟子》强调反身而诚、养心、尽心和存夜气等依靠自我力量而不用借助外力的道德修养方式。由此可知,向内求与求诸己构成原始儒家人生修养的关键因素。

从早期基督教的人性论中可以发现,亚当是从最初全善的状态堕落成为一个具有原罪的人,此后又要再去重新恢复原有的良善,这样人生经历了不断沉浮,生命经历从完满到破碎再到修复的过程。这个过程中,基督徒无法实现对自我生命的超越,是一个只能他救而不能自救的由外而内的救赎过程。可以看出,耶稣为基督徒开启的是一种从至善到原罪再到救赎最后到善的人生模式。推动这种人生模式进程的内在动力是上帝的救赎和恩典,而救赎要通过耶稣基督来实现,耶稣带领基督徒建立起对上帝的信靠和盼望。"吃我肉喝我血的人就有永生,在末日我要叫他复活。"⑦对于早期基督徒而言,他们道德品性提高的关键在于耶稣的作用力。路德强调:"福音的唯一用意,是把上帝的形象恢复。"恢复与上帝应有的关系,恢复的动力绝对不是来自人本身,而是来自上帝。⑧ 由此观之,儒耶二者在道德修养路径上存在向内求与向外求之不同,从而预示了二者在生命超越方面同样会呈现出内外之别。

---

① 《孟子·公孙丑上》。

② 《论语·季氏》。

③ 《论语·季氏》。

④ 朱贻庭主编:《中国传统伦理思想史》,华东师范大学出版社 2003 年版,第 51 页。

⑤ 《论语·为政》。

⑥ 《论语·子张》。

⑦ 《约翰福音》6:54。

⑧ 张德麟:《原始儒家人观与早期基督教人观之比较研究》,载刘小枫主编:《道与言——华夏文化与基督文化相遇》,上海三联书店 1995 年版,第 464 页。

　　其实，儒耶二者内外有别的修养方式之中，似乎也存在可以通约之处。比如，对于早期基督教而言，其主张向外求的同时，也十分注重门徒德性的内心修养。"入口的不能污秽人，出口的乃能污秽人。"①现代基督徒在灵性修养中提倡通过祷告、忏悔、静默的方式，依靠自身内心的谦卑心理向上帝祈祷，等待着上帝的来临，这个过程离不开基督徒自身内心的作为。有学者指出，祷告和灵修并不是一种简单的被动态度，而是对上帝的声音，专心一意地聆听。② 唯物辩证法认为，内因是事物发展的根本动力。基督徒首先需要自身能够体悟到一种罪感，并且具有自我批判与自我反省的精神，努力抑恶扬善，从心灵深处去寻找到自我拯救的光明之路。为善由己，这也是一个人得救的真正希望所在。③ 所以，儒耶在人性修养上都强调要发挥人的主体性作用。吴雷川曾指出，早期基督教的祈祷可以分为公祷与私祷两种。公祷含有盟誓或诰诫的性质。私祷纯属个人修养的功夫，这种功夫正是用了儒家存养和省察这两段功夫。④ 吴雷川看到儒耶二者在修养手段上都离不开"心"的作用。如耶稣强调谨慎自守的作用，"你们要谨慎自守，免去一切的贪心"⑤。而且，从人性修养和道德培养的角度看，儒耶都强调人需要富有高度的自律性和虔诚之心，都内含主敬与主静的思想，但是二者之间存在向内求与向外求的本质差别。原始儒家慎独的目的在于以敬、以安人、以安百姓，基督徒祈祷的目的则在于走进上帝的国。孔子虽然也曾祈祷，"丘之祷久矣"⑥，但是孔子是遵循天道且尽人事之后向"天"发出的一种祈求和需要救助的仪式，不是犯错后的一种忏悔行为，不属于人性修养的范畴，与基督徒灵修中的祈祷活动判然有别。

　　由上可知，"天"与"上帝"作为生命的起源，存有造生之力与创世之主之别，二者各自决定的人伦秩序存在纵向有序与横向平等之不同；人在

① 《马太福音》15:11）。
② ［英］巴克莱著：《新约圣经注释》，胡慰荆、梁敏夫译，中国早期基督教两会 2007 年版，第 2637 页。
③ 万俊人著：《寻求普世伦理》，北京大学出版社 2009 年版，第 44 页。
④ 吴雷川著：《基督教与中国文化》，商务印书馆 2017 年版，第 51 页。
⑤ 《路加福音》12:15）。
⑥ 《论语·述而》）。

"天人关系"与"神人关系"中都能显现出其在万物中的最高贵本质,但人在"天"与"上帝"面前发挥自主性的自由度与深度却不同,而且明显表现出非父子式与父子式的地位之别;同时,在原始儒家与"天"和早期基督教与"上帝"的关系中,孔孟与耶稣保罗虽然都是德性的典范,但耶稣与上帝是同体的父子关系,孔子与"天"却不然,由此也决定了孔孟与"天"和耶稣保罗与"上帝"之间的态度及反作用力存在异同;在人性的最隐蔽之处,儒耶都承认人性具有善的一面,但又都认识到人性脆弱的不足,而儒耶不同的人生模式决定了二者在人生修养方式上存有异同。

# 第二节　原始儒家与早期基督教人生态度论比较

态度指的是人们对事情的看法或立场。人生态度意指一个人对待人生的看法、立场和观点,它取决于一个人在生命本体论方面的根本认知。从人生哲学角度看,人生包括生命、生活和死亡三部分。因此,原始儒家与早期基督教人生态度论的比较主要洞悉的是二者对生命的认知、关于生活的态度,以及面对死亡的行为之间鲜明的冲突和所存在的隐约可会通之处。

## 一、身心一体与灵肉二元

不言而喻,一个人生命的存在是其人生能够得以演绎和展开的前提条件。生命是生活的载体,而生活是生命的反映。对生命的认知是人生态度的一个重要内容,它反映的是一个人对自我生命的看法。从历史唯物主义的角度看,生命观属于社会意识,受社会存在的客观条件制约,在一定程度上反映着人类社会文明发展的程度。孔子生活于群雄纷争,周王势力锐减的春秋末期;孟子生活在战火纷飞的战国时期;而耶稣和保罗生存于生灵涂炭的犹太民族沦为罗马行省的黑暗时代。他们当时所处的历史环境深深地影响着他们的生命态度,从而导致儒耶二者在生命态度上的异同。

### (一) 生命层次性之异同

在单个生命体的认知方面,儒耶二者都强调,单个的生命体并不仅仅就是一个单纯的生物体,此生物体背后还内含丰富的生命层次性。在原始儒家看来,生命源于自然又超越于自然。就生命的内在构成而言,包括生理性生命和精神性生命两个部分。孔子的"朝闻道,夕死可矣",孟子的"舍生取义"与"养口体和养志"等,都反映了孔孟持有身心二重性观点,"身"是生理性生命,"心"是精神性生命,"身"与"心"二者相互依存、不可分离。就生命追求的境界而言,由低到高可分成个体生命、家庭生命和社会生命三个层次。修身、齐家、治国、平天下是原始儒家生命追求由小到大的最好证明,也是不断将个体生命向外放大的过程,其实质就是要达到"身"与"心"的高度统一与完美和谐。在早期基督教看来,生命由灵魂与肉体两部分构成。人是由上帝用尘土所造的,用生气使其成为活人。尘土是属地的,是人的身体;生气是属神的,是人的灵魂。生命是灵肉二元的结合体,这种灵肉二元的生命观贯穿整部圣经。"你们不要发慌,他的灵魂还在身上。"①而且,这种灵肉二元论已经成为基督教的基本教义。可以发现,在生命层次上,儒耶二者表现出身心一体与灵肉二元的不同。在某种程度上,"心"与"灵"虽然可以互相通用和取代,但是原始儒家"心"之所向与早期基督教"灵"之所求却存在着世俗性与神圣性的全然不同,"心"所指向的是社会生命的实现,"灵"所要求的是灵魂的救赎。在儒教眼中,人只是"社会的人",不能分离出一个远离社会的"属灵的人"。② 也就是说,原始儒家追求精神性的社会人并不同于早期基督教去追求属灵的人,前者是要达到治国、平天下的目标,后者是要实现走向上帝的盼望。但是,儒耶二者又都将"心"与"灵"置于肉体生命之上,二者虽然都不是禁欲主义者,都强调生理性生命的重要性,但只要"身"与"心"和"肉"与"灵"之间发生矛盾,二者都毫不动摇地将"心"置于"身"之上,将"灵"置于"肉"之上。对于儒耶二者而言,这是无须怀疑的生命选择。

---

① 《使徒行传》20:10)。

② 郭清香著:《耶儒伦理比较研究——民国时期基督教与儒教伦理思想的冲突与融合》,中国社会科学出版社 2006 年版,第 129 页。

在生命体之间的关系方面,儒耶通过不同的视角去审视生命关系,这从根本上取决于本体论中"天"与"上帝"之下所决定的人伦秩序。比如,在对待男女关系的态度上,孔子生活在等级森严的封建社会,极力主张"正名"思想,男女有别或男女不等在当时社会是一件非常合情合理的事情。《论语》曾多次讨论女子。第一,女子与小人是一类品质的,都是天生"难养"的。"唯女子与小人为难养也,近之则不逊,远之则怨。"[①]第二,周武王有乱臣十人,只能称为"九人"。孔子曰:"唐虞之际,于斯为盛。有妇人焉,九人而已。"[②]妇人不论怎样贤明,也不能与男子同样被看作人。[③] 男女不可等同的思想即使在孔子有教无类的教育活动中,似乎仍然没有得到实质性的突破,并且这种对女性排斥和束缚的思想在宋明理学时期发展到一种极致。《二程全书·遗书二十二》中有记载:"饿死事极小,失节事极大!"这种女性生命没有得到应有尊重的态度和男女不平等思想在中国封建社会被延续几千年。通过"四福音书"可以发现,女性虽然也没有在耶稣的十二门徒之列,但似乎在很多时候可以成为耶稣施教和施救的对象。尤其在《路加福音》中,女性的地位得到显著提高。耶稣对有罪的女人说:"你的罪赦免了!"[④]"女儿,你的信救了你,平平安安地去吧!"[⑤]"马利亚已经选择那上好的福分,是不能夺去的。"[⑥]由此可以发现,在耶稣的眼中,女性应该享有与男性同等的地位和权利,这似乎也暗示出在耶稣受审、被钉十字架、断气、安葬及复活等关键时刻为何都会出现妇女的身影,意味着耶稣在关心和赐福女性的同时也获得女性对他的尊敬与关爱。同时,从妇女在教会生活中的地位可以发现,保罗建立的教会,所有的职位是面对所有人开放的,并没有性别之分,上帝的恩赐并没有仅仅施给男性,保罗主张男人和女人应该享有同样的"祷告和说预言"的权利。而且,在保罗看来,女性还有资格担任基督徒领袖。"我对你们

---

① 《论语·阳货》。

② 《论语·泰伯》。

③ 蔡尚思主编:《十家论孔》,上海人民出版社 2006 年版,第 358 页。

④ 《路加福音》7:48。

⑤ 《路加福音》8:48。

⑥ 《路加福音》10:42。

举荐我们的姊妹非比,她是坚革哩教会中的女执事。"①非比就是教会中一个重要的女性领袖。

除此之外,儒耶对待生命的态度在某些方面几乎毫无二致,比如二者都承认在茫茫宇宙之中,人是最高贵的生命体,人的生命要优越于其他生物体,并主张对人的生命要心怀高度的敬畏感和尊重感,不仅反对人因浪费时间而消耗生命,而且反对人所作出的毫无必要的牺牲。同时,儒耶二者都强调人首要的生命态度是要珍惜生命和敬重生命,还要能够迎接生命中的种种挑战。因此,在对照儒耶面对生命困境的态度时,可以深入考量二者内在生命精神的异同。

## (二)生命精神之异同

生命的美丽在于绽放属于它自身的独特魅力,生命的阳光在于凝聚一种勇于向上的精神。仔细审视孔孟和耶稣保罗的不同人生,我们在欣赏他们独有的生命之美时,不难窥见他们所共有的生命精神。

孔孟和耶稣保罗的人生中都洋溢着一种积极坚韧的生命精神。从血统上看,孔子虽然是贵胄后裔,但其实到孔子的时候,他祖先原有的贵族地位几乎已经荡然无存了。孔子出生于一个平民家庭,自称"吾少也贱"。甚至有学者认为,孔子是个私生子,他的母亲是一个受没落贵族凌辱的贫贱妇女。② "四福音书"显示,耶稣是受圣灵怀孕所生,但是降生在一个木匠家庭,诞生的时候因为客店里根本没有地方,因此用布包起来,放在了马槽里。③ 这反映出孔子和耶稣都有着极不寻常的人生起点,但其中却又彰显着极其平凡甚至卑微的一面,高贵中不乏贫寒。孔子和耶稣的母亲对他们的影响非常之大,但父亲的血统却又成为奠定他们人生取向的一个关键因素。孔子对"礼"的追求似乎是要在追溯祖先荣耀的进程中来恢复他本应享有的地位,耶稣圣父更是他人生路上的唯一指路明灯。尽管如此,孔子和耶稣却又站在与众人几乎相同的起跑线上,展示出的是一

① 《罗马书》16:1。
② 蔡尚思著:《孔子思想体系》,上海人民出版社1982年版,第5页。
③ 《路加福音》2:7。

种超常的积极坚韧的人生精神。孔子的一生经历了少年时期的"多鄙事"、青年时期的兴办私学、中年时期的四处游说和晚年时期的著书立说，其中他看到和体会到的有周围人的不尊重、学生的不理解、统治者的不信任和自己的不得已等。孟子一生到各国去宣扬自己的学说，但却被认为是"迂远而阔于事情"，并未受到应有的重视。耶稣走过的也是一条极不平坦的人生之路，受魔鬼撒旦的试探、往返于加利利与耶路撒冷的传道、门徒的出卖与不相认、十字架上的嘲弄与讥讽，其中有诱惑、背叛、嘲笑等。同样地，保罗经历了被人毁谤和咒骂，遭遇逼迫、四面受敌，被自己的同胞和外邦异教徒以及假弟兄陷害，长期被囚禁等人生困境。这两条不同的人生道路都体现出孔孟和耶稣保罗忍受现世的苦难，不畏人生艰难，勇于向前的生命精神。孔孟和耶稣保罗在宣扬自己思想的过程中，都经历过一个艰辛的历程，其中渗透出的是一种令人钦佩的品德和顽强的意志力。耶稣说："狐狸有洞，天空的飞鸟有窝，人子却没有枕头的地方。"[1]这是耶稣所感受到的一种人生凄凉，然而耶稣为了心中神圣的使命，并没有停止前行，仍然继续着布道活动。"我奔跑，不像无定向的；我斗拳，不像打空气的。我是攻克己身，叫身服我，恐怕我传福音给别人，自己反被弃绝了。"[2]保罗清晰地指出，在传福音的道路上，需要严格自守，保持克制的品德。孔子在追求"仁道"的过程中以苦为乐，即使在遭受他人误解时，仍然恪守"不患人之不己知，患不知人也"的座右铭。[3] 孟子"天将降大任于是人也"的奋斗壮歌，不仅激励着无数奋发上进的后来人，而且是他自身奋斗历程的生动写照。杨泽波指出，儒者的生活是一种"向上"的生活，具有强烈的进取意识，没有任何颓废的色彩。[4] 总之，儒耶二者在不同的人生旅程中都散发着生命积极向上的坚强精神。

同时，儒耶二者都非常注重挖掘生命的潜能，尤其欣赏自己以及那些

①《马太福音》8:20)。
②《哥林多前书》9:26—27)。
③ 姚新中著：《儒教与基督教——仁与爱的比较研究》，赵艳霞译，中国社会科学出版社2002年版，第77页。
④ 杨泽波著：《孟子与中国文化》，上海人民出版社2017年版，第206页。

地位较低的社会群体生命的内在之美。孔子和耶稣一样，生前也是四处游说多年，但最终未达目的就已辞世，他的事业也是死后才在历史上有影响的。① 孔子和耶稣的思想智慧之所以能够在历史的长河中闪耀着独特的光芒，主要原因在于他们活着时的竭力所为，他们将自己的生命潜能发挥到了一种巅峰状态。这种生命能量的释放不仅充实了孔子和耶稣，成就了他们，而且为激发后人提供了不可缺少的精神食粮。同时，孔子和耶稣都积极发现别人生命中的优秀品质。如孔子因材施教，针对不同学生提出不同要求，不拘一格，各尽其所长，尽量挖掘出他们身上不一样的闪光点。因此，在孔子众多的学生中，有德行高尚的颜渊、闵子骞、冉伯牛和仲弓，有擅长言语的宰我与子贡，有善于政事的冉有与季路，有精通文献类的子游与子夏。而且，在孔子的学生中，出身富贵可以知道名字的也不过两个人，大多数学生出身十分贫寒。据记载，子路"冠雄鸡，佩猳豚"，简直像个流氓；原宪"终身空室蓬户，褐衣疏食"，更为穷困；曾参曾经做小吏，能谋斗升之粟来养亲，就很满足；子张是"鲁之鄙家"。② 在孔子眼中，一个人的生命能力不受制于其身份的高低贵贱，而在于他是否有积极主动向上的意愿。"自行束脩以上，吾未尝无诲焉。"③孔子在开发学生内在的潜质时，并不受外界因素的干扰，这种"因材施教，人尽其才"的关注生命独特性和内在潜能性的教育方法，已成为中国教育史上一笔宝贵的精神财富。孟子和孔子一样，孟子从政的时间也很短，但十分注重教育。孟子往来于各诸侯国之间，随从车辆有数十乘，从者数百人，非常关注人的价值的培养，以得天下英才而教育之作为他人生三大快乐之一。孟子也主张因材施教。"君子之所以教者五：有如时雨化之者，有成德者，有达财者，有答问者，有私淑艾者。"④这充分体现了孟子善于挖掘不同学生内在潜能的教学特点。在早期基督教时期，耶稣施教的对象也是当时社会中的弱势人群，在他十二个门徒中，出身富贵的也只有两个人，西门彼得和

---

① ［法］谢和耐著：《中国与基督教——中西文化的首次撞击》，耿升译，上海古籍出版社 2003 年版，第 101 页。

② 杨伯峻译注：《论语译注》，中华书局 2009 年版，第 23 页。

③ 《论语·述而》。

④ 《孟子·尽心上》。

他兄弟安得烈等大多数都是渔夫身份,而且耶稣基督布道的对象中,很多都是病人。但是,孔孟和耶稣保罗在弟子身上发现的闪光点并不相同。孔孟所希冀的是弟子能释放为社会所用的才能,耶稣保罗所期待的是门徒能够心存对上帝更坚定的信念,其实这种差异性也反映在他们自己身上,从而最终表现为他们人生价值取向的不同。另外,正直、诚实等美德也是孔孟和耶稣保罗共同的生命要求。"你施舍的时候,不可在你前面吹号,像那假冒为善的人在会堂里和街道上所行的,故意要得人的荣耀。"①这种虚伪既是耶稣所反对的品性,也是孔孟坚持忠信所反对的德性。儒耶不仅在生命精神方面有诸多的异同,而且在日常行为的生活态度方面也呈现出相当的差异性。

## 二、忠恕突破与宽容革新

一个人的生命并不完全属于个体本身,还与家庭和社会息息相关,生命因此由"小我"走向了"大我",而只有真实的生活行为才是生命能够得以真切的体现。人是社会的人,任何人的生活必然会与他人发生各种各样的关系,如何处理人际关系是每个人生活态度的重要表现。

### (一)"消极金律"与"积极金律"

人所共知,许多学者把孔子的"己所不欲,勿施于人"②视为"消极金律",而把耶稣所言的"你们愿意人怎样待你们,你们也要怎样待人"③称为"积极金律"或"黄金律"。在唯物辩证法之中,积极与消极是一对相互对立、相互排斥又相互统一的矛盾体。但是,"积极金律"与"消极金律"之间并不表现为一种绝对的对立关系,二者的关系可谓"同中有异,异中有同"。从共性上看,两种金律在它们自身的思想理论体系中具有同样重要的地位和作用,分别成为儒耶最典型、最核心的道德教化思想和处理人际关系的基本原则。孔子对学生仲弓问仁以"消极金律"作答,这种仁德只

---

① 《马太福音》6:2。

② 《论语·颜渊》。

③ 《马太福音》7:12。

有孔子所说的有很高道德修养的"君子"才能真正做到①,所体现的是道德上的一种高要求。孔子一以贯之的"忠恕之道"人生准则,最后发展成为原始儒家伦理思想的核心理念。耶稣的"积极金律"使登山宝训达到巅峰,被称为"整个演说的顶石",是社会伦理最崇高的目标,也是耶稣一切伦理教训的最高峰,后来发展成为基督教伦理的基本法则。② 可见,孔子的"消极金律"和耶稣的"积极金律"在两种不同思想体系中的性质、地位和影响力都极为相似。

另外,从深层次看,"消极金律"与"积极金律"提出了相同的道德要求,严于责己与宽以待人是两种金律共同的道德诉求,但在此道德诉求的深度上又呈现出差异性。巴克莱曾经区分道:"消极金律表现的是一定不能以自己不愿别人对待我们的方式待他人。而积极金律就是要求我们积极地向人作我们愿意人怎样对待我们的事,使人生有了新的原则,在待人的事上也便有了新的态度,人们自动地选择积极金律要比选择消极金律困难得多。"③巴克莱看到两种金律在行为要求难度上的差异,至于造成这种难度差异的原因,他没有给予深入分析。实质上,"积极金律"体现的是"由人及己"的思维方式,也就是自己对待他人的方式是由对方的喜好来决定的。这就要求必须优先考虑对方而忽视自我感受,从而产生的结果一定是对方所希望的,是以对方为核心和目标的思想行为,这种思想形成的原因在于耶稣先在的救世主身份。所以,对于不可摸的麻风病人和不应当宽恕的罪人等,耶稣都会去救治和宽恕他们,这既是被拯救者所期待的,也是耶稣本身的职责所在。反之,"消极金律"反映的是"由己及人"的思维模式,也就是一个人的行为方式是由自我的喜好所决定的,通过自己的意愿去推理和考虑他人的感受,体现的是"人同此心,心同此理"的原则。这就可能会出现自己的喜好恰好是他人所憎恶的,从而导致自己的行为结果不一定是他人所期待的,这是以自己而不是对方作为行为的起点和标准,这种思想很大程度上来源于孔子那宽广的仁爱之心。显而易

---

① 杨恒达:《对比基督教伦理与中国伦理的比较研究的方法论反思》,载《冲突与互补:基督教哲学在中国》,社会科学文献出版社2000年版,第200页。

② [英]巴克莱著:《新约圣经注释》,方大林、马明初译,中国基督教两会2007年版,第173页。

③ [英]巴克莱著:《新约圣经注释》,方大林、马明初译,中国基督教两会2007年版,第175页。

见,当"积极金律"被付诸现实社会实践时,会对个人的道德要求提出更大的挑战。

## (二) 保守与革命之异同

当我们采用辩证的眼光去审视生活中的孔孟和耶稣保罗时会发现,他们在生活中呈现出的既有保守的一面,又有革命的一面。所谓保守性,主要体现在他们对传统的思想观念都积极地继承。众所周知,孔子自称"信而好古",尤其信奉推崇周礼,并极力想恢复周朝礼制。"诗三百,一言以蔽之,曰:思无邪"①和"子在齐闻韶,三月不知肉味"②等描述,其实在某种程度上都反映了孔子对传统思想的一种肯定和延续。生活中的孔子也喜欢回归过自然的生活。比如,孔子曾经和子路、曾皙等四位弟子谈论各自的志向,孔子对曾皙暮春三月,穿上春服,邀上五六个成年人、六七个小孩子,在沂水里沐浴,到雩台上乘凉,唱歌踏春的生活追求大加赞赏。③ 这其实表现了孔子生活中内含一种希望回归自然,返回原生态的生活情趣。孟子继承了孔子"敬天法祖"的思想,"为政不因先王之道,可谓智乎"④,提倡统治者治国理政需要依靠先王之道。前文已经论述过早期基督教与古犹太教之间无法割离的承继关系。耶稣的思想凸显了对《旧约》思想的延袭性,尤其在《马太福音》中,这种思想的承继性表现得更为明显。比如,耶稣最大的诫命是"你要尽心、尽性、尽意,爱主你的神"⑤。这与《申命记》中"你要尽心、尽性、尽力爱耶和华你的神"的思想一脉相承。耶稣第二条诫命"爱人如己"⑥也是从《利未记》中引申而来的。耶稣秉承着摩西十诫的精髓,并将其最终发展成早期基督教的基本精神。保罗书信中也有许多关于先知的预言,保罗经常指出基督教的福音与《旧约》之间的连续性。"这福音是神从前藉众先知在圣经上所应许

---

① 《论语·为政》。
② 《论语·述而》。
③ 《论语·先进》。
④ 《孟子·离娄上》。
⑤ 《马太福音》22:37。
⑥ 《马太福音》22:39。

的。"①保罗一再地强调,上帝曾经借着《旧约》众先知说话。② 由此可知,儒耶的思想中有着深厚的历史渊源。

但是,孔孟与耶稣保罗并不是完全的复古主义者,虽然他们在生活中都会表现出谨小慎微的态度,但并没有被旧思想完全束缚,相反却有着强烈的革新理念和创新行为。面对当时混乱的社会局势,他们都希望通过改变传统观念来达到自己"救国救民"的目的。固然,孔子与耶稣心目中的"国""民"的外延无法比较,但他们都可称得上是伟大的革命者和先行者。就孔子而言,当时鲁国正处在新旧交替的特定环境之中,改革思潮在鲁国是必然的,而身在鲁国的孔子,他的思想必然会受到当时国情的影响③,难免会有一股改写历史的思想火花在孔子心中迸发。孔子所崇拜之"礼",并不是对周礼的完全复古,而是具有一定的时代性。对于耶稣而言,正因为当时犹太人身处恶劣环境,耶稣不得不重新审视难以挽救现状的犹太教,从而通过提出新的思想来适应当时社会的需要。英国学者温翰穆甚至把耶稣看作一个革命家,他要带领犹太人建立一个革命的新政权。④ 此外,孔子和耶稣改革的力量都是凭借最温柔的道德力,而不是采用武装的暴力手段。其实,整本《论语》犹如一部思想深邃的人生哲学经典,也是一部意味深远的道德哲学著作,所以有学者称原始儒家首先是心性之学,散发着强大的道德力量,孔子可称为一位极度关心道德问题的伦理学家。耶稣征服人心的力量来自他人格和演说的无限魅力,只要一句锐利的话语,或是一束唤醒单纯良心的目光,就能够使他赢得一个热心的门徒。⑤ 天国八福更有力地表明,耶稣其实是一位伦理道德教育的专家。

从创新性角度看,孔孟与耶稣保罗在教育体制上都有所革新。一方面,他们创新教育形式和教育方法。孔子打破原来由国家统一办学的官

---

① 《罗马书》1:2)。
② [美]霍桑(Gerald F. Hawthorne, Ph. D.)、[美]马挺(Ralph P. Martin, Ph. D.)著:《21 世纪保罗书信辞典》(下册),杨长慧译,团结出版社 2015 年版,第 1089 页。
③ 杨伯峻译注:《论语译注》,中华书局 2009 年版,第 6 页。
④ 王亚平著:《基督教的神秘主义》,东方出版社 2001 年版,第 72 页。
⑤ [法]欧芮斯特·勒南著:《耶稣的一生》,梁工译,商务印书馆 1999 年版,第 155 页。

学模式,成为中国私人自筹办学的第一人。正是因为孔子在教育领域所起的社会作用,现代历史学家尊称他为"先师"。[①] 孔子在中国教育史上的创新之举还表现在,他提出"因材施教"和"不愤不启,不悱不发,举一隅不以三隅反,则不复也"[②]的"启发式教学"等。孟子也总结了君子五种教育方法,如春风化雨滋润式的方法、成全品德的方法、通达才能的方法、答疑解惑的方法和用自身善行进行身教的方法,同样体现了施教各因其材的方式方法。耶稣在布道过程中十分擅长使用打比喻的特殊教育方法。"四福音书"中经常出现一些包罗万象的比喻,如耶稣用盐、光、芥菜种、浪子、酒等一些十分形象的物体作比喻,这些比喻与听众的生活紧密相连,生动形象、便于理解,有助于扩大施教的对象。从保罗书信中也可以发现,保罗在传教过程中也注重因材施教,面对不同的教会采取不一样的教育方法。如保罗对待哥林多教会是小心翼翼、温柔和蔼地责备,对加拉太教会则是作无情的申斥。另一方面,他们都突破了传统教育对象的范围。孔子的"有教无类"让更多的下层民众有了学习的机会,并且聚集在孔子周围的学生不再是儿童,而是立志追求真理、迫切需要探寻人生意义的成年人,就像耶稣的门徒一样。[③] 这些学生都是有理想、有信念,但绝大多数又都没有社会地位的人群。除此之外,从某种程度上说,孔子和耶稣作为不同的教育者,在教学内容方面也做到与时俱进,不断更新。儒耶二者在实施教育改革的问题上虽然有许多的相似之处,但他们教育革新的最终目的却有着天壤之别,前者改革的目的是要培养更多能够为社会服务的道德人,而后者的改革目标在于拯救更多需要他救赎的灵魂。尽管如此,儒耶二者敢于突破传统思想的束缚,勇于彰显自己的开拓创新精神,非常值得学习和借鉴。

## 三、出生入死与出死入生

死亡给许多人带来的是痛苦、害怕甚至恐惧,其实,恰恰是死亡的存

---

① 杜维明:《孔子的〈论语〉》,载《学术月刊》2007 年第 9 期,第 22 页。

②（《论语·述而》）。

③ 杜维明:《孔子的〈论语〉》,载《学术月刊》2007 年第 9 期,第 22 页。

有才彰显出生命的可贵,生与死互为作用而存在,共同构成一个人完整的人生。一个真正善于理解生命和生活真谛的人,他不能无视死亡,因为只有对死亡基本意义和价值的理解,才能确立人生价值系统的基础。① 探寻死亡的意义是个亘古不变的话题,在 19 世纪至 20 世纪,尼采、海德格尔等思想家更是对死亡问题进行了深入的思考。在此,我们将从生死学角度对儒耶二者关于死亡的认识和态度进行一番全新的审视。

## (一) 直面死亡态度之异同

从生命本体论可知,"天"与"上帝"分别作为原始儒家与早期基督教的生命之源,决定着孔孟和耶稣保罗面对死亡时都表现出镇定自若、无所畏惧和豁达坦然的态度。他们都深知自己的生死问题并不是个人的事情,生死之权不在自己,也不受制于其他人,而是与天命或上帝密切相关,这显然表明他们都具有一定的宿命论色彩。如孔子在临终前吟唱"太山坏乎! 梁柱摧乎! 哲人萎乎!"②的悲歌,真实地体现出一个垂垂老矣的智者那种悲凉的认命心境。但孔子在坚持"死生有命"生死观的同时,还保持着积极面对死亡的心态。在孔子看来,"命"和"天"并不是盲目的,而是内蕴"天德"和"天理"。也就是说,当一个人一生都认真践行了仁德,完成了人世间的道德使命,面对死亡就能做到心安理得了。③ 所以,面对死亡,孔子并不算一个真正的宿命论者。孟子在死亡面前保持的是"舍生取义",为道义甘愿赴汤蹈火,不惜牺牲生命的态度。

在早期基督教中,上帝作为绝对的主宰者,耶稣的生死职责是受圣父上帝所指派,耶稣在人生中充分显示出的向死而生态度表明,他既是一个勇敢者,又是一个绝对的宿命者。对此,保罗曾经说过,我们的死亡是属于主的而不是属于我们的。④ 从《新约》中可知,耶稣之死是上帝事先已有的安排,无法逃避。耶稣在死亡面前表现出那份从容,主要原因在于他

---

① 靳凤林著:《死,而后生:死亡现象学视阈中的生存伦理》,人民出版社 2005 年版,第 159 页。

② 《史记·孔子世家》。

③ 郑晓江著:《生命与死亡——中国死亡智慧》,北京大学出版社 2011 年版,第 65 页。

④ [英]雷敦和:《生死之变易——庄周面对基督的死亡》,载刘小枫主编:《道与言——华夏文化与基督文化相遇》,上海三联书店 1995 年版,第 633 页。

明确了自己死亡的性质和意义。"耶稣才指示门徒,他必须上耶路撒冷去,受长老、祭司长、文士许多的苦,并且被杀,第三日复活。"①耶稣上耶路撒冷是为医治罪人,他遭受长老和祭司长等人的苦同样是为了罪人,这是基督教中一种为正义而作出的牺牲,是为拯救他人而付出的代价,必须要有背起十字架的勇气。"若有人要跟从我,就当舍己,背起他的十字架来跟从我。"②从中可以看出,耶稣的话不仅是对门徒提出的要求,更是对自己发布的命令;耶稣既是在教化门徒,也是在督促自己要率先为范、亲力亲为。耶稣通过亲自背上十字架,通过舍己,赚得全世界,他这种用死亡成全生命的态度成为基督教渴望死和勿忘死的死亡观。保罗在四面受敌,随时都有面临死亡威胁的时候,却忘记了身边所有的危险。保罗在生命的最后一刻仍然在见证他所讲的道:"我们四面受敌,却不被困住;心里作难,却不至失望;遭逼迫,却不被丢弃;打倒了,却不至死亡。身上常带着耶稣的死,使耶稣的生也显明在我们身上。"③面对随时来临的死亡,保罗没有犹疑和畏惧,有的却是喜乐的盼望和热切的期待。总之,孔孟和耶稣保罗在死亡面前的从容不悔心情,是与他们死亡背后深层的道德意义分不开的。

但是,在审视耶稣直面死亡的过程中,可以看出他那份惊人的沉着与镇定,同时也能感受到他表现出的犹豫与惧怕。"我心里甚是忧伤,几乎要死。"④耶稣的灵魂悲痛得快要死了,耶稣在不能确定圣父的意志时是害怕死亡的,于是他祈祷着;然而,当耶稣清楚圣父的意志后,他就毫不犹豫地走向前去献身给死亡。⑤孔子处于生死关头时,却不曾出现过丝毫的犹豫和恐惧。在预言自己即将来临的死亡时,孔子仅仅发出的是无力回天的哀叹;在面对他人之死时,孔子涌现出的是一种痛心和惋惜。

## (二)殊死同归

孔孟和耶稣保罗关于死亡的观点由他们本身对生命体构成的不同认

① (《马太福音》16:21)。
② (《马太福音》16:24)。
③ (《哥林多后书》4:8—10)。
④ (《马可福音》14:34)。
⑤ 刘小枫著:《拯救与逍遥》,上海三联书店 2001 年版,第 115 页。

知所决定。原始儒家强调身心一体论，复杂的丧葬礼仪表明了原始儒家对死亡的重视。孔孟虽然追求更高境界的精神生命，但处于世俗的孔孟却很少谈及精神生命的毁灭。早期基督教主张灵肉二元论，在耶稣看来，死亡可以分为被灵魂所抛弃的肉体的死亡和被上帝所抛弃的灵魂的死亡两种。"任凭死人埋葬他们的死人，你跟从我吧！"①第一个死人指遭受灵魂之死的人，第二个死人指经受着肉体之死和灵魂之死的人。耶稣认为死亡要经历两次，第一次死亡包括灵魂之死和肉体之死，第二次死亡是灵魂没有上帝却有肉体，经受着永久的惩罚。第一次死亡是每个人都共有的，而第二次死亡并不如此，要凭借上帝的恩典，通过一位中保，上帝可以把那些"按上帝旨意被召"的人从第二次死亡中拯救出来。② 耶稣的死亡与复活紧密相连，奥古斯丁认为两次死亡带来的是两次新生和两次复活。在保罗书信中，保罗经常提到"基督照我们父神的旨意为我们的罪舍己"③。"基督就按所定的日期为罪人死。"④保罗强调，死由亚当来，生命由基督来，向罪死，在基督里活。基督的死与基督的复活标志着一个新纪元的开始，并且一直持续到基督再来的时候。早期基督教这种对死亡的理解，在孔孟那里是绝对不可能会出现的。

仔细探究孔子"未知生，焉知死"⑤的含义，其背后表现出孔子"由生知死"与"由死观生"的生死观。也就是说，一个人要努力用生去演绎自己的死，要从人生的终点来反观人生的起点，要在认知死的存在性与价值性基础上去通晓生活的意义，通过积极作为使生命的价值最大化。原始儒家的君子会担心死后没有值得被后人称赞的东西，这种思想会激发君子生前更加努力，试图通过绽放生命的意义去证明死亡的价值。马翰如论述道："儒道释以善终作为结局向中国的君子宣示了一个出生入死的经验性真理，耶稣却以横死作为结局向罗马帝国的奴隶昭明了一个出死入生的超验性启示。这两种根本不同的揭橥生命真谛的出入观，终于逐渐形

---

① 《马太福音》8：22。
② ［古罗马］奥古斯丁著：《上帝之城》，王晓朝译，人民出版社 2006 年版，第 568 页。
③ 《加拉太书》1：4。
④ 《罗马书》5：6。
⑤ 《论语·先进》。

成了中国与西方在文化心理上的巨大差异。"①马翰如以"出生入死"和
"出死入生"来概括原始儒家与耶稣在生死观上的差异确有其合理性,但
我们不能忽视孔子"由死观生"的生死观。其实,只有在"由死观生"的基
础上,才能够更好地做到"出生入死"或"由生知死"。孔子和耶稣都是以
死亡作为自我人生的切入点,否则不知死的生是很难真正实现生命价值
的。同时,马翰如还指出:"出生而入死可谓生命的自然规律,但却不是人
生的归宿。人生的真正归宿应该是出死而入生。出生入死易,而出死入
生难。"②这明显表达了马氏对耶稣之死的一种敬仰和推崇之情。从一般
角度看,"出生入死"较之"出死入生"似乎更容易做到,但通过比较孔子与
耶稣却不难发现,他们实质上达到了"殊死同归"的效果。对于孔子而言,
"出生入死"之"死亡",并不是一种绝对的消亡,它只是生活的终止,生命
却可达到一种不朽,生命的精神仍能生生不息。耶稣通过自己的死获得
新生,死亡给予了他人生另一种新意。由此观之,孔子的"出生入死"与耶
稣的"出死入生"在本质上都收获了生命的永恒。只不过孔子与耶稣实现
生命永恒的传承方式存在世俗性与神圣性之别,孔子依靠弟子传承其精
神生命而"复活",耶稣通过自身的升天而"复活",他们"复活"的方式虽截
然不同,但他们的生命却在各自文明的长河中永远存续着。

　　综上所述,儒耶在生命、生活和死亡三方面都充分表现出共在性和异
在性,这是理解和把握儒耶生命伦理比较最强有力的外在表现,而这些言
行的背后隐藏着儒耶人生价值方面的较量。

# 第三节　原始儒家与早期基督教人生价值论比较

　　"价值"作为一个理论概念,在不同的学科领域被赋予了相应的特定
内涵。经济学上的"价值"是指凝结在商品中的无差别的人类劳动;哲学

---

① 马翰如:《我们为什么走不进天堂?》,载刘小枫主编:《道与言——华夏文化与基督文化相遇》,
　上海三联书店 1995 年版,第 624 页。
② 马翰如:《我们为什么走不进天堂?》,载刘小枫主编:《道与言——华夏文化与基督文化相遇》,
　上海三联书店 1995 年版,第 624 页。

领域的"价值"属于主客体关系范畴,主要指客体能够满足主体需要的某种属性或关系。由此可推知,人生价值是指一个人的活动和行为满足社会、他人以及自我需要的关系,也就是一个人的人生目的和意义。因此,人生价值包括社会价值和自我价值两个部分,但是社会价值是评判一个人的人生价值大小的主要标准。人生价值一方面从根本上受制于生命本体论,另一方面又集中体现人生态度的内在精髓,直接影响生死超越的路径和方式。因此,儒耶人生态度方面的异同在深层次上反映为二者人生价值之间的异同。"仁""义""礼"在《论语》中出现的次数最多,孟子将其延伸为"仁、义、礼、智"。西汉时,董仲舒将其扩充为"仁、义、礼、智、信",称为"五常",从此贯穿于中华民族伦理道德的整个发展进程之中,构成中华儿女价值体系的核心要素。对于孔孟而言,"仁、义、礼、智、信"既是他们为人处事的基本道德标准,又是他们人生奋斗目标的基本价值要求。在早期基督教中,"信、望、爱"三主德是早期基督徒所追求的主要德性。此外,"义德"同样是早期基督徒生活中不可缺少的重要道德德性。

## 一、原始儒家之"信"与早期基督教的"信德"

现今学界,关于原始儒家之"信"或"诚信"与早期基督教的"信德"之间的比较十分罕见。其实,"诚信"与"信德"之间不仅存在无须争辩的世俗性与神圣性之区别,而且在生命主体方面内含诸多的异同。

### (一)"信"之生命主体间性与效果性的异同

《说文解字》有云:"信,诚也。从人从言。""诚,信也,从言成声。"①"诚"与"信"根本上是相通的。"诚"在《孟子》中出现二十余次。孟子更是将"诚"纳入到"信"的范畴之中,并将二者结合起来使用。"彼以爱兄之道来,故诚信而喜之,奚伪焉?"②原始儒家的诚信不能离开人这个生命主体而凭空出现,复杂人际关系的存在是诚信被需求的前提和基础,这就决定

---

① (汉)许慎:《说文解字》(附检字),中华书局1963年版,第12页。
② 《孟子·万章上》)。

了原始儒家之"信"所指向的是具有广泛性的生命主体。首先,"信"直指朋友类生命主体间平等式的诚信度与纯洁度。孔子的学生曾子将"信"作为"吾日三省吾身"①的重要内容之一,这是对自我生命的一种反思与检讨,甚至是一种忏悔的过程。李泽厚认为,反省自己"与他人共在"的"主体间性"的忠诚度,具有浓厚的宗教情怀,此"主体间性"在这里就是上帝,对它反省自我的过失和不足就是面对上帝的悔忏,但这又毕竟不同于基督教中的悔罪。② 基督教中的忏悔源于基督徒所认为的自身无法洗去的深重罪孽性,而曾子的反省是针对后天自我行为的反思,是生命的自我提升与完善的过程,由此带来的是人际关系的丰富和发展,促使社会生命向外不断延伸和拓展。朋友之间的诚信是孔子所提倡的君子交友处世之道,是面对朋友必备的首要态度,如此孔子才会在学生子路和颜渊面前表达出"朋友信之"③的志愿。孟子继承了孔子关于诚信的思想,并且把"信"纳入到五伦关系之中,明确提出将"信"作为朋友交往的基本伦理道德规范。其次,"信"还指向复杂伦理关系中生命主体间等级式的忠诚度与信任度。子曰:"君使臣以礼,臣事君以忠。"④孟子曰:"居下位而不获于上,民不可得而治也。获于上有道,不信于友,弗获于上矣;信于友有道,事亲弗悦,弗信于友矣;悦亲有道,反身不诚,不悦于亲矣。"⑤这种等级关系涉及君臣、父子等不同生命主体,保持真诚和信任能够让社会的每个阶层各施其行、各得其所,从而推动家庭和社会更加安定详和。

在早期基督教中,"信"主要指"信德",即信仰,对象是神圣而又唯一的圣父与圣子,这与原始儒家诚信之于复杂世俗的生命主体间性有着本质的区别。早期基督教的信仰主要涉及耶稣与上帝之间、基督徒与上帝之间、基督徒与基督之间的信靠关系,主要发生在神与人之间,但这种神圣的"神人关系"却与世俗的生命主体间性有着剪不断的联系。西美尔指出,信仰最初只是人与人之社会关系的一种形式,后来演化为一种纯粹的

---

① 《论语·学而》。
② 李泽厚著:《论语今读》,江苏文艺出版社 2010 年版,第 33 页。
③ 《论语·公冶长》。
④ 《论语·八佾》。
⑤ 《孟子·离娄上》。

精神关系,直到形成最纯粹的信仰时也就摆脱了社会因素的约束。① 可见,宗教性的信仰在形成之初似乎涉及的也是一种纯粹的人际关系,只是在完全形成之后却发生了质的变化。耶稣的信仰只在于投向上帝,它并不受外面世界客观必然性观念的限制,因为对于信仰来说,只有上帝,只有无限性的主观性,才是存在着的。② 不言而喻,早期基督教信仰与原始儒家的诚信存在神圣与世俗的本质不同。从耶稣神人二性的视角看,我们似乎又不能忽视耶稣信仰在成长之初确实源于生命主体间的信任关系。"凡在人面前认我的,我在我天上的父面前也必认他。"③这似乎可以视为耶稣的信仰外延从人与人的生命主体间发展到了生命主体与上帝之间,这是一种质的飞跃,也是耶稣信仰的目的。同时,基督徒的信仰需要通过信仰者的生活体现出来,渗透在他们世俗生活的各个方面。耶稣的信仰是要获得上帝的爱,人的得救在于上帝的救恩,也因着信仰。信仰也就意味着具有耶稣基督的心思意念和他的精神品格④,意味着基督徒用信仰去重新塑造自己的生活,让信仰在他们生命之中,就像光照亮一样,照亮着基督徒的存在,释放着基督徒的能力以及每天所需要的生命力⑤。基督徒因信仰重新找到自己生命的方向,成为一个新造的人,这与孔孟用"信"去打造"君子"人格有着相似之处。换言之,"诚信"之于原始儒家和"信仰"之于早期基督徒,都是生命品质提升的必备元素,是获得"新生命"的催化剂。从整个社会背景来看,孔孟的"忠信"目的在于挽救当时极其混乱和糟糕的政治局面,而早期基督教的"信仰"不仅旨在拯救当时出现信仰危机的以色列民族,而且还要找回在思想上出现迷失的羔羊。由此可见,儒耶两种不同之"信"在当时都带有十分重要的社会意义和现实价值。随着社会的发展,无论世事发生何种变化,"诚之者,人之道也"⑥已经成为后儒及中华儿女永远不可缺失的重要精神追求。不言而喻,任何

① [德]西美尔著:《现代人与宗教》,曹卫东等译,中国人民大学出版社 2003 年版,第 10 页。
② [德]费尔巴哈著:《基督教的本质》,荣震华译,商务印书馆 1984 年版,第 179 页。
③ 《马太福音》10:32)。
④ 《格林多前书》2:16)。
⑤ [德]卡尔·白舍客著:《基督宗教伦理学》(第 2 卷),静也、常宏等译,上海三联书店 2002 年版,第 40 页。
⑥ 《礼记·中庸》)。

社会诚信的缺失,必将使我们走进"人心惟危"的境地。与之相同的是,在基督教世界中,为了自己的拯救,为了他人和世界的真正幸福,每个人都必须服从信仰,这已成为人的最基本的、生存论上的义务。① 有学者指出,信仰的社会作用虽然极其不明确,但有一点可以肯定,即没有信仰,社会将是一盘散沙。② 由此观之,儒耶二者之"信"所产生的领域虽然全然有别,但在所取得的社会成效及发展方向上却具有很大的趋同性。

### (二)"信"之生命主体要求性与目的性的异同

儒耶二者之"信"对生命主体的要求存在相当的重叠性。孔孟之"信"更多体现在生命主体间所生发出的忠信、诚信和信任式的情感与价值追求。子曰:"临之以庄,则敬;孝慈,则忠。"③孟子曰:"是故诚者,天之道也;思诚者,人之道也。"④"诚、忠、信"三者相互影响,缺少"诚"则不可能产生真正的"忠"与"信",若不"忠"则又无法谈"诚"和"信",而没有"信"则很难让人生发出"忠""诚"之感,三者相互构成一个有机整体。其实,基督教的"信德"同样需要生命主体持有"忠""诚"和"信"三种不同却紧密联系着的生命情怀。奥古斯丁认为,信仰通常被理解为相信,一般人们相信某些事物是借着他人或机构之广受信赖的权威。⑤ 西美尔在《现代人与宗教》一书中主张,所谓信仰,也就是对某个他者的信任和忠靠性情感。耶稣信仰的根基在于耶稣基督自身,目的在于上帝,这就必然对耶稣的信徒提出一定的要求,即耶稣的信仰离不开信徒对基督的信任,离不开他们对上帝的忠诚与虔敬。张世英认为,人与上帝之间的关系是出于至诚,人之服从和信靠上帝的命令,那是一种自愿的服从,即使说是强制的,那也是至诚而真切的。⑥ 保罗信靠的是耶稣基督从死里复活。正是那份绝对的

---

① [德]卡尔·白舍客著:《基督宗教伦理学》(第2卷),静也、常宏等译,上海三联书店2002年版,第39页。
② [德]西美尔著:《现代人与宗教》,曹卫东等译,中国人民大学出版社2003年版,第10页。
③ 《论语·为政》。
④ 《孟子·离娄上》。
⑤ [古罗马]奥古斯丁著:《论信望爱》,许一新译,生活·读书·新知三联书店2009年版,第254页。
⑥ 张世英著:《境界与文化——成人之道》,人民出版社2007年版,第224页。

忠靠、十足的至诚和完全的信任,才能造就早期基督教所期待的"信德"。除此之外,儒耶二者之"信"在深层之中还蕴含着对"敬"的价值追求,都怀有一种向上的敬畏和虔诚之心。孔孟所敬的对象更多的是位居自己之上的人,而耶稣保罗之敬朝向的只有唯一的上帝。

但是,儒耶二者之"信"对生命主体要求还存在着不容忽视的差异性。早期基督教之"信"意味着基督徒要"信靠上帝""遵守耶稣的话",并且要"跟从耶稣"。耶稣说:"你们若常常遵守我的道,就真是我的门徒。"①其中,基督徒抱持的是对上帝的绝对信靠与信心,他们走近的是上帝的生命,拉近的是人与上帝之间的距离。原始儒家之"信"在于塑造一种君子人格,在于生命主体更和谐地走进自己所生活的社会伦理关系之间,缩小的是人与人之间有形的空间距离和无形的心灵隔阂。由此,儒耶二者对生命主体所怀有的信任度和方向度存有不同。原始儒家对信任的追求具有普世性,要求这种精神追求渗透于每个生命主体之中,是一种相互的、双向度的信任和彼此坦诚,这种信任的产生要对他人和自己都充满信心,这是一种不可或缺的力量。但是,基督教的信仰要求基督徒对上帝必须持有单向度的、绝对的信靠。奥古斯丁说:"对于眼不能见的属天之事,岂不更需要信心吗?"②安瑟伦的"我相信以至于我明白"已成为他的至理名言。信心是基督徒产生信仰的前提和基础,是他们对上帝的绝对信赖和完全自我交付,信仰者要不保留他自己的东西和他自己的独断意志,犹如耶稣基督自己,用他毫无保留地对上帝意志的绝对顺服,十全十美地实现他对信仰的服从,耶稣是"信仰在最极端意义上的绝对实现"③。这也正是耶稣在《希伯来书》中被称为"我们信仰的先驱和完成者"的原因。"完全的舍己"和"十足的信心"不仅是耶稣基督对信徒提出的要求,更是他自身追寻人生价值的表现。保罗则把信靠耶稣基督作为最主要的重心,在保罗看来,基督徒就是口里认耶稣为主,心里相信上帝的具有信心之人。

---

① 《约翰福音》8:31)。
② [古罗马]奥古斯丁著:《论信望爱》,许一新译,生活·读书·新知三联书店2009年版,第304页。
③ [德]卡尔·白舍客著:《基督宗教伦理学》(第2卷),静也、常宏等译,上海三联书店2002年版,第39页。

另外，儒耶二者对"信"的要求不仅体现在对生命主体内在的情感要求上，而且还落实在生命主体的外在行为上，即二者都十分强调"信"的实践性。在孔孟看来，"信"既是统治者"取信于民"并实施仁政的重要法宝，又是每个人的安身立命之道，每个人都需要将其运用于自身的日常生活实践之中。耶稣在践行信德的过程中，不是用华丽的言语去宣教，而是用自己背负十字架的血的代价进行着令基督徒景仰的演绎，所有的信心都在耶稣的行为之中得到最极致的彰显，因为耶稣知道"信心若没有行为就是死的"①。而在保罗看来，"信"意味着基督徒要效法耶稣基督，随时准备接受耶稣被钉十字架上的命运，相信耶稣从死里复活。对于基督徒来说，信仰已经浸润在他们的日常生活之中，构成他们现实生活的中心和基础。"因我们行事为人是凭着信心，不是凭着眼见。"②基督徒的整个生命因着信仰而不断向外拓展。而且，基督徒的信德与盼望和爱心紧密相连，他们通过信仰而盼望着、推动着去努力追求公义和圣爱，他们清楚地知道没有希望的信心是不可能存在的。

## 二、原始儒家之"礼"与早期基督教的"望德"

原始儒家向往周代的礼乐制度，孔子提出知礼、学礼，以礼修身、以礼治国。《孟子》中出现"礼"有六十四次，孟子将"礼"与辞让之心相联系，对"礼"有着独特的理解。耶稣和保罗给信徒带来的是满满的希望，耶稣宣扬上帝的国临近了，保罗颂扬希望的果子是喜乐和平安。从表面看，原始儒家之"礼"与早期基督教的"望德"似乎难以比照，但深入剖析不难发现，二者之间存在异同。

### （一）"礼、望"之价值生成和特性的异同

当"礼"与"望"分别作为儒耶的价值目标不期而遇时，它们各自价值的生成路向或顺序表现存在不同。"礼"最初之含义与"事神致福"之事有

---

① 《雅各书》2:17。
② 《哥林多后书》5:7。

关，但到了孔子生活的春秋时代，"礼"却不仅指侍奉神人之事，而是延伸至为人处世的规范和治国平天下的制度。针对君臣、父子、夫妇、朋友等不同伦理关系，所适用的礼仪也不相同。《礼记·王制》中提到"冠、昏、丧、祭、乡、相见"六礼，而对于以国家为主体所行之礼则主要包括"吉、凶、宾、军、嘉"五礼，它们都是外在的行为规范和治国方略。这些"礼"的价值生成要将客观存在的显性他律演化成每个人的道德行为，积淀成为一种高尚的道德品质，从而最终上升成孔子所期待的道德价值，这需要经历一个由外而内的长时间的实践和修炼过程。故孔子曰："克己复礼为仁。"①"仁"成为"礼"的内在精神品质。孟子提出"辞让之心，礼之端也"②。"恭敬之心，礼也。"③"礼主于敬"并根植于心。孟子从心性上对"礼"进行论证，反映出"礼"由心生的本质，将外在伦理规范与内在的心性进行了融合。但是，早期基督教"望德"的生成路向正好相反，它首先表现的是基督徒因内心信仰而对上帝产生出来的一种盼望，这种盼望是看不见也摸不着的。保罗说："所见的盼望不是盼望，谁还盼望他所见的呢？"④因此，对于基督徒而言，盼望产生之后就会用自己爱的行为去证明上帝所带来的希望。这种基于信仰从产生盼念再到生发爱行的过程是一个由内而外的不断外显的价值生成过程，需要长时间地忍受自己所遭遇的不幸与苦难，以获得那未知的幸福。恰是耶稣这种由内而外的价值生成方式，与法利赛人只依靠死守教规教义去表达自己的信仰和获得救赎的希望产生着巨大的冲突。

　　虽然原始儒家之"礼"与早期基督教之"望"在价值生成路径上存在不同，但二者对传统价值都彰显出扬弃的特性。孔子自称是西周文化的继承者和体现者。"文王既没，文不在兹乎？"⑤西周之礼是孔子追求礼制的一个样本，但孔子并不主张绝对复古。就孔子所言"周监于二代，郁郁乎文哉！吾从周"⑥来分析，监即视也，言其视夏、商二代之礼而损益之；孔

---

① 《论语·颜渊》。
② 《孟子·公孙丑上》。
③ 《孟子·告子上》。
④ 《罗马书》8：24。
⑤ 《论语·子罕》。
⑥ 《论语·八佾》。

子改制,取三代之制度而斟酌损益之;孔子既非复古,也非革命,乃是积累进化论者。[①] 后世许多学者都看到孔子对"礼"的追求采取了辩证吸收和积极革新的措施。同时,孔子坚持"毋意、毋必、毋固、毋我"[②]的原则,为人行事做到不拘泥固执、不绝对肯定。孔子对西周之礼虽心怀崇敬之心,但没有完全照抄照搬,成为一个因循守旧、循规蹈矩的人。耶稣和保罗的"望德"同样承袭了《旧约》中以色列民族的那份期待,那不过是一个民族的祈祷与渴望,而耶稣和保罗追求的却远远超越了这个狭隘的民族性,外邦人同样可以在等待与守候中获得上帝所赐予的希望。"我要将我的灵赐给他,他必将公理传给外邦。"[③]"无论是希腊人、化外人、聪明人、愚拙人,我都欠他们的债。所以情愿尽我的力量,将福音也传给你们在罗马的人。"[④]在耶稣和保罗心中,早期基督教不是邀请一个民族去向着上帝,而是要带着上帝所造的万物去分享和接受上帝的慈爱,基督教的希望是要遍及所有的人,这是早期基督教有别于古犹太教的创新和伟大之处。

## (二)"礼、望"之价值诉求的异同

现代以南乐山和白诗朗为代表的"波士顿原始儒家",从荀子的人性论出发揭示原始儒家之"礼"的作用。在南乐山看来,原始儒家体系中的礼是符号、道德、审美,也是拯救。[⑤] 对于波士顿原始儒家来说,原始儒家借助礼去克服人性中的恶,这是依礼而行的一种自救,虽然这种自救与基督教依神而行的他救不同,但仍然深信无论自救还是他救,其实最终还是要落实到自救的现实层面上来。[⑥] 由此可以看出,波士顿原始儒家突出强调原始儒家"礼"的功用性是绝对在理的,但单一从人性恶的角度去审视"礼"的思维方式可能过于片面。或许原始儒家依礼的"自救",也可以

① 李泽厚著:《论语今读》,江苏文艺出版社 2010 年版,第 81—82 页。

② 《论语·子罕》。

③ 《马太福音》12:18。

④ 《罗马书》1:14—15。

⑤ 张颖:《以"礼"救赎:从波士顿儒家看儒教耶化与耶教儒化》,载罗秉祥、谢文郁主编:《耶儒对谈——问题在哪里?》,广西师范大学出版社 2010 年版,第 287 页。

⑥ 张颖:《以"礼"救赎:从波士顿儒家看儒教耶化与耶教儒化》,载罗秉祥、谢文郁主编:《耶儒对谈——问题在哪里?》,广西师范大学出版社 2010 年版,第 292 页。

看作对人性善端的一种正确挖掘、引导和培育，是将人性善端涵养成真实善果的过程。其实，孔子人生中的学礼、行礼和授礼经历都表明了孔子对"礼"的深层价值诉求。从个体角度看，"礼"是一个人修身成己的必要手段，子曰："兴于诗，立于礼，成于乐。"①"礼"使人获得行为规范，能够培育人性、树立人格，取得作为氏族群体成员的资格。② 从某种程度上说，孔子希望每个人都可以通过"礼"达到提高道德、塑造品格、成就价值、获得新生的目的。孟子把"礼"作为四端之一，但其实并没有将"礼"与"仁、义、智"置于同等重要的位置。"仁之实，事亲是也；义之实，从兄是也；智之实，知斯二者弗去是也；礼之实，节文斯二者是也。"③可见，孟子用"礼"来调节和修饰"仁"与"义"，旨在更好地完善自我的心性。在早期基督教中，对"望德"的价值追求目的同样在于使基督徒完善生命、发展生命乃至实现全新的生命。因着希望，基督徒的生命处在热切的盼望之中，这颗企盼之心将要开启基督徒生命的新篇章，他们盼望着在与上帝的相遇中获得一种全新的生命，这是个体生命复活的必经之路。但是，基督教这种复活式的新生与孔孟成就君子人格式收获的新生有着本质的不同。

从整个社会而言，"礼"与"望"同样存在可以会通的价值诉求。孔孟对"礼"的追求不仅事关提升自我的道德修养或完善自我的心性修养，而且包括重要的政治伦理价值功能，孔孟所提供的"仁政"要借助于"礼"来得以实施和体现。正如有学者指出，儒学首先是心性之学，其次则是政治之学。孔子主张"道之以德，齐之以礼，有耻且格"④。楼宇烈指出："儒家思想的核心是有为，强调制名（礼）教，规范人性。"⑤孟子不断发扬孔子以"礼"教化百姓的思想，从而达到他"仁者无敌"的政治目的。基督希望的对象其实同样具有强烈的现实要求，并通过两种不同的形式被描述出来：一组描述将整个世界考虑在内，如关于上帝神国的意象、新天新地的诞生和万事万物在基督内的合一；另一组描述的则是人类的现实生存处境，如

① 《论语·泰伯》。
② 李泽厚著：《论语今读》，江苏文艺出版社 2010 年版，第 181 页。
③ 《孟子·离娄上》。
④ 《论语·为政》。
⑤ 楼宇烈著：《中国文化的根本精神》，中华书局 2016 年版，第 189 页。

拯救、公义、和平、饶恕、对痛苦和死亡的克服、复活、永生和分享天主的荣耀等。① 这种力图改变现实困境的盼望在《旧约》中表现得更为强烈，当时以色列民渴盼的正是一个正义而公平的好政府，他们希望这个政府能够给予他们一种人身的自由、庄稼的丰收和社会的太平，而早期基督教正是因着满足他们的强烈希望而产生的。而且，在早期基督教看来，其盼望的是一种全面的救赎，在于整个世界都分有上帝的爱，甚至要为全部受造之物的未来负责任。由此可知，原始儒家之"礼"与早期基督教之"望"都蕴藏着改变社会现实局面的强烈愿望，只是二者希冀达到的理想目标和凭借的实现手段并不相同。

## 三、原始儒家之"仁"与早期基督教的"爱德"

现今学界关于原始儒家之"仁"与基督教之"爱"的比较研究资料十分丰富，但学者们针对"仁"与"爱"之间的可比性及关系定位问题的观点并不一致。吴雷川从伦理道德的角度分析原始儒家的"仁"与基督教的"爱"二者可以等同②；谢和耐认为基督教的慈善与中国人的"仁"被传教士们混为一谈，其实，由于它们的出发点不同，不可能具有相同的内容③；贺麟主张原始儒家的差等之爱是合理、近人情、平正的，基督教的爱则流于狂诞④；张世英坚持原始儒家之"爱"可以有差等，但必须掌控在适当的度中，原始儒家之仁爱要灵活批判吸收耶稣博爱的精神⑤；姚新中立足于儒教是人本主义，而基督教是神本主义的视角，较为翔实地比对了"仁"与"爱"之间的异同；赵士林强调儒家的仁爱更注重从现实世界延展出"生"的价值，基督教的圣爱则更加重视从现实世界延展出"自由"的价值，二者

---

① ［德］卡尔·白舍客著：《基督宗教伦理学》（第 2 卷），静也、常宏等译，上海三联书店 2002 年版，第 89 页。

② 杜小安著：《基督教与中国文化的融合》，中华书局 2010 年版，第 101—109 页。

③ ［法］谢和耐著：《中国与基督教——中西文化的首次撞击》，耿升译，上海古籍出版社 2003 年版，第 142 页。

④ 罗秉祥、谢文郁主编：《耶儒对谈——问题在哪里？》，广西师范大学出版社 2010 年版，第 123 页。

⑤ 张世英著：《境界与文化——成人之道》，人民出版社 2007 年版，第 225 页。

都主张将自己的爱向外推广，但推广的范围却不同。[①] 其实，纵观"仁"与"爱"的相关比较研究，完全将二者等同或对立起来的观点都过于片面。"仁"与"爱"虽然脱胎于不同时空的文化背景之中，但唯物辩证法认为，世界是一个普遍联系的有机整体，任何事物都处在普遍联系之中。"仁"与"爱"分别构成原始儒家与早期基督教所追求的重要人生价值，二者之间存在一定的异同是无法争辩的事实。正如傅佩荣所言，原始儒家的"仁"与基督的"爱"之含义皆深广得足以包摄各自的全盘学理或教义，它们之间的融通并非难事，只是担心论者过于浮泛而仅得表相而已。[②] 这种担心确实不无道理，本书在尽量吸收学者们优秀成果的基础上，从人生价值的维度对原始儒家之"仁"与早期基督教的"爱"进行全面而深层的比照。

## （一）"爱"之价值内外性的异同

"仁"与"爱"分别作为原始儒家与早期基督教的价值目标，二者内在的价值根基与落脚点存在较大相似性。首先，二者价值追求的立足点都在于各自的人性观。孔子持人性善端的观点决定了孔子把"仁"作为自己的人生价值追求。孟子提出"恻隐之心，仁之端也"，这是人本身先天所固有的。"仁"与人的心性浑然一体，因此引导"善性"、推行"仁道"和践行"仁德"自然而然成为孔孟在其政治、教育等生涯中奋力实现的目标。在耶稣眼中，正是因为始祖亚当丧失了人性最原初的善性，人类原罪产生之后只有依赖于上帝的爱才能得到救赎。虽然"爱"来源于上帝，但"爱"产生的首要原因却是人性自身对善的偏离。换言之，如果始祖亚当没有滥用自由意志而与上帝的关系发生偏离，则就不需要耶稣对爱的不懈追求。因此，让基督徒获得上帝之爱，恢复他们与上帝之间的良善关系，就成为耶稣一生最主要的任务。因此，儒耶努力追求"仁""爱"的过程都离不开二者对人之善性的期待与挖掘，离不开对人的一种向上和不断完善的美好意愿。善是儒耶价值追求最内心的出发点，只不过二者在实现"仁"

---

① 赵士林主编：《仁爱与圣爱——儒家道德哲学与基督教道德哲学之比较研究》，人民出版社2018年版，第4页。

② 傅佩荣：《中国思想与基督教》，载刘小枫主编：《道与言——华夏文化与基督文化相遇》，上海三联书店1995年版，第714页。

"爱"价值时所采取的手段不相同,孔孟凭借的是自我修养的力量,而耶稣保罗依靠的是上帝的爱。其次,二者的核心内容或本真之义都落脚在"爱"上。孔子用"爱人"去解释"仁",对学生"仁"问的回答也各不相同,但"仁"的本质是"爱人"。孟子将孔子之"仁"发展为"仁人无不爱"①。仁心就是爱心,"仁"的本质体现在"爱"中,只有通过"爱","仁"才能得以实现。② 在某种程度上,原始儒家的"仁"与"爱"可以互换,甚至意义可以等同。但是,儒耶之"爱"的内涵存在本质的不同,而且"爱"的外延性也具有差异。

儒耶之"爱"都体现了价值的普遍性与特殊性的统一。所谓"爱"的普遍性,反映在儒耶对"爱"的追求范围没有局限在某个社会团体之中,而是广大的社会群体。儒耶都希望"爱"能够浸润于每种不同的社会关系之中,二者的"爱"都具有现实普遍的社会性。"爱"的特殊性则体现在,儒耶之"爱"都落脚在每个不同的生命主体之中,二者的"爱"内含着不同的层次性。儒家的"仁爱"是差等之爱,它从最原始、最本能的血亲之爱出发。"孝悌也者,其为仁之本与。"③"亲亲,仁也。"④在孟子看来,"仁"的实质就是侍奉双亲。⑤ 然后,孔孟将这种血亲之爱从家庭关系扩展到社会关系,这是一种从内而外、由小到大的渐进式扩展,是基于自然亲情向外发散"爱"之情感的过程。孔子虽然也提出"泛爱众"和"四海之内皆兄弟也"的主张,但被打上亲情伦理烙印的"仁爱"要做到孟子所提出的"老吾老,以及人之老;幼吾幼,以及人之幼"却并不是一件容易的事情。所以,孔子从来不轻易以"仁"许人。其实,孔子这种将"爱"去"推己及人"的现实难度似乎更符合人之本性。反之,早期基督教之"爱"一般被认为是一种平等的博爱,没有任何差别性。但是,这只表现在上帝对基督徒的爱,这意味着每个基督徒在上帝面前并没有任何高低贵贱之分,他们都是上帝的子民,享受着上帝所赋予的同等的爱,这是早期基督教所追求的最高层次的

① 《孟子·尽心上》。
② 姚新中著:《儒教与基督教——仁与爱的比较研究》,赵艳霞译,中国社会科学出版社 2002 年版,第 99 页。
③ 《论语·学而》。
④ 《孟子·尽心上》。
⑤ 《孟子·离娄上》。

爱。基督教的"爱德"还包括另外两个层面的爱,即人对上帝的爱和人与人之间的爱。上帝的神爱是所有其他层次之爱产生的源泉,也就是因着上帝对人的爱,然后再延伸到人对上帝的爱和人对人的爱。这是从"神人关系"反射到"人神关系"和"人际关系"之上,是一个由上到下、由远及近的渗透过程。因此,基督教在实现"爱"的过程中,同样有着先后秩序和高低层次之分,即只有上帝对人的爱,才可能生发出人对上帝的爱和人与人之间的爱。上帝的爱是产生后两种爱的先决条件,而后两种爱是上帝对人之爱的积极回应,这三种不同的爱共同构成基督教的"爱德"。在爱的等级中,上帝的爱是最高的爱,其他形式的爱不仅层次较低而且价值很小。为了升华人类之爱,必须把所有其他形式的人类之爱转化成为对上帝的爱。① 由此观之,基督教之"爱"的平等性背后其实也隐藏着不容忽视的等级性,这种等级性本质上由上帝是人之本源的本体论所决定。而且,基督教的"爱"也受到其团契范围的制约。原始儒家对"爱"的推广范围无法企及基督教的"爱","爱邻如己",甚至是爱自己的敌人也如爱自己一般。正如赵士林所言:"儒耶两家也都希望爱能够得到最为广泛的实现,儒家希望最终达成四海之内皆兄弟的美好愿景,但却遇到了'差等'与'推恩'的矛盾;基督教的博爱精神使其不曾遭遇儒家的上述困境,但却又制造出了'选民'与'弃民'的分野,这正说明了一个民族的优点往往同时就是它的缺点,一种文化的长处往往同时就是它的短处。如何在保持自身优长的同时互相取长补短,这是儒耶面对的共同问题。"②确实如此,儒耶之"爱"在某种程度上可以互相借鉴、扬长避短。

## (二)"爱"之价值目标性的异同

从总体上看,对"爱"的追寻是儒耶实现社会价值的重要表现,二者追求的"爱"中都折射出实现世俗社会所需要的愿望。原始儒家之"爱"以家庭为原点向外不断推广。儒家的"仁爱"构成了一个情感的同心圆,"仁

---

① 姚新中著:《儒教与基督教——仁与爱的比较研究》,赵艳霞译,中国社会科学出版社 2002 年版,第 113 页。

② 赵士林主编:《仁爱与圣爱——儒家道德哲学与基督教道德哲学之比较研究》,人民出版社 2018 年版,第 4 页。

爱"精神由内到外依次为"亲亲—仁民—爱物",目的就是要构建一个安定和谐的社会。孔子所言的"如有用我者,吾其为东周乎"①的感慨,是他为政以仁爱的最好政治期待。孟子继承和发扬孔子的仁爱观念,提出了"仁政"思想,目的也在于希望统治者能够采取他的仁政措施,"以不忍人之心,行不忍人之政,治天下可运之掌上"②,极力追求一个君仁臣义、君民同乐、政治生态清明的和睦社会。耶稣虽然从未宣称自己是弥赛亚,但他履行着地上君王这种政治性的弥赛亚都无法代替的角色。耶稣拒绝了撒旦给他指向的天下的万国,一切的权柄和荣华都遭到耶稣的唾弃,耶稣的目的在于用上帝之爱去救赎他的子民,去建构他的上帝之城。由此观之,儒耶之爱的价值目标在于服务社会,旨在为构建心目中的和谐社会而努力。所以,有学者认为,原始儒家的"仁"和基督教的"爱"的思想功能和社会效用完全相同,二者的存在都是为了保社会的稳定与和睦。③ 这种概括在某种程度上似乎夸大了儒耶之"爱"在功效上的相似性,但却看到了儒耶之"爱"所要发挥的共同社会作用。不仅如此,孔孟和耶稣保罗在为"爱"不懈奋斗的过程中都遇到了现实的困境,历经过无数的坎坷,他们都遭受过当局者的不信任、反对和迫害,甚至都被他们心爱的弟子或门徒怀疑过,他们在实现"爱"的价值目标时都历经了一个艰难而曲折的过程。

同时,当原始儒家之"仁"和早期基督教之"爱"与生命本身发生矛盾时,儒耶二者采用了将"仁"或"爱"置于生命之上的处理方法。众所周知,"仁义至上""杀身成仁""舍生取义"是原始儒家毫不犹豫的坚定道德选择。对于早期基督徒而言,他们处理"爱"与生命的矛盾时,抱持的是舍生取爱的姿态。耶稣为了"爱德"的实现,不仅舍掉自己的生理性生命,而且抛却原本属于他的血缘性的家庭生命。但是,耶稣将上帝之爱永远置于任何血缘生命和关系性生命之上,这与孔孟以血缘亲情为基础进行爱的选择截然不同。"父为子隐,子为父隐,直在其中矣。"④这反映了孝亲在原始儒家之"仁爱"中处在极其重要的位置。此外,"爱"虽然是儒耶重要

---

① 《论语·阳货》。
② 《孟子·公孙丑上》。
③ 董小川著:《原始儒家文化与美国基督新教文化》,商务印书馆 1999 年版,第 212 页。
④ 《论语·子路》。

的价值追求,但并不是唯一的人生目的,"爱"的实现离不开其他价值追求的依托作用。如"民无信不立"①"不知礼,无以立"②等都说明,孔子的"仁爱"离不开"礼"与"信"的支持,不知"礼"何以达"仁",不知"信"何以懂"礼"而至"仁"。孟子将"仁"与"义"合在一起使用,二者紧密相连。在早期基督教中,"爱德"不能离开"信德"与"望德"而单独存在,"信、望、爱"三者相辅相成。保罗极力赞扬"使人生发仁爱的信心",没有盼望,这样的信心自然不会存在,世上没有不存盼望的爱,也没有不存爱的盼望和不存信心的爱与盼望。③ 这些都表明,儒耶在追求人生价值的过程中,体现出核心化与多元化相统一的特点。

## 四、原始儒家之"义"与早期基督教的"公义"

"义"是原始儒家所追求的重要价值目标,孔子讲"君子义以为上"④,孟子强调"穷不失义"⑤。然而,儒家主张"居仁由义",基于神性的基督教主张的则是"因信称义",二者在对"义"的理解与实践上有所不同。⑥ 确实如此,原始儒家之"义"与早期基督教的"公义"在内涵、外延及实现条件上也存在异同。

### (一)"义"的内涵与外延之异同

许慎在《说文解字》中解释说:"義,己之威仪也。从我从羊。""义"在殷商时期最早指古代重要的一种祭祀仪式,到孔子所处的时代,"义"演变成生命主体的一种道德自觉性。"君子之于天下也,无适也,无莫也,义之与比。"⑦"义"或是君子需要的一种重要的道德品质,"君子喻于义,小人

---

① 《论语·颜渊》。
② 《论语·尧曰》。
③ [古罗马]奥古斯丁著:《论信望爱》,许一新译,生活·读书·新知三联书店 2009 年版,第 32 页。
④ 《论语·阳货》。
⑤ 《孟子·尽心上》。
⑥ 赵士林主编:《仁爱与圣爱——儒家道德哲学与基督教道德哲学之比较研究》,人民出版社 2018 年版,第 243 页。
⑦ 《论语·里仁》。

喻于利"①。孟子继承和发扬孔子关于"义"的思想，"义"字在《孟子》中出现超过百余次，由此可以发现，孟子十分重视对"义"的要求，并且将孔子之"义"直接发展成为生命主体的一种内在规定性。"羞恶之心，义之端也。"②在孟子看来，"义"犹如人的四肢，是一种先天就有的道德品质。并且，孟子还赋予"义"正义、正直等内涵，"义"作为人之正路，不可以做那些不该做的事，要行走在正确的道路上。故孟子曰："非其有而取之，非义也。"③不是自己的而去攫取是不合道义的，"义"体现了行为的正当性和社会的公正性。《旧约》中的"义"主要指以色列人与上帝之间的立约关系。"义"的主要意义并不是一种道德品质，而是指上帝按照盟约行事的作为及特色，同时也因此建立了立约子民行事为人的准则。④"义"在保罗书信中也出现过一百余次，可见"义"在保罗思想中的重要性。在保罗书信中，"义"是上帝的一种认可和宣告。"因我们所说，亚伯拉罕的信，就算为他的义。"⑤亚伯拉罕在未受割礼前就被称为"义"，乃是因为上帝对亚伯拉罕信靠神之行为的认可，故将其称为"义"。"公义"既是上帝本身所具有的一种特有的本性，又是上帝行为的表现。所以，保罗经常称"神的义"，"神使那无罪的，替我们成为罪，好叫我们在他里面成为神的义"⑥。"好在今时显明他的义，使人知道他自己为义，也称信耶稣的人为义。"⑦基督徒在基督里成为神的义，也就成为新造的人。在早期基督教中，基督徒虽然存在不信、不义之时，但上帝却始终在他的信实里彰显着他的公义。

同时，原始儒家与早期基督教之"义"所涉及的主体范围有所不同。《中庸》有云："义者，宜也，尊贤为大。""义"可理解为适宜、得体等，它是以尊敬贤人为要的。子曰："上好义，则民莫敢不服。"⑧孔子强调的是君臣

---

① 《论语·里仁》。

② 《孟子·公孙丑上》。

③ 《孟子·尽心上》。

④ ［美］霍桑(Gerald F. Hawthorne, Ph. D.)、［美］马挺(Ralph P. Martin, Ph. D.)著：《21世纪保罗书信辞典》(下册)，杨长慧译，团结出版社2015年版，第1191页。

⑤ 《罗马书》4:9。

⑥ 《哥林多后书》5:21。

⑦ 《罗马书》3:26。

⑧ 《论语·子路》。

之间的道义。孟子云:"敬长,义也。"①"义之实。从兄是也。"②孟子的"义"主要体现在敬长和从兄之间,这既离不开生命主体最亲密的血缘关系,又扩展到一般的社会关系。质言之,原始儒家之"义"涉及广泛的人际关系,无论有无等级关系、血缘关系,都需要用"义"来进行调节,"义"成为每个生命主体都需要具备的道德品质、价值追求和伦理规范。早期基督教的"公义"所涉及的是上帝与基督徒之间的"神人关系","因信称义"说明的是基督徒恢复了与上帝之间的良好关系,这是一种对上帝的绝对信靠、诚挚和友善的关系,基督徒由此能够过上一种合乎神意的生活。

### (二) 实现"义"的条件之异同

在实现"义"的过程中,原始儒家和早期基督教都强调需要发挥人的主观能动性,主张不能离开主体的道德实践。对于孔子来说,"义"是他所提倡的成为君子的一种重要道德品质,需要不断地去践行才能养成。"君子义以为质,礼以行之,孙以出之,信以成之。"③孔子认为,君子把"义"作为根本,施行时需要用礼仪,说出来需要以谦逊的言语,成就它需要有诚实的态度。在孟子看来,羞耻之心只是作为"义"的开端或萌芽,还需要生命主体不断去涵养和扩充它,使之不断地散发出来,要由仁义行。"义"与"仁"二者是相互依存、不可或缺的。"是邪说诬民,充塞仁义也。"④孟子有时常使用"理义""礼义""仁义"等复合词,"无礼义,则上下乱"⑤,"礼义"是现实生活中需要去践行的一种规范。

在早期基督教中,上帝只称信耶稣基督的人为"义人"。重要的是,基督徒需要去彰显他们内心忠诚的信心和坚定的信仰。"好在今时显明他的义,使人知道他自己为义,也称信耶稣的人为义。"⑥但是,基督徒仅仅依靠自己的力量绝对不能够成为一个"义人",关键条件在于上帝的恩典。

---

① 《孟子·尽心上》。
② 《孟子·离娄上》。
③ 《论语·卫灵公》。
④ 《孟子·滕文公下》。
⑤ 《孟子·尽心下》。
⑥ 《罗马书》3:26)。

正如保罗在《加拉太书》中所说："我们靠着圣灵,凭着信心,等候所盼望的义。"①早期基督教之"义"是因信心而得的"义",而不是因为割礼或者律法而得的"义"。基督徒的"义"不需要依赖任何的血缘关系,而是与对上帝的绝对信靠和信心分不开。不仅如此,基督徒还需要顺服上帝,通过去过一种顺服的生活而被称为"义人"。"作顺命的奴仆,以至成义。"②在早期基督教看来,基督徒应当实施一种合宜的、公正的、道德的行为,而不是邪恶的、虚假的、不平衡的行为。"义"的生活是慷慨的播种,去收获更多仁义的果子;"义"的生活是圣洁的光明,所结的果子就是一切良善、公义和诚实。在《提摩太书》中,保罗强调基督徒要远离和逃避贪爱钱财和少年的私欲,去追求公义、敬虔、信心、爱心、忍耐、温柔与和平等,要过高尚道德的公义的生活。基督徒的"义"既离不开上帝的恩赐、基督的功用,也需要自己忠实的信靠,缺少任何一个方面都无法达到"称义"的目的。由上可知,原始儒家之"义"的实现完全是一个主观努力的自我修炼、向上向善过程,而对于早期基督徒而言,相信上帝、依靠上帝是他们成为"义人"的必要前提条件。

## 第四节　原始儒家与早期基督教生命超越论比较

生命超越是人类迄今以来最大的追求和愿望,原始儒家与早期基督教的生命超越比较既是一个极富挑战性的跨文化比较问题,又是儒耶二者生命伦理比较的最终归宿问题。众所周知,针对儒耶二者的终极关怀问题,存在着最根本的世俗性与神圣性区别,并且在这最大的差异性之中,又能够找到其存在的无法忽视的共通性。

### 一、内超与外超的生命超越方式

现今学界关于儒耶生命超越方式的讨论相当激烈,但对此并未形成

---

① 《加拉太书》5:5。
② 《罗马书》6:16。

一致意见。有学者强调,中国哲学是"既入世又出世",既注重现实又关心理想的。注重社会人伦与世务、只讲道德价值而不愿意讲超道德价值的"入世"的中国哲学,和注重获得最高成就、追求脱离尘世的"出世哲学"早期基督教哲学之间存在分野。① 刘述先指出,在终极关怀上,原始儒家是内在的超越的传统,而早期基督教是纯粹的超越的传统。② 刘小枫认为,儒学确立的是只有一重的现实世界,而"天"与人是本体同一,这就排斥了超验世界得以确立的任何可能。希腊精神和希伯来精神确立的是一个超越的上帝的国,儒学根本就没确立这样一个王国。因而今人以为有大生命和有关于天的论述,就有了超越的世界,这纯属哲学的无稽之谈。③ 刘小枫突出强调儒耶二者在生命超越方式上的不可对照性。儒耶两种不同价值取向之间的内在紧张,确实导致二者在超越论方面的抵牾,但二者的差异方面也存在不容忽视的通约之处。

## (一) 生命超越方式内外侧重之异同

原始儒家虽然没有明说现世以外有个超世,或者说此岸以外有个彼岸,但从孔孟对"道"的追求中可以发现,他们心中实际上存在一个需要超越自我而达到的世界。这个世界不同于早期基督教所力图建构的上帝之国,它是原始儒家所要实现的最高目标,既包括天道,又内含仁道。牟宗三指出,原始儒家的"天道高高在上,有超越之意。天道贯注到人身之时,天道又是内在的。因此,我们可用康德喜爱的字眼,说天道一方面是超越的,但另一方面又是内在的"④。仁道更是由人内心生发而成的。原始儒家的"天人关系"和人性善的观点,从根本上决定了其生命超越的方式是内在的、自我的超越,这是一种由内而外、由下向上的完善之超越。早期基督教的"神人关系"决定了其生命超越方式是外在的超越,是对上帝之国的超越,这是耶稣的责任和目标所在。"我也必须在别城传上帝国的福

---

① 董小川著:《原始儒家文化与美国基督新教文化》,商务印书馆1999年版,第164—165页。
② 董小川著:《原始儒家文化与美国基督新教文化》,商务印书馆1999年版,第294页。
③ 刘小枫著:《拯救与逍遥》,上海三联书店2001年版,第103页。
④ 牟宗三著:《中国哲学的特质》,上海古籍出版社1997年版,第20页。

音,因我奉差原是为此。"①在"四福音书"中,耶稣提上帝之国用了三种不同的方式:一是上帝之国是存在于历史之中的事。"从东到西,将有许多人来,在天国里与亚伯拉罕、以撒、雅各一同坐席。"②二是上帝之国是现在的事。"神的国就在你们心里。"③三是上帝之国是将来的天国。上帝之国是耶稣教导人祈求的对象。概言之,上帝之国就是上帝的旨意,它可以像天上那样,完全实行在地上的一个社会。④ 上帝之国既不是现实中应当具有的社会形态,也不是与此岸世界截然不同的彼岸世界,它只是象征着历史的目标和终结。⑤ 其实,无论对上帝之国进行何种诠释,它首先都完全独立于基督徒之外,是需要基督徒努力了解和祈盼的对象,最后才能永驻于基督徒心中。所以,早期基督教的生命超越是力图通过由外而内、由上而下的怜悯方式才可达到。

　　在生命超越方式上,虽然儒耶存在内超与外超之别,但这最根本的差异性之间仍可以捕捉到内在的共性,即二者都离不开生命主体内在自我力量的努力。从原始儒家内在超越的角度看,孔子竭力主张发挥自我主观能动性去达到最终目标,孔子"不知老之将至"的奋斗就是他一生最鲜明、最生动的写照,而孟子则延续了孔子这种超越生命的方式和精髓。孟子曰:"天将降大任于是人也,必先苦其心志,劳其筋骨,饿其体肤,空乏其身,行拂乱其所为,所以动心忍性,曾益其所不能。"⑥原始儒家这种依赖自身努力去穿越生死的方法,成为后来儒家学派在超越生死问题上的最基本方式。反之,从早期基督教外在超越的维度看,上帝之国代表的确实是上帝的旨意,但这种超越并不仅仅是消极地等待"拯救",同样需要基督徒有主观上的意愿。超越就是要生活到耶稣基督的圣灵之中去,就是要

① 《路加福音》4:43)。
② 《马太福音》8:11)。
③ 《路加福音》17:21)。
④ [英]巴克莱著:《新约圣经注释》,方大林、马明初译,中国基督教两会 2007 年版,第136—137页。
⑤ 靳凤林著:《死,而后生——死亡现象学视阈中的生存伦理》,人民出版社 2005 年版,第385—386页。
⑥ 《孟子·告子下》)。

积极地投入到上帝的生命之中去。① 这表明超越需要基督徒自己主观上的一种积极努力,以及基督徒对上帝存在一种内在需要的诉求。"入口的不能污秽人,出口的乃能污秽人。"②"出口的"意指人的内心动机,"凡自己的"意指"由己的行为",这是耶稣对基督徒提出的一种自我要求和自我约束,这和孔子的"为仁由己"在某种程度上不谋而合。保罗明确宣扬"因信称义"。路德提出:"无须乎事功,单有信仰就能释罪、给人自由和拯救。"③路德的"因信得救"学说更是把早期基督教对主体自我的内在要求,以及主体内心所需具有的坚定信念,提升到了另一个高度。

### (二) 生命超越手段内外侧重之异同

在生命超越方式中所采用的手段方面,儒耶二者存有内外之别,即原始儒家需要绝对内在的仁德,而早期基督教依赖绝对外在的爱德。比如,孔孟是依靠内在自我德性的完满,通过"君子上达"④的自我修养方式,凭借自我仁爱的道德力去实现生命的超越。《大学》强调上至君王下至普通百姓都需要以修身作为根本,反映了原始儒家超越生命的最基本的手段。耶稣通过外在的圣父、圣子、圣灵的力量,依赖圣父的爱,并且教导信徒坚信需要依靠基督的爱才能获得上帝的爱,从而最终成为上帝的子民。"我留下平安给你们,我将我的平安赐给你们。我所赐的,不像世人所赐的。"⑤保罗说:"惟有神的恩赐,在我们的主基督耶稣里,乃是永生。"⑥由此观之,在原始儒家看来,生命超越的权利完全掌握在个人手中,需要生命主体自身向上的不懈努力。对于早期基督徒而言,上帝掌握着他们生命超越的权柄,离不开耶稣基督的事工和上帝的爱。并且,前者生命超越的起点与终点都在于人性中的仁德,而后者的生命超越却开始于上帝之爱,结束于人性吸取并融入上帝之爱中,上帝之爱既是其超越的起点,又是其超越的终点。

---

① 姚新中著:《儒教与基督教——仁与爱的比较研究》,赵艳霞译,中国社会科学出版社 2002 年版,第 135 页。
② 《马太福音》15:11)。
③ 段德智著:《死亡哲学》,湖北人民出版社 1996 年版,第 141 页。
④ 《论语·宪问》)。
⑤ 《约翰福音》14:27)。
⑥ 《罗马书》6:23)。

　　早期基督教的生命超越虽主要依靠外在上帝的爱或基督的爱,但实质上也离不开内在的爱德。基督教的爱德有层次性,它以上帝对人的爱为最高级别的爱,从人作为一个生命主体的角度看,这属于外在的爱。耶稣的爱德还包括人对上帝的爱、人对人的爱,这是生命主体自我内在生成的爱。从这个角度看,爱德与作为原始儒家超越手段的仁德一样都具有内在性。由此可见,儒耶二者都以"德性"为纽带作为生命超越的手段,儒耶生命超越之路彰显的是一条追寻美德和通达完满的道路,仁爱的美德让二者突破生命的有限性,从而使获得无限的永恒成为可能。其实,儒耶不仅在生命超越的方向与手段上存在着相当的可比性,二者实现生命超越的路径亦具有相似性。

## 二、小我与大我的生命超越路径

　　生命超越的具体路径、超越方式和超越手段三者密不可分,生命超越的方式为超越的具体路径指明了前行方向,而生命超越的手段为超越路径的实现提供了现实可行的方法,生命超越的具体路径又是超越方式和超越手段得以实现的载体。

### (一) 小我与大我之异同

　　从生命超越的具体路径来看,儒耶二者都体现出从小我到大我的递进式超越特点。就孔子而言,他主要通过个人、家庭、社会、宇宙等具体途径来实现对生命的超越。"修身、齐家、治国、平天下"是孔子的生死追求,因而孔子的超越性是对"修、齐、治、平"的完成,必然要从对个体生命、家族生命、社会生命的超越拓展到对天地宇宙生命的超越。冯友兰曾将人生境界由低到高分成四个层次,即自然境界、功利境界、道德境界和天地境界,而孔子和后儒都努力将自己放置于超自然的天地境界之中。孟子曰:"予,天民之先觉者也,予将以此道觉此民也。"①孟子所说的"天民"就是将自己作为宇宙的一员,他自觉为宇宙的利益做各种事,并觉解其中的

①《孟子·万章下》。

意义,这种觉解为他构成了最高的人生境界,即冯友兰所讲的天地之境界。① "为天地立心,为生民立命,为往圣继绝学,为万世开太平"②淋漓尽致地体现出,北宋大儒张载进一步弘扬了原始儒家对大我生命的超越思想。

在早期基督教中,基督徒生命超越的具体路径同样遵循的是"从个人到宇宙,从小我到大我"的原则。比如,耶稣通过带领众人走进上帝之国来实现个体生命的超越。正如耶稣持有两次死亡的观念,耶稣的复活也同样具有两次:第一次是灵魂的复活,时候就是现在;第二次是肉体的复活,发生在终结之时。耶稣的两次复活都是在对上帝的信与爱中完成的。"时候将到,现在就是了,死人要听见上帝儿子的声音,听见的人就要活了。"③但是,耶稣的使命并不止于个体生命的复活,他同样将生死超越的视阈投射到整个宇宙之中,上帝不仅在时间中是临在的,而且在空间中也临在着。④ 耶稣所要复活的不仅仅是人,还有所有带着血气的万物。莫尔特曼认为,早期基督教终末的盼望有四个不同的愿景:一是对上帝荣耀的盼望;二是对上帝为世界所作的崭新的创造的盼望;三是对上帝针对人类的历史和大地的盼望;四是对上帝为个人复活及永生的盼望。⑤ 莫尔特曼从个人的终末论到历史的终末论,再从宇宙的终末论最终到上帝的终末论之论述方式,既反映了一种存在的秩序,又表明了基督及早期基督教生命超越途径是由内而外、从小我到大我的有层次性扩散。可见,儒耶二者在生命超越的路径中都展示出超越的层次性。

但是,儒耶生命超越具体路径中表现出的小我与大我之内涵却截然不同。就孔子而言,小我是指能成功塑造自己的君子人格,最终能够成为一个谦谦君子,要通过"三不朽"使自己的个体生命达到永恒。孟子秉承且发扬孔子的"不朽"思想。孟子云:"舜为法于天下,可传于后世,我由未

① 靳凤林著:《死,而后生:死亡现象学视阈中的生存伦理》,人民出版社 2005 年版,第 247 页。
② (《近思录拾遗》)。
③ (《约翰福音》5:25)。
④ [德]于尔根·莫尔特曼著:《来临中的上帝——早期基督教的终末论》,曾念粤译,上海三联书店 2006 年版,第 10 页。
⑤ [德]于尔根·莫尔特曼著:《来临中的上帝——早期基督教的终末论》,曾念粤译,上海三联书店 2006 年版,第 4 页。

免为乡人也,是则可忧也。"①在孟子看来,只有像舜那样具有崇高的德行,才能被后人所传颂和效仿,这需要个体不断努力地去践行仁德。对于早期基督教来讲,小我指个体要成为天父的子民,要与上帝建立一种真正意义上的父子关系。在耶稣看来,基督徒个体要实现永生,需要做到"要尽心、尽性、尽力、尽意爱主你的神;又要爱邻舍如同自己"②。全心全意地爱上帝是基督徒个体生死得以突破的最基本途径,其中需要耶稣的中保作用,需要上帝对子民的爱,也需要个体生命对上帝和他人的爱,这完全不同于孔子所要成就的君子。同理,原始儒家的大我是指心怀天下之心的道德境界达到至善,大我的生命与天地万物苍生的生命相互融通。这不是每个人都能达到的目标,只有孔孟眼中的圣人才能为之。对于早期基督教来讲,大我指天地宇宙的生命与秩序,大我的超越是要使整个天地原有的秩序都发生翻天覆地的变化,要出现一个新天新地新世界,这也不是个人的努力可以完成的,只有通过耶稣基督的事工才能为之,只有上帝的临在才能为之。

## (二) 家族丧葬祭祀与教会圣事之异同

追根溯源,我们不难发现,儒耶生死超越的具体路径都离不开丧葬礼仪这种特殊的形式。"以丧礼哀死亡。"③"居丧未葬,读丧礼。"④孔子极力提倡通过丧葬礼仪及其祭祀活动去传承家庭生命和丰富社会生命,以达到"慎终追远,民德归厚"的目的。丧葬礼仪并没有在墓葬仪式结束之后就全部完成,死者家属仍然需要小心翼翼地与死者的灵魂打交道,直至永远。⑤ 虽阴阳相隔,但丧葬活动打破了生者与死者的阻隔,出现了生命之间的对话与交流,并且在祭祀活动中,生者始终与去世的祖先保持着紧密的联系。孔子对丧葬礼仪的重视人尽皆知,如在《礼记》中有《问丧》《奔丧》《祭义》《丧大记》等关于丧祭的记述。丧葬礼仪在《旧约》中也时有显

---

① 《孟子·离娄下》。
② 《路加福音》10:27。
③ 《周礼·春官·大宗伯》。
④ 《礼记·曲礼下》。
⑤ 顾希佳著:《礼仪与中国文化》,人民出版社 2001 年版,第 251 页。

现,一些"义人"自己还活着的时候就吩咐他们的儿子葬礼方面的事,甚至还要儿子把自己的尸体葬在某些自己喜欢的地方。① 如亚伯拉罕、雅各等寿高年迈,气绝而死时都归到列祖,雅各嘱咐众儿子说:"我将要归到我列祖那里,你们要将我葬在赫人以弗仑田间的洞里。"②约瑟死后,人用香料将他熏了,把他收敛在棺材里。《旧约》重视丧葬活动的行为并没有遭到耶稣基督的反对,耶稣的言行举止中反映的是对此持赞赏态度。耶稣说:"她将这香膏浇在我身上,是为我安葬做的。"③耶稣从内心里赞许这个女人为他安葬所做之事。同时,"四福音书"还大力赞赏把耶稣身躯从十字架上取下并加以安葬的行为。"他们就照犹太人殡葬的规矩,把耶稣的身体用细麻布加上香料裹好了。"④这表明举行虔诚的葬仪是令上帝喜悦的,因为这是对复活的珍贵信仰。⑤ 这种对死者的敬重更加凸显了对生的一种热切渴盼,即使后来的基督徒认为,死无葬身之地对他们也不会带来任何伤害,他们需要的不是豪华的葬礼和坟墓,而是回到上帝的怀抱之中。由此可知,儒耶二者都不排斥借助葬礼来达到生命超越的目的。

但是,除了丧葬礼仪之外,原始儒家还主张通过祭祀来达到沟通生死的目的。《新约》中并没有出现过祭祖,祭祖是早期基督教信仰坚决禁止的行为之一,后来被基督徒看作"偶像崇拜"。在清朝康熙年间,祭祖这种中华民族的传统行为成为"中国礼仪之争"的焦点。虽然耶稣时代仍有犹太教的祭祀,但耶稣却恪守先知责难祭祀和偶像崇拜的传统。耶稣的自我牺牲与《旧约》里的祭祀并不相同,耶稣用一劳永逸的、完美无缺的舍己使得将来的赎罪祭祀已经成为多余。耶稣呼吁门徒奉献的不是身外之物,而是献出人本身;不是物质的祭品,而是精神的祭品。⑥ 可见,基督教在耶稣死后将祭祀已经内在化、精神化了。由于基督教只能信奉唯一的上帝,形成的是以神爱为核心的社会团契,基督徒的祖先不可能享有与上

---

① [古罗马]奥古斯丁著:《上帝之城》,王晓朝译,人民出版社 2006 年版,第 21 页。
② 《创世记》49:29)。
③ 《马太福音》26:12)。
④ 《约翰福音》19:40)。
⑤ [古罗马]奥古斯丁著:《上帝之城》,王晓朝译,人民出版社 2006 年版,第 22 页。
⑥ 秦家懿、[瑞士]孔汉思著:《中国宗教与基督教》,吴华译,生活·读书·新知三联书店 1990 年版,第 42—43 页。

帝同等重要的地位。基督教会的长老早已指出,祈祷和祭奠祖先违反十诫第一条。早期基督教并不允许只是向死者祈祷,其可以容忍崇敬祖先但不允许祖先崇拜。[①] 原始儒家对亲情尤其是孝亲极为重视,其相当重视家庭纽带和家族观念。因此,儒耶二者在祭祖问题上似乎很难相互融通。原始儒家的祭祖活动并不是一种外在仪式,其中怀有对祖先深深的追思、怀念和感恩之情。过去这种祭祖活动一般都被设立在祠堂中进行,祠堂甚至成为凝聚和传承家族生命的一个重要场所。基督教的教堂也同样承载着追忆、凝聚生命的功能,早期基督教教会仪式中也设立了追思礼仪,只不过是以追思感恩、赞美荣耀上帝为目的。所以,原始儒家的祭祖与现代早期基督教的追思活动中都深藏着纪念故人的美德,以及思念故人高尚品行的情怀。

## 三、现世与来世的生命超越目标

所谓生命超越目标,是指超越生死的最终归宿,是生死超越的方式、手段和具体路径三者共同所要通向的最终落脚点,也是生命伦理问题所要探究的最终归依。

### (一) 此岸与彼岸

从本质上看,要比较儒耶生命超越这个终极问题,必然要讨论儒学与基督教学说的性质问题。耶稣是早期基督教的开创者,早期基督教是世界三大宗教之一,而孔子虽是儒学的开山鼻祖,儒学亦可称为儒教,但儒教是否也具有与早期基督教同样的宗教性呢? 本书在前面已经进行了相关探讨,主张儒学不具有基督教那样的宗教性,但却具有与基督教相似的功能和作用。原始儒家虽然注重的是现世人伦价值的实现,关心的是此岸生活的现实意义和价值,但从孔孟对祭祀的崇尚和对仁道的追求来看,在孔孟的内心世界其实仍然存在一个"超验世界"。孔孟并没有给予这个

---

① 秦家懿、[瑞士]孔汉思著:《中国宗教与基督教》,吴华译,生活·读书·新知三联书店1990年版,第39页。

彼岸世界任何描述,但可以知道它完全不同于早期基督教的天国这个天外之天。孔孟所认为的彼岸取决于一个人现世的努力状况,在于是否履行了现世的责任,在于能否受到后人的景仰。孔孟既极度地肯定现世生活的意义,又不否认一个彼岸世界的存在。孔孟的彼岸与此岸并不截然分开,而是彼岸寓于此岸之中,彼岸世界一定需要在此岸的不懈努力才能实现。

　　詹姆士·里德认为,早期基督教人生观中一个最重要的部分就是让我们看到了死亡之门以外的东西,也就是说我们在这个现实世界之外还看到了一个彼岸世界。① 而且,耶稣对上帝之国进行了形象的描绘,能够让基督徒清楚地了解他所构建的"超验世界"的境界。首先,上帝之国不同于现实世界。天国里没有现实生活中的婚丧嫁娶现象。"人从死里复活,也不娶也不嫁,乃像天上的使者一样。"②其次,天国里的大小秩序不同于现世。在上帝之国中,被狗舔伤口的敬神的乞丐拉撒路比那些穿着紫色和麻布衣服的邪恶的财主还要强得多,"财主也死了,并且埋葬了。他在阴间受痛苦,举目远远地望见亚伯拉罕,又望见拉撒路在他怀里"③。现世人间的秩序在天国里发生了与之相反的变化。对于早期基督徒而言,在这个美丽的天国中,他们无须再考虑生死所带来的痛苦。天国虽是超验的、无形的和不可知的,但它却是基督徒超越生死的彼岸。对于基督徒来说,这个上帝之国是存在的。总之,儒耶生命超越的彼岸世界完全不同,但二者的目标都在于收获生命的永恒。

## (二) 不朽与永生

　　对于儒耶而言,二者追求生命永恒所体现的本真意义有着本质的区别。原始儒家的永恒生命意指肉体生命虽然短暂易逝,但生命创造的社会价值和精神价值却可以对社会、民族与国家产生长盛不衰的影响,从而永远被后人所铭记和传颂,即"人虽没,名永在"。原始儒家生命的不朽需要现世对仁道的不懈践行,在有限的物理生命时光内去追求建构道德境

---

① 〔英〕詹姆士·里德著:《基督的人生观》,蒋庆译,生活·读书·新知三联书店 1989 年版,第206 页。
② 《马可福音》12:25)。
③ 《路加福音》16:22—23)。

界的生命和天地境界的生命,在于以自我崇高的精神人格去感化万民,以自我非凡的能力和卓越的业绩去改造和推动社会,即一生为"立德、立功、立言"而奋斗着,这样的人最终便能够做到虽死犹生、虽死犹存和虽死而永存了。① 在早期基督教看来,永恒的生命是指活在上帝之中的生命,它不是指生命在时间上的一种长存,而是指基督徒的生命与上帝之间关系的一种永久建构,这必须借着耶稣的行为才能产生。儒耶所追求的生命不朽都必须立足于生命主体现世的努力,只不过基督教希望基督徒奋进之所向是要树立起对上帝的信仰,心怀对上帝的爱和对他人的爱,要勇于背起属于自己的十字架,在现世中要善于做一个虚心的、哀恸的、温柔的、饥渴慕义的、怜恤的等为义受逼迫的人,因为这些人必得永生,天国必属于他们。原始儒家的不朽与早期基督教的永生都始于此岸的现世生活,并不仅指人死之后才会发生或存在的事情。

另外,儒耶追求生命不朽的过程,其实都是不断超越自我,成为一个"新人"的过程。姚新中认为,原始儒家"新"的概念没有一个精确的解释或定义,远不及早期基督教对"新"所解释的程序;儒教传统与早期基督教都强调了对人类更新的一种急迫性,但二者关于怎样更新以及为什么要更新的理解却是不相同的,原始儒家的"新"在于自我的努力,而早期基督教的"新"主要是一种神的恩赐。② 姚新中的分析已经清晰地反映了儒教之"新"与早期基督教之"新"的区别。对于原始儒家与早期基督教而言,二者对"新人"的"创造"又存在异同。从共性上看,儒耶的"新人"都是在"旧我"的基础上"造就"而成的,并不是与过去的自我进行决裂而另外创造的新生之物,其是对"旧我"的一种超越,是对原有自我不断完善的结果。从差异性上看,原始儒家的"新人"在于不断发挥自我的潜能,通过"苟日新,日日新,又日新"的自我革新手段,使自己成为一个德性完满、达至"天人合一"境界的"新人"。早期基督教的"新人"要依赖耶稣的事工,离不开耶稣的引领作用,不仅心怀上帝的爱,而且享受着上帝的恩赐,其是因与上帝出现的新关系而获得的新生命。奥古斯丁认为,耶稣告诉人

---

① 郑晓江著:《超越死亡》,正中书局 1999 年版,第 26—27 页。

② 姚新中著:《儒教与基督教——仁与爱的比较研究》,赵艳霞译,中国社会科学出版社 2002 年版,第 164—167 页。

们新生具体可以通过两种途径获得：一种是凭借信，通过"现在"就受洗而实现；另一种新生要凭肉身，肉身经历最大的、最终的审判被造就为不朽的和永恒的。[①] 第一种新生发生在现在，第二种新生却将产生于世界终结之时，这与原始儒家通过世俗的努力而"再创造"出的新生命在本质上存在天壤之别。

## 第五节　原始儒家与早期基督教思维方式之比较

　　思维方式是人们在长期的社会实践生活中逐渐形成的看待事物的角度和方法，是一种相对稳定、带有普遍性的思维定势，主导着人们的价值取向，影响着整个社会的发展方向。思维方式之不同正是造成文明差异的一个重要因素。随着中西方文明相互交流与合作的日益加强，学界关于中西方思维方式的讨论已成为热点话题。如张岱年和成中英先生认为，中国传统思维具有整体、综合和阴性等偏向，强调这种偏向与西方局部、推理和阳性的思维特征明显不同。[②] 徐行言先生指出，中西思维方式分别体现天人合一与物我二分的特点。[③] 综观现有的相关研究，许多学者都是从中西方文化着手，这有利于从宏观上对中西方思维方式进行提纲挈领的把握。但是，原始儒家文明和早期基督教文明是中西方文明的典范，对原始儒家和早期基督教的思维方式进行阐幽发微具有沿波讨源的作用。此种讨论虽管中窥豹，但能从微观视角加深对中西方文明丰富性和差异性的了解，推动中西方文明相互学习镜鉴，在不断地交流、会通、发展中，促进整个人类文明的繁荣和进步。

### 一、原始儒家的具象直觉思维模式

　　哲学家罗素在比较中国文明和欧洲文明时曾指出，欧洲文明中的犹

---

① ［古罗马］奥古斯丁著：《上帝之城》，王晓朝译，人民出版社 2006 年版，第 962 页。
② 张岱年、成中英等著：《中国思维偏向》，中国社会科学出版社 1991 年版，第 1 页。
③ 徐行言主编：《中西文化比较》，北京大学出版社 2004 年版，第 109 页。

太教和科学两大元素在中国文明中是没有的。[1] 但是，中国文明却在自身语言文字、生存环境和历史条件的孕育之下，形成了独具特色的具象会意和直觉体悟等思维方式，而这些思维特征在中国传统文明的代表原始儒家文化中表现得尤为突出。

## （一）具象会意

语言和文字是一个民族思维方式形成的主要因素，也是人类思维最重要的工具和记录载体，不同语言和文字的形成与发展反映着不同的文化精神和思维模式。世界上的文字虽然种类繁多，但大体上可分为表形、表意和表音三类，亦可称为图画文字、音意结合文字和拼音文字。从汉字的发展角度看，汉字由古代原始的图画演变成约定的符号，再经过不断演化改为线条，最后成为象形文字，这些符号是借助对自然的模仿来再现简单的物象，目的在于透过事物的具体形象来表达某一意义。[2] 从甲骨文来看，汉字大多具有图画的性质，还没有从象形文字的胚胎中脱离出来。[3] 许慎曾将"象形"解释为"画成其物"。"画成其物"不是对原物形体的简单描绘和重复再现，它会清晰地表达出王弼所言的"夫象者，出意者也"之深意。因此，就汉字的结构而言，汉字是音、形、义三者的统一体。汉字不仅偏重事物的具体形象，而且形义之间的结合很清晰地彰显了其背后深层次的意义和内在精神，可谓"从具象，可会意"。

学者王东岳认为，中国的汉字继承了甲骨文的具象基因，文字结构缔造了中国的具象思维。不言而喻，具象思维是一种具体的形象化思维方式。王东岳先生解释道，"美"者，上为"羊"，下为"大"，以男子雄壮像公羊视为美。"明"字，左"日"、右"月"都是发光体，表示光亮之意。形声字更是达到了形符与声符的统一，通过具体的关联形象的形符与借助声音表意的声符，有机并有意地结合在一起。如"稼"字，从"禾"，"家"声，本意是种植五谷，因而读者只需要看到"稼"字便会在大脑中自然地想起与"禾"

① ［英］伯特兰·罗素：《中国问题》，秦悦译，学林出版社1996年版，第151页。
② 程洪珍：《东西方传统思维方式与英汉语言差异》，载《安徽大学学报（哲学社会科学版）》2005年第3期，第50页。
③ 杨德峰编著：《汉语与文化交际》，北京大学出版社1999年版，第167页。

相关之物象。"示"为神主的象形，如"祭""礼""祷""祖""神""社"等从"示"之字多与神祖、祭祀有关。不仅如此，从个体的汉字扩展到完整的语句，在汉语表达的过程中也善于用形象、生动的词汇。"关关雎鸠，在河之洲。窈窕淑女，君子好逑。"《诗经》开篇所描绘的就是一幅极其精妙而生动形象的画面，这是一种即景言情的手法，而这种托物言情、寄情于景正是中国文学作品的重要特色。"枯藤老树昏鸦，小桥流水人家，古道西风瘦马。夕阳西下，断肠人在天涯。"马致远借用"藤、树、鸦、小桥"等九种景物来抒发内心深深的哀愁情感。因此，汉语正是通过汉字本身具有"取象可存意、立象可尽意、其义可自见"的特点，散发着内在无穷的魅力，凸显了思维方式的具象化和意象化。

中国历来强调文史哲不分家，语言表达所富有的具象化思维共性就是一个重要原因，儒家先哲就将这种思维充分运用于生活实践之中。如孔子在说明诚信的重要性时认为："人而无信，不知其可也。大车无輗，小车无軏，其何以行之哉？"[1]当宰予在大白天睡觉时，孔子感慨道："朽木不可雕也，粪土之墙不可杇也！"[2]面对子路询问"子行三军，则谁与"的问题时，孔子回答道："暴虎冯河，死而无悔者，吾不与也。"[3]可见，孔子在与学生交流和讨论时，时常喜欢采用"大小车、輗、軏、朽木、粪土"等极为具体而形象的事物来进行比喻，教育内容具化到日常生活中学生十分熟谙的事物，这种教育方式更加容易吸引学生，教育效果亦更为明显。孟子继承和发扬了孔子的具象思维。孟子在与告子争论人性善和有无善与不善的问题时说："子能顺杞柳之性而以为桮棬乎？""水信无分于东西，无分于上下乎？"[4]孟子借用杞柳、桮棬、水等具体事物来说明抽象的人性问题，使复杂的问题形象化，起到了深入浅出的效果。清代王夫之更是用"盈天下而皆象"归纳总结传统的具象思维特点。

由上可知，中国传统的具象思维富有极强的生动性和灵活性，在现实生活中容易被人们所理解、接受和传承。儒家学者也一直都有"笺注经

---

① 《论语·为政》。
② 《论语·公冶长》。
③ 《论语·述而》。
④ 《孟子·告子上》。

书"的学术传统,这一方面反映了具象思维在对待先辈的成果上保持着积极认可和善于承继的态度;另一方面,由于具象思维定势一旦形成,认知上容易趋同,某种程度上会导致相对的封闭性。英国科学史家李约瑟曾将自然环境相对稳定、人民生活自给自足的传统中国社会比喻成"恒温器",认为这个"恒温器"具有自我调控能力,在一定阶段内促进科学技术发展的同时,最终会因其保守阻碍科技的进步。中国传统的具象思维似乎也是造就这个"恒温器"的因素之一。

## (二) 直觉体悟

　　一般而言,直觉思维是一种从感性经验出发去了解事物的思维方式,原始儒家的直觉思维则是以个体经验和智慧直接切入事物的本质。① 宋代大儒朱熹就曾用"此是置心在物中究见其理"去解释张载"体天下之物"之"体"。"置心物中"是近代所谓直觉之含义②,这不同于柏格森生命哲学的直觉和笛卡尔理性主义的直觉。西方的直觉主义需要借助形象与概念结合去把握事物的本质,而原始儒家的直觉更注重直观性、经验性和体悟性。原始儒家的直觉思维首先表现在对世界本体的表达和认知上。子曰:"四时行焉,百物生焉,天何言哉?"③孔子"天何言哉"之"天"乃指"于穆不已"的生生之道。④ 孟子则视"天"在"生蒸民""降下民"之时就将仁、义、礼、智的道德善端植根于人心之中了。朱熹更是形成了一个以"理"为核心的庞大哲学体系。朱熹云:"太极只是天地万物之理。"⑤天、理等哲学范畴是儒家在不同时期对世界本质的认识,这些形而上的概念在中国哲学史上都无法用一个统一而清晰的描述概而括之,具有难以言说性,无法用抽象的理性思维论证其内涵和外延,只能通过人们的感觉和直觉去洞察事物的本质。有学者还认为,先秦儒者们使用和创造的大量政治概念也基本停留在直觉的水平,他们没有掌握给概念下定义的科学方法,甚

① 徐行言主编:《中西文化比较》,北京大学出版社 2004 年版,第 121 页。
② 张岱年、成中英等著:《中国思维偏向》,中国社会科学出版社 1991 年版,第 11 页。
③ (《论语·阳货》)。
④ 蔡仁厚著:《孔子的生命境界:儒学的反思与开展》,吉林出版集团有限责任公司 2010 年版,第 6 页。
⑤ (宋)黎靖德:《朱子语类》(第 1 卷),杨绳其、周娴君校点,岳麓书社 1997 年版,第 1 页。

至根本不关心这个问题。① 如孔子对不同学生提出的"仁"问作出了相应的回答。樊迟问仁时，孔子回答："爱人。"②子张问仁时，孔子则说："能行五者于天下，为仁矣。"③孔子之"仁"看似概念模糊不清，其实正如钱穆先生所言："孔子所常讲的仁，并没有什么深微奥妙处，只在有一颗人心所固有、所同有的爱人之心。"④质言之，孔子之"仁"的内涵带有不确定性和丰富性，但实际上却是我们能真实感知和真切体会到的那颗爱人之心。

　　同时，原始儒家的直觉思维还表现在运用经验外推和类比的方法上。荀子曰："欲观千岁，则数今日；欲知亿万，则审一二。……以近知远，以一知万。……故以人度人，以情度情，以类度类。"⑤荀子之"度"是推测、衡量之意，它依靠的是直观感觉和经验总结，不是系统的理论论证。董仲舒从"天有五行"中推出"孝子忠臣之行"，并对"道之大原出于天"的论证采取了"五其比，隅其类"的类比方式。⑥ 这种类比的目的在于赋予封建的伦理道德以神秘性和权威性，没有经过严密的逻辑演绎过程，不是科学的类比方法。朱熹也同样借助过类推的方式来阐释"物我一理"的道理。朱熹认为，虽然事物各自有一个理，但却又同出一个理。"谓格得多后自能贯通者，只为是一理。"⑦这就是所谓的"才明彼，即晓此"，一旦我们穷尽了万事万物的"理"，也就能够明白我们心中之"理"了。以王阳明为代表的心学家则主张反观"自心"在"天理"上用功夫，这是每个人都自有的，并且不需要向外求就能够做成的。这种依靠内心灵感而非逻辑推导的方法，既接近孟子的"尽心"之说，又似乎更类似于禅宗的直觉思维方法。⑧ 原始儒家的这种类推方式是人类自然产生的，依靠的是内心的顿悟和日常的经验积累。这种朴素的类比推理方法抽象化的程度不高，在理解和接受方面更具普遍性和适用性，但它却无法超越直观的经验，不是

① 丛日云著：《西方政治文化传统》，黑龙江人民出版社 2002 年版，144 页。
② 《论语·颜渊》。
③ 《论语·阳货》。
④ 邓思平著：《经验主义的孔子道德思想及其历史演变》，巴蜀书社 2000 年版，第 11 页。
⑤ （战国）荀况：《荀子译注》，张觉撰，上海古籍出版社，1995 年版，第 73—75 页。
⑥ 朱贻庭主编：《中国传统伦理思想史》，华东师范大学出版社 2003 年版，第 206 页。
⑦ （宋）黎靖德：《朱子语类》（第 1 卷），杨绳其、周娴君校点，岳麓书社 1997 年版，第 357 页。
⑧ 高晨阳著：《中国传统思维方式研究》，山东大学出版社 1994 年版，第 147 页。

严格意义上的理性分析,于是不易形成一种内在结构十分严谨的理论体系。

另外,原始儒家思维方式非常注重内省体悟。由于孔子对人性自足完满的绝对信任,孔子构建的是从"知善"经"求善"再到"至善"的人生模式,而这种模式进程的动力因素关键在人本身的自我反思。孔子曰:"君子求诸己,小人求诸人。"①孟子亦大力提倡"反求诸己",这是对自己良心本心的自觉。儒家传统的"格物"在于穷至事物之理,欲其极处无不到也。所格之物,所穷之理,虽也不排除"动植大小""草木器用",但本质上均是封建道德伦理纲常。② 于是"名为格物,实为格心",这是原始儒家一直倡导的道德修养方法,其目的不在于探究客观事物的内在本质,而在于通过自我内求、向内用功的方法不断提升自我修养,从而达到理想的道德境界,这也就决定了原始儒家在现实生活中更加强调道德实践,而不是伦理思辨。

## 二、早期基督教的抽象分析思维模式

著名学者唐君毅认为:"中国古代对器物之发明虽多,然为西方科学本原之形数之学与逻辑,终未发达。重概念之分析理性之观照之希腊科学精神,依假设之构造以透入自然之秘密,而再以观察实验证实之近代西方科学精神,二者在传统之中国文化中,终为所缺。"③西方文明受到早期基督教"二元主义"思想的影响,形成的是一种人与自然分离、主客对立的二元世界。这种将世界一分为二的"二元论"思想,运用的是抽象思辨和理性分析的思维方式。

### (一) 抽象思辨

首先,从文字的来源看早期基督教文化的抽象思辨特质。主要证据

---

① 《论语·卫灵公》。
② 朱贻庭主编:《中国传统伦理思想史》,华东师范大学出版社 2003 年版,第 399 页。
③ 唐君毅:《中西文化精神之比较》,载有陇余编:《中西文化异同论》,生活·读书·新知三联书店 1989 年版,第 52 页。

表明，《新约》西部经文类型来自于拉丁教父和拉丁文译本。① 一般认为，拉丁文字最早来源于埃及的象形文字，而埃及的象形文字经过不断演变，其代表文字的图形在交流的过程中难度越来越大，所以彼此需要借助记住对方的发音来理解各自所要表达的思想。腓尼基人正是在埃及文字的影响下，创立了第一个纯粹音系文字体系的腓尼基文字表，希腊人则凭借腓尼基字母并对其进行改造，形成了西方国家文字的基础，即以字母效应为核心的表音文字。拉丁字母属于拼音文字，它们构成词语时，字母的排列组合带有明显的任意性，音、义之间没有直接和必然的联系，单词本身不是对自然现象的描绘，也不是对具体事物的直接反映，结构上与汉字是音、形、义的统一完全不同，如"mountain""water""sun""moon"等单词并不能直观上表现山、水、日、月之意。西方字母文字的演化过程表明，西方先人的思维经历了一个由形到音、由具象到抽象的转化过程。为了清晰地表达和传递思想，就需要对语言具有较高的抽象能力和分析能力，形成一套相对稳定的抽象概念和复杂的逻辑推理体系。如柏拉图在《理想国》中把认识纯理念的方法称作灵魂辩证法，而辩证法更多的是对概念意义所作的逻辑分析。柏拉图对"正义"的概念进行了多角度的分析，首先从"正义"的内涵探讨开始，再设计一个正义的国家制度模型，接着分析种种现存的不符合正义的制度，最后才得出"正义"的结论②，由此在翔实的推理和严谨的逻辑结构下形成一个完整的理论体系。

西方文字产生于希腊半岛及附近沿海地区，属于海洋文明。宽广无垠的开放海洋带给西方人的既有变幻莫测、凶险可怕的自然环境，也有与外界频繁交流和竞争的社会环境，他们既需要与自然界作激烈的斗争，又需要拓展自我的视野和思维。正是这种时常变化和变动的生存条件，塑造了西方人敢于冒险和善于思辨的批判思维。美国著名文化心理学家尼斯比特将由地理生态环境和人们社会生活实践的不同而引起的人们思维方式上的差异现象称为"思维地缘说"。③ 梁漱溟先生在《东西文化及其

---

① ［美］布鲁斯·M. 麦慈格著：《新约正典的起源、发展和意义》，刘平、曹静译，上海人民出版社2008年版，第1页。
② 丛日云著：《西方政治文化传统》，黑龙江人民出版社2002年版，149页。
③ 季羡林：《东学西渐与"东化"》，载《光明日报》2004年12月23日。

哲学》中从"意欲"的角度分析,西方文化意欲向前,中国文化意欲执中,印度文化反身向后,而走一条向前的路向,需要具有征服自然、怀疑和挑战权威的态度。① 希腊文明则从一开始便彰显着既向自然"发问""求知",又向权威"发难"的特色,亚里士多德的"吾爱吾师,吾更爱真理"就是最好的例证。

## (二) 理性分析

在产生的过程中,早期基督教将古希腊的理性思想、犹太教的信仰精神和古罗马的法律理念融为一体,基督教哲学继承和发展了柏拉图主义与亚里士多德主义理性分析的精髓。柏拉图的理念论汲取了毕达哥拉斯把自由沉思当作一种伦理上的"善"来看待的思想,强调探索本身其实就是善。柏拉图明确地将"善"放置于科学研究和追求真理之上,并且认为它犹如太阳照亮万物一般赋予了科学研究和真理追求以力量。② 因此,求善与求真、伦理与科学精神相结合的方法,既成为古希腊思想的重要特征,也构成了早期基督教精神的重要根基和思想来源。希腊人的"至善"式科学思维在早期基督教教义中得到传承和发展。如圣经里所说的"道"和希腊哲学的"逻各斯"概念都可用希腊文中的"logos"来表示。"太初有道,道与神同在,道就是神。"③这表明世界从来就是理性的和可以理解的,"道"是渗透于可理解的世界中的神性的或普遍的理性。④ 理性是基督教精神的一个重要理念,在基督教哲学中,世界的万事万物都可以通过理性分析加以证明。哲学和神学、理性和信仰的关系问题成为中世纪基督教哲学讨论的一个基本问题,这也是奥古斯丁"基督教学说"的重要论述,是基督教理性主义的基础。

被称为"经院哲学之父"的安瑟尔谟将辩证法推广运用于神学中,通过教会所认可的研究成果表明,辩证法可用作解决神学问题的理性工具。安瑟尔谟以逻辑所要求的简明性和必然性论证信仰的真理性,并且认为

① 梁漱溟著:《东西文化及其哲学》,岳麓书社 2012 年版,第 48—49 页。
② 张世英著:《境界与文化——成人之道》,人民出版社 2007 年版,第 203 页。
③ (《约翰福音》1:1)。
④ 张世英著:《境界与文化——成人之道》,人民出版社 2007 年版,第 206 页。

信仰所坚持的与被必然理性所证明的是同等的。①安瑟尔谟在《宣讲》中对上帝存在进行了先天证明的"本体论证明",对"上帝"概念的意义作了逻辑的分析,目的是从概念中去理解和证明上帝的存在。托马斯·阿奎那则从五个方面说明任何关于上帝存在的证明都只能是后天论证的演绎证明:一是依据事物的运动;二是依据事物的动力因;三是依据可能性与必然性的关系;四是依据事物完善性的等级;五是依据自然的目的性。托马斯·阿奎那通过"由结果追溯原因"的思路,根据由感性上升为理性的亚里士多德主义认识原则来论证上帝的存在。②中世纪基督教发展史上的殿军人物帕斯卡尔概括了奥古斯丁和托马斯·阿奎那关于理性与信仰的关系。帕斯卡尔认为,有且可以从某些公理出发推论出真理,这种真理能够被普遍的逻辑法则所证实,这种精神的优点在于它的原理的明晰性和它的演绎的必然性。③19世纪开始兴起的新经院哲学,继承了经院哲学形而上的传统,并且将康德的先验论证方法、胡塞尔的现象学方法和英美哲学的逻辑分析方法都进行了吸收。由上可知,基督教思想在其产生至发展的整个过程中,都将理性思辨、逻辑推理和论证分析的思维方式融入其中。

## 三、原始儒家具象直觉与早期基督教抽象分析思维方式之异同

恩格斯曾强调,每个时代的理论思维都是一种历史的产物,不同时代不仅造就了不同的形式,而且赋予它们非常不同的内容。④原始儒家与早期基督教的思维方式虽呈现出具象与抽象的巨大差别,但在微观层面上,二者表现出更具体的异同。

### (一)二者逻辑基点之异同

任何思维模式都有其形成的基点,所依赖的立足点不同则会产生出截然不同的思维路径。原始儒家思维方式的基点主要是从主体自身出

---

①　赵敦华著:《基督教哲学1500年》,人民出版社2007年版,第220页。
②　赵敦华著:《基督教哲学1500年》,人民出版社2007年版,第361—363页。
③　靳凤林著:《死,而后生——死亡现象学视阈中的生存伦理》,人民出版社2005年版,第125页。
④　《马克思恩格斯选集》(第3卷),人民出版社1972年版,第465页。

发,尤其在于主体的一颗道德之"心"。原始儒家"天人合一"的本体论思想决定了主体与客体完全融为一体,原始儒家的性善论彰显了主体对自身能力的自信,通过下学而上达的方式达到主体所追求的境界,乃至"天人合德"的目标。于是,主体的道德之"心"在认识客观事物时极为重要,而陆王心学之"心"的作用更为关键。广阔的天地之间本来只有一个"心","心外无物""一念发动处,便即是行"。"行"就是修身正心。"心"的认识和修行过程亦是宇宙万物及其规律的生成过程。先于客观物质世界的主观道德之"心"是王阳明思维方式的起点。① 这种以主体自身为基点的思考方式主要表现出感性直觉的思维特征,但其中仍内含理性逻辑思考的痕迹。子曰:"仁远乎哉?我欲仁,斯仁至矣。"②孟子云:"思则得之,不思则不得也。"③《中庸》从博学、审问、慎思、明辨四个环节把学思观念系统化,"博学"在于获得具体知识,内有逻辑思考的成分,而"明辨"隐然有类似于西方哲学的逻辑分析。朱熹推崇"思"的作用,甚或把"思"的内容规定为"析","盖必析之有以极其精而不乱",由此把逻辑思维当作体悟宇宙之理的必要条件。④ 这些都表明,原始儒家的感性直觉思维中仍有不容忽视的逻辑推理。

　　早期基督教思维方式的基点主要是从先于物质世界的客观逻辑精神出发。由于早期基督教秉持主客二分的本体论思想,主体与客体的完全独立决定了早期基督教思考问题是从逻辑精神或理性出发,但基督教哲学家同时也认识到了感性直觉在思维模式中的作用。托马斯·阿奎那宣称,认识上帝的道路有三条,即理性、启示和直觉,强调通过直觉的形式和途径可以获得关于上帝的最高级的知识,并且他把直觉分解为推理式和非推理式两种,这种做法虽然本身就具有逻辑思维的特征⑤,但仍没有完全否认主体直觉的作用。"四福音书"中,耶稣基督十分注重门徒德性的内心修养。耶稣对众人说:"你们要谨慎自守,免去一切的贪心,因为人的

① 赵林著:《协调与超越:中国思维方式探讨》,武汉大学出版社 2005 年版,第 78 页。
② 《论语·述而》。
③ 《孟子·告子上》。
④ 高晨阳著:《中国传统思维方式研究》,山东大学出版社 1994 年版,第 147 页。
⑤ 高晨阳著:《中国传统思维方式研究》,山东大学出版社 1994 年版,第 139—141 页。

生命不在乎家道丰富。"①基督要求门徒高度的自律性和虔诚之心中都内含着主敬与主静的思想,这种以"心"向外求的思维目的在于走进上帝之国。现代基督徒的灵性修养则提倡通过祷告、忏悔和静默的方式,依靠自身内心的谦卑心理向上帝的祈祷,等待着上帝的来临。在此过程中,主体自身内心感性的作为必不可少。

### (二) 二者思维原则之异同

费尔巴哈曾认为,东方人见到统一却忽视了区别,而西方人见到区别却遗忘了统一。这概括了东西方民族在思维原则上注重整体与个体之别。具体而言,原始儒家与早期基督教分别所表现出的整体与个体思维原则并不截然相反,二者呈现出相互交织的局面,只是侧重点有所不同。一般而言,原始儒家文化对问题的思考不以认识客观事物为最终目的,而是要达到一种天、地、人相互统一和谐的整体状态。原始儒家认为,大千世界构成的是一个极为复杂的关系网,个体无法脱离其他关系而存在,任何思绪的厘清都需要借助和参考他人的意见。这种天地万物一体的整体观念将整体利益凌驾于个体利益之上,从而容易忽视主体的个性,轻视个体本应享受的权利。原始儒家文化虽体现出一种群体性的或整体本位的观念,对自我的个性缺乏应有的尊重,但主体自我作用的发挥却不容忽视。心理学家朱滢认为,自我是一种文化的产物,东方亚洲文化一般培育互依型的自我,而西方文化则孕育的是独立型的自我。② 在这种互依型的原始儒家文化中,个体性的思维能力却是构筑和谐集合体的源泉。如《易传》中的"观物取象"包含了个体性自我在"取象"中的创造性的思想;"立象以尽意"包含了个体性自我的自由想象力的思想。③ 儒家"治国、平天下"更是无法离开"修身、齐家"等个体力量和潜能的充分发挥。

早期基督教教义吸收了罗马哲学家波埃修斯的"人是自然界里有理性的个体,主张将知识均匀地分配到自然科学、数学与神学中去"④之观

① 《路加福音》12:15)。
② 朱滢著:《文化与自我》,北京师范大学出版社 2007 年版,第 48 页。
③ 张世英著:《中西文化与自我》,人民出版社 2011 年版,第 210 页。
④ 张世英著:《境界与文化——成人之道》,人民出版社 2007 年版,第 206 页。

点,而且形成了以个体本位为根本原则的思维方式,但基督教思想并不缺乏"一"的观念。早期基督教信仰的上帝是由圣父、圣子、圣灵三个位格共同构成的和合体。"太初有道,道与神同在,道就是神。"①"我与父原为一。"②奥古斯丁更是详细论证了"三位一体"的关系,既有区别又相互统一的整体观念成为基督教的精神。同时,早期基督教的拯救虽然针对的是独立个体,但从最终目标来看,耶稣基督构建的天国中容纳的是一个个深受上帝恩赐的团契,是一个因着信仰而形成的集体。

　　总之,从语言文字的角度看,原始儒家和早期基督教分别呈现出具象会意和抽象思辨的思维特质,并且直觉体悟和理性分析也是二者思维方式的显性差异。但是,在仔细比对原始儒家的具象直觉和早期基督教的抽象分析之后,能够深度检视到原始儒家和早期基督教在思维基点与思维原则上既存在明显的不同,又内含不可忽视的相似之处。这既是我们正确理解中西方文化多元差异的重要路径,又是我们大力积极推动中西方文明交流互鉴的重要动力。

---

① 《约翰福音》1:1。
② 《约翰福音》10:30。

# 第四章

◆

# 原始儒家与早期基督教
# 生命伦理思想比较的现代价值

作为人类学客观事实的人类多样性差异和作为社会历史事实的文化多元差异不可根除,在某种意义上也不应被消除,不仅从生物进化论角度看应该如此,而且从人类文化丰富多样性角度看亦应如此。① 在现代这个文化多元的时代,做到尊重文化的个性与差异,并努力在彼此之间寻求一种普遍性或共性的东西,这既是知识人享有的一种文化权利,也是其需要履行的一种人类义务。原始儒家与早期基督教生命伦理的比较虽然呈现的是两种不同文化景观之间的对照,但是二者之间既存在无法消弭的价值抵牾,又有着无法忽视的济世情怀。儒耶生命伦理之间的比较研究不仅能够认识他者,而且能够发现自我,甚至能够在跨文化视阈的背景之下为解决全球化时代高科技给人类所带来的难题、危机或挑战提供宝贵精神智慧,能够给予当代的教育以重要的启迪。

## 第一节　儒耶生命伦理应对智能时代挑战的现实价值

人工智能正焕发着强大的生机与活力,凭借深度学习与大数据的全新融合给人类生活带来崭新图景,但智能科技呈指数级的发展也引发人类对未来生存的巨大担忧。迈克斯·泰格马克把广义生命看作一种能够

---

① 万俊人著:《思想前沿与文化后方》,东方出版社 2002 年版,第 233 页。

自我复制的信息处理系统。3.0 版生命是以人工智能为代表的科技阶段，生命由碳基变为硅基。但当生命变得面目全非时，我们还算是人类吗？① 人类将面临一个新型的存在论问题。② 面对人工智能的高歌猛进，人类到底该何去何从？ 为了更好解决这一关系人类终极问题的难题，需要深度剖析人工智能之于人类生命的积极意蕴，以及人类生命本质的可能性存在境遇和影响，在儒耶生命伦理比较之基础上去积极探寻未来人类"自我得救"所应抱持的价值理念。

## 一、人工智能助力人类生命的重要表现和积极意蕴

人类社会的发展已证明，科学技术的进步必然导致人类的生存境遇发生积极的变化。人工智能作为人类社会进程中一场最前沿的技术变革，已经强有力地促进和改善着人类的生存状态，对人类生命的存在具有非常重要的意义。

### (一) AI 增强人们直面生命的勇气和能力

AI 时代，每个人都在以自己独有的数据而存在，数据成为人类生命的自然延伸。人们通过人工智能关注自己所需要的信息，分析自身的健康状况，提出更为科学的生活建议。有研究者借助人工智能和数据融合技术，探索有关人类健康长寿生命信息系统的新的建模方法，从复杂的数据分析中找到影响健康长寿的关键因素，建构一个更切实、更具判别性和预见性的模型，使人们能够收获生命的健康与长寿。③ 同时，医疗科技在人工智能的推动下取得许多重大突破。人们通过人工智能对身体进行数据分析，对分析出有疾病征兆的人进行"精准医疗"④，将某些重大身体疾病扼杀在摇篮之中，有效达到暂缓或延缓因重大疾病而导致的死亡现象。

---

① ［美］迈克斯·泰格马克著：《生命 3.0》，汪婕舒译，浙江教育出版社 2016 年版，第 XVI 页。
② 赵汀阳：《终极问题：智能的分叉》，载《世界哲学》2016 年第 5 期，第 63 页。
③ 孙上上等：《基于人工智能的自然长寿人群生命信息系统建模》，载《信息与控制》2006 年第 4 期，第 497 页。
④ 李彦宏等著：《智能革命——迎接人工智能时代的社会、经济与文化变革》，中信出版社 2017 年版，第 287 页。

在生命科学与人工智能发展的推动下,死亡似乎并不具有宗教中的某种形而上的神秘性,而是一个能够解决的技术问题。人们凭借智能技术的帮助积极与病魔和死亡抗争,努力寻求生理层面的长寿。尤瓦尔·赫拉利预测,长生不死、幸福快乐以及化身为神,很可能是人类接下来的目标。[①] 智能科技不仅帮助人们更清楚地认识、了解乃至呵护生命,加深人们对生命本身的认知,而且在人们遭遇病痛时帮助积极战胜病魔,甚至试图挑战死亡。智能技术为人类积极对待生命提供了十分有利的外部环境,增添了人们对未来生活的信心,增强了人们直面生命的智慧、勇气和能力。

### (二) AI 激发人们提升生命的品质和价值

现代人正在用数据书写自己的生活,人与人、人与世界之间通过形成一张繁密的数据网络紧紧联系在一起,人工智能正在重塑人类数据化的生活方式。新一代搜索引擎、手机上喜闻乐见的人工智能助理、教育和家庭机器人等所提供的更聪明、更便捷的服务,让人们享受着更加及时和贴心的精准化智能服务。基于深度学习的"风格迁移"绘画、利用人工智能进行书法等可以创作出了不起的艺术作品,人们能够欣赏更加逼真和精美的 AI 艺术。自动驾驶的无人车正从科幻元素变成真切现实,为人们的行程提供完美路径规划和精准时间安排。智能文化产品和服务带来人们精神文化的相应变革,成为满足人们生命需求的重要精神产品。

现代人类的多样性需求、反馈已经越来越被数据化,并且能够无限地产生并被传感器记录。人们借助智能系统提取、搜集和整理数据,可以获取更多的知识,更准确地把握人生方向,更好地认知和改变世界。人工智能的充分发展将会日益代替人类所从事的一些简单重复性工作,促使人们关注自我内心更加渴求的职业,引领人们全身心投入到所擅长、所热爱的高层次领域。人们将会去体验丰富多彩的高品质生活和工作,激发求知欲和好奇心,开启人生诸多可能,创造更大人生价值,人与社会最终得

---

① [以]尤瓦尔·赫拉利著:《未来简史》,林俊宏译,中信出版社 2017 年版,第 18—19 页。

到更充分的"解放"和自由全面发展。① 但是,智能科技恰似一把双刃剑,它在帮助人们积极面对生命的同时,又给人们的生命存在带来新的挑战。

## 二、智能时代人类生命的可能性存在境遇和意义分析

日新月异的科技给人类带来的是不可确定和无法预测的未来,人工智能在不断改变世界的同时,也在改变人类本身。智能时代的人类生命或将面临诸多可能性存在境遇,并将不可避免地引发人类生命本质发生变异。

### (一) 人工智能给人类生命带来的可能性存在境遇

数据成为现代社会了解生命、体现生命和延长生命的重要手段。原本冰冷的数据因为记录人们的活动而显得富有"温度"和"灵性",但由于人们能力的差异和使用人工智能机会的不相等,容易形成"数字鸿沟",这与社会既存的贫富分化和城乡差异等现象叠加在一起,将会催生形成许多"数字贫困地区"和"数字穷人"②,从而引发无法回避的生命平等性等伦理问题。数据主义者甚至认为,生物就是算法,生命就是数据处理。生命的价值不在于人们单纯拥有体验,而在于能将人们的体验转化为自由流动的数据。③ 由此,生命的本质和价值将会发生根本性的变化。

同时,伴随人工智能和生物科技的综合发展,人的生命与智能机器的关系日益紧密,生理生命的内部结构可以不断被改造和修补。将生物智能芯片植入人脑,承担着部分记忆、运算、表达等功能,从而使人的自然身体与智能机器日益一体化。④ 这种脑机融合的一体化"共生体"被称为"物化人",是通过植入芯片乃至基因改造的"新人"。未来"物化人"会因物化的不断增强而表现出原有的意识和情感逐渐减少甚至趋无,原来的肉体将会成为一个不断更新换代的物体。这个"高能物质化"的人正是赫

---

① 孙伟平:《关于人工智能的价值反思》,载《哲学研究》2017 年第 10 期,第 122 页。
② 孙伟平:《关于人工智能的价值反思》,载《哲学研究》2017 年第 10 期,第 123 页。
③ [以]尤瓦尔·赫拉利著:《未来简史》,林俊宏译,中信出版社 2017 年版,第 350—353 页。
④ 孙伟平:《关于人工智能的价值反思》,载《哲学研究》2017 年第 10 期,第 122 页。

拉利所预测的未来可以代替有机体的"智人"的"神人"。① 雷·库兹韦尔更是大胆预测，2029 年，非生物学意义上的"人"将可能出现。把非生物系统引入人脑，能够产生另一个"我"，但却不会改变我们的身份。② 伴随人工智能进入发展新阶段，人类一直以来固有的主体性地位似乎将要遭受前所未有的挑战。

随着未来人机混合程度越来越高，人类在挑战和直面死亡时所使用的技术将会更加发达与完善，人类战胜死亡的愿望将会更加强烈。人类未来或许不能在生理上永生，但近乎"永生"的长生不老（数百岁的生命）在科技潜力上并非不可能。③ 人类级别的人工智能已经呼之欲出，死亡已经不是终点，数字化永生会获得不朽的未来。将我们的大部分思想存在云端，人类就能实现"永生"。④ 未来人类或许会出现生理生命消亡，但原来的生命信息却能因大数据而永远得以保存，人们可以通过这种"内在性"的复制再现有关生命和生活的数据，从而实现"永生"。对于数据主义者而言，人们未来获得"永生"的途径，或许会因人类大脑无法处理大量数据而只能交给算法。⑤ 数字化的永生将会引发人们关于死亡态度和超越死亡路径的改变。

## （二）智能时代人类生命可能性存在境遇的意义

第一，加剧人类审视自我生命的本质。地球上生物的产生经历了一个漫长演进过程，人类生命的诞生是自然界长期发展的产物。生命是蛋白体的存在方式。⑥ 人作为一种最高级的生命存在，生命的本质亦在于蛋白体的不断自我更新。从生命哲学的角度看，生命既包括实体性的生理生命，还包含关系性生命，如血缘性亲缘生命、人际性社会生命和超越

---

① 何怀宏：《何以为人人将何为——人工智能的未来挑战》，载《探索与争鸣》2017 年第 10 期，第 37 页。
② ［美］雷·库兹韦尔著：《人工智能的未来》，盛杨燕译，浙江人民出版社 2016 年版，第 191 页。
③ 赵汀阳：《人工智能"革命"的"近忧"和"远虑"》，载《哲学动态》2018 年第 4 期，第 10 页。
④ ［美］雷·库兹韦尔著：《人工智能的未来》，盛杨燕译，浙江人民出版社 2016 年版，第 191 页。
⑤ ［以］尤瓦尔·赫拉利著：《未来简史》，林俊宏译，中信出版社 2017 年版，第 357 页。
⑥ 《马克思恩格斯选集》（第 3 卷），人民出版社 2012 年版，第 458 页。

性精神生命。① 生理生命是人们营造关系性生命的基础,是人们生命走向丰满甚至实现超越的前提。现在智能技术不断被广泛运用于医学界,生理生命的结构不断被改变、修正或完善,从而得以延长。随着未来人机混合程度越来越强,或将出现"物化人""赛博格",从而使人的生理生命发生根本变化。

我们不能用探究"自然物质"的本质的方法去认识人的本质。对于物质事物,我们可以根据其客观属性来进行描述,但对于人,我们只能根据人的意识来对其描述和定义。人是一种对理性问题能够给出理性答案的生灵,凭借对自己和他人作出回答的能力,人就成为一个"有责任的"生灵,一个道德主体。② 人成为道德主体的一个重要条件,就是人要有自我意识。安东尼奥·达马西奥强调,意识就是我们所要考察的生命的关键。③ 无论未来人机混合达到何种程度,或许非生物学意义上的"人"真将出现,但只有具备人所特有的意识的存在才是人本有的标签。无论人工智能的单项专业技能多么高强,都不是真正的危险,只有当人工智能获得自我意识,才是致命的危险。④ 面对未来人工智能的发展,人类只有一直保持着独有的自我意识,人的本质才能真正得以体现,人的主体性地位才不会被动摇。

第二,挑战人类实现生命价值的手段。马克思主义认为,人生价值包括社会价值与自我价值,社会价值是个体为社会所作出的贡献,自我价值是个体在社会中所得到的尊重和满足。无论是社会价值的实现还是自我价值的满足,都离不开个人作为主体给社会提供创造性劳动。只有创造性的劳动才是人类体悟和实现生命价值的手段。离开文化创造活动,人类自我价值的实现、人生意义的获得都将无从谈起,文化本质上赋予了人类生命行为以尊严、价值和意义。⑤ 智能时代,生命与数据紧密相联,数

---

① 郑晓江:《论人类生命的二维四重性》,载《广东社会科学》2010 年第 5 期,第 51 页。
② 〔德〕恩斯特·卡西尔:《人论》,李荣译,上海文化出版社 2020 年版,第 10—11 页。
③ Damasio, A(1999), *The Feeling of What Happens: Body and Emotion in the Making of Consciousness*, New York: Harcourt, p4-6.
④ 赵汀阳:《人工智能的自我意识何以可能?》,载《自然辩证法通讯》2019 年第 1 期,第 4 页。
⑤ 靳凤林著:《死,而后生:死亡现象学视阈中的生存伦理》,人民出版社 2005 年版,第 328 页。

据有时已经成为分析与体现生命价值和意义的重要密码。数据主义者认为，体验已经无法单独体现生命的价值，主体的生命化数据体现了生命价值的大小。但是，人的生命是丰富多彩的。人的独特性就在于其本性的丰富性、微妙性、多样性以及多面性，因此数学永远无法成为真正的关于人的学说、一个哲学人类学的工具。① 人类大脑无法处理的大数据要成为真正体现与演绎人类生命价值和意义的工具，可能还需要借助哲学的思维和视角，去剖析和洞察那一串串数据背后的深层意蕴。

第三，考量人类自我的人生价值取向。如果人们没有掌握某种价值标准和价值倾向，那么人们与其自我的关系便变得不可思议。② 由于个人与社会的对立统一关系，个人的人生价值取向要以社会主要价值导向为引领，要与责任和义务紧密联系。价值主体的人生价值选择要将小我与大我紧紧融合。AI 时代，人们的生命可能会因数字而受到伤害，人们会存在透明人或隐私裸奔的隐忧。其实，除了因 AI 自主行为而违背研究者意愿的情况外，其他任何伤害和隐忧在实质上都取决于人们自身的价值选择。技术的产生源于服务人类，技术本身并不存在问题。AI 只是人类的工具，但人们因大数据产生的巨大经济利益和社会效益容易无度采集和滥用数据，导致智能工具异化现象，形成利益至上的拜金主义。在智能技术发展中出现的价值选择问题，与所有相关研究者、从业者和使用者的道德水平、伦理责任意识息息相关。甚至人们深度担忧的人工智能是否终将会取代人类的问题，其决定权和主动权仍取决于人类的自我选择，取决于我们研发和使用智能科技的终极目的究竟是服务还是毁灭人类自身。

第四，削减人类本有的死亡意识。所有动物都有趋利避害、避死求生的本能。人作为一种最高级的生命体，不仅具有面对死亡时的求生本能反应，而且拥有独特的死亡意识。死亡意识是人类自我意识的重要内容，是人所特有的精神现象。正是人类本有的死亡意识，成为人类建构生存

---

① ［德］恩斯特·卡西尔著：《人论》，李荣译，上海文化出版社 2020 年版，第 17 页。
② ［美］A.J. 赫舍尔著：《人是谁》，隗仁莲译，贵州人民出版 1994 年版，第 10 页。

信念的前提和基础,是人类进行文化创造性活动的前进动力。① 智能时代,人们利用智能科技不断挑战死亡,甚至试图战胜死亡,人类直面死亡时有着更深邃的智慧和更强大的勇气。在智能技术带来的长生社会里,人们容易因战胜病痛的技能巨增而削减本有的死亡意识,弱化所面临的死亡危机。自人类诞生以来,寻求突破死亡的限制成为人类的终极追求。人们努力通过建构精神生命、传承家族生命、信仰宗教等不同方式去超越死亡。当死亡因数据而能够达到永生时,超越死亡的路径将会变得更加普适且容易达至,人们对死亡存有的那份畏惧将随之锐减。当人类"长生不老"的夙愿真的如愿以偿时,死亡意识将没有存在的必要和可能。

## 三、儒耶生命伦理为智能时代人类提供所应抱持的价值理念

哪里有危险,哪里就有得救的力量。技术给人带来隐藏危险的同时,又使人猛醒,不断地思考着人类自我的本质,从而技术又成为拯救人类的力量。② 未来人工智能或将引发人类生命本质的变异,同样激发人类进行深刻反思,人类应该自问要走向何方。人类迫切需要从原始儒家与早期基督教生命伦理思想比较之中去探寻和抱持"自我得救"的智慧力量与价值理念。

### (一) 秉持敬畏生命的伦理情怀

对于人类的生命,原始儒家与早期基督教都抱持着尊重和敬畏的情怀。孟子主张从亲爱亲人到关爱百姓,由关爱百姓而发展到爱惜万事万物。③ 耶稣基督的生活、教导和死全部清晰地昭示我们所要进行的生活的本质,即爱、公正、怜悯、谦虚和宽容的生活。④ 阿尔贝特·史怀泽

---

① 靳凤林著:《死,而后生:死亡现象学视阈中的生存伦理》,人民出版社 2005 年版,第 169—170 页。

② 俞宣孟著:《现代西方的超越思考　海德格尔的哲学》,上海人民出版社 1989 年版,第 397—398 页。

③ 《孟子·尽心上》。

④ [美]查尔斯·L. 坎默著:《基督教伦理学》,王苏平译,中国社会科学出版社 1994 年版,第 58 页。

(Albert Schweitzer)曾从自然生命的视角强烈呼吁,我们不仅要敬畏人类自我的生命,还要敬畏与人发生一切联系的生物的生命。他认为,只有怀有对生命的敬畏,我们的生活才会更加富有意义,我们才能够为世界开辟出一条和平的道路。[①] 在智能科技迅猛发展的时代,人类在生命层面所遭遇的许多困境,尤其是对人类终极问题的挑战,都源于人类缺乏敬畏生命的信念和情怀,无形中漠视了人类自我生命的独特价值。面对 AI,我们需要常怀敬畏生命之心,这样才会对智能技术的研发有明晰而正确的价值目标,使"完全人工智能的研发可能意味着人类的末日"[②]真正成为一种杞人忧天;我们需要常怀敬畏生命之心,这样才会在使用 AI 技术的过程中谨慎小心,消减数字化所带来的危害和隐患。我们还要敬畏智能技术本身,无论未来人机如何混合,只有心怀尊重和敬畏,才能更好地处理人机关系,使人机关系更加和谐。在智能技术发展的进程中,我们只有做到秉持敬畏生命的伦理情怀,才能真正实现有益于个人和人类社会发展的物质、精神和伦理等各种价值。

### (二) 树立正确的人生价值取向

爱因斯坦说:"科学是一种强有力的工具。怎样用它,究竟是给人带来幸福还是带来灾难,全取决于人自己,而不取决于工具。"[③]因此,面对人工智能,人们自身需要树立正确的人生价值取向。一方面,在智能科技所形成的利益与产生的道义问题之间,人类自我主体需要作出坚定的价值判断和道德选择。原始儒家的生命伦理思想告诉我们,要坚持"义以为上"[④]"见利思义"[⑤]的原则,由此人类因智能技术所受到的负面影响将会极大减少。另一方面,面对智能科技,人们的价值选择需要表现出更加强烈的社会责任感。众所周知,原始儒家体现出积极入世、经世致用的人生态度,孔子为了推行自己的"仁道",可以做到"朝闻夕死",孟子有着"舍我取

---

① [法]史怀泽著:《敬畏生命》,陈泽环译,上海社会科学院出版社 1995 年版,第 8—10 页。
② 李开复、王咏刚著:《人工智能》,文化发展出版社 2017 年版,第 121 页。
③ [美]爱因斯坦著:《爱因斯坦文集》(第 3 卷),许良英译,商务印书馆 1979 年版,第 56 页。
④ 《论语·阳货》。
⑤ 《论语·宪问》。

谁"的责任担当。早期基督教的耶稣与保罗,都在践行着用自己的信仰去改变当时社会的理想信念,体现出强烈的社会责任感和使命感。人们用智能技术为人类造福,要对科技的社会角色"负责",实现"技以致善"①,这是一种伦理责任。因此,有研究者表明,新一代财富阶层在社会崛起之时,如果我们无法做到避免让一半人类的生活水平发生恶化,那将会是我们的耻辱!② 强烈的责任担当会激发人们保持高尚道德情操、高度道德自律,从而形成准确安全的研究视角、良性有序的行业规范,减少由于人为因素而产生的技术风险、伦理问题和社会危害。人们只有遵循一定的伦理道德准则,才不至于被科学技术所奴役,从而会成为科技的主人。

### (三) 坚持和谐的发展理念

和谐是原始儒家的核心理念。汤一介认为,儒家的太和观念可以理解为普遍的和谐观念,包括自然的和谐、人与自然的和谐、人与人的和谐,以及人自我身心内外的和谐。③ 尤其在智能技术发展的今天,"智能科技—人—自然"之间同样要保持一种张力和平衡,智能科技的发展不能破坏人类的生活和自然秩序,要控制科技给人类的生命和死亡造成的负面影响,同样需要践行和谐的伦理智慧。原始儒家的和谐最基本的要求就是需要做到人道符合天道,即人类主体的实践活动要遵循万事万物本身运行的客观规律。"敢问君子何贵乎天道也?"孔子对曰:"贵其不已。"④尊重客观规律是万事万物自然生命得以健康有序成长,乃至发展壮大的前提,天地不合则万物不生。早期基督教中,人虽然被赋予可以管理世间万物的权利和荣耀,"叫万物都服在他的脚下"⑤,但同时需要按照上帝的意志去进行管理,不能以人类自我为中心而为所欲为。上帝不仅要改变人类,也要改变自然和宇宙。凡是所经历到的,自然也一起经历到;凡是救赎人的,也救

---

① Waelbers K(2011), *Doing Good with Technologies: Taking Responsibility for the Social Role of Emerging Technologies*, Dordrecht: Springer, p172.
② [美]迈克斯·泰格马克著:《生命 3.0》,汪婕舒译,浙江教育出版社 2016 年版,第 169 页。
③ 汤一介:《略论儒家的和谐观念》,载《船山学刊》1998 年第 1 期。
④ (《礼记·哀公问》)。
⑤ (《希伯来书》2:8)。

赎自然。人的拯救若没有宇宙自然的拯救是无法想象的。① 既关爱人类自身，又关注着世间万物的和谐发展，是原始儒家与早期基督教共同持有的伦理智慧。人类在发展智能技术的过程中，需要做到技术与"道"的和谐统一。技术一旦导致社会和自然的秩序遭到破坏，就要对技术加以克制和控制，即要坚持"以道驭技"的伦理原则。② 换言之，人类在促进人工智能技术发展的过程中，需要遵循人类社会发展和客观自然固有的规律。马克思主义认为，人类本身就是客观自然发展的产物。因此，未来智能技术的发展同样需要尊重人类本有的生死规律，不能凌驾于人类自身的发展规律之上。唯有如此，智能技术的发展才能沿着健康、有序的方向正确前行。

和谐，是当今世界发展的共同目标。我们应该清醒地认识到，人工智能的本质需要回归人本身，需要体现技术革新趋善与趋和的积极力量。人工智能技术带来的不应是对人类智能和主体地位的取代，而应是反映和延伸人类的智能，从而引发对人类自我智能的重新审视，以及对人类价值和意义的重新思考。人们需要将和谐的价值情怀贯穿人工智能研究和实践的各个环节，这将有助于构建人机合作协调有序的新局面，能够更有效地规避智能系统所带来的技术风险，减少"智能大爆发"所引发的各种伦理问题，防止未来技术对人类生命造成的消极影响，协调人工智能技术发展与自然资源之间的平衡，最终达至世界的和谐。

### （四）领悟死亡的本真意蕴

在现在的医学领域，针对死亡的界定，脑死亡标准已经超越了传统心脏停跳标准。随着人工智能的发展，生命本质的变异将会导致对死亡的重新定义。但是，无论未来如何界定死亡，我们都需要清楚地认识到，有关死亡的意义问题归根结底要回归到人生重要意义问题的讨论之中。如果人没有了"向死而生"的特点，人也就成了神；如果人没有对死亡意义的

① ［德］于尔根·莫尔特曼著：《来临中的上帝：基督教的终末论》，曾念粤译，上海三联书店 2006 年版，第 256 页。
② 陈万求著：《中国传统科技伦理思想研究》，湖南大学出版社 2008 年版，第 81 页。

追求，人就会丧失创造各种文化的积极性和必要性。[①] 所以，古今中外肯定和赞颂死亡意义者比比皆是。孔子把"休"和"息"严格区别开来，极力推崇"杀身成仁"与"死而不休"。[②] 耶稣基督用他自己的血赎回了亚当所犯的罪过，从而"除去"了众人的死，使众人在死后得救，可以复活和永生。[③] 死亡的存在彰显了生命的可贵，激励人们尊重和理解生命、珍惜和善待生活，努力通过各种方式去最大限度地实现自我的人生价值，在现实生活中做到以死观生。死亡的存在凸显了生命的有限性，激发了人们去挑战死亡，试图在有限的生命中去实现生命的永恒。由此，超越生与死的界限，成为原始儒家与早期基督教不懈追求的生活动力，激励人们不断追逐和实现最高层次的精神性生命。生与死是互为明证的，一个人要想真正理解死亡，只有通过更好地演绎自己的"生"，才能最终诠释自己的"死"。面对未来人工智能技术给人类生死带来的新变化，人们仍然需要重视和敬畏死亡，理解死亡赋予人生的重要意义，持有"以死观生"和"生死互证"的生死理念，这样才能在竭力实现自我生死价值的进程中，不畏惧新科技给我们带来的终极挑战。

任何科技的发展都不能脱离人类的生命而孤立存在，否则就将失去存在的价值和意义。智能科技在帮助人们积极改变生活环境和生存状态的同时，将引领人们走向不可预测的可能性存在境遇，并将不可避免地引发人类生命本质的变异。因此，要深刻反思人工智能给人类生命带来的积极影响和潜在威胁，人们可以从原始儒家与早期基督教的生命伦理思想中去掌握"自我拯救"的人生智慧和价值理念，从而无惧地迎接未来全新时代的到来。

## 第二节　儒耶生命伦理对当代教育的借鉴价值

管子曰："十年树木，百年树人。"习近平总书记多次强调，新时代的教

---

[①] 靳凤林著：《死，而后生：死亡现象学视阈中的生存伦理》，人民出版社 2005 年版，第 161 页。

[②] 段德智著：《死亡哲学》，湖北人民出版社 1996 年版，第 5 页。

[③] 《希伯来书》9:12—15）。

育要全面落实好"立德树人"的根本任务。教育的本质在于传递生命的气息，在于关注每一个生命主体的成长。儒耶生命伦理蕴藏着中西方先哲们宝贵的人生智慧，为当代教育提供了十分重要的借鉴和启迪。

## 一、为当代生命教育提供丰富的精神资源

关于教育的内涵，许多教育家对其进行过不同的界定。捷克教育家夸美纽斯认为："教育是生活的预备。"①德国教育家雅斯贝尔斯强调，教育不过是人对人的主体间灵肉交流活动，涉及知识的传授、生命的领悟，以及通过传递功能将文化遗产教给年轻一代，使他们自由地生长，并启迪其自由的天性。② 用马克思主义的观点进行分析，教育是培养人的一种有意识的社会实践活动。由此可知，教育的目的是要使个体的身心得到圆满发展，个体的生命得到圆融成长。因此，教育的核心要义在于关注和关爱生命。不言而喻，生命教育已成为现代教育的一个不可或缺的重要内容，而儒耶生命伦理能够为当下的生命教育提供足够丰富的精神资源。

走向现实社会，人们需要有更加强大的心理去面对人生中的生、老、病、死，生与死是任何生命个体都需要认真学习和深刻体悟的一门必修课。例如，现代化的交通工具给人们带来极大便利的同时，意外交通事故也频发，火灾和水灾等导致的非正常死亡似乎是一种死亡常态，庞大的失独群体已经成为中国的特有现象。我们面临如此严峻的生存环境，这就对我们当下的生命教育提出更高的要求，生命教育需要在如何正确认知生命、勇敢应对疾病和坦然面对死亡等多方面给人们足够的智慧、力量和支撑。不仅如此，越来越低龄化的轻生自杀或他杀现象愈演愈烈，校园暴力等事件频频发生，有些学生沉溺玩乐、虚度光阴的现象更是比比皆是。导致这些惨状的原因纷繁复杂，但背后却隐藏着青少年漠视、轻视和不理解生命的实质问题。儒耶生命伦理作为形上生命伦理的重要组成部分，其中凝结着的是中西贤者对待生命与生活、生命与死亡的深邃人生智慧。

---

① ［捷克］夸美纽斯著：《大教学论》，傅任敢译，人民教育出版社 1984 年版，第 60 页。
② ［德］雅斯贝尔斯著：《什么是教育》，邹进译，生活·读书·新知三联书店 1991 年版，第 3 页。

儒耶二者尊重与理解生命的智慧可以为现代的生命教育提供精神文化支撑,可以教育和引导学生增强生命意识与责任感,既要尊重自己的生命,也要呵护和爱惜他人的生命,并且在理解生命的过程中珍惜生命时光,将虚拟世界与现实世界分开,做到泾渭分明,珍惜当下,把握现世。孔子"由生明死"的思想更可以激励学生用自己丰富的人生足迹去绘制属于自己的人生符号,即人生其实就是在用"人之生"去描绘"人之死"的精彩过程。在生命层次性的认知上,原始儒家的"身心一体"论与早期基督教的"灵肉二元"论有着本质的区别,"身"之于孔孟在伦理秩序的制约下有着等级之别,而耶稣保罗之肉体观却被赋予了宗教式的平等性,但他们都认为"心"与"灵"均凌驾于"身"与"肉"之上;他们不仅将自己的生命韧性彰显到了极致,而且都通过实施极富个性和行之有效的教育手段去挖掘门徒的生命潜能,其间蕴含着对弱势群体生命的尊重与肯定。孔子的教学方法中更内含着对个性生命的包容与张扬;孟子宣扬主体精神,强调人格独立意识,提出了比较完整的人格价值理论。生命教育的本质就是关注到每个生命主体,儒耶二者关注生命个体和个性的教育方法是当代生命教育极需提倡和学习的。同时,现代社会敬畏之心的缺失导致人的主观能动性无限度发挥,而人们的肆意放纵和任性妄为引发了气候变暖、环境污染和资源短缺等世界性难题。但是,我们可以在儒耶相互镜鉴中洞察到,实现个体身心平衡与社会和谐需要道德和法律双管齐下。处理人与人、人与自身、人与自然、人与社会之间的关系时,都需要把道德观念和法律意识根植于心,真正做到敬畏生命和热爱生命。

有学者指出:"现代社会是人与天、地、人、我日益疏离的社会。人们生存的荒谬处境是:上不在天,下不在地,外不在人,内不在己。生活的无意义感笼罩着新生的一代。他们面对的是无信仰、无信念、无本无根的人生。在人文淡泊、道德危机的痼子盛行的世界性氛围中,人们的心灵缺乏滋养,人们的生命缺乏寄托。"①确实,在社会日益多元化的今天,不同思想和价值观念的冲突愈演愈烈,人们尤其是有些青年学子出现精神贫瘠化或荒漠化现象,缺乏内在的精神追求,导致许多人丧失了安身立命之

---

① 郭齐勇:《从孔学的"人论"看儒学的现代价值》,载《开放时代》1995 年第 2 期。

本。因此,现代的教育在重视生命本身存在的价值教育时,还要关注生命价值本身的教育,引导学生积极健康地追问生命的真谛。当我们在破碎的个体解构的种种虚妄中去寻找真实自我存在的意义和价值时,当我们在为现代社会的诚信缺失、人生价值虚无、文明礼仪渐逝等道德滑坡现象痛心疾首时,我们可以通过儒耶之间的相互镜鉴,探寻二者人生价值论之于现代社会的现实关怀价值。儒耶对"信"之追求过程中所怀有的"忠诚、信任、敬畏"精神是时代之需、社会之求、为人之本。孔子毕生所推行的"仁道者",乃是要真正学到、做到"为人之道",这教给了我们立身处世的为人之道,"德"是我们在社会上的生存之本和价值追求,即崇德修身、进德修业。我们绝不提倡早期基督教对"信望爱"的宗教式追求,但是早期基督徒在追求他们人生价值过程中所表现出来的那种对精神信仰的坚定不移,对现实挑战的坚贞不屈,对未来生活始终抱持希望的精神,十分值得我们借鉴和学习。

人的物理性生命是有限的,死亡是任何人都无法逃避的终点,也正是死亡的存在才凸显了人们生命的可贵。但是,中国社会文化环境中带有喜生厌死的传统观念,人们对死亡有着天然的恐惧感和害怕感,导致在现代教育中,关于死亡的教育并没有受到足够的重视,许多青少年对死亡缺乏正确的认知,有些甚至处于完全无知的状态。了解和理解"死"是为了更好地"生",死亡教育的本真意义是生命教育。在儒耶二者生命伦理的相互镜鉴中,可以为现代生命教育找到丰富的宝贵资源。我们绝不提倡采取早期基督教的宗教式路径去实现生命的超越,在上帝中永生其实也就是在类中永生了,这片面地强调上帝,要求人们为了类而牺牲个体,因而不能不遭到马克思主义的死亡哲学的反对。① 但是,早期基督教在实现生命超越方面从小我到大我的具体路径符合事物发展的规律,彰显了人生意义由小到大的递增式变化。追求"立德、立功、立言"之"三不朽"是原始儒家精神生命得以超越的一种基本途径。亚里士多德曾认为,我们可以依据我们身上的理性原则过"理性生活"来立功、立言,扬名后世,"使

_____

① 段德智著:《死亡哲学》,湖北人民出版社 1996 年版,第 393 页。

我们自己不朽"。① 那么,对于孔子而言,要"使我们自己不朽"则需要由内而外地修炼自己,在高品行的基础上去从事各种活动,去建功立业,从而使自己精神文化生命的影响能够在民众和社会之中经久不衰。换言之,人只有竭尽全力地投入到各种各样的文化创造活动之中,才能坦然地直面死亡,走向有希望和有尊严的人生,才能使有限的生命收获无限的价值,才能最终成就灵魂的真正永恒与不朽。② 由此可见,孔子是在通过成圣贤君子这种路径去寻求一种生命的永恒感和不朽感。原始儒家通过现世不懈的奋斗乃至"立德、立功、立言"的方式一直教育、激励着后儒和中国知识分子,这既推动着有志之士不断地彰显自己的生命力,以有限去收获无限,又感召着后人要心系天下,生命才能直至不朽之境界。在当下全民族都奋力为实现中华民族伟大复兴历史使命拼搏的今天,我们更需要教育下一代去努力塑造孔孟心中的理想人格,需要教育下一代抱持"为天地立心,为生民立命,为往圣继绝学,为万世开太平"的大我情怀。原始儒家深厚的生命智慧对我们当前教育的重要现实关怀意义,是中华民族实现伟大中国梦的宝贵精神食粮。

## 二、为当代道德教育提供现实启迪

中华民族自古以来十分重视生命主体道德品质的涵养,道德教育作为个人内在道德品质形成的重要手段,在个体道德调控中发挥着重要作用。新时代公民道德教育不仅可以从原始儒家生命伦理思想中汲取大量优秀的智慧,而且可以从早期基督教生命伦理思想中辩证地进行吸收经验。

首先,从儒耶二者对理想信念的坚定追求来看。一个没有信仰的民族是没有前途和希望的民族。当有人在质疑中国人的信仰时,其实我们并不难发现原始儒家先哲们对终极信念的不懈追求,无论是孔子还是孟子,他们追逐人生理想的道路都充满着艰辛和曲折。孔子为了弘扬心中

① 段德智著:《死亡哲学》,湖北人民出版社 1996 年版,第 79 页。
② 靳凤林著:《死,而后生:死亡现象学视阈中的生存伦理》,人民出版社 2005 年版,第 398 页。

的"道",十余年在各国颠沛流离、四处碰壁,累累如丧家之犬,但却始终保
持"发愤忘食,乐以忘忧,不知老之将至"的精神状态。孟子勉励人们用
"苦其心志,劳其筋骨,饿其体肤,行拂乱其所为"的态度去应对艰苦的环
境,其实这也正是他自己追求理想,保持坚定不移积极态度的真实写照。
为了心中的理想,孔子表示早上听到自己的仁道被统治者所推行,即使晚
上死去也在所不惜,孟子发出"舍我取谁"的强烈感叹,孔孟愿意通过杀身
成仁、舍生取义的方式实现自我的人生抱负。耶稣和保罗在实现理想的
进程中,采取的是"向死而生"的态度,他们是为了理想而生,也是为了实
现理想而死。如保罗说道:"我们四面受敌,却不被困住;心里作难,却不
至失望;遭逼迫,却不被丢弃;打倒了,却不至死亡。"①儒耶二者在实现理
想的过程中,面对的都是复杂的社会环境。保罗写书信时大都处在险恶
的情境之下,保罗的书信是为应付当时险恶危难的情况或者说是一种急
迫的需要。如保罗的罗马书信,虽然保罗未曾去过罗马,但针对当时罗马
社会中存在的道德败坏、荒淫无度等不良现象,保罗试图通过真挚的书信
去劝告当时的人。保罗在书信中反对假教师发出的各种威胁,如加拉太
的犹太化主义者、歌罗西的禁欲主义者、哥林多教会的犹太诺斯替主义者
等提出的各种反对声音。保罗是在这种复杂恶劣的社会背景下进行传教
的,早期的基督徒也都深受罗马帝国的逼迫。孟子当时提出自己的思想
主张也是因为墨子和杨朱的思想在社会上盛行,而孔子的思想亦遭到各
种思想的排挤。"杨朱、墨翟之言盈天下。天下之言,不归杨,则归
墨。"②可见,孟子与保罗所处的时代,是他们所认为的错误思想或异端在
社会上严重泛滥、侵蚀和传染的时代。但是,无论社会环境多么残酷,儒
耶二者都没有动摇过自己的理想,对理想信念有着坚定不移的追求。固
然,宗教式的信仰并不是我们所提倡的,但耶稣保罗对理想信念的坚定态
度和追逐精神却是我们所需要学习的。因此,我们完全可以借鉴儒耶二
者追逐理想过程中的人生智慧,为我们现代人树立科学信仰和实现远大
理想提供宝贵的思想资源。

---

① 《哥林多后书》4:8—9)。
② 《孟子·滕文公下》)。

　　其次,从儒耶二者所彰显和追求的高尚人格来看。道德教育的任务并不只是要使人们一般地懂得善恶、是非、荣辱,而是要使一定社会或阶级的道德原则和规范深入到人们的内心,转化为个人内在的道德品质。个体的道德品质是个体道德人格的核心和灵魂。[①] 新时代公民道德教育的目标在于促进人的全面发展,为中华民族伟大复兴培养担当大任的时代新人。时代新人首先需要成为一个具有高尚品格和人生境界的道德人。"诚者非自成己而已也,所以成物也。"[②]儒学作为一种修身立德的为己之学,"成己"并不是原始儒家为学的终极目标,而是要自然而然地走向"成物"的未来,原始儒家的最高理想境界在于以成就和完善万物为己任。格物、致知、诚意、正心、修身、齐家、治国、平天下是原始儒家实现"明明德、新民、止于至善"教学目标的条目功夫,表明个体修身的目的是要从不断完善小我逐渐发展到实现大我。孔孟提倡通过自我涵养而不断完善自身,自觉扮演好各种社会角色,主动承担起相应的社会职责,成为一个具有境界的道德人,然后通过不断拓展,达到可以参赞天地之化育的人生境界。换言之,原始儒家的"成己"不仅是要成为一个身心健康和谐发展的完人,更是要成为一个有社会理想人格的道德人。孔子强调修己旨在敬、在安人、在安百姓,原始儒家的内在德性培养需要为外在社会道德秩序服务,要培养的是一个胸怀家国天下,具有强烈责任感的社会人。原始儒家的培养目标为新时代道德教育落实"立德树人"根本任务提供了重要的价值指引。众所周知,基督教提倡救赎主义,耶稣用自己的行动和身体给所有人救赎,成为所有人行动的模板。这种宗教式的救赎对当代的道德教育毫无借鉴意义,但耶稣保罗所彰显出的为实现理想无怨无悔的自我牺牲精神却为新时代道德教育提供了精神典范。

　　最后,从儒耶二者所采用的提升道德品行的方法来看。儒家的贤哲们不仅拥有勤奋好学的优秀品质,而且十分强调道德修养的方法。孔子注重学习在道德修养中的重要作用,主张在道德修养过程中要善于学思结合。"学而不思则罔,思而不学则殆。"[③]孟子在承继孔子从"心"内求的

---

[①] 唐凯麟编著:《伦理学》,高等教育出版社2001年版,第223—224页。

[②]《礼记·中庸》。

[③]《论语·为政》。

思想上，以"尽其心者，知其性也"作为道德修养的基本纲领，主张存心养性，反求诸己。儒家学者一直将"反躬内求"和"省察克治"作为重要的修养之道。儒家从认识、约束和克制自我的角度出发，通过对自我的剖析和涵养，达到不断提升和完善自我的人生目的。"莫见乎隐，莫显乎微，故君子慎其独也。"[1]慎独自律既是儒家重要的修养方式，又成为儒家所追求的道德境界。这种自律不需要任何制度条例、道德规范和社会舆论作为外界约束力前提，是一种能够超越一切监督，基于自我良知而达于行为自主人格的自律。吴雷川认为，耶稣的人格是建立基督教的根基所在。实现中华民族复兴需要的领袖人才，应具备两个条件：一是积极的有为，就是要有宏大的志愿、坚强的节操，以及勇敢奋斗乃至于牺牲的决心；二是消极的有不为，就是要严格地律身，所有种种内蕴的私欲和外来的引诱，凡是足以妨碍自己伟大事业的，必须要抵制与拒绝。耶稣在他未献身于社会之前，经过长期的慎思明辨；在社会上活动之后，又谢绝众人无意识的拥戴，决定自己要守死以善道；大难当前，他又归依上帝，服从真理，被钉于十字架而无所怨悔。上述两种条件在耶稣身上完全地实现出来，可谓领袖人才唯一的教范。这可证明基督教与中华民族复兴，无疑地成为连锁了。[2] 保罗也相当强调自律的作用，他说，如果他不严格自守，努力克制自己，在凡事上有节制，他传福音给别人，自己倒会被弃绝了。换言之，无论是孔孟还是耶稣保罗，他们身上都散发着敢于奋斗、高度自律和慎思明辨之精神，这是人们所需要垂范和效仿的。虽然儒耶二者所追逐的理想目标并不相同，但二者在实现道德理想的进程中所采取的方式和所彰显出的精神品格，能够为当下的道德教育提供重要标杆。

除此之外，儒耶生命伦理中还散发着谦虚、友善等重要精神品质，在经济全球化、文化多元化的今天，这些都不可避免地为新时代道德教育提供了值得借鉴的重要资源。

---

① 《礼记·中庸》。
② 吴雷川著：《基督教与中国文化》，商务印书馆 2017 年版，第 218 页。

# 结　语

## 文明交流互鉴：构建富有中国特色的精神家园

　　随着经济实力的不断增强及综合国力的显著提升，中国已成为促进当今世界和平与发展的一支重要生力军。在"世界需要中国，中国离不开世界"的浪潮中，在我们迈向全面建设社会主义现代化国家的新征程中，中国人民如何才能更好地解决好自身的安身立命问题，建构中华民族共有的精神家园，这是一个事关国人未来及民族希望的重大现实课题。据此，我们在对儒耶生命伦理思想进行比较的前提下，构建中国特色社会主义生命伦理文化，在共筑人类命运共同体的进程中，为人们身心安顿和精神家园的构建提供有益的精神支撑。

### 一、中国传统生命伦理文化的近现代危机

　　曾被誉为"近代以来最伟大的历史学家"的汤因比在其鸿篇巨著《历史研究》中曾提出过"挑战与应战"的著名观点，即任何一种文化在其形成和发展的过程中都要经历无数次的"挑战"和"应战"，而中国传统生命伦理文化亦不例外。儒学作为中华民族文化的精神基础和主流意识形态，在长达两千多年的历史中经历了一次次血与火的洗礼，尤其是在近现代时期。

　　1840年鸦片战争以降，在西方坚船利炮和商贸往来的双重压力裹挟下，中国社会不仅在政治、经济上遭受西方列强的严重破坏与侵略，开始逐步沦为半殖民地半封建国家，而且中国文化也遭遇到前所未有之大变

局,"东西文化之冲突"成为中国近代儒学必须要面对的主要难题。这种空前的"挑战"是世界性的,虽有不同文化倾向的学者曾提出过全然不同的"应战"方案,但却由于各种原因而未能成功。如戊戌变法时期,改良派的康有为曾写下了《新学伪经考》和《孔子改制考》等著作。为了迎接西方列强的"挑战",康有为甚至企图将儒学改变成宗教,以期与西方的基督教相抗衡。在康有为的影响下,梁启超等人也都将自己的改良主张与儒学思想掺杂在一起。但是,由于近代资产阶级的软弱性,这种借助孔子权威的儒学革命也同借助皇室力量的"百日维新"一样,只能是昙花一现而已。① 一些改良派分子在拯救国家民族命运之时,也对儒家的伦理纲常进行了猛烈抨击。如谭嗣同在《仁学》三十七里面说:"三纲之慑人,足以破其胆,而杀其灵魂。"他认为中国人被旧学所溺,封建的伦理纲常严重束缚了人们的思想,摧残了人性,钳制了人心。在辛亥革命时期,一些革命派在反对君主专制的同时,将矛头指向了儒学,儒学和封建专制制度一样遭人唾弃、践踏和批判。

历史的车轮驶向了 20 世纪,"五四"青年将民主与科学同传统文化对立起来,在推崇"德先生"和"赛先生"的同时,掀起了"打倒孔家店"的文化运动,整个民族文化面临着由"相濡以沫"观念向"相忘于江湖"观念的转变,儒学的这次"挑战"可谓是一次灭顶之灾。新文化运动的倡导者陈独秀宣称:"本志同人本来无罪,只因为拥护那德莫克拉西(Democracy)和赛因斯(Science)两位先生,才犯下了这几条滔天大罪。要拥护那德先生,便不得不反对孔教、礼法、贞节、旧伦理、旧政治;要拥护赛先生,便不得不反对旧艺术、旧宗教;要拥护德先生又要拥护赛先生,便不得不反对国粹和旧学。"②胡适抨击儒学的三纲五常,"古时的'天经地义'现在变成废话了"。并且,胡适在美国芝加哥大学作题为《儒教的使命》的演讲时,断定儒教作为"在统制中国人思想上最有势力的部分,已经被打倒了。这样说来,儒教真可算是死了"③。鲁迅作为新文化运动的主将,对儒学的批判更为辛辣尖锐,他在《狂人日记》中写道:"我翻开历史一查,这历史没有年

① 陈炎著:《多维视野中的儒家文化》,中国人民大学出版社 1997 年版,第 196—197 页。
② 陈独秀:《本志罪案之答辩书》,载《新青年》第 6 卷第 1 号。
③ 蔡尚思主编:《十家论孔》,上海人民出版社 2006 年版,第 95 页。

代,歪歪斜斜地每页上都写着'仁义道德'几个字,我横竖睡不着,仔细看了半夜,才从字缝里看出字来,满本都写着两个字'吃人'!"[1]从此在中西文化的关系上出现了三条不同的路线:一是以陈独秀、胡适为代表,主张"往西跑",强调西化;二是以梁漱溟为代表,主张"往东跑",热心传统;三是以梁启超、蔡元培为代表,主张"兼容并包",走中间路线。[2] 在儒学被边缘化,并遭到种种诟病之时,一些对儒学怀有深厚情感的拥护者和捍卫者并不主张以"拿来主义"方式去迎接"挑战",如梁漱溟等人力图通过"返本开新"来进行"应战"。但是,由于当时各种社会条件的约束,这种"应战"的力度是极为有限的。

中华人民共和国成立后,已经确立了马克思主义在中国成为主流社会意识形态的地位,在新的社会经济条件下,对儒学的"挑战"和淡化不可避免。更有甚者,在"文化大革命"时期,儒学没有逃脱再次遭遇抵制的命运,"批林批孔"运动将对中国传统文化的批判推向了历史的高潮,而儒学则经历了一次彻底性的破坏。回顾儒学在中国近现代史上的遭遇,主要呈现出的是一次次经受严峻挑战的悲惨命运,而儒学在中国文化中艰难寻找出路的过程也可谓历经沉浮。后来,许多新儒家在肯定儒家价值系统,融合会通西学的基础上,积极为中国传统文化寻找一条"返本开新"的新路子。总之,在这一个世纪的风雨变幻中,孔子及其儒学真是倒尽了大霉而又出尽了风头。照此看来,在我们民族"集体无意识"的精神深处,恐怕真有着一个剪不断、理还乱的"孔子情结"呢。[3] 无论历史如何变迁,在当今经济全球化的大背景下,我们需要有立足中国、挖掘历史、把握当下、借鉴国外和面向未来的思路与胸襟去构建中国特色社会主义生命伦理文化。

## 二、不忘本来、吸收外来和面向未来

首先,不忘本来,有助于丰富新时代中国特色社会主义生命伦理文化

[1] 鲁迅著:《狂人日记》,四川人民出版社 2017 年版,第 12 页。
[2] 林洪荣:《"五四"时期的本色神学思潮》,载刘小枫主编:《道与言——华夏文化与基督文化相遇》,上海三联书店 1995 年版,第 662 页。
[3] 陈炎著:《多维视野中的儒家文化》,中国人民大学出版社 1997 年版,第 206 页。

的民族特色。在原始儒家和早期基督教生命伦理思想的比照中，我们更能发现中华民族传统伦理的特色所在。越是走向全球化的今天，我们越要清醒地认识到自己民族文化的特性，对自己的传统文化要有准确的定位和认同，否则将面临被消融的危险。这种文化认同的基础便是找到自己独特的文化个性。倘若丧失了自己的文化传统，则将不复存在，将要面临"被开除球籍"的危险。① 张岱年先生在谈及传统文化在综合创新中的地位时曾说："一个民族，如果丧失了文化的独立性，也就会丧失民族的独立性；丧失了民族的独立性，就沦为别的民族的附庸了。保持民族文化的独立性，是一个民族重要的问题。但是保持民族文化的独立性也有一个条件，就是必须学会别的民族的先进文化的成果，同时发挥自己的创造精神，在文化的各方面能够与别的民族并驾齐驱。只有这样才能够保持民族文化的独立性。应该承认，只有对世界文化作出自己的独特贡献，才能受到别的民族的尊重。"② 于是，我们可以在对原始儒家生命伦理思想进行扬弃的过程中找到其独特性和优越性，这些富有中国特色的传统文化中积淀着中华民族最深沉的精神追求，是我们最深厚的文化软实力，由此为丰富我们的精神世界，建构新时代中国特色社会主义生命伦理观增添浓厚的民族色彩。

其次，吸收外来，有助于扩大新时代中国特色社会主义生命伦理文化的世界视野。在当前世界多元化的背景下，不管科技力量有多大，要想在21世纪乃至22世纪一枝独秀，从这个趋势看，出现的机会不大，一定是各种不同的文明要相互和平共处。③ 于是，建构新时代中国特色社会主义生命伦理文化必须将中西文化中最源头的儒耶生命伦理思想进行会通，而辩证看待儒耶生命伦理思想既体现了建构新时代中国特色社会主义生命伦理文化时所采用的和平共处原则，又体现了建构新时代中国特色社会主义生命伦理文化时所运用的国际性战略思维，它将视野投向了世界的各个角落，既重新评价自己，又认真审视他人。要发展自己，不能

① 徐行言主编：《中西文化比较》，北京大学出版社2004年版，第367页。
② 张岱年：《正确认识中西文化的异同》，载《张岱年文集》（第6卷），清华大学出版社1995年版，第424页。
③ ［美］杜维明著：《儒家传统与文明对话》，彭国翔编译，人民出版社2010年版，第50页。

封闭发展的视阈,不能故步自封,需要在不忘本来的基础上去学习他者,去关注人类思想前沿的美丽风景及其变化,从而才能真正完善自我、发展自我,甚至是超越自我。辩证地吸收早期基督教的生命伦理精神,体现了建构新时代中国特色社会主义生命伦理文化的开放情怀和理性思维,使新时代中国特色社会主义生命伦理文化在富有深厚民族特性的同时,又享有鲜明的时代特性。

最后,面向未来,有助于拓展新时代中国特色社会主义生命伦理文化的探究领域。文化比较的最终意义不在比较本身,而是要经过比较,寻求通过异质文化之间的对话、沟通,实现不同文化间的借鉴、融合,促进文化的传承更新与创造。① 因此,比较原始儒家和早期基督教生命伦理思想,并不仅仅是为了发现儒耶二者思想上的异同,关键是要在冲突与融通之中找到可以为自己所用的伦理智慧,真正做到"古为今用,洋为中用,批判继承,综合创新",如此则必然会进一步拓展新时代中国生死伦理观的研究范围。正如费孝通先生所言,任何一个文明都是各美其美,而我们要把各美其美发展到美人之美,再到美美与共,才达到天下大同的和平世界。② 这不仅是一种美好的愿景,而且是构建新时代中国特色社会主义生命伦理文化的宏伟目标,更是党的十八大报告中"我们一定要坚持社会主义先进文化前进方向,树立高度的文化自觉和文化自信,向着建设社会主义文化强国宏伟目标阔步前进"精神的彰显。因此,我们构建新时代中国特色社会主义生命伦理文化,需要按照习近平总书记"不忘本来、吸收外来、面向未来"的要求,坚持历史唯物主义的观点,即"对我国传统文化,对国外的东西,要坚持古为今用、洋为中用,去粗取精、去伪存真,经过科学的扬弃后使之为我所用"。

## 三、在综合创新中再造中华民族的精神家园

任何一种思想文化的产生既要有时代土壤的培育,又要经受社会历

---

① 徐行言主编:《中西文化比较》,北京大学出版社 2004 年版,第 333 页。
② [美]杜维明著:《儒家传统与文明对话》,彭国翔编译,人民出版社 2010 年版,第 58 页。

史的检阅。中国共产党的探索史已经表明,中国所有问题的解决,尤其是中国人民深层的精神问题的应对,都必须毫不动摇地坚持以马克思主义思想为指导,用毛泽东思想、邓小平理论、"三个代表"重要思想、科学发展观、习近平新时代中国特色社会主义思想武装头脑,采用唯物辩证法的观点正确处理当今时代与历史传统、立足国情与面对世情的关系。党的十九大报告指出:"没有高度的文化自信,没有文化的繁荣兴盛,就没有中华民族伟大复兴。要坚持中国特色社会主义文化发展道路,激发全民族文化创新创造活力,建设社会主义文化强国。……必须推进马克思主义中国化时代化大众化,建设具有强大凝聚力和引领力的社会主义意识形态,使全体人民在理想信念、价值理念、道德观念上紧紧团结在一起。"质言之,构建新时代中国特色社会主义生命伦理文化,必须坚定不移地坚持马克思主义生命伦理思想。

### (一) 坚定不移地坚持马克思主义伦理思想

马克思主义生命伦理思想是马克思主义思想的一个重要组成部分,它是在对资本主义道德关系及其观念进行批判的基础上,形成新的道德关系和价值观念,从而登上历史舞台的;它以辩证唯物主义和历史唯物主义为基础,符合人类社会历史发展的基本规律,代表了人民群众的根本利益。事实证明,马克思主义生命伦理思想在中国的传播和发展是中国历史发展与中国人民的必然选择,处于水深火热之中的中国人民迫切需要一种能够推翻三座大山的伦理思想武器来解救中国。马克思主义伦理思想在中国的发展历程,贯穿着一条主线,它"以时代的'意志'和'本质'为转移,以社会发展的客观需要为准则"①。因此,在社会主义革命时期,马克思主义生命伦理思想为无产阶级夺取政权提供了精神支柱。在社会主义建设时期,马克思主义生命伦理思想为培养社会主义"四有"新人的社会主义现代化建设提供了良好的道德条件。马克思主义伦理学并不排斥封建时代和资本主义时代所有的对人类文明的贡献。列宁说:"无产阶级文化应当是人类在资本主义社会、地主社会和官僚社会压迫下创造出来

---

① 罗国杰著:《伦理学》,人民出版社 1989 年版,第 436 页。

的全部知识合乎规律的发展。"①列宁为我们创造中国特色社会主义生命伦理文化指明了前进的道路和方向。随着马克思主义思想体系的日益发展,马克思主义生命伦理思想也在不断与时俱进,成为构建新时代中国特色社会主义生命伦理文化的坚实基础。

马克思和恩格斯首先对人性和人的本质有了正确的认识。马克思说:"人的本质并不是单个人所固有的抽象物。在其现实性上,它是一切社会关系的总和。"②在马克思的思想中,真实的人的本性其实与人的道德自我完善和发展是相一致的,人的根本属性是其社会性,即人的产生、生产和生活都不能离开社会这个集体而独立存在。因此,马克思、恩格斯虽没有对集体主义进行明确的概念界定,但却从两个方面对集体主义进行了概括:一是个人只有在"真实的集体"中才能获得个人自由全面发展,集体是个人发展的基础;二是这种集体的建立又有赖于个人的自由全面发展,应当为个人这种发展创造条件,并提高到能否实现共产主义这样的高度去理解。这二者互相补充、互为前提,缺一不可。③ 由此表明,马克思、恩格斯对个人与集体的关系作出了科学的阐释,为正确处理个人利益和集体利益的关系奠定了坚实的理论基础。在中国长期的革命斗争实践过程中,中国的马克思主义者将马克思主义生命伦理思想与中国实际相结合,形成了伟大的毛泽东生命伦理思想。毛泽东生命伦理思想是马克思主义生命伦理思想的中国化,是在对中国传统生命伦理思想批判继承的基础上,对马克思主义生命伦理思想的创造性发展。毛泽东生命伦理思想是集体智慧的结晶,它提出了以为人民服务为核心,以集体主义为基本原则的主要道德规范。毛泽东同志在继承前人的基础上指出:"全心全意地为人民服务,一刻也不脱离群众;一切从人民的利益出发……这些就是我们的出发点……共产党人的一切言论行动,必须以合乎最广大人民群众的最大利益,为最广大人民群众所拥护为最高标准。"④因此,一切从人民的利益出发是集体主义原则最根本的出发点和最终归宿,而当个人

① 《青年团的任务》,载《列宁选集》(第 4 卷),人民出版社 1972 年版,第 348 页。
② 《马克思恩格斯选集》(第 1 卷),人民出版社 1995 年版,第 60 页。
③ 章海山著:《马克思主义伦理思想发展的历程》,上海人民出版社 1991 年版,第 105 页。
④ 《毛泽东选集》(第 3 卷),人民出版社 1991 年版,第 1094 页。

利益与国家利益和集体利益发生冲突时,个人利益则一定要服从和服务于集体利益。毛泽东生命伦理思想是中国革命和建设道路上的指路明灯,是中国共产党和中国人民宝贵的精神财富,为社会主义精神文明建设和道德建设提供了清晰的价值基础。

在改革开放的新时期,以邓小平同志为代表的共产党人在带领人民进行社会主义建设的过程中,形成了邓小平生命伦理思想。邓小平同志大力弘扬共产主义道德,积极提倡全心全意为人民服务和爱国主义精神,并丰富了对集体主义道德原则的理解。邓小平同志说:"在社会主义制度之下,归根结底,个人利益和集体利益是统一的,局部利益和整体利益是统一的,暂时利益和长远利益是统一的。我们必须按照统筹兼顾的原则来调节各种利益的相互关系。如果相反,违反集体利益而追求个人利益,违反整体利益而追求局部利益,违反长远利益而追求暂时利益,那么,结果势必两头都受损失。"①邓小平同志在维护国家利益和集体利益权威的前提下,保障和尊重个人的正当利益,这为每个人的自由而全面的发展营造了良好的社会环境,而培育社会主义"四有"新人成为邓小平生命伦理思想的重要目标,也为社会主义初级阶段的道德生活和道德建设提供了新鲜血液。在全面建设社会主义的新时期,中国共产党一代代领导人都在不断地学习、沿袭和发展着马克思主义生命伦理思想,如"以人为本""社会主义荣辱观"等,尤其是党的十八大报告将原有的社会主义核心价值体系高度概括为"倡导富强、民主、文明、和谐,倡导自由、平等、公正、法治,倡导爱国、敬业、诚信、友善,积极培育和践行社会主义核心价值观"。社会主义核心价值观是中国共产党凝结全党和全国人民共识的重要思想,从国家、社会和个人三个层面找到了精神支柱和行动方向,对于丰富人们的精神世界,建设中华民族共有的精神家园具有决定性的作用。不仅如此,中国共产党还主张积极吸收中国传统文化之精华,用中华民族本土之优秀文化浸润人民大众的心灵。习近平总书记在全国宣传思想工作会议上强调:"讲清楚中国特色社会主义植根于中华文化沃土、反映中国人民意愿、适合中国和时代发展进步要求,有着深厚的历史渊源和广泛现

---

① 《邓小平文选》(第2卷),人民出版社1994年版,第175页。

实基础。"①这精辟地体现了中国特色社会主义文化需要中国优秀传统文化的思想精髓,这是新时代中国特色社会主义生命伦理文化的重要组成部分。

辩证唯物主义和历史唯物主义是一种缜密的、科学的世界观和方法论。根据这种科学的方法,我们必须理性辩证地看待原始儒家与早期基督教的生命伦理文化。

## (二) 辩证地对待中国传统的原始儒家生命伦理文化

随着社会的发展,国人对待传统文化的态度各异,尤其在学术界会听到一些不同的音调。一是随着改革开放以来国门不断打开,有些极端的自由主义分子和"全盘西化"论者认为,不仅中国的经济发展需要学习西方,而且在解决最根本性的精神家园问题上也必须完全借助西方的上帝之国。该观点割断了中国的历史,无视中华民族特性和民族血脉,企图完全以他者之物来成己之果,此种行为必定是徒劳的。二是在一股对国学复兴的热浪中,中国传统文化的价值重新被定位和诠释,一些对传统文化极其热衷的人认为,要解决中国当代的政治与人生等问题,可以重新立足于中国的传统文化。当代儒家学者蒋庆认为:"中国儒学可平等地朝两个方向发展,即平行地朝'心性儒学'方向和'政治儒学'方向发展。此即意味着以'心性儒学'安立中国人的精神生命(修身以治心),以'政治儒学'建构中国式的政治制度(建制以治世)。"②蒋庆对儒学的深入研究和深厚情感都十分令人敬佩,但是儒学产生的根基毕竟只是自给自足的小农经济,而在建设中国特色社会主义的今天,如果想完全恢复儒学在中国的统治地位,用儒学来解决一切问题,这不仅是一厢情愿的主观幻想,而且是一种历史的倒退。③ 历史唯物主义的观点告诉我们,社会存在决定社会意识,但社会意识具有相对的独立性。社会意识是对社会存在的反映,社会意识会随着社会存在的变化而发展变化,但这种变化并不完全同步。

---

① 《习近平谈治国理政》,外文出版社 2014 年版,第 156 页。
② 蒋庆著:《政治儒学——当代儒学的转向、特质与发展》,生活·读书·新知三联书店 2003 年版,第 4 页。
③ 张岱年、方克立主编:《中国文化概论》,北京师范大学出版社 2004 年版,第 354 页。

同时,社会意识的发展具有继承性。因此,任何一种社会伦理思想体系的形成,都与当时社会现实的经济关系和社会结构等密切相关。中国传统的原始儒家生命伦理思想是对中国封建制度的反映,它同样不仅会在社会历史的发展变化中得到传承,而且还会遭到尖锐的批判,这既符合历史唯物主义的观点,又是科学的唯物辩证法方法论在伦理学中的具体运用。

　　一方面,中国传统的原始儒家生命伦理思想中有其博大深邃、亘古不息的思想精华。例如,儒家的天人观。子曰:"故人者,天地之德,阴阳之交,鬼神之会,五行之秀。"①人是天地之核心,万物之精华,是其他万物都无法比拟之物,是最高贵的生命体。天却具有无比的优越性和至上性,"与天齐一"是人生奋斗与超越的巅峰。"夫子之文章,可得而闻也;夫子之言性与天道,不可得而闻也。"②原始儒家承认天道与人道之间存有一种必然的关系,人道必须尊重天道,并按照天道运行的规律行事,这样万物才能顺道而成、永不停息,人与万物应该"并育而不相害"。哀公曰:"敢问君子何贵乎天道也?"孔子对曰:"贵其不已。"③儒家伦理的"根本精神"是"以意欲自为调和持中",强调"人类生命之和谐",它符合"人自身"和"整个宇宙"的"和谐"精神。④ 原始儒家这种对自然尊重和赞颂的天人和谐观,给当代科学技术飞速发展、工业文明不断提高与生态环境遭受严重破坏、各种资源日益枯竭之间紧张矛盾的解决提出了天、地、人和谐共处的良方,同时也会成为党的十八大报告所提出的"未来生态文明建设的宏伟目标——'美丽中国'"实现的良方。又如,原始儒家主张道德理想高于物质利益甚至高于生命的价值观,包括"志士仁人,无求生以害仁,有杀身以成仁"⑤"朝闻道,夕死可矣"⑥等生死感叹。人之死可以具有道德意义,每个人道德生命的主宰权在自己而不在天。原始儒家这种仁义至上的精神成为中华民族优良的爱国主义传统,一直是激励中华儿女在进行价值抉择时作出正确选择的精神支柱。再如,原始儒家恕道和仁道的处世观。

---

① 《礼记·礼运》。
② 《论语·公冶长》。
③ 《礼记·哀公问》。
④ 朱贻庭主编:《中国传统伦理思想史》,华东师范大学出版社 2003 年版,第 518 页。
⑤ 《论语·卫灵公》。
⑥ 《论语·里仁》。

原始儒家有两个基本原则:一是"己所不欲,勿施于人"的"恕道",这种"将心比心,推己及人"的方法既能正其身,还能协调人际关系,最终为营造出一个和谐的社会氛围创造条件。二是"己欲立而立人,己欲达而达人"的"仁道",这不是利他主义,而是发展自我时必须处理好与周围关系的人生法则。在 2001 年人类文明对话年时,瑞士的神学家孔汉思先生在科菲·安南所主持的一个世界知名人士小组中,主动将儒家的"恕道"和"仁道"原则推荐为全球伦理的基本原则。① 这不仅是原始儒家文明对世界的贡献,更是原始儒家生命伦理思想精髓的极大彰显,需要在中华大地乃至全世界进行大力弘扬和传承。

另一方面,由于社会环境的变迁,传统的原始儒家生命伦理思想必然也会呈现出其滞后性和糟粕性。如原始儒家以"家族本位主义"为价值原则的传统伦理思想,虽强调了整体利益,高扬了道德义务的一面,培育了许多"富贵不能淫、贫贱不能移、威武不能屈"的志士仁人,但它却"拂人之性",束缚了个性自由,压抑了个性发展。② 在家族本位的环境中,个人的人格尊严没有得到完全的尊重,现代法律上的人人平等不能存在,个人的自由意志没有得到充分的发挥。原始儒家之"礼"加深了封建的伦理秩序,明显地加强了君、父、夫对臣、子、妇的统治,对女性的统治在宋明时期发展到了极致。这种思想在历代统治阶级的巩固之下,形成了束缚中国人民的四条极大的绳索——君权、族权、夫权和神权。③ 因此,当科学与民主成为人类社会进步的两种主要动力时,原始儒家的礼教思想中明显体现出反民主的性质,而原始儒家的直觉性思维方式则在一定程度上导致中国人的科学思维意识较为淡薄。由此可知,我们对待原始儒家伦理思想需要采用科学的方法。同理,我们在构建新时代中国特色社会主义生命伦理文化的进程中,面对西方早期基督教生命伦理文化时也要持辩证的态度。

---

① [美]杜维明著:《儒家传统与文明对话》,彭国翔编译,人民出版社 2010 年版,第 183 页。
② 朱贻庭主编:《中国传统伦理思想史》,华东师范大学出版社 2003 年版,第 510 页。
③ 匡亚明著:《孔子评传》,南京大学出版社 2011 年版,第 389 页。

### (三) 理性认识西方早期基督教生命伦理思想

党的十九大报告指出:"推动中华优秀传统文化创造性转化、创新性发展,继承革命文化,发展社会主义先进文化,不忘本来、吸收外来、面向未来,更好构筑中国精神、中国价值、中国力量,为人民提供精神指引。"中国需要更主动地去了解世界,世界也需要更全面地了解中国。要构建新时代中国特色社会主义生命伦理文化,我们还需要更多地了解西方的主流文化——基督教,要辩证理性地审视早期基督教生命伦理文化。

毋庸置疑,我们绝不提倡用早期基督教中的超验的、人格神意义的上帝来解决人的终极关怀问题。早期基督教上帝绝对外在性的他律作用压抑了人的主观能动性,使人绝对屈服于一种超验的力量,但其却强调一种责任感。中国人之讲道德主要与达到一种心安不理得的精神境界相联系,道德观念中较少有义务感和责任感,因此我们不妨从基督教那里吸收一些这方面的营养。① 早期基督教中人性的原罪观,虽有悖于马克思主义关于人性是社会历史发展产物的观点,但却对现代中国人的自我审视具有反省意义。② 反省自我的不足,有助于弥补中国传统文化中人性过于自足和自满的观点,有助于增强我们外在的他律性。张世英先生认为,基督教中的"爱德",虽然其起始点均在于上帝之爱,但人对上帝之爱是出于一种至诚,是一种自愿的服从和强制,源出于上帝之爱的人与人之间的相爱也是至诚的,是真切的。③ 基督教中"爱邻如己"和"要爱你们的仇敌"这种最大范围内的"同胞"之爱,是我们传统原始儒家文化中以血亲关系为原点的差等之爱可以吸收的,也是我们现代社会所需要的一种博爱。但是,早期基督教的爱更多局限于一个团契范围之内,过于注重宗教组织内部的认同而阻碍外部认同,十分容易引发众多的教派冲突和民族冲突。

早期基督徒对"信德"的追求中怀有一颗绝对忠诚、信任和敬畏之心。我们固然不主张人们把绝对的信靠归于上帝,但是我们又必须发现"信德"中所蕴含的忠诚与信任之心,它不仅有利于社会的团结和稳定,而且

① 张世英著:《境界与文化——成人之道》,人民出版社 2007 年版,第 222—223 页。
② 卓新平主编:《宗教比较与对话》(第 1 辑),社会科学文献出版社 2000 年版,第 92 页。
③ 张世英著:《境界与文化——成人之道》,人民出版社 2007 年版,第 224 页。

有利于促使人们形成共同的理想信念和价值追求,这种精神是时代之需、社会之求和为人之本。针对早期基督教中的"望德",我们必须毫不犹豫地除却其对象,但是"望德"的价值目标体现了当时耶稣心怀宏伟的社会抱负,其目的是用自己的"蓝图"去拯救劳苦民众与改变社会风气。这种力图改变天下的理想不愧为一种至上的价值追求,值得我们每个人学习和效仿。于是,有学者认为,基督教的拯救观对中国现代社会的转型具有创新意义,在焦虑中重觅洁身自好、爱人济世的思想。① 而且,"望德"所内含的那份改变现实的强烈渴望与对未来生活的美好希冀之情,也是我们当代人必须要具有的生活情怀,这种对新生活的渴盼会激励人们不断地向前奋进。

正如习近平总书记所言:"文明因交流而多彩,文明因互鉴而丰富。"②我们要根据自身的实际,正确进行文明学习借鉴。我们着力构建的新时代中国特色社会主义生命伦理文化着眼于全球未来发展的大趋势,在承继民族性和富有时代性里展示着我们的中国特色、中国风格和中国气派,在融通中西文化中彰显着我们世界性的眼光和海纳百川的气魄。这是在坚持文化自信的前提下,中华儿女共筑精神家园,走向美好生活的必由之路。

---

① 卓新平主编:《宗教比较与对话》(第1辑),社会科学文献出版社2000年版,第92页。
② 《习近平谈治国理政》,外文出版社2014年版,第258页。

# 参考文献

**著作类**

**（一）基础文献**

［1］（宋）朱熹. 四书章句集注［M］. 北京：中华书局，1983.

［2］圣经·中英对照［M］. 上海：中国基督教两会，2007.

［3］十三经注疏［M］. 上海：上海古籍出版社，1997.

**（二）古籍**

［4］（战国）荀况. 荀子译注［M］. 张觉撰，上海：上海古籍出版社，1995.

［5］（西汉）司马迁. 史记评注［M］. 韩兆琦评注，长沙：岳麓书社，2004.

［6］（宋）黎靖德. 朱子语类［M］. 北京：中华书局，1994.

［7］（唐）孔颖达. 周易正义·十三经注疏［M］. 北京：中华书局，1980.

［8］（唐）孔颖达. 周易正义［M］. 北京：北京大学出版社，1999.

［9］（清）焦循. 孟子正义［M］. 沈文倬点校，北京：中华书局，1987.

［10］（清）刘宝楠. 论语正义［M］. 北京：中华书局，1990.

［11］（清）李光地. 周易折中［M］. 刘大钧整理，成都：巴蜀书社，2010.

［12］（清）王先谦. 荀子集解·大略篇第二十七［M］. 北京：中华书局，1997.

**（三）马克思主义经典著作**

［13］马克思恩格斯选集（第1卷）［M］. 北京：人民出版社，1995.

［14］马克思恩格斯选集（第3卷）［M］. 北京：人民出版社，1972.

［15］列宁选集（第4卷）［M］. 北京：人民出版社，1972.

［16］毛泽东选集（共四卷）［M］. 北京：人民出版社，1991.

［17］邓小平文选(第二、三卷)[M].北京:人民出版社,1994、1993.

［18］习近平谈治国理政(共四卷)[M].北京:外文出版社,2018、2017、
2020、2022.

**(四) 现当代学术专著**

［19］朱伯崑主编.周易知识通览[M].济南:齐鲁书社,1993.

［20］杨天宇撰.礼记译注[M].上海:上海古籍出版社,2004.

［21］熊公哲注译.荀子[M].重庆:重庆出版社,2009.

［22］周振甫译注.诗经译注[M].北京:中华书局,2010.

［23］周振甫译注.周易译注[M].北京:中华书局,1991.

［24］郑万耕主编.易学精华[M].北京:北京出版社,1996.

［25］沈玉成译.左传译文[M].北京:中华书局,1981.

［26］钱穆著.论语新解[M].北京:生活·读书·新知三联书店,2012.

［27］杨伯峻译注.论语译注[M].北京:中华书局,2009.

［28］杨伯峻译注.孟子译注[M].北京:中华书局,2008.

［29］吴新成著.论语易读[M].北京:中国社会科学出版社,2003.

［30］李泽厚著.论语今读[M].南京:江苏文艺出版社,2010.

［31］陈鼓应注译.庄子今注今译[M].北京:中华书局,1983.

［32］杨朝明、宋立林主编.孔子家语通解[M].济南:齐鲁书社,2009.

［33］陈荣捷著.近思录详注集评[M].上海:华东师范大学出版社,2007.

［34］李渔叔注译.墨子今注今译[M].天津:天津古籍出版社,1988.

［35］刘光耀、孙善玲等著.四福音书解读[M].北京:宗教文化出版
社,2004.

［36］陈来著.古代宗教与伦理——儒家思想的根源[M].上海:上海三联
书店,2009.

［37］陈来著.孔子·孟子·荀子:先秦儒学讲稿[M].上海:上海三联书
店,2017.

［38］蔡德贵著.孔子 VS 基督[M].北京:世界知识出版社,2009.

［39］蔡仁厚著.孔子的生命境界[M].长春:吉林出版集团有限责任公
司,2010.

［40］蔡尚思著.孔子思想体系[M].上海:上海人民出版社,1982.

[41] 蔡尚思主编. 十家论孔[M]. 上海:上海人民出版社,2006.

[42] 蔡元培著. 中国伦理学史[M]. 北京:北京大学出版社,2009.

[43] 丛日云著. 西方政治文化传统[M]. 哈尔滨:黑龙江人民出版社,2002.

[44] 陈俊伟著. 天国与世界[M]. 北京:宗教文化出版社,2010.

[45] 陈炎著. 多维视野中的儒家文化[M]. 北京:中国人民大学出版社,1997.

[46] 陈昇著.《孟子》讲义[M]. 北京:人民出版社,2012.

[47] 陈万求著. 中国传统科技伦理思想研究[M]. 长沙:湖南大学出版社,2008.

[48] 邓思平著. 经验主义的孔子道德思想及其历史演变[M]. 成都:巴蜀书社,2000.

[49] 董小川著. 儒家文化与美国基督新教文化[M]. 北京:商务印书馆,1999.

[50] 段德智著. 死亡哲学[M]. 武汉:湖北人民出版社,1996.

[51] 杜小安著. 基督教与中国文化的融合[M]. 北京:中华书局,2010.

[52] 范瑞平、张颖主编. 建构中国生命伦理学:新的探索[M]. 北京:中国人民大学出版社,2017.

[53] 方东美著. 原始儒家道家哲学[M]. 北京:中华书局,2012.

[54] 冯友兰著. 中国哲学史[M]. 上海:华东师范大学出版社,2000.

[55] 傅佩荣著. 儒道天论发微[M]. 北京:中华书局,2010.

[56] 傅佩荣著. 人性向善:傅佩荣谈孟子[M]. 北京:东方出版社,2012.

[57] 傅伟勋著. 死亡的尊严与生命的尊严[M]. 北京:北京大学出版社,2006.

[58] 傅有德主编. 犹太研究(第7辑)[M]. 济南:山东大学出版社,2009.

[59] 傅有德主编. 犹太研究(第6辑)[M]. 济南:山东大学出版社,2008.

[60] 辜鸿铭著. 春秋大义[M]. 颜林海译,成都:四川文艺出版社,2009.

[61] 辜鸿铭著. 中国人的精神[M]. 李晨曦译,上海:上海三联书店,2010.

［62］ 顾希佳著. 礼仪与中国文化［M］. 北京：人民出版社，2001.

［63］ 高晨阳著. 中国传统思维方式研究［M］. 济南：山东大学出版社，1994.

［64］ 郭清香著. 耶儒伦理比较研究——民国时期基督教与儒教伦理思想的冲突与融合［M］. 北京：中国社会科学出版社，2006.

［65］ 郭伟宏著. 孟子大略［M］. 北京：北京师范大学出版社，2020.

［66］ 何光沪、许志伟主编. 儒释道与基督教［M］. 北京：社会科学文献出版社，2001.

［67］ 何伦、施卫星著. 生命的困惑：临床生命伦理学导论［M］. 南京：东南大学出版社，2004.

［68］ 何世明著. 基督教儒学四讲［M］. 北京：宗教文化出版社，1999.

［69］ 洪汉鼎著. 诠释学——它的历史和当代发展［M］. 北京：人民出版社，2001.

［70］ 黄保罗著. 儒家、基督宗教与救赎［M］. 周永译，北京：宗教文化出版社，2009.

［71］ 黄建中著. 比较伦理学［M］. 济南：山东人民出版社，1998.

［72］ 蒋庆著. 政治儒学——当代儒学的转向、特质与发展［M］. 北京：生活·读书·新知三联书店，2003.

［73］ 靳凤林著. 死，而后生——死亡现象学视阈中的生存伦理［M］. 北京：人民出版社，2005.

［74］ 靳凤林主编. 领导干部伦理课十三讲［M］. 北京：中共中央党校出版社，2011.

［75］ 靳凤林等著. 祠堂与教堂中西传统核心价值观比较研究（修订版）［M］. 北京：人民出版社，2023.

［76］ 康志杰著. 基督教的礼仪节日［M］. 北京：宗教文化出版社，2000.

［77］ 匡亚明著. 孔子评传［M］. 济南：齐鲁书社，1985.

［78］ 匡亚明著. 孔子评传［M］. 南京：南京大学出版社，2011.

［79］ 李彦宏等著. 智能革命——迎接人工智能时代的社会、经济与文化变革［M］. 北京：中信出版社，2017.

［80］ 李开复、王咏刚著. 人工智能［M］. 北京：文化发展出版社，2017.

［81］李长之著.孔子传［M］.北京:东方出版社,2010.

［82］李殿元著.圣人哲学——孔子的智慧［M］.成都:四川教育出版社,1996.

［83］梁工著.圣经指南［M］.沈阳:辽宁人民出版社,1993.

［84］梁家荣著.仁礼之辨——孔子之道的再释与重估［M］.北京:北京大学出版社,2010.

［85］梁漱溟著.中国文化要义［M］.上海:上海人民出版社,2011.

［86］梁漱溟著.东西文化及其哲学［M］.长沙:岳麓书社,2012.

［87］梁振杰著.走进原始儒家——战国楚简儒家思想研究［M］.北京:人民出版社,2015.

［88］林甘泉主编.孔子与 20 世纪中国［M］.北京:中国社会科学出版社,2008.

［89］刘小枫著.拯救与逍遥［M］.上海:上海三联书店,2001.

［90］刘小枫主编.20 世纪西方宗教哲学文选［M］.杨德友、董友等译,上海:上海三联书店,2000.

［91］刘小枫主编.道与言——华夏文化与基督文化相遇［M］.上海:上海三联书店,1995.

［92］刘小枫著.走向十字架上的真［M］.上海:华东师范大学出版社,2011.

［93］柳诒征著.中国文化史［M］.上海:上海古籍出版社,2001.

［94］刘余莉著.儒家伦理学——规则与美德的统一［M］.北京:中国社会科学出版社,2011.

［95］楼宇烈著.中国文化的根本精神［M］.北京:中华书局,2016.

［96］罗国杰著.伦理学［M］.北京:人民出版社,1989.

［97］罗安宪主编.中国孔学史［M］.北京:人民出版社,2008.

［98］罗秉祥、万俊人编.宗教与道德之关系［M］.北京:清华大学出版社,2003.

［99］罗秉祥、谢文郁主编.耶儒对谈——问题在哪里?［M］.桂林:广西师范大学出版社,2010.

［100］罗光著.儒家生命哲学［M］.台北:台湾学生书局,1995.

[101] 鲁迅著.狂人日记[M].成都:四川人民出版社,2017.

[102] 蒙培元著.人与自然——中国哲学生态观[M].北京:人民出版社,2004.

[103] 牟宗三著.中国哲学的特质[M].长春:吉林出版集团有限责任公司,2010.

[104] 牟宗三著.中西哲学会通十四讲[M].上海:上海古籍出版社,2007.

[105] 彭国翔著.儒家传统——宗教与人文主义之间[M].北京:北京大学出版社,2007.

[106] 钱穆著.人生十论[M].北京:生活·读书·新知三联书店,2009.

[107] 钱穆著.孔子与论语[M].北京:九州出版社,2011.

[108] 邱仁宗著.生命伦理学[M].上海:上海人民出版社,1987.

[109] 任继愈著.中国哲学八章[M].北京:北京大学出版社,2010.

[110] 沈铭贤著.生命伦理学[M].北京:高等教育出版社,2003.

[111] 孙慕义著.后现代生命伦理学[M].北京:中国社会科学出版社,2015.

[112] 宋希仁主编.西方伦理思想史[M].北京:中国人民大学出版社,2004.

[113] 汤一介、李中华主编.中国儒学史·宋元卷[M].北京:北大人民出版社,2011.

[114] 唐凯麟编著.伦理学[M].北京:高等教育出版社,2001.

[115] 唐文明著.与命与仁:原始儒家伦理精神与现代性问题[M].保定:河北大学出版社,2002.

[116] 万俊人著.现代西方伦理学史[M].北京:中国人民大学出版社,2011.

[117] 万俊人著.寻求普世伦理[M].北京:北京大学出版社,2009.

[118] 万俊人著.思想前沿与文化后方[M].北京:东方出版社,2002.

[119] 王晓朝著.基督教与帝国文化[M].北京:东方出版社,1997.

[120] 王治心著.中国宗教思想史大纲[M].上海:上海三联书店,1988.

[121] 万慧进著.生命伦理学与生命法学[M].杭州:浙江大学出版

社,2004.

[122] 王荣发、朱建婷著. 新生命伦理学[M]. 上海:华东理工大学出版社,2011.

[123] 王亚平著. 基督教的神秘主义[M]. 北京:东方出版社,2001.

[124] 吴雷川著. 基督教与中国文化 M]. 北京:商务印书馆,2017.

[125] 吴龙辉著. 原始儒家考述[M]. 北京:中国社会科学出版社,1996.

[126] 谢炳国编著. 基督教仪式和礼文[M]. 北京:宗教文化出版社,2000.

[127] 谢桂山著. 圣经犹太伦理与先秦儒家伦理[M]. 济南:山东大学出版社,2009.

[128] 谢和耐著. 中国与早期基督教——中西文化的首次撞击[M]. 耿升译,上海:上海古籍出版社,2003.

[129] 徐行言主编. 中西文化比较[M]. 北京:北京大学出版社,2004.

[130] 徐复观著. 中国人性论史(先秦篇)[M]. 上海:上海三联书店,2001.

[131] 徐宗良等著. 生命伦理学:理论与实践探索[M]. 上海:上海人民出版社,2002.

[132] 许志伟、赵敦华主编. 冲突与互补:基督教哲学在中国[M]. 北京:社会科学文献出版社,2000.

[133] 许仁图著. 说孟子[M]. 石家庄:花山文艺出版社,2016.

[134] 阎钢著. 内圣外王——儒学人生哲理[M]. 成都:四川人民出版社,1995.

[135] 杨德峰编著. 汉语与文化交际[M]. 北京:北京大学出版社,1999.

[136] 杨庆中著. 周易与处世之道[M]. 成都:四川人民出版社,2001.

[137] 杨克勤著. 孔子与保罗[M]. 上海:华东师范大学出版社,2010.

[138] 杨泽波著. 孟子与中国文化[M]. 上海:上海人民出版社,2017.

[139] 杨泽波著. 孟子评传[M]. 南京:南京大学出版社,2011.

[140] 姚新中著. 儒教与基督教——仁与爱的比较研究[M]. 赵艳霞译,北京:中国社会科学出版社,2002.

[141] 姚淦铭著. 孟子智慧[M]. 济南:山东人民出版社,2013.

［142］俞宣孟著.现代西方的超越思考——海德格尔的哲学［M］.上海：上海人民出版社,1989.

［143］郁龙余编.中西文化异同论［M］.北京：生活·读书·新知三联书店,1989.

［144］张岱年著.中国哲学大纲［M］.北京：中国社会科学出版社,1982.

［145］张岱年、方克立主编.中国文化概论［M］.北京：北京师范大学出版社,2004.

［146］张岱年、成中英等著.中国思维偏向［M］.北京：中国社会科学出版社,1991.

［147］张岱年著.张岱年文集（第 6 卷）［M］.北京：清华大学出版社,1995.

［148］张传有著.奥古斯丁论宗教与人生［M］.武汉：湖北人民出版社,2001.

［149］张世英著.境界与文化——成人之道［M］.北京：人民出版社,2007.

［150］张世英著.中西文化与自我［M］.北京：人民出版社,2011.

［151］张祥龙著.孔子的现象学阐释九讲［M］.上海：华东师范大学出版社,2009.

［152］章海山著.马克思主义伦理思想发展的历程［M］.上海：上海人民出版社,1991.

［153］张晓梅著.使徒保罗和他的世界［M］.北京：社会科学文献出版社,2012.

［154］张志刚等主编.东西方宗教伦理及其他［M］.北京：中央编译出版社,1997.

［155］张舜清著.儒家生命伦理思想研究——以原始儒家为中心［M］.北京：人民出版社,2018.

［156］张毅著.儒家文艺美学：从原始儒家到现代新儒家［M］.天津：南开大学出版社,2004.

［157］赵敦华著.基督教哲学 1500 年［M］.北京：人民出版社,2007.

［158］赵敦华著.圣经历史哲学［M］.南京：江苏人民出版社,2016.

[159] 赵林著. 基督教与西方文化[M]. 北京：商务印书馆，2013.

[160] 赵林著. 协调与超越：中国思维方式探讨[M]. 武汉大学出版社，2005.

[161] 赵士林主编. 仁爱与圣爱——儒家道德哲学与基督教道德哲学之比较研究[M]. 北京：人民出版社，2018.

[162] 郑晓江著. 超越死亡[M]. 台北：正中书局，1999.

[163] 郑晓江著. 学会生死[M]. 郑州：中州古籍出版社，2007.

[164] 郑晓江著. 中国生死智慧[M]. 南昌：江西人民出版社，2013.

[165] 郑晓江著. 生命与死亡——中国生死智慧[M]. 北京：北京大学出版社，2011.

[166] 朱维之、韩可胜著. 古犹太文化史[M]. 北京：经济日报出版社，1997.

[167] 朱贻庭主编. 中国传统伦理思想史[M]. 上海：华东师范大学出版社，2003.

[168] 朱滢著. 文化与自我[M]. 北京：北京师范大学出版社，2007.

[169] 朱小明著. 孟子与保罗的对话：儒家与基督教思想之异同与会通[M]. 贵阳：孔学堂书局，2014.

[170] 周予同著. 周予同经学史论著选集[M]. 上海：上海人民出版社，1983.

[171] 卓新平著. 基督教与中国文化处境[M]. 北京：宗教文化出版社，2013.

[172] 卓新平著. 基督教文化百问[M]. 北京：今日中国出版社，1995.

[173] 卓新平主编. 宗教比较与对话第1辑[M]. 北京：社会科学文献出版社，2000.

[174] [古罗马]奥古斯丁著. 忏悔录[M]. 周士良译，北京：商务印书馆，2010。

[175] [古罗马]奥古斯丁著. 论四福音书的和谐[M]. 许一新译，北京：生活·读书·新知三联书店，2010.

[176] [古罗马]奥古斯丁著. 上帝之城[M]. 王晓朝译，北京：人民出版社，2006.

[177] [古罗马]奥古斯丁著.论信望爱[M].许一新译,北京:生活·读书·新知三联书店,2009.

[178] [德]奥特、[德]奥托编.信仰的回答——系统神学五十题[M].李秋零译,香港:汉语基督教文化研究所,2005.

[179] [瑞士]汉斯·昆著.基督教大思想家[M].包利民译,北京:社会科学文献出版社,2001.

[180] [美]郝大维、[美]安乐哲著.孔子哲学思微[M].蒋弋为、李志林译,南京:江苏人民出版社,1996.

[181] [美]托马斯·A.香农著.生命伦理学导论[M].肖巍译,哈尔滨:黑龙江人民出版社,2005.

[182] [美]白诗朗著.普天之下:儒耶对话中的典范转化[M].彭国翔译,石家庄:河北人民出版社,2006.

[183] [美]A.J.赫舍尔著.人是谁[M].隗仁莲译,贵阳:贵州人民出版,1994.

[184] [美]奥尔森著.基督教神学思想史[M].吴瑞诚、徐成德译,北京:北京大学出版社,2003.

[185] [美]布鲁斯·M.麦慈格著.新约正典的起源、发展和意义[M].刘平、曹静译,上海:上海人民出版社,2008.

[186] [美]恩格尔哈特著.生命伦理学的基础[M].范瑞平译,长沙:湖南科学技术出版社,1996.

[187] [美]恩格尔哈特著.生命伦理学和世俗人文主义[M].李学钧、喻琳译,西安:陕西人民出版社,1998.

[188] [美]恩格尔哈特著.基督教生命伦理学基础[M].孙慕义主译,北京:中国社会科学出版社,2015.

[189] [美]顾立雅著.孔子与中国之道[M].郑州:大象出版社,2000.

[190] [美]查尔斯·L.坎默著.基督教伦理学[M].王苏平译,北京:中国社会科学出版社,1994.

[191] [美]雷·库兹韦尔著.人工智能的未来[M].盛杨燕译,杭州:浙江人民出版社,2016.

[192] [美]迈克斯·泰格马克著.生命3.0[M].汪婕舒译,杭州:浙江教

育出版社,2016.

[193] [美]阿尔文·J.施密特著.基督教对文明的影响[M].汪晓丹、赵巍译,上海：上海人民出版社,2013.

[194] [美]赫伯特·芬格莱特著.孔子——即凡而圣[M].彭国翔、张华译,南京：江苏人民出版社,2002.

[195] [美]杜维明著.儒家传统与文明对话[M].彭国翔编译,北京：人民出版社,2010.

[196] [美]杜维明著.文明对话中的儒家：21世纪访谈[M].北京：北京大学出版社,2016.

[197] [美]爱因斯坦著.爱因斯坦文集(第3卷)[M].许良英译,北京：商务印书馆,1979.

[198] [美]塞缪尔·亨廷顿著.文明的冲突与世界秩序的重建[M].周琪等译,北京：新华出版社,2010.

[199] [德]布尔特曼等.生存神学与末世论[M].李哲汇、朱雁冰等译,上海：上海三联书店,1995.

[200] [德]西美尔著.现代人与宗教[M].曹卫东等译,北京：中国人民大学出版社,2003.

[201] [德]恩斯特·卡西尔.人论[M].李荣译,上海：上海文化出版社,2020.

[202] [德]雅斯贝尔斯.什么是教育[M].邹进译,北京：生活·读书·新知三联书店,1991.

[203] [德]大卫·弗里德里希·施特劳斯.耶稣传[M].梁工译,北京：商务印书馆,1999.

[204] [德]费尔巴哈著.基督教的本质[M].荣震华译,北京：商务印书馆,1984.

[205] [德]黑格尔著.小逻辑[M].贺麟译,北京：商务印书馆,1980.

[206] [德]马库斯·杜威尔著.生命伦理学方法、理论和领域[M].李建军、袁明敏译,北京：社会科学文献出版社,2017.

[207] [德]马丁·开姆尼茨著.基督的二性[M].段琦译,南京：译林出版社,1996.

[208] [德]瓦纳尔·耶格尔著.早期基督教与希腊教化[M].吴晓群译,北京:生活·读书·新知三联书店,2016.

[209] [德]卡尔·白舍客著.基督宗教伦理学[M].静也、常宏等译,上海:上海三联书店,2002.

[210] [英]大卫·休谟.人性论[M].关文运译,北京:商务印书馆,2005.

[211] [英]巴克莱著.新约圣经注释[M].上海:中国基督教两会,2007.

[212] [新加坡]钟志邦著.约翰福音注释[M].上海:上海三联书店,2010.

[213] [捷克]夸美纽斯著.大教学论[M].傅任敢译,北京:人民教育出版社,1984.

[214] [美]Ellen G. White 著.使徒保罗传[M].吴涤申编译,北京:世界知识出版社,2011.

[215] [法]加尔文著.基督教要义[M].钱曜诚译,北京:生活·读书·新知三联书店,2010.

[216] [法]史怀泽著.敬畏生命[M].陈泽环译,上海:上海社会科学院出版社,1995.

[217] [法]艾玛纽埃尔·勒维纳斯著.上帝·死亡和时间[M].余中先译,北京:生活·读书·新知三联书店,1997.

[218] [法]欧芮斯特·勒南.耶稣的一生[M].梁工译,北京:商务印书馆,1999.

[219] [西班牙]摩西·迈蒙尼德著.迷途指津[M].傅有德等译,济南:山东大学出版社,2004.

[220] [德]莫尔特曼著.来临中的上帝——基督教的终末论[M].曾念粤译,上海:上海三联书店,2006.

[221] [德]尼采著.上帝之死[M].刘崎译,台北:志文出版社,1986.

[222] [德]马克斯·韦伯著.古犹太教[M].康乐、简惠美译,桂林:广西师范大学出版社,2007.

[223] [德]利奥·拜克著.犹太教的本质[M].傅永军、于健译,北京:商务印书馆,2021.

[224] [加拿大]秦家懿、[瑞士]孔汉思著.中国宗教与基督教[M].吴华

译,北京:生活·读书·新知三联书店,1990.

[225] [日]中村元著. 比较思想论[M]. 吴震译,杭州:浙江人民出版社,1987.

[226] [以]尤瓦尔·赫拉利著. 未来简史[M]. 林俊宏译,北京:中信出版社,2017.

[227] [英]伯特兰·罗素著. 中国问题[M]. 秦悦译,上海:学林出版社,1996.

[228] [英]莱特著. 基督教旧约伦理学[M]. 黄龙光译,北京:中央编译出版社,2014.

[229] [英]塞西尔·罗斯著. 简明犹太民族史[M]. 黄福武、王丽丽译,济南:山东大学出版社,1997.

[230] [英]约翰·德雷恩著. 旧约概论[M]. 许一新译,北京:北京大学出版社,2004.

[231] [英]约翰·德雷恩著. 新约概论[M]. 胡青译,北京:北京大学出版社,2005.

[232] [英]詹姆士·里德著. 基督的人生观[M]. 蒋庆译,北京:生活·读书·新知三联书店,1989.

**论文类**

[1] 陈超.“仁”与“爱”:孔子与耶稣伦理观之比较[J]. 井冈山学院学报(哲学社会科学),2008(11).

[2] 戴晖. 爱与正义——尼采的品德学说[J]. 南京社会科学,2005(10).

[3] 杜维明. 孔子的《论语》[J]. 学术月刊,2007(9).

[4] 高志广、冯文星. 论孔子的人文鬼神观[J]. 文史艺术,2011(4).

[5] 郭海燕. 也谈孔子的人性观[J]. 孔子研究,2010(3).

[6] 昊惠敏.《论语》中孔子的生命意识[J]. 学术论坛,2007(10).

[7] 靳凤林. 论孔子的死亡观[J]. 北方论丛,2000(1).

[8] 靳凤林. 先秦儒道死亡思想之比较[J]. 孔子研究,2002(5).

[9] 刘顺.[瑞士]孔汉思的儒、基两教人性论差异对比研究分析[J]. 阴山学刊,2006(2).

[10] 路晓军. 中西方传统生死观论略[J]. 内蒙古民族大学学报(社会科

学版),2006(10).

[11] 孙伟平.关于人工智能的价值反思[J].哲学研究,2017(10).

[12] 何怀宏.何以为人人将何为——人工智能的未来挑战[J].探索与争鸣,2017(10).

[13] 郑晓江.论人类生命的二维四重性[J].广东社会科学,2010(5).

[14] 孙丽娟.儒家与基督教关于天人关系与神人关系的异同[J].渤海大学学报,2010.

[15] 汤一介.超越生死的观念和途径[N].中国教育报,2001-03-29(007).

[16] 王杰.论孔子的天命、人性及政治价值依据[J].孔子研究,2005(6).

[17] 徐春林.中国传统文化中超越生死的五种模式[J].郑州大学学报,2008(5).

[18] 张岱年.中国哲学关于终极关怀的思考[J].社会科学战线,1993(3).

[19] 赵汀阳.终极问题:智能的分叉[J].世界哲学,2016(5).

[20] 赵汀阳.人工智能"革命"的"近忧"和"远虑"[J].哲学动态,2018(4).

[21] 赵晖.生死观上的人类智慧——中西生死观比较[J].学理论,2009(12).

[22] 周海平.深情的体悟,卓然的阐释——《论语新解》的学术情怀与境界[J].孔子研究,2002(6).

[23] 周可真.儒教之"天"与基督教之"上帝"——由儒教是否宗教引起的文化反思[J].哲学研究,2003(12).

[24] 闫玉华.儒教与基督教对中西方社会伦理道德之影响研究[J].青海社会科学,2009(5).

[25] 林中泽.超越死亡:古代犹太人的死亡观及其历史演变[J].历史研究,2014(5).

[26] 刘乾阳.儒家与基督教"诚"伦理之比较[J].伦理学研究,2015(03).

[27] 田薇.自力与他力:关于儒家与基督教的道德超越观念的检审[J].道德与文明,2016(01).

[28] 赵汀阳. 人工智能的自我意识何以可能? [J]. 自然辩证法通讯，2019(1).

[29] 靳浩辉. 中西文化对勘视阈中的"人性"之辨——孔子与耶稣人性论之比较[J]. 广西社会科学,2018(05).

[30] 王治军. 中西文明互鉴下的儒家与基督教道德修养论之比较——以孟子和圣保罗为例[J]. 理论月刊,2019(07).

[31] 林安梧、谢文郁等. 儒耶对话中的《中庸》解读[J]. 周易研究,2019(01).

[32] 柳金言. 从和谐角度对《论语》和《圣经》的对比研究[D]. 青岛:青岛大学,2010.

[33] 任丽新. 儒学与基督教:天人关系、神人关系及其比较研究[D]. 济南:山东大学,2006.

[34] 王治军. 孟子与保罗生死伦理比较研究[D]. 北京:中共中央党校,2017.

**外文文献类**

[1] A. Scheweitzer, *The Quest of the Historical Jesus: A Critical study of its Progress from Reimarus to Wrede*, 1906, Minnepolis Fortress, 2001.

[2] Baeck, L., "The Faith of Paul", *Journal of Jewish Studies* 3 (1952).

[3] Damasio, A, *The Feeling of What Happens: Body and Emotion in the Making of Consciousness*, New York: Harcourt, 1999.

[4] Dunn, James D. G.. *The Parting of Paul the Apostle*, Grand Rapids: Eersmans, 1998.

[5] Flavius Josephus, *The Antiquities of the Jews*, in *The Works of Flavius Josephus*, trans. by William Whiston, vol. 1, Book I, Chapter 3, Philadelphia: Jas. B. Smith & Co., 1854.

[6] Furnish Paul. *The Love Command in the New Testament*, SCM Press, London, 1973.

[7] Gill, Robin: *A Textbook of Christian Ethics*, T. & T. Clark,

Edinburgh, 1985.

[8] Hacker, Klaus. *The Theology of Paul's Letter to the Romans*, Syndicate of the University of Cambridge, 2003.

[9] Herman Feifel, Ed., *The Meaning of Death*, New York: McGraw-Hill. 1959.

[10] Horrell, David. *An Introduction to the Study of Paul*, Wellington House, New York, 2000.

[11] Jüngel, Eberhard, *Death: the riddle and the mystery*, Philadelphia: The Westminster Press, 1974.

[12] Kung Hans: *Global Responsibility*, SCM Press, London, 1991.

[13] Léon-Dufour, Xavier, *Life and Death in the New Testament*, San Francisco: Harper & Row, Publishers, 1986.

[14] Miller-McLemore, Bonnie J, *Death, Sin and the Moral Life*, Atlanta, Georgia: Scholars Press, 1988.

[15] Moltmann, Jürgen, *Theology of Hope*, London: SCM Press Ltd, 1967.

[16] Moltmann, Jürgen, *The Way of Jesus Christ*, London: SCM Press Ltd, 1990.

[17] Moltmann, Jürgen, *Jesus Christ for Today's World*, London: SCM Press Ltd, 1994.

[18] Moltmann, Jürgen, *The Coming of God*, London: SCM Press Ltd, 1996.

[19] Moltmann, Jürgen, *The Sourse of Life*, London: SCM Press Ltd, 1997.

[20] Nygren, Anders: *Agape and Eros — A Study of the Christian Idea of Love*, tr. By A.G. Herbert, SPCK, London, 1932.

[21] Nobert Elias. *The Loneliness of Dying*, New York: The Continuum International Publishing Group Inc, 2001.

[22] R. Niebuhr, *Christ and Culture*, Harper Torchbooks, New York, 1951.

[23] Robin Scroggs, "Paul: Chauvinist or Liberationist?", *Christian Century*, 15 March 1972, 308.

[24] Rudolf Bultmann, *Theology of the New Testament*, New York: Scfibner, 1951.

[25] Schweitzer, A. *The Mysticism of Paul the Apostle*, trans. W. Montgomery, London: A. & C. Black, 1931.

[26] Snaith, Norman H.: *The Distinctive Ideas of the Old Testament*, The Epworth Press, London, 1944.

[27] Thielicke, Helmut, *Death And Life*, Philadelphia: Fortress Press, 1970.

[28] Tillich, Paul, *Systematic Theology, Volume 1*, The University of Chicago Press, 1951.

[29] Tillich, Paul, *Dynamics of Faith*, New York: Harper & Row Publishers, 1957.

[30] Tillich, Paul, *Love, Power, and Justice*, Oxford University Press, 1954.

[31] Tillich, Paul, *The Courage to Be*, New Haven: Yale University Press, 1952.

[32] Damasio, A, *The Feeling of What Happens: Body and Emotion in the Making of Consciousness*. New York: Harcourt, 1999.

[33] Van Unnik W.C.. *Tarsus or Jerusalem, the City of Paul's Youth*, London: The Epworth Press, 1962.

[34] Waelbers K, *Doing Good with Technologies: Taking Responsibility for the Social Role of Emerging Technologies*, Dordrecht: Springer, 2011.

[35] Wallis, Jim, *The Common Good: How the Gospel Bring Hope to a World Divided*, Grand Rapids: Baker, 2014.

[36] Williams Daniel Day. *The Spirit and the Forms of Love*, Harper &Row, New York, 1968.

[37] W.D. David. *Jewish and Pauline Studies*, London, SPCK, 1984.

［38］ Young John D., *Confucianism and Christianity: the First Enc-ounter*, Hong Kong University Press, Hong Kong, 1983.

**工具书**

［1］［汉］许慎. 说文解字［M］. 北京：中华书局，1963.

［2］张岱年主编. 孔子百科辞典［M］. 上海：上海辞书出版社，2010.

［3］梁工主编. 圣经百科辞典［M］. 沈阳：辽宁人民出版社，2015.

［4］［英］尼古拉斯·布宁、余纪元编著. 西方哲学英汉对照词典［M］. 北京：人民出版社，2001.

［5］［美］霍桑、［美］马挺著. 21 世纪保罗书信辞典［M］. 杨长慧译，北京：团结出版社，2015.

［6］蒋永福、吴可、岳长龄主编. 东西方哲学大辞典［M］. 南昌：江西人民出版社，2000.

# 后　记

　　本书系国家哲学社会科学基金项目"文明交流互鉴下的原始儒家与早期基督教生命伦理比较研究"（项目号：17BZX100，证书号：20222707，鉴定等级：良好）的最终研究成果。上述国家社科基金项目是以本人博士论文（《孔子与耶稣生死伦理之比较》）为基础进行申报和研究的，本书主要实现了以下四个方面的突破：

　　第一，极力拓展研究对象。本书主要涵盖孔子、孟子与耶稣、保罗之间的生命伦理思想，增加了对《周易》、孟子和保罗生命伦理思想的探讨，并且对早期基督教的生命伦理思想进行了溯源，探究了《旧约》中的生命伦理思想，加强了对孔子与耶稣生命伦理思想发展性和连续性的研究。第二，竭力厚实研究内容。除了基于比照对象范围的扩大而产生的比照内容相应更加丰富之外，在比较的范畴上增加了对二者思维方式的比较，在人生价值论比较中增添了对原始儒家之"义"与早期基督教的"公义"的比照。同时，强调对原始儒家与早期基督教思想动态性的比较研究，即深入挖掘二者相互镜鉴后的现代价值。第三，努力创新研究方法。整个研究过程不仅涉及伦理学、生死哲学、宗教学，而且涉足教育学和人工智能等新兴学科，需要对生命的超验思考和经验探讨互为贯通，使形上生命与实体生命相互含摄，从而全面领会人生的本真要义。第四，致力于升华研究主旨。结语部分从历史的角度全面梳理中国传统伦理文化的近现代危机，运用马克思主义辩证法和唯物史观对待、分析中国传统文化与西方文化。置身于当今文明交流互鉴的大背景下，我们需要立足中国实际，坚持不忘本来、吸收外来和面向未来的方针,构筑富有中国特色的精神家园。

从博士入学到现在,不知不觉已经过去十四年了,回忆这一路走来似长且短的人生旅程,首先要由衷感激我的恩师中共中央党校的靳凤林教授,承蒙上苍之垂爱,我幸运地成为靳老师所带博士中的开山弟子。在中央党校读书的三年美好时光中,靳老师在学业上用诲人不倦、循循善诱的为师之道指引着我不断成长,使我从对圣经一无所知,到慢慢走进那块"圣土",最后成功完成了孔子与耶稣生死伦理之比较的博士论文,让我从中深刻领悟到了两大文明巨匠的生死智慧。这种惊人的飞跃,无不得益于靳老师所付出的心血和劳动。我的博士论文从题目的选定到开题,以及整个的写作过程,靳老师时刻都关心着、指点着,他用经典入手的指导法带领着我从基督教文化的"浅水区"不断地游向"深水区"。其间,靳老师既全面考量我对中西文化比较的驾驭能力,又细心审视我论文写作时的学术气息和对相关问题前沿理论的把握程度。靳老师不仅平时对我每章节所完成的内容认真把关,而且最后对我整篇论文的完成稿也反复地仔细阅读,每次看后都给我提出宝贵的修改意见。靳老师这种事无巨细的为师精神深深地感动和激励着我。靳老师指导我安排写作时间上的先紧后松原则,让我享受着整个论文的写作过程,让紧张而充实之后的我最终获得的是轻松和快乐。靳老师不仅十分关注我的学习,而且时常关心我的生活,他的言传身教让我体会到的不仅是一个良师的博学和教导,更是如亲人般的关怀和理解,我学习着、幸福着,更感恩着。这种师恩或许我会终身无力回报,但我定将永远铭记于心,珍惜着、感激着。同时,我要对师母在我博士期间给予我的关心与支持表示最真诚的感谢。

2013年7月,我博士毕业后来到江西财经大学马克思主义学院任教,在工作中每每遇到难题,第一时间想到的便是向靳老师求教和求助。当初,每年国家课题的申报书在寒假期间都免不了要麻烦靳老师指导和修改;成功入选的教育部"马工程"重点教材《伦理学》"精彩一课"也是受益于靳老师对相关教学思路的启发。"经师易遇,人师难求。"靳老师不仅是一位治学严谨、博学多识的学者,更是一位关心和关爱学生生命成长的大先生。在我有时感到压力或失意时,靳老师会开导和鼓励我不要过于自我加压,告诫我一个人不需要去和他人比较,因为每个人的起点和基础不同，只要和自己的过去比在不断进步就应该感到开心快乐。在我有时感觉自我满足之时，靳老师又会激励和鞭策我不能懈怠，要能够抓住自己现在拥有的优势去努力实现下一个目标。靳老师总是教导我工作上需要努力，但还要能够用心经营好自己的家庭和生活，要善于学会享受生活的美好。自拜入靳师门下，靳老师犹如我心中的一根精神支柱，一直鼓励和激励着我不断走稳、走好前行的每一步。可以说，没有恩师长期以来的关心指导和帮助，就没有我现在的成长和进步，更不会有本书的问世。在此，谨以此书作为我对恩师最好的报答。

感激我的硕导江西师范大学郑晓江教授。2005年我有幸成为郑老师在江西师范大学所带的第一届硕士研究生，由此开启了我对生命伦理和生命教育的探寻之旅。我不仅有幸跟随郑老师到过北京、香港、天津、云南、浙江、湖北等诸多地方参会、讲学和游学，更是走进过汶川灾区慰问，与师友住进陵园实地调研……郑老师在其中发现了我站在讲台上的驾驭能力，大力表扬并给予我许多上台展示的机会，让我在开拓眼界的同时更增强了自信、找到了自我。郑老师虽然离开我们十年有余，但往事却历历在目，师恩难忘！感恩郑老师生前对我的谆谆教诲和殷切关怀，这一切已化为我人生中宝贵的精神财富，激励着我勇敢地往前行。郑老师所提出的"死，是生活的中止，生命可以永存"的人生哲理已让他成为我心中一盏永恒的明灯。希望我的成长和进步会是对郑老师最好的告慰。

感谢清华大学王晓朝教授及中央党校刘余莉教授和郭大为教授在我博士论文开题时提出的诸多宝贵意见，让我受益匪浅。感谢清华大学万俊人教授、中国人民大学肖群忠教授，以及中央党校刘余莉教授、任俊华教授、杨玉成教授在我博士论文答辩时提出的许多宝贵建议，使我深受启发。感谢中央党校哲学教研部的梁晓杰教授、孙向军教授、朱辉余教授、王乐副教授对我的悉心教导，他们渊博的知识令我仰慕不已，是我努力刻苦学习的榜样。感谢我的同门师妹王书慧与刘晓璐及师弟裴圣军与靳浩辉对我当时学习和生活上的关心与照顾。感谢攻读博士期间互相支持与鼓励的同窗好友卢艳玲、宁德安、杨文礼、王文凯、王玖姣、邱娟等诸位博士。正是这些真挚的友情，为我当初论文写作提供了不可或缺的精神食粮,也为我的博士生活增添了十分美妙的音符。

在我国家课题申报和研究的过程中,得到南昌大学陈始发教授,以及江西财经大学伍世安教授、刘晓泉教授、夏德根教授、吴通福教授、黄欣荣教授、舒前毅副教授等许多领导和同事的关心指导与帮助,在此表示最衷心的谢意。由衷感谢全国哲学社会科学规划办公室为课题进行的立项和提供的经费资助,非常感谢江西财经大学马克思主义学院为本书出版提供的经费支持,感谢江西财经大学科研处为我当时国家课题的申报和结项提供的诸多服务与帮助。感谢同门仁兄廊坊师范学院马克思主义学院王治军副教授把本书引荐给上海三联书店,尤其感谢出版单位,感谢上海三联书店的编辑殷亚平老师、宋寅悦老师,正是得益于他们的积极沟通协调和反复辛苦校稿,才让本书的出版能够如此之顺利。

原始儒家与早期基督教的生命伦理智慧博大而又深邃,"仰之弥高,钻之弥坚,瞻之在前,忽焉在后"。"虽不能至,然心向往之。"本书引用和借鉴了许多专家学者的研究成果,深受启迪,虽书中注释都尽量详细标注,但难免会有所纰漏,在此一并致以最真诚的谢意和歉意。

最后,我要感谢我的父亲在九泉之下给予我的庇护和恩泽,感谢我的母亲给予我精神上的支持和鼓励,感谢我的公公婆婆在我读博期间为我解决了后顾之忧,感谢我的丈夫和儿子对我的支持与理解,是他们无限的爱和无私的付出为我的学习提供了一个良好的环境,使我当时的博士生涯美丽而又圆满。也正是这些年家人们的默默付出和包容理解,才使我的课题得以顺利地完成。

善待生命,感恩生活,珍惜当下,拥抱未来,相信明天的我会依然如此幸运和幸福!

朱清华

2024 年 9 月 17 日

**图书在版编目(CIP)数据**

文明交流互鉴:原始儒家与早期基督教生命伦理比
较研究/朱清华著. —上海:上海三联书店,2025.

3. —ISBN 978-7-5426-8822-4

Ⅰ.B222.05;B97

中国国家版本馆 CIP 数据核字第 20258FZ234 号

文明交流互鉴:原始儒家与早期基督教生命
伦理比较研究

著　　者 / 朱清华

责任编辑 / 宋寅悦
装帧设计 / 一本好书
监　　制 / 姚　军
责任校对 / 王凌霄

出版发行 / 上海三联书店

　　　　　(200041)中国上海市静安区威海路 755 号 30 楼
邮　　箱 / sdxsanlian@sina.com
联系电话 / 编辑部:021-22895517
　　　　　发行部:021-22895559
印　　刷 / 上海惠敦印务科技有限公司

版　　次 / 2025 年 3 月第 1 版
印　　次 / 2025 年 3 月第 1 次印刷
开　　本 / 655mm×960mm　1/16
字　　数 / 330 千字
印　　张 / 22.25
书　　号 / ISBN 978-7-5426-8822-4/B·947
定　　价 / 88.00 元

敬启读者,如发现本书有印装质量问题,请与印刷厂联系 13917066329